数 理 金 融 学

陈剑利　朱佳惠　冯　鸣　苏一鸣　编著

ZHEJIANG UNIVERSITY PRESS
浙江大学出版社

图书在版编目(CIP)数据

数理金融学 / 陈剑利等编著. — 杭州:浙江大学出版社,2020.3(2023.1重印)

ISBN 978-7-308-20081-3

Ⅰ.①数… Ⅱ.①陈… Ⅲ.①金融学—数理经济学 Ⅳ.①F830

中国版本图书馆 CIP 数据核字(2020)第 039591 号

数理金融学

陈剑利　　朱佳惠　　冯　鸣　　苏一鸣　编著

责任编辑	石国华
责任校对	高士吟　汪　潇
封面设计	刘依群
出版发行	浙江大学出版社
	(杭州天目山路 148 号　邮政编码 310007)
	(网址：http://www.zjupress.com)
排　　版	杭州星云光电图文制作有限公司
印　　刷	广东虎彩云印刷有限公司绍兴分公司
开　　本	787mm×1092mm　1/16
印　　张	15.75
字　　数	410 千
版 印 次	2020 年 3 月第 1 版　2023 年 1 月第 2 次印刷
书　　号	ISBN 978-7-308-20081-3
定　　价	58.00 元

前　　言

　　金融数学是以数学为工具解决金融问题的学科。金融数学是通过建立适合金融行业具体情况的数学模型,借助计算机,对理论研究结果进行仿真计算,对实际数据进行计量分析研究的一门应用型学科。金融数学起源于金融问题的研究,是在两次"华尔街革命"的基础上迅速发展起来的一门交叉前沿学科。随着金融市场的发展,金融学越来越与数学紧密相连,并取得了突飞猛进的发展。

　　金融数学的主要研究内容是关于在不确定多期条件下的证券组合选择和资产定价理论,而套利、最优和均衡是最重要的三个概念。金融数学的范围包括数学概念和方法(或者其他自然科学方法)在金融学各领域中的应用。金融数学是金融学的一个分支,因此必须以金融理论为背景和基础。金融数学的理论基础还包括现代数学理论和统计学理论。金融数学中大量应用现代数学工具,特别是控制理论和随机过程的研究成果在金融领域中创造性的应用,使得金融数学迅速发展。此外,在金融数学的研究中计算机技术的应用也具有十分突出的位置。

　　金融数学是金融学、数学、统计学、经济学与计算机科学的交叉学科,属于应用科学层次。金融数学也是继定性描述阶段以后的一个更高层次的数量化的分析性学科。

　　1952年马科维茨(Harry M. Markowitz)的投资组合选择理论和1973年布莱克-斯科尔斯的期权定价理论(Black-Scholes Option Pricing Model),被称为两次"华尔街革命"。他们避开了一般经济均衡的理论分析框架,使金融学科发生质的变化,从以定性研究为主转化为定量分析与定性分析相结合。从此,金融数学拉开了序幕。继马科维茨后,夏普(Willian F. Sharpe)、米勒(M. Miller)、默顿(R. Merton)、斯科尔斯(M. M. Scholes)等诸多经济学大师,在资产定价、公司财务和风险管理等方面做出了突出的贡献,获得了诺贝尔经济学奖。他们的研究成果也使得金融数学成为一门迅猛发展的新学科。

　　伴随着中国金融体制的逐步深化以及中国金融市场的不断发展,金融数学在我国的应用前景十分广阔。但是目前国内金融数学方面的人才比较缺乏,金融数学学科建设也刚起步。在教材方面,虽然我国已经引进了不少国外的经典书籍,但是其中涉及的数学技术比较多。基于国内的教学体系,相关专业的本科生很难读懂这些教材。因为国内的金融学教材虽然涉及了资产定价等数学模型,但对数学模型的证明一般予以回避。而有些金融数学教材,以数学证明为主,实际例子偏少,学生会觉得枯燥难懂。本教材试图深入浅出地阐述金融数学中的经典模型,对模型的经济学背景和应用做详细的介绍,对模型进行系统的数学推导,以使得那些只具有初步数学知识的读者更容易理解金融数学中的公式和模型,并能在实际中加以应用,希望读者能够从中得到启发和帮助。

　　从框架结构看,本教材可以分为以下几部分:

　　第一部分由第一章构成,对金融数学进行了简介,并介绍了一些预备基础知识。

　　第二部分由第二章至第四章构成,主要介绍了传统的资产定价理论,包括马科维茨的均值-方差模型、夏普的资本资产定价模型和罗斯的套利定价模型。

　　第三部分由第五章构成,主要介绍了债券的相关理论和债券的投资策略。

　　第四部分由第六章至第九章构成,主要介绍了金融衍生品。涉及的衍生品有期货、期权、利率衍生品和信用衍生品,介绍了各类衍生品的原理和定价公式,特别详述了期权定价公式。

　　本教材的写法不同于数学专业的教材,虽然各章之间存在联系,但可以认为内容是相对独立的。这样,读者可以进行跳跃式的阅读,不至于使读者由于前面的某个细节不清楚而影响后面内容的阅读。

　　本教材适用于金融经济、金融数学等专业的高年级本科生以及研究生,也适用于有一定的工作经验但希望增长一些知识的金融从业人员以及对金融工程这门新兴学科感兴趣的朋友。本教材可以作为一本入门教材供大家使用,有助于读者详细了解金融学中的那些数学模型的实质,理解使用这些数学模型的假设条件,以便更好地实际运用这些模型。金融市场瞬息万变,谁先发现了内在规律,谁就能从中获取高额利润。金融市场存在巨大的利润和高风险,我们相信数学方法和模型能在未来为广大投资者获取利润。

　　虽然在本教材的编写过程中,作者付出了大量的时间和精力,但由于自身的学识和精力有限,不足之处在所难免,真诚地希望广大读者予以指正,也希望我们的努力能为金融数学知识的传播尽一份绵薄之力。

　　本教材在编写过程中得到了许多人的大力支持和帮助,凝结了大家的劳动成果。本教材的初稿主要由冯鸣老师负责。第一章至第七章及第九章的编写修改工作由陈剑利老师负责。第八章的编写和修改工作由朱佳惠老师负责。最后,苏一鸣老师对本教材进行了统稿。我们在此感谢浙江工业大学理学院应用数学系金融统计团队为本教材提供的支持和帮助。本教材也得到浙江工业大学数学与应用数学专业内涵提升建设项目(PX－55181352)、浙江工业大学重点教材立项(109001815)的资助。另外,在本教材的编写过程中引用了相关专家的研究成果和著作,在此表示感谢。

陈剑利

2018 年 5 月于杭州

目　　录

第一章

基本知识

第一节 金融数学简介

一、概述

金融数学是以经济为背景、以数学为工具、以金融为例证且服从于经济的一门应用数学。金融数学在对金融经济现象进行定性分析的基础上,应用数学方法和计算机技术,研究金融经济系统的数量表现、数量关系、数量变化及其规律性。金融数学是一门新兴的边缘学科,是在两次"华尔街革命"的基础上迅速发展起来的一门数学与金融学相交叉的前沿学科。它是金融学由定性分析向定性分析与定量分析相结合转变,由规范研究为主向实证研究为主转变,由理论阐述向理论研究与实用研究并重转变,由金融模糊决策向精确化决策发展的结果。

两次"华尔街革命"指的是 1952 年马科维茨(Harry M. Markowitz)的投资组合选择理论和1973 年布莱克-斯科尔斯的期权定价理论(Black-Scholes Option Pricing Model)。他们避开了一般经济均衡的理论分析框架,使金融学科发生质的变化,从以定性研究为主转化为以定量分析为主,成为金融数学的开端。金融数学的核心内容是研究不确定性随机环境下投资组合的最优选择和资产的定价理论。套利、最优与均衡是金融数学的基本经济思想。近些年来,随着金融市场的发展,金融创新日益涌现,各种金融衍生产品层出不穷,金融交易的范围和层次更加丰富多样,这给金融数学的发展提出了更高的要求,同时也为金融数学这一门学科的发展提供了广阔的空间。金融数学同样与我国的金融改革和发展关系密切,而且在我国有巨大的发展潜力。

二、金融数学的发展

早在 20 世纪初,法国数学家巴歇里埃(Bachelier)在他的博士论文《投机的理论》中用布朗运动描述股票价格的波动,这一理论为后来金融数学的发展奠定了基础。但这一创新性工作在很长时间内并没有引起学术界的重视。直到 1950 年,萨缪尔森(Paul A. Samuelson)通过统计学家萨维奇终于发现了这一做法的巨大意义,并开始对金融数学做全面的研究,金融数学开始拉开了帷幕。

1952 年,马科维茨提出了基于均值-方差模型的投资组合选择理论。马科维茨第一次用数学概念定义了证券的"风险"和"收益",从而开创了用数理化方法对金融问题进行研究的先河。投资者都知道在证券市场中进行任何一种证券交易都会因为其未来的不确定性而有风险。有个基本的投资原则:"不要把所有的鸡蛋装在同一个篮子里。"一旦这种证券出现不测,投资者就会全赔在这种证券上。因此,为分散风险,投资者应该同时对多种证券进行交易。于是就有这样的问题:这些证券应该如何搭配为好? 马科维茨是这样来考虑的,即对于每种证券,他用历史数据测算出证券的收益和风险,把证券间的投资比例作为变量,建立一个优化问题;在给定的收益率水平下,调节投资比例,使得证券组合的风险最小;或者在给定的风险水平下,调节投资比例,使得证券的收益率最大。然后运用数学工具求解,得到证券间的最优投资比例。尽管马科维茨的研究在今天已被认为是金融经济学理论前驱工作而获得 1990 年的诺贝尔经济学奖,但在当年他刚提出他的理论时,计算机才问世不久,当证券数量较大时,计算量很大,从而使他的理论成为纸上谈兵,根本无法实际计算,而今天的计算技术自然早已使马科维茨的思想得到完全的实现。

莫迪利亚尼和米勒(Modigliani and Miller,1958)第一次应用无套利原理证明了以他们名字命名的 M-M 定理。M-M 定理讨论的是公司的财务政策(分红、债权/股权比率等)对公司价值的影响。结论是:在理想的市场条件下,即在一个无套利的市场条件里,公司价值与资本结构无关。这再一次与大多数人的市场直觉不相一致,因为人们普遍认为公司的融资方式和分红政策会对公司价值产生影响。直到今天,这也许仍然是公司金融理论中最重要的定理。从此,金融学就进入一个以无套利假设为出发点的时代。此成果也获得了诺贝尔经济学奖。同时,德布鲁(Debreu,1959)和阿罗(Arrow,1964)将一般均衡模型推广至不确定性经济中,为日后金融理论的发展提供了灵活而统一的分析框架。

这些基础性的工作在后来的 10 年内得到了两个重要的发展:其一是,在马科维茨组合理论的基础上,夏普(Sharpe,1964)、林特纳(Lintner,1965)和莫辛(Mossin,1966)解决了所有在组合理论投资下资产的收益与风险的问题。在一般均衡的框架下,假定市场中所有投资者对证券的预期收益率、标准差和协方差的看法一致,投资者的不同仅仅是风险偏好和拥有的投资禀赋不同。所有投资者都将用无风险资产与市场证券组合的线性组合来刻画证券的预期收益率。夏普因此与其老师马科维茨分享了 1990 年的诺贝尔经济学奖。另一重要发展是对阿罗-德布鲁理论的推广。赫什雷弗(Hirshleifer,1965,1966)显示了阿罗-德布鲁理论在一些基本的金融理论问题中的应用,并在一般均衡体系中证明了 M-M 定理,第一次将阿罗-德布鲁框架与套利理论联系起来。

随后,资本资产产价模型(Capital Asset Pricing Model,CAPM)得到一系列的发展。在夏普-林特纳-莫辛单期 CAPM 基础上,布莱克(Black,1972)对借贷引入限制,推导了无风险资产不存在情况下的"CAPM"。萨缪尔森(1969)、鲁宾斯坦(Rubinstein,1974,1976)、克劳斯和利曾伯格(Kraus and Litzenberger,1978)以及布伦南(Brennan,1970)等将马科维茨的静态分析扩充至离散时间的多期分析,得到了跨期 CAPM。莫顿(Merton,1969,1971,1973a)则提供了连续时间的 CAPM 版本(称为 ICAPM)。罗斯(Ross,1976a)提出与 CAPM 竞争的套利定价理论(APT)。值得强调的是,莫顿的这些文献不仅建立了连续时间内最优资产组合模型和资产定价公式,而且首次将伊藤积分引入经济分析。

20 世纪 70 年代最具革命性意义的事件无疑是布莱克和斯科尔斯(Black and Scholes,1973)推导出简单的期权定价公式,以及莫顿(Merton,1973)对该定价公式的发展和深化,这被称为第二次"华尔街革命"。期权是一种衍生证券,它的价格依赖于相应的原生证券。布莱克和斯科尔斯假设股票价格的变动服从几何布朗运动,运用伊藤引理建立了期权价格所满足的随机微分方程,通过求解方程得到了有显式解的布莱克-斯科尔斯期权定价公式。期权价格只依赖于可观察到的或可估计出的变量,避免了对未来股票价格概率分布和投资者风险偏好的依赖。期权价格只与股票价格的波动率、无风险利率、期权到期时间、执行价格和股票价格有关。公式问世后,华尔街对此做出了热烈的反应。1973 年,芝加哥期货交易所正式推出 16

种股票期权的交易。期权定价模型得到了一次又一次的验证，并推动了衍生市场的蓬勃发展。在这个阶段的后期，哈里森和克雷普斯(Harrison and Kreps，1979)发展了证券定价鞅理论(theory of martingale pricing)，这个理论在目前也仍然是金融研究的前沿课题。同一时期另一引人注目的发展是非对称信息分析方法开始使用。

1980年以后，资产定价理论和不完全信息金融市场分析继续发展。在资产定价理论方面，各种概念被统一到阿罗-德布鲁一般均衡框架下，显得更为灵活和适用。鞅定价原理逐渐在资产定价模型中占据了中心位置，达菲和黄(Duffle and Huang，1985)等在此基础上大大地推广了布莱克-斯科尔斯模型。

在非对称信息分析方面，非合作博弈论及新产业组织理论的研究方法得到广泛应用。戴蒙德(Diamond，1984)在利兰-派尔模型基础上，进一步揭示了金融中介因风险分散产生的规模经济利益，并提出了金融中介代理最终贷款者监督借款企业的效率优势。戴蒙德和迪布维克(Diamond and Dybvig，1983)建立了提供流动性调节服务的银行模型；戴蒙德(1989)、霍姆斯特龙和梯罗尔(Holmstrom and Tirole，1993)又以道德危险(moral hazard)现象为基础，解释了直接金融和中介金融共存的理由。至此，金融中介最基本的经济功能得到了较为完整的模型刻画。

正是两次华尔街的数学革命，再加上计算机和通信技术的发展，使这些观念在计算和信息传递上得以实现，就形成了对金融体系重要的技术变革。

三、金融数学中的数学方法

数学是研究现实世界的空间形式和数量关系的科学，金融学是研究运作"金钱"事务的科学，而金融数学是运用数学工具来定量研究金融问题的一门学科。从国际上对金融学的研究来看，对于数学工具和计算机软件的需求正日益增加。于是出现了数学、金融、计算机和全球经济的融合。数学在经济领域中的使用越来越多，而且其趋势不减。在经济学的论文中，金融工程、计量经济学、随机分析等大量带有浓厚"数学味道"的名词出现的频率也非常高。因此，作为一种解决实际问题的工具，在经济金融领域中，一定会看到数学的影子。从诺贝尔经济学奖的颁发来看，在经济学论文中涉及数学似乎成了一条不成文的规定。这就验证了马克思在100多年前曾说过的：任何一门学科，只有当它成功地运用数学的时候，才能达到真正的完善。从国际上对数学的应用来看，他们所使用的数学工具有的已经相当高深。比如在期权定价中，就涉及随机微分方程。在保险精算中涉及的随机内容就更多了。

数学工具在金融或经济中的使用可分为两条路线进行：

(1)以实证为主，考察某种方法在实际中的应用效果。它广泛涉及的数学学科是数理统计、计量经济、时间序列分析等。实证分析这种方式由于受到多种因素的限制，有一定的局限性。

(2)以理论分析为主。首先对研究对象进行某些假设(假设是否合理是很难说的问题)，建立相应的模型，然后应用最优化技术、随机分析、偏微分方程等比较"深"的数学知识进行分析研究。

对经济问题进行数学或统计建模是非常重要的。要从复杂的金融环境中筛选出关键因素，以分辨出相关因素与无关因素，然后从一系列的假设条件出发，推导出各种关系，最后得到结论以及做出解释。这种建模活动不仅非常有用而且极为重要，因为在金融中，假设一个小的失误、一个错误的推导、一个错误的结论，或者一个对结论的错误解释都会导致一次金融的灾难。

　　未来,金融市场存在着巨大的利润和高风险,需要计算机的帮助。然而,计算机本质上只能识别数字构成的内容,不能直接使用。数学可以用精确语言描述随机波动的市场。因此,金融中的数学能帮助 IT 产业向金融业延伸,并获取自己的利润。

　　综上可见,金融数学是金融学、数学、统计学、经济学与计算机科学的交叉学科,属于应用科学层次。金融数学也是金融学继定性描述阶段以后的一个更高层次的数量化的分析性学科。

　　金融投资分析的主要对象是证券,更进一步研究的是证券的盈利性和风险性,通过对这些证券的有效分析,投资者才能进行较正确的投资活动。

　　但是怎样衡量所投资的证券的盈利性和风险性呢? 即使我们能导出这些证券的盈利性和风险性指标,我们怎样根据这些指标来判断、比较所投资的证券的优劣呢? 因为一般说风险与收益共存——收益越高,风险越大,这必须要有一个(组)标准。

　　在本章中我们先给出投资机会盈利性和风险性的衡量方法,然后介绍效用函数,在这二者的基础上,我们来介绍随机优势准则,读者将会发现这些基础知识对于阅读本书后面各章内容来说是不可缺少的。最后作为期望效用的一个应用,我们给出了重要的 Merton 比率的导出过程。

第二节　投资机会

　　在金融证券投资分析中,我们把可行的投资对象称为投资机会,这样定义的好处在于无论是一种证券或几种证券的组合(事实上后者更重要),我们均称之为一个投资机会,这样比较简洁。另外,它也部分地反映了投资的不确定,这样衡量投资的盈利性和风险性,实际就成了投资机会的盈利性和风险性。

　　描述一个投资机会的盈利性,通常是用期望收益率来衡量,我们知道,一个证券(或组合)的收益率可表示为:

$$R_t = \frac{P_t - P_{t-1} + D_t}{P_{t-1}} \tag{1-1}$$

其中,P_t 为证券第 t 期期末的价格;P_{t-1} 为证券第 t 期期初的价格;D_t 为证券在第 t 期的现金收入(如股息、利息)。

　　如果我们假定只有到第 t 期期初为止的信息,即只有 P_{t-1} 是已知的,那么第 t 期的期望收益率为

$$\mu_t = E(R_t) = \frac{1}{P_{t-1}}[E(P_t) + E(D_t)] - 1 \tag{1-2}$$

显然它反映了投资的盈利能力。

　　如果投资者面对的是一组 m 个证券,令第 i 个证券的投资收益率为 $R_i (i = 1, 2, \cdots, m)$

　　那么这 m 个证券的投资收益率向量为 $R = (R_1, R_2, \cdots, R_m)'$,则期望值为 $E(R) = [E(R_1), E(R_2), \cdots, E(R_m)]' = (\mu_1, \mu_2, \cdots, \mu_m)'$。

　　描述一个投资机会的风险通常是用投资收益率的方差来衡量,我们知道随机变量 R_i 的方差可表示为

$$D(R_i) = \sigma_i^2 = E[R_i - E(R_i)]^2 \tag{1-3}$$

R_i 与 R_j 之间的协方差为：

$$\sigma_{ij} = \text{cov}(R_i, R_j) = E\{[R_i - E(R_i)][R_j - E(R_j)]\} \tag{1-4}$$

向量 $R = (R_1, R_2, \cdots, R_m)'$ 的协方差矩阵为

$$E\{[R - E(R)][R - E(R)]'\} = \begin{pmatrix} \sigma_1^2 & \sigma_{12} & \cdots & \sigma_{1m} \\ \sigma_{21} & \sigma_2^2 & \cdots & \sigma_{2m} \\ \vdots & \vdots & \ddots & \vdots \\ \sigma_{m1} & \sigma_{m2} & \cdots & \sigma_m^2 \end{pmatrix} \tag{1-5}$$

由于 $\sigma_{ij} = \sigma_{ji}$，所以该矩阵是对称的。

在金融投资的数理分析中，我们用 V 来表示协方差矩阵 $D(R)$。观察矩阵 V 我们不难证明如下定理：

定理 1-1　如果随机变量 $R_i(i = 1, 2, \cdots, m)$ 之间不存在线性相关，则 V 正定。

证明：作一随机变量 $Y = [R - E(R)]'C$，这里 C 是任一 m 维常数列向量，$R = (R_1, R_2, \cdots, R_m)'$，显然 Y 是标量，则有

$$E(Y^2) = E(Y'Y) = E\{C'[R - E(R)][R - E(R)]'C\}$$
$$= C'E\{[R - E(R))(R - E(R)]'\}C = C'VC \geqslant 0$$

由于 $E(Y^2) = 0$ 意味着 $Y = 0$，但 C 是任一列向量，故若 $Y = [R - E(R)]'C = 0$，即意味着 $R_1 - E(R_1), R_2 - E(R_2), \cdots, R_m - E(R_m)$ 之间线性相关，故若 $R_1, R_2, \cdots, R_m$ 之间不存在线性相关，则恒有

$$E(Y^2) = C'VC > 0 \tag{1-6}$$

即 V 正定。

进一步研究 V，我们发现它还有如下性质：

定理 1-2　若 m 维列向量 $C = (C_1, C_2, \cdots, C_m)'$，$i = (1, 1, \cdots, 1)'$ 的数量积 $C' \cdot i = 1$，那么有

$$C'VC \geqslant \frac{\lambda_{\min}}{m} \tag{1-7}$$

这里 $\lambda_{\min}$ 是正定矩阵 V 的最小特征根。

证明：由不等式 $\sqrt{\dfrac{C_1^2 + C_2^2 + \cdots + C_m^2}{m}} \geqslant \dfrac{C_1 + C_2 + \cdots + C_m}{m}$

我们得

$$\frac{C_1^2 + C_2^2 + \cdots + C_m^2}{m} \geqslant \frac{(C' \cdot i)^2}{m^2} = \frac{1}{m^2}$$

就是

$$C_1^2 + C_2^2 + \cdots + C_m^2 \geqslant \frac{1}{m}$$

由于 V 是对称矩阵，且是正定的，则存在正交矩阵 P，使得 $P'VP$ 为对角矩阵 $\wedge$，作正交变换 $Y = (y_1, y_2, \cdots, y_m)' = P'C$。

则有

$$C'VC = C'PP'VPP'C$$
$$= C'P \wedge P'C$$
$$= Y' \wedge Y$$
$$= \sum_i \lambda_i y_i^2 \geqslant \lambda_{\min} \sum_i y_i^2$$

$$= \lambda_{\min} \sum_i C_i^2 \geqslant \frac{\lambda_{\min}}{m}$$

其中，$\Lambda = \begin{bmatrix} \lambda_1 & 0 & \cdots & 0 \\ 0 & \lambda_2 & \cdots & 0 \\ \vdots & \vdots & & \vdots \\ 0 & 0 & 0 & \lambda_m \end{bmatrix}$

上面倒数第 1 个等式依据的是正交变换的性质：向量经过正交变换后，其模不变。

在金融投资数理化分析中，人们有时也用 R 的下侧方差（lower partial variance，简记 LPV）来描述风险，即如果投资收益率服从连续型分布，设其分布函数为 $F(r)$，那么其下侧方差为：

$$\text{LPV}(r) = \int_{-\infty}^r (x - r)^2 \, dF(x) \tag{1-8}$$

如果 R 服从离散型分布，设其分布为 $P\{R = r_i\} = h_i$，则其下侧方差为

$$\text{LPV}(r) = \sum_{r_i \leqslant r} h_i (r_i - r)^2 \tag{1-9}$$

由统计知识我们知道，方差（或标准差）是描述随机变量对某一点（均值）的背离程度，这里的背离既包括从下侧方向（即小于均值方向）的背离，也包括从上侧方向的背离，如果随机变量 R 是一类正向指标（即数值越大越好），则我们希望这种上侧背离越大，下侧背离越小越好，而由 (1-8)，我们可看出它恰恰反映了随机变量对任一点下侧方向的背离，所以它也能较好地刻画出投资的风险性。

还有人用概率来描述风险，如 Domar 认为：如果某一投资机会的最小容许值用 r_0 表示，则我们就可用 $P\{R \leqslant r_0\}$ 大小来描述投资风险，很显然，投资者是不喜欢具有较大的 $P\{R \leqslant r_0\}$ 值的投资机会的。

事实上，我们对风险有很多种度量方法，可以采用一个一般的数学度量——范数来总括之，而方差点（或标准差）只是它的一个特例。关于这个问题，我们将在以后章节讨论。

如上所述，当投资者面对一组具有期望收益率 $E(R)$ 和协方差矩阵 V 的 m 个证券时，我们就说投资者面对着一组投资机会，或一个投资机会集。如果 $E(R)$ 和协方差矩阵 V 给出，我们则称其为一个常数投资机会。如何在这个集合中找出一个最优的投资机会是金融投资分析的一个主要任务。

我们已经叙述了投资机会的盈利性和风险性的理论基础，现在我们来看看如何在实际应用中根据样本资料来导出投资收益率 R 的期望、方差等统计量的估计值。

我们知道，由于未来的收益不确定，一般来说投资收益率 R 不是确定的，而是一个服从某种分布的随机变量，考虑到实用性，假定 R 是离散型随机变量，$R = r_i$ 发生的概率是 h_i，于是 R 的期望值——期望收益率和方差分别为

$$\mu = E(R) = \sum_i r_i h_i$$

$$\sigma^2(R) = \sum_i h_i (r_i - \mu)^2 \tag{1-10}$$

但是由于 R 是未来的收益率，受各种因素影响，所以这个随机变量的真实分布一般是不知道的，故我们必须对其期望和方差进行估计，一般来说，要进行这种估计，首先要有这样一个假设，即未来各年的收益率的分布 $F(r)$ 是一样的。于是，如果有一个收益率的时间序列 $R_1, R_2, \cdots, R_N$ 的一个实现值 $r_1, r_2, \cdots, r_N$（N 为观察的时点数），那么该收益率的抽样均值为

$$\bar{r} = \frac{1}{N} \sum_{i=1}^{N} r_i$$

我们就可用 $\bar{r}$ 来估计 $E(R)$。

例 1-1　表 1-1 是一个普通收益率的时间序列，求该股票的期望收益率。

表 1-1　各股的收益率

t	1	2	3	4	5	6
r_t	6%	2%	4%	−1%	12%	7%

根据前述道理，我们可计算出这种股票收益率的样本均值为

$$\bar{r} = \frac{1}{6} \sum_{i=1}^{6} r_i = 5\%$$

期望收益率为 $E(R) = \bar{r} = 5\%$。

和期望收益率一样，对于其方差，我们一般也不知道，人们通常是用抽样方差

$$\hat{\sigma}^2(R) = \frac{1}{N-1} \sum_{i=1}^{N} (r_i - \bar{r})^2 \tag{1-11}$$

来估计收益率的真实方差的，注意这里的 $\hat{\sigma}^2(R)$ 不能用 $\frac{1}{N} \sum_{i=1}^{N} (r_i - \bar{r})^2$ 来代替，因为要考虑自由度损失，$\hat{\sigma}^2(R)$ 是无偏估计。

在实际工作中，这样计算抽样方差一般是比较烦琐的，所以我们可将 $\hat{\sigma}^2(R)$ 换成另一种形式

$$\hat{\sigma}^2(R) = \frac{1}{N-1} \sum_{i=1}^{N} (r_i - \bar{r})^2 = \frac{1}{N-1} \sum_{i=1}^{N} (r_i^2 - 2\bar{r}r_i + \bar{r}^2)$$
$$= \frac{N}{N-1} (\overline{r^2} - \bar{r}^2) \tag{1-12}$$

其中，$\overline{r^2} = \frac{1}{N} \sum_{t=1}^{N} r_t^2$。

例 1-2　计算表 1-1 中股票的方差。

$$\bar{r} = 5\%, \bar{r}^2 = 0.25\%,$$

$$\overline{r^2} = \frac{1}{6} (0.06^2 + 0.02^2 + 0.04^2 + 0.01^2 + 0.12^2 + 0.07^2) = 0.42\%$$

$$\hat{\sigma}^2(R) = \frac{6}{5} (0.42\% - 0.25\%) = 0.204\%$$

以上我们介绍了单一证券收益率的期望和方差的估计方法，但是这些方法并不能描述证券收益率之间的相互关系。事实上这些相互关系是存在的。如 A 公司和 B 公司的产品是相互替代的，那么如 A 公司股票看好（收益率增大），则 B 公司的收益率一定会下降，反之亦然；如 A 公司和 B 公司的产品是相互补充的，那么它们的股票收益率一定会同升、同降。因此，我们还要研究它们的协方差和相关系数的样本估计。

由于我们假定 R 均为离散型随机变量，因此，如果 R_A 和 R_B 的联合分布为

$$P(R_A = r_A, R_B = r_B) = h_i$$

那么 A 股票和 B 股票收益率之间的协方差就为

$$\sigma_{AB} = \sum_i h_i [r_{A_i} - E(R_A)][r_{B_i} - E(R_B)] \tag{1-13}$$

需要说明的是，有时为了运算清楚，R_A 和 R_B 之间的协方差用 $\text{cov}(R_A, R_B)$ 符号来表示，实

际上在前面,这两个符号已在交互使用了。

由式(1-13),我们不难发现,如果两个股票收益率之间的协方差为正数,则说明当一股票收益率大于它的期望时,另一股票收益率很可能也大于其期望值,反之亦然。如果它们之间的协方差为负数,则当一种股票的收益率大于它的期望值时,另一股票收益率很可能会小于其期望值。

在实际中,我们并不知道 R_A 和 R_B 的联合分布,所以只能采取抽样的方法来对 σ_{AB} 进行估计,即对一个 R_A 和 R_B 的二度时序样本 $\{r_{A_t}, r_{B_t} \mid t=1,2,\cdots,N\}$ 进行估计,由此我们可得到 σ_{AB} 的估计为 $\hat{\sigma}_{AB} = \dfrac{1}{N-1}\sum_{i=1}^{N}\left[(\bar{r}_{A_i}-\bar{r}_A)(\bar{r}_{B_i}-\bar{r}_B)\right]$

仿上,我们可同样将此式化简为

$$\hat{\sigma}_{AB} = \frac{N}{N-1}(\overline{r_A \cdot r_B} - \bar{r}_A \cdot \bar{r}_B) \tag{1-14}$$

其中,$\overline{r_A \cdot r_B} = \dfrac{1}{N}\sum_{i=1}^{N}r_{A_i}r_{B_i}$。

例 1-3　表 1-2 表示两个股票在 5 个月内的收益情况,试求它们之间的协方差。

表 1-2　两个股票的收益率

t	1	2	3	4	5
r_{A_t}	4%	-2%	8%	-4%	4%
r_{B_t}	2%	3%	6%	-4%	8%

解:根据式(1-14)我们不难得到

$$\bar{r}_A = \frac{1}{5}\sum_{t=1}^{5}r_{A_t} = 2\%, \quad \bar{r}_B = \frac{1}{5}\sum_{t=1}^{5}r_{B_t} = 3\%, \quad \overline{r_A \cdot r_B} = \frac{1}{5}\sum_{t=1}^{5}r_{A_t}\cdot r_{B_t} = 0.196\%$$

$$\hat{\sigma}_{AB} = \frac{N}{N-1}(\overline{r_A \cdot r_B} - \bar{r}_A \cdot \bar{r}_B) = 0.17\%$$

我们知道,协方差在一定程度上描述了投资收益率之间的相互影响,但理论上指出,这种描述是有缺陷的,其主要原因在于它们会受到各自单位的影响,譬如说有甲、乙两组股票,对每个组的收益率都观察到 5 个点,如图 1-1 所示。

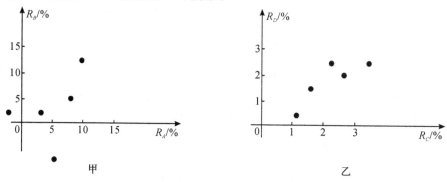

图 1-1　各股票收益率的相互影响

甲组内包含 A 和 B 两种股票,乙组内包含 C 和 D 两种股票。直观地看,应该是乙组内股票 C 和 D 的收益率相互影响更大,因为 R_C 和 R_D 同增、同减(5 个点均在第一象限),甚至是同幅度地增减;而甲组内的两个股票除了 3 个点在第一象限且同增减外,还有 1 个点在第二象限,1 个点在第四象限,这两个点显然表明 R_A 和 R_B 的变动方向恰好相反,即 R_A 增减相应 R_B 减增。但

计算结果却有 $\sigma_{AB} > \sigma_{CD}$，究其原因不难看出，$R_A$ 和 R_B 单位较 R_C 和 R_D 的大，因前者为 5‰，后者为 1‰。

为了弥补这种缺陷，我们可以用相关系数 ρ 更好地刻画两种（甚至多种）投资收益率之间的相互关系，其主要思想是用两个收益率各自标准差的乘积去除协方差，这样既使得结果是个无量纲的数，从而摆脱了计算单位的影响，又使得协方差从原来取值区间为 $(-\infty, +\infty)$ 改为现在的相关系数的取值区间 $[-1, 1]$，即

$$\rho_{AB} = \frac{\sigma_{AB}}{\sigma(R_A)\sigma(R_B)} \tag{1-15}$$

这样就使得 ρ 成为统一尺度，通过其大小来反映两项投资收益率的相互关系。

仍如上例，我们求得

$$\rho_{AB} = \frac{\sigma_{AB}}{\sigma(R_A)\sigma(R_B)} = 0.758$$

在统计上，根据 ρ 的取值大小，我们可把两项投资收益率的相关系数分成 5 大类：

(1) 正相关：$0 < \rho < 1$；

(2) 完全正相关：$\rho = 1$；

(3) 零相关：$\rho = 0$；

(4) 负相关：$-1 < \rho < 0$；

(5) 完全负相关：$\rho = -1$。

这 5 种关系可用图 1-2 来说明。

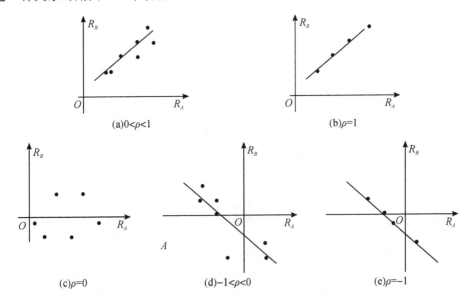

图 1-2　各股收益率的相关系数

图中的直线是根据最小二乘法原理建立起来的回归直线（又称拟合线）。正相关的回归线斜率为正，负相关的回归线斜率为负，完全正相关和完全负相关的点均在回归线上，如果 R_A 和 R_B 是零相关，则说明它们是线性无关的。这点特别要注意，零相关并不一定是彼此不相关的，它们之间可能是非线性相关。

在统计应用中，人们常常用相关系数的平方来表示可决系数（the coefficient of determination）。可决系数是一个百分比，它表示一个量变化与另一个量之间有关或能由另一

个量解释的百分比,反之亦然。

如上例的可决系数 $d = \rho^2 = 0.758^2 = 57.5\%$ 说明了 R_A 变化的 57.5% 可由 R_B 来解释,当然 R_B 变化可由 R_A 来解释的百分数也为 57.5%。通过对两股票收益率的历史数据的分析,求出其相关系数和可决系数,则如果知道 R_A 将在下期变动的情况,我们就可以基本推断出 R_B 的变动情况。

到目前为止,我们仅仅研究了随机变量 R 的一阶原点矩(期望)和二阶中心矩(方差)。R 的三阶中心矩和四阶中心矩分别为

$$\mu_3(R) = E[R - E(R)]^3$$
$$\mu_4(R) = E[R - E(R)]^4 \tag{1-16}$$

如果定义偏度系数 $C_S = \dfrac{\mu_3(R)}{\sigma^3}$,峰度系数 $C_E = \dfrac{\mu_4(R)}{\sigma^4}$,则我们就可把任一随机变量 R 的分布密度函数 $f(r)$ 近似地表示为

$$f(r) = \frac{1}{\sqrt{2\pi}\sigma} e^{-\frac{(r-\mu)^2}{2\sigma^2}} \left\{ 1 - \frac{C_S}{6}\left[3\left(\frac{r-\mu}{\sigma}\right) - \left(\frac{r-\mu}{\sigma}\right)^3 \right] + \frac{C_E - 3}{24}\left[3 - 6\left(\frac{r-\mu}{\sigma}\right)^2 + \left(\frac{r-\mu}{\sigma}\right)^4 \right] \right\}$$

$$\tag{1-17}$$

从统计学的观点来看,若要准确地刻画 R,必须要导出 R 的分布,但实际上我们并不这样做,通常只是用 R 的前几阶矩来描述 R 的盈利性和风险性就足够了,因为根据样本资料推导 R 的准确的真实分布,这是很难的。

第三节 效用函数

我们已经给出了描述一个投资机会的盈利性和风险性的方法,现在我们来考虑投资决策问题,即怎样来选择一个较优的投资机会。最早人们考虑选择较优的投资机会主要是依据它的盈利性指标 —— 期望收益率,但实际表明这是不够的。

例 1-4　有四种证券 A、B、C、D,它们的收益情况如表 1-3 所示,计算出各证券的期望收益率,并进行选择。

表 1-3　各证券的收益情况

分类	A		B		C		D	
	收益	概率	收益	概率	收益	概率	收益	概率
分布	10%	1	-8%	1/4	-4%	1/4	-20%	1/10
			-16%	1/2	8%	1/2	0	6/10
			24%	1/2	12%	1/2	50%	3/10

$$E(R_A) = \sum_i R_i h_i = 10\% \times 1 = 10\%,$$

$$E(R_B) = \sum_i R_i h_i = -8\% \times \frac{1}{4} - 16\% \times \frac{1}{2} + 24\% \times \frac{1}{2} = 2\%,$$

$$E(R_C) = \sum_i R_i h_i = -4\% \times \frac{1}{4} + 8\% \times \frac{1}{2} + 12\% \times \frac{1}{2} = 9\%,$$

$$E(R_D) = \sum_i R_i h_i = -20\% \times \frac{1}{10} + 0 \times \frac{6}{10} + 50\% \times \frac{3}{10} = 13\%.$$

投资 D 的收益最大，为 13%，若按照期望准则，似乎应投资 D。但这个准则并不是对所有投资者都适用的，我们来比较一下投资 A 和 D，不难看出，虽然投资 A 的期望收益为 10%，低于投资 D 的期望收益，但是 A 的收益是确定的，而 D 的期望收益虽然较高，可它为 0 和 −20% 的可能性很大，合起来的概率为 7/10，所以一个谨慎的投资者可能宁愿选择 A，而不是选择 D。

最早证明按照期望值来进行决策的不足，可能要算 18 世纪瑞士数学家伯努利（Bernoulli）提出的"圣彼得堡矛盾"了。"圣彼得堡矛盾"这个问题，讲的是一个用掷钱币来确定输赢的赌博，其输赢的规则是这样的：当设赌人所掷的钱币出现有尾的一面时，就继续掷，一直掷到出现头的一面为止；如果第一次掷即出现头，就给参赌者一元钱，第二次出现头则给 2 元钱，第三次出现头则给 4 元，依此类推，第 n 次才出现头给参赌人 2^{n-1} 元钱，问人们愿意出多少钱参加这种赌博？

不难得到参赌者所获收入的期望值为

$$1 \cdot \frac{1}{2} + 2 \cdot \frac{1}{2^2} + \cdots + 2^{n-1} \cdot \frac{1}{2^n} + \cdots = \frac{1}{2} + \frac{1}{2} + \cdots + \frac{1}{2} + \cdots = +\infty$$

如按期望值来进行决策，只要人们拿出有限的钱来参加这种赌博都是值得的。然而事实上人们为参加这种赌博而愿意付出的钱是很少的，说明大多数人并不是按期望值准则来决策的。

如果我们既考虑一个投资机会的期望收益率又考虑其方差，是否能进行有效的投资选择呢？这还不一定，这个方法就是所谓的 M-V 方法，它的成立是基于投资收益率 R 服从正态分布的假设之上的。因为如果有两个投资机会 A 和 B，当 $R_A \geqslant R_B$ 且 $\sigma_A^2 \leqslant \sigma_B^2$，我们固然能得出 A 优于 B，但如果 $R_A \geqslant R_B$ 且 $\sigma_A^2 \geqslant \sigma_B^2$，我们应该怎样来判别它们的优劣呢？事实上，在实际生活中后一种情况居多，即所谓的"高收益、高风险""风险和收益共存"。鉴于这些，我们就会理所当然地想到，能否设置一种函数，这种函数能把期望收益率和方差二者均包括进去，即二者的大小对函数值均有影响？回答是肯定的，存在这样的一种函数，这就是所谓的效用函数。

效用理论最先是被经济学理论用来分析消费者行为的。所谓效用是人们从消费一种产品中所得到的满足。把它引入金融投资分析中，我们可用效用值来表示投资者可能得到的效益的偏好程度。值得注意的是，这里的效用被表征为"偏好程度"，它来自序数效用理论，在描述一种效益的效用时，我们必须要记住的是：任一效用函数只是针对某个或某类具有相同信念的投资者的，即不同的投资机会的优劣只能由某个或某类投资者按照他或他们自己的价值判断 —— 效用函数来判断，而不能由具有不同类效用函数的投资者做出一致的判断。简而言之，只能进行自我比较（intrapersonal comparison），而不能进行互相比较（interpersonal comparison）。对于自我比较，就产生了"基数效用"分析和"序数效用"分析之分。

所谓基数效用法是指投资者对于某一个投资机会可给予一定的效用单位。这种方法未免有点牵强附会，于是作为对这种理论的补充又产生了序数效用理论。按照序数效用理论，我们虽然不能精确地测量两个投资机会各有多少单位的效用，但是我们能给出它们的排序 $U_A > U_B$，即投资股票 A 要优于投资股票 B，这样我们就能两两进行排序，虽然不能给出二者的差距，但这就够了。

现在我们根据效用理论，具体地说，根据投资者的效用函数的主要特征，来对投资者进行划分，结果得到三种类型的投资者：风险厌恶型、风险爱好型、风险中性型。

一、风险厌恶型

这种类型投资者的效用函数 $U(x)$ 具有下面的特征：

$U'(x) \geqslant 0$;$U''(x) \leqslant 0$;至少在某一点不等号成立。

很显然,这个函数是增函数,而且是凸函数,其曲线如图 1-3 所示。

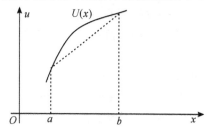

图 1-3 风险厌恶型投资者的效用函数

理论指出,绝大多数投资者具有这类效用函数,他们也就相应地被称之为风险厌恶型投资者,具有上述特征的效用曲线所解释的行为,人们称之为边际效用递减规律。对于风险厌恶型投资者的决策行为的分析,我们要经常用到一个很重要的不等式 ——Jensen 不等式。

定理 1-3 设 $U''(x) \leqslant 0$(x 是一个随机变量),那么 $U[E(X)] \geqslant E[U(X)]$。

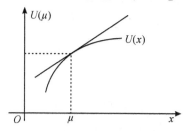

图 1-4 效用函数曲线

证明:如图 1-4 所示,设 $\mu = E(X)$ 存在,那么过切点 $P(\mu, U(\mu))$ 的切线方程是

$$y = U(\mu) + U'(\mu)(x - \mu)$$

由于 $U''(x) \leqslant 0$,故 $U(x)$ 在切线的下面,因此对所有的 x 值均有

$$y = U(\mu) + U'(\mu)(x - \mu) \geqslant U(x)$$

两边取期望得

$$E[U(\mu)] + E[U'(\mu)][E(x) - \mu] \geqslant E[U(x)]$$

即

$$E[U(\mu)] \geqslant E[U(x)]$$

$$U[E(X)] \geqslant E[U(X)]$$

二、风险爱好型

这类投资者与上述的投资者相映成趣,他们的效用曲线通常具有图 1-5 所示的形状。

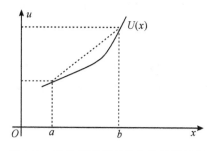

图 1-5 风险爱好型投资者的效用函数

不难看出 $U'(x) \geqslant 0$ 和 $U''(x) \geqslant 0$，至少在某一点不等号成立。在实际生活中，这种类型的投资者是很少的。

三、风险中性型

在风险厌恶型和风险爱好型投资者之间，还有一类风险中性型投资者。这种类型的投资者的特点是无视风险的存在与否。他们的效用函数是线性的——斜率为正的直线，如图 1-6 所示。

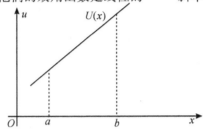

图 1-6　风险中性型投资者的效用函数

不难看出 $U'(x) \geqslant 0, U''(x) = 0$。

如前所述，按照效用理论，无论投资者属于哪种类型，他都是按照其效用最大化的准则来进行决策的，而不是按照最大期望收益值来进行决策的。事实上后者只是前者的一个特例，即投资者都是风险中性型时，两个准则同一。

如果我们继续根据效用函数的特征，则可以进一步增加对风险厌恶型投资者的风险厌恶程度信息的了解。这种了解是通过计算绝对风险厌恶函数 $R_A(x)$ 和相对风险厌恶函数 $R_R(x)$ 而实现的，这两个函数的函数计算式是：

$$R_A(x) = -\frac{U''(x)}{U'(x)} \tag{1-18}$$

$$R_R(x) = xR_A(x) = -\frac{xU''(x)}{U'(x)} \tag{1-19}$$

所谓相对风险厌恶函数实际上是边际效用 $U'(x)$ 对 x 的弹性。

在众多的风险厌恶型的投资者中，还有这样一类投资者：当 R 的数值相当大时，他们对风险的厌恶程度就会降低，往往还会多进行一些风险性投资，我们把这类投资者称为绝对风险厌恶递减型投资者。用上述函数表示就是 $\dfrac{\mathrm{d}R_A(x)}{\mathrm{d}x} < 0$，将式(1-18)代入后展开得

$$-\frac{U'(x)U'''(x) - [U''(x)]^2}{[U'(x)]^2} < 0$$

$$\frac{U'(x)U'''(x) - [U''(x)]^2}{[U'(x)]^2} > 0$$

注意到 $U'(x) \geqslant 0, U''(x) \leqslant 0$，故上式成立的必要条件是 $U'''(x) > 0$，就是绝对风险厌恶递减型的投资者具有以 $U'(x) \geqslant 0, U''(x) \leqslant 0, U'''(x) > 0$ 为特征的效用函数，这个条件在我们后面对 TSD 准则的叙述中还要用到。

四、几种常用的风险厌恶型投资者的效用函数

(一)指数效用函数

对于 $x > 0, a > 0$，有 $\qquad\qquad U(x) = 1 - e^{-ax}$

显然
$$U'(x) = \alpha e^{-\alpha x} > 0$$
$$U''(x) = -\alpha^2 e^{-\alpha x} < 0$$
$$R_A(x) = -\frac{U''(x)}{U'(x)} = \alpha > 0$$
$$R_R(x) = x R_A(x) = \alpha x > 0$$

（二）幂效用函数

对于 $x > 0, \alpha \in (0,1)$，有
$$U(x) = \frac{x^\alpha - 1}{\alpha}$$

因此
$$U'(x) = x^{\alpha-1} > 0$$
$$U''(x) = (\alpha - 1) x^{\alpha-2} < 0$$
$$R_A(x) = -(\alpha - 1) x^{-1} > 0$$
$$R_R(x) = -\frac{\alpha - 1}{x} x = 1 - \alpha > 0$$

根据前面所述，我们可知拥有幂函数的投资者是绝对风险厌恶递减型投资者。

（三）对数效用函数

对于 $x > 0, a > 0, b > 0$，有
$$U(x) = b\ln\frac{x}{a}$$

则
$$U'(x) = b \cdot \frac{a}{x} \cdot \frac{1}{a} = \frac{b}{x} > 0$$
$$U''(x) = -\frac{b}{x^2} < 0$$
$$R_A(x) = -\frac{U''(x)}{U'(x)} = \frac{1}{x}$$
$$R_R(x) = x R_A(x) = 1$$

如果前面的"圣彼得堡矛盾"中的参赌者具有对数效用函数，则我们就能解决"圣彼得堡矛盾"问题，事实上正因为此问题，人们称对数效用函数是 Bernoulli 函数。

如前所述，我们假定，愿意参加这种赌博的人都是风险厌恶者，且他们的效用函数都一样，因为
$$U(x) = b\ln\frac{x}{a}, a > 0, b > 0$$

不难验证
$$U'(x) = b \cdot \frac{a}{x} \cdot \frac{1}{a} = \frac{b}{x} > 0$$
$$U''(x) = -\frac{b}{x^2} < 0$$

由于第 n 次掷币才出现"头"的所得钱数为 $x = 2^{n-1}$，则它的效用为
$$U(x) = b\ln\frac{2^{n-1}}{a} = b[(n-1)\ln 2 - \ln a]$$

而第 n 次掷币出现"头"的概率为 $P(x) = \frac{1}{2^n}$，故这些参赌者获得的收入的期望效用为

$$E[U(x)] = \sum_{n=1}^{\infty} \frac{1}{2^n} b [(n-1)\ln 2 - \ln a]$$

$$= b \sum_{n=1}^{\infty} \frac{n-1}{2^n} \ln 2 - b \sum_{n=1}^{\infty} \frac{1}{2^n} \ln a$$

注意到

$$\sum_{n=1}^{\infty} \frac{n-1}{2^n} = \sum_{n=1}^{\infty} \frac{1}{2^{n+1}} + \sum_{n=1}^{\infty} \frac{1}{2^{n+2}} + \sum_{n=1}^{\infty} \frac{1}{2^{n+3}} + \cdots + \cdots$$

$$= \frac{1}{2} + \frac{1}{4} + \frac{1}{8} + \cdots = 1$$

且 $\sum_{n=1}^{\infty} \frac{1}{2^n} = 1$，于是

$$E[U(x)] = b\ln 2 - b\ln a = b\ln \frac{2}{a} = U(2)$$

这说明，如果参赌者的偏好真正由效用函数 $U(x)$ 确定，那么他们至多只会花 2 元钱来参加这样的赌博。

例 1-5　假定一个风险厌恶者有如下形式的效用函数：$U(r) = E(r) - 0.005 A\sigma^2$，其中 A 为投资者风险规避的程度。若 A 越大，代表投资者越厌恶风险；在同等风险的情况下，越需要更多的收益补偿。通过表 1-4 的方法，可以计算不同情况下投资者所获得的效用。

表 1-4　投资者的效用

预期收益 $E(r)/\%$	标准差 $\sigma/\%$	效用 $U(r) = E(r) - 0.005 A\sigma^2$
10	20.0	$10 - 0.005 \times 4 \times 400 = 2$
15	25.5	$15 - 0.005 \times 4 \times 650 = 2$
20	30.0	$20 - 0.005 \times 4 \times 900 = 2$
25	35.0	$25 - 0.005 \times 4 \times 1225 = 0.5$

行文至此，我们已对效用函数作了详尽的描述。不难看出，我们若要依据效用函数来对风险性投资机会进行优劣排序，其基本思想是将投资收益 R 的期望值与方差换算成适当的值，而以效用的形式表现出来。或者说对 R 的方差给予恰当的收益补偿。

第四节　随机优势准则

我们已经知道，在通常的情况下，一个投资机会的投资收益率 R 是一个随机变量，任一个投资者对于 R 均有他自己的价值判断，亦即有一个特定的效用函数与之对应，但由于 R 是随机变量，所以对于投资者来说，他要考查这个 R 给他带来的"平均效用"——期望效用，以这个期望效用来进行决策。但是这样说绝不意味着只有 R 的盈利性指标起作用（当然 R 的盈利性水平越高，期望效用越大），风险性指标方差就不起作用了，事实上方差是 R 的分布的一个重要参数，方差的大小直接影响着分布的集中程度，进而影响期望效用。

在效用理论的架构下，判别两个投资机会的优劣，主要采用的是随机优势准则（Stochastic Dominance，常记为 SD 准则）。如同上面所说的，R 是一个随机变量，所以比较随机变量之间的孰优孰劣，实际上是个数学问题。在数学上有专门研究各种条件下随机变量优劣比较的问题

—— 随机序问题,这里我们只是根据投资者行为 —— 效用理论来研究 SD 准则。

我们知道所谓投资决策说到底就是在诸多可行的投资机会中选择一个最优的投资机会,但什么是最优?什么是最劣?这必须有某种准则可循。这个准则必须和投资活动的主体 —— 投资者的行为(包括价值判断)相符合,或者是投资者自觉或不自觉所依据的。一句话,准则是相对于一个投资者或某一类投资者而言的,随机优势准则毫不例外也是这样的一种准则。

按照 SD 准则,我们用渐进式的分类方法,依据效用函数来对投资者进行分类。首先是把具有一阶导数不减的效用函数的投资者作为一类,和这一类相适应的 SD 准则称为第一级随机优势准则,简称 FSD 准则。在这一类投资者中进一步分类,把那些具有二阶导数不增的效用函数的投资者作为一类,与之相适应的 SD 准则称之为第二级随机优势准则,简记为 SSD 准则。我们再对风险厌恶型投资者进一步分类,把那些绝对风险厌恶递减型作为一类,与之相适应的 SD 准则称为第三级随机优势准则,简记为 TSD 准则。到目前为止,SD 准则只包括 FSD、SSD、TSD 三个子准则,现在我们来分别叙述按照这三个准则确定投资机会优劣的做法。我们假设现有投资机会 F 和 G,二者投资收益率 R 的分布函数分别是 $F(r)$ 和 $G(r)$,二者的期望值分别为 μ_F 和 μ_G,投资者的效用函数为 $U(r)$。

1. FSD 准则　对任意两个投资机会 F 和 G,如果所有效用函数均满足 $U'(x) \geqslant 0$,那么投资机会 F 优于 G 的充要条件是:对任一 $r \in R$,均有

$$F(r) \leqslant G(r) \tag{1-20}$$

(不等号至少在一点上成立)

2. SSD 准则　对任意两个投资机会 F 和 G,如果所有效用函数均满足 $U'(x) \geqslant 0, U''(x) \leqslant 0$,那么投资机会 F 优于 G 的充要条件是:对任一 $r \in R$,均有

$$\int_{-\infty}^{r} F(t)\mathrm{d}t \leqslant \int_{-\infty}^{r} G(t)\mathrm{d}t \tag{1-21}$$

(不等号至少在一点上成立)

3. TSD 准则　对任意两个投资机会 F 和 G,如果所有效用函数均满足 $U'(x) \geqslant 0, U''(x) \leqslant 0$ 和 $U'''(x) > 0$,那么投资机会 F 优于 G 的充要条件是:对任一 $r \in R$,均有

$$\mu_F \geqslant \mu_G \tag{1-22}$$

$$\int_{-\infty}^{r} \int_{-\infty}^{y} F(t)\mathrm{d}t\mathrm{d}y \leqslant \int_{-\infty}^{r} \int_{-\infty}^{y} G(t)\mathrm{d}t\mathrm{d}y \tag{1-23}$$

(不等号至少在一点上成立)

一、FSD 准则的证明

证明:先证充分性

由于我们假定收益 r 只限在有限数 a 和 b 之间,即 $a \leqslant r \leqslant b$(无穷的情况一样处理),那么 $F(a) = G(a) = 0, F(b) = G(b) = 1$,于是有

$$\delta = E_F[U(r)] - E_G[U(r)]$$

$$= \int_a^b U(r)\mathrm{d}F(r) - \int_a^b U(r)\mathrm{d}G(r)$$

$$= \int_a^b U(r)\mathrm{d}[F(r) - G(r)]$$

$$= U(r)[F(r) - G(r)] \Big|_a^b + \int_a^b [G(r) - F(r)]U'(r)\mathrm{d}r$$

$$= \int_a^b [G(r) - F(r)]U'(r)\mathrm{d}r \tag{1-24}$$

由于对任一 $r \in [a,b]$ 均有 $F(r) \leqslant G(r)$，且有 $U'(r) \geqslant 0$，所以被积函数 $[G(r) - F(r)]U'(r) \geqslant 0$，故有 $\delta \geqslant 0$，也就是 $E_F[U(r)] \geqslant E_G[U(r)]$，即投资机会 F 的期望效用大于投资机会 G 的期望效用，故 F 优于 G，充分性证毕。

再证必要性，用反证法。

为方便起见，假定 r 在 $[a,c](a < c < b)$ 内有 $F(r) > G(r)$，在 $[c,b]$ 有 $F(r) < G(r)$，由于 $U(r)$ 为任一不减函数，我们总可以找到一个效用函数 $U(r)$，使得

$$\left| \int_a^c [G(r) - F(r)]U'(r)\mathrm{d}r \right| \geqslant \int_c^b [G(r) - F(r)]U'(r)\mathrm{d}r > 0$$

就是

$$-\int_a^c [G(r) - F(r)]U'(r)\mathrm{d}r - \int_c^b [G(r) - F(r)]U'(r)\mathrm{d}r$$

$$= -\int_a^b [G(r) - F(r)]U'(r)\mathrm{d}r \geqslant 0$$

故

$$\int_a^b [G(r) - F(r)]U'(r)\mathrm{d}r \leqslant 0$$

这与题设条件 F 优于 G

即

$$\delta = E_F[U(r)] - E_G[U(r)] = \int_a^b [G(r) - F(r)]U'(r)\mathrm{d}r \geqslant 0$$

矛盾。

故对于 $a \leqslant r \leqslant b$，只能有 $F(r) \leqslant G(r)$，必要性证毕。

事实上 FSD 准则是很容易理解的，由于 $F(r)$ 和 $G(r)$ 表示的是 F 和 G 的收益 R 的分布函数，故对于 R 的任一个取值 k，有

$$P_F(R \leqslant k) = F(k)$$
$$P_G(R \leqslant k) = G(k)$$

于是

$$P_F(R > k) = 1 - F(k)$$
$$P_G(R > k) = 1 - G(k)$$

注意到

$$F(k) \leqslant G(k)$$

故有

$$1 - F(k) \geqslant 1 - G(k)$$

对于一切 r，上式均成立，于是

$$1 - F(r) \geqslant 1 - G(r)$$

这个式子说明，投资 F 接收一个较高的收益机会，总是大于方案 G 同样取值的机会，所以投资机会 F 优于 G，事实上在数学中这正是一个随机变量大于另一个随机变量的定义。

图 1-7 中四条曲线 a,b,c,d 分别代表方案 A、B、C、D 的收益分布函数，根据 FSD 准则我们不难发现投资 A、C 和 D 均优于 B，同时投资 C 优于投资 A，但对 C 和 D 或 A 和 D 则无法分清

孰优孰劣。

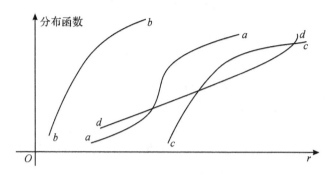

图 1-7　各股收益率的分布函数

二、SSD 准则的证明

一阶随机优势准则所针对的情况是很一般的,即只要投资者的效用函数是不减的就可以了,但是也正因为如此,它的质量就不是太高,因此在这种情况下就不具有很好的判断效果。

现在我们对投资者再增加一个条件,即他们必须是风险厌恶型的,这就产生了 SSD 准则,由于条件增加了,所以作为一个准则,它的质量将比 FSD 准则有所提高,按照 SSD 准则其判别效果肯定会优于 FSD 准则。

证明:同样,我们先来证充分性,根据式(1-24),我们有

$$\delta = E_F U(r) - E_G U(r)$$

$$= \int_a^b [G(r) - F(r)] U'(r) \mathrm{d}r$$

$$= \int_a^b U'(r) \mathrm{d} \left\{ \int_a^r [G(t) - F(t)] \mathrm{d}t \right\}$$

$$= U'(r) \int_a^r [G(t) - F(t)] \mathrm{d}t \Big|_a^b - \int_a^b U''(r) \int_a^r [G(t) - F(t)] \mathrm{d}t \mathrm{d}r$$

$$= U'(b) \int_a^b [G(t) - F(t)] \mathrm{d}t + \int_a^b \left\{ -U''(r) \int_a^r [G(t) - F(t)] \mathrm{d}t \right\} \mathrm{d}r$$

现在如果对于 $a \leqslant r \leqslant b$,却有

$$\int_a^r [G(t) - F(t)] \mathrm{d}t \geqslant 0$$

且注意到 $U'(b) \geqslant 0, U''(r) \leqslant 0$
故上式右边的第一项

$$U'(b) \int_a^b [G(t) - F(t)] \mathrm{d}t \geqslant 0$$

第二项也有

$$\int_a^b \left\{ -U''(r) \int_a^r [G(t) - F(t)] \mathrm{d}t \right\} \mathrm{d}r \geqslant 0$$

所以

$$\delta = E_F[U(r)] - E_G[U(r)] \geqslant 0$$

就是

$$E_F[U(r)] \geqslant E_G[U(r)]$$

我们再来证必要性,用反证法来证明。

假定当 r 在 $[a,c](a < c < b)$ 内有

$$\int_a^r [G(t) - F(t)]\mathrm{d}t \leqslant 0 \tag{1-25}$$

而当 r 在 $[c,b]$ 内则有

$$\int_a^r [G(t) - F(t)]\mathrm{d}t \geqslant 0$$

那么上面充分性证明过程中的

$$\delta = U'(b)\int_a^b [G(t) - F(t)]\mathrm{d}t + \int_a^b \{-U''(r)\int_a^r [G(t) - F(t)]\mathrm{d}t\}\mathrm{d}r$$

$$= U'(b)\int_a^b [G(t) - F(t)]\mathrm{d}t + \int_a^c \{-U''(r)\int_a^r [G(t) - F(t)]\mathrm{d}t\}\mathrm{d}r$$

$$+ \int_c^b \{-U''(r)\int_a^r [G(t) - F(t)]\mathrm{d}t\}\mathrm{d}r$$

上式右边第一、第三项按假定条件为正,第二项为负,所以若要使 $\delta \geqslant 0$,就必须恰当地选择一个满足 $U'(r) \geqslant 0, U''(r) \leqslant 0$ 条件的效用函数 $U(r)$,使得第一、第三项的绝对值之和大于或等于第二项的绝对值。这里用"恰当地选择"这样的字眼,意思就是存在满足 $U'(r) \geqslant 0$,$U''(r) \leqslant 0$ 的效用函数 $U(r)$,使得第一、第三项的绝对值之和小于第二项的绝对值。因此,若要对于所有满足 $U'(r) \geqslant 0, U''(r) \leqslant 0$ 的效用函数 $U(r)$ 均有 $\delta = E_F[U(r)] - E_G[U(r)] \geqslant 0$,则必须要上式右侧三项都为正,就是第二项也应有

$$\int_a^c \{-U''(r)\int_a^r [G(t) - F(t)]\mathrm{d}t\}\mathrm{d}r \geqslant 0$$

亦即

$$\int_a^r [G(t) - F(t)]\mathrm{d}t \geqslant 0$$

即原来的假设不成立,必要性证毕。

在上面的有关 FSD 标准的叙述中,根据其条件,我们知道当两个分布函数曲线相交时,我们无法判定它们的孰优孰劣。但是在 SSD 标准的条件下,对于某些相交的情况,我们还是能进行正确的划分的。下面我们来看一下图 1-8。

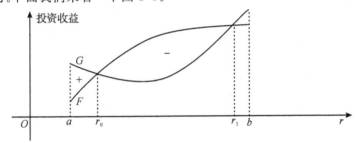

图 1-8　收益分布函数

图 1-8 中的曲线 F 和 G,分别代表投资机会 F 和 G 的收益分布函数 $F(r)$ 和 $G(r)$,区域内有"+"号的,表示 $G(r)$ 超过 $F(r)$ 的积分的面积,带"-"号的区域表示 $F(r)$ 超过 $G(r)$ 的积分的面积,且前者(带"+"号)区域的面积大于后者(带"-")的区域的面积。

于是我们不难有

$$\int_a^{r_0} [G(r) - F(r)]\mathrm{d}r > -\int_{r_0}^{r_1} [G(r) - F(r)]\mathrm{d}r > 0$$

就是

$$\int_a^{r_1} [G(r) - F(r)] \mathrm{d}r > 0$$

当 $a \leqslant r \leqslant r_0$ 时,当然有

$$\int_a^r [G(r) - F(r)] \mathrm{d}r \geqslant 0$$

当 $r_0 \leqslant r \leqslant r_1$ 时,亦有

$$\int_a^r [G(r) - F(r)] \mathrm{d}r \geqslant \int_a^{r_1} [G(r) - F(r)] \mathrm{d}r > 0$$

当 $r_1 \leqslant r \leqslant b$ 时,由于

$$\int_{r_1}^r [G(r) - F(r)] \mathrm{d}r > 0$$

故有

$$\int_a^r [G(r) - F(r)] \mathrm{d}r = \int_a^{r_1} [G(r) - F(r)] \mathrm{d}r + \int_{r_1}^r [G(r) - F(r)] \mathrm{d}r > 0$$

即对于 $r \in [a, b]$,有

$$\int_a^r [G(r) - F(r)] \mathrm{d}r \geqslant 0$$

就是投资 F 优于投资 G。

三、TSD 准则的证明

如果投资者不仅是风险厌恶者,而且还是绝对风险厌恶递减者,就产生了 TSD 准则

证明:先证充分性,由于

$$\delta = E_F[U(r)] - E_G[U(r)]$$

$$= \int_a^b U(r) \mathrm{d}F(r) - \int_a^b U(r) \mathrm{d}G(r)$$

$$= \int_a^b U(r) \mathrm{d}[F(r) - G(r)]$$

$$= U(r)[F(r) - G(r)] \Big|_a^b + \int_a^b [G(r) - F(r)] U'(r) \mathrm{d}r$$

$$= \int_a^b [G(r) - F(r)] U'(r) \mathrm{d}r$$

$$= \int_a^b U'(r) \mathrm{d}\left\{ \int_a^r [G(r) - F(r)] \mathrm{d}t \right\}$$

$$= U'(b) \int_a^b [G(t) - F(t)] \mathrm{d}t - \int_a^b U''(r) \left\{ \mathrm{d} \int_a^r \int_a^y [G(t) - F(t)] \mathrm{d}t \mathrm{d}y \right\} \mathrm{d}r$$

$$= U'(b)(\mu_F - \mu_G) - U''(b) \int_a^b \int_a^y [G(t) - F(t)] \mathrm{d}t \mathrm{d}y$$

$$+ \int_a^b \int_a^r \int_a^y [G(t) - F(t)] U'''(r) \mathrm{d}t \mathrm{d}y \mathrm{d}r \tag{1-26}$$

由于条件(1-22)、(1-23)成立,再注意到 $U''(b) \leqslant 0$,$U'(b)$ 和 $U''(r)$ 非负,则显然有 $\delta \geqslant 0$,即 $E_F[U(r)] \geqslant E_G[U(r)]$,$F$ 优于 G,充分性证毕。

再证必要性,用反证法。

假定条件(1-23)成立,而(1-22)不成立,则式(1-26)中右侧第一项为负,第二、三项为正,

于是我们总可以选择适当的 $U(r)$，从而得到适当的 $U'(b),U''(b)$ 和 $U'''(b),U'''(r)$，使得第一项的绝对值大于第二、三项之和，亦即 $\delta \leqslant 0$，这与题设 $\delta \geqslant 0$ 相矛盾，所以只能有 $\mu_F \geqslant \mu_G$。

假定式(1-22)成立，式(1-23)不成立，这得分两种情况来分析。

(1) 如果对任一 r 均有

$$\int_a^r \int_a^y F(t)\mathrm{d}t\mathrm{d}y \geqslant \int_a^r \int_a^y G(t)\mathrm{d}t\mathrm{d}y$$

那么式(1-26)中右侧第一项，第二、三项为负，我们也总可以选择适当的 $U'(r)$，从而得到适当的 $U'(b),U''(b)$ 和 $U'''(r)$，使得第二、第三项绝对值之和大于第一项，即 $\delta \leqslant 0$，这与题设 $\delta \geqslant 0$ 相矛盾。

(2) 如果存在数 $c,a < c < b$，使得当 $r < c$ 时

$$\int_a^r \int_a^y F(t)\mathrm{d}t\mathrm{d}y \geqslant \int_a^r \int_a^y G(t)\mathrm{d}t\mathrm{d}y$$

而当 $r > c$ 时有

$$\int_a^r \int_a^y F(t)\mathrm{d}t\mathrm{d}y \leqslant \int_a^r \int_a^y G(t)\mathrm{d}t\mathrm{d}y$$

那么式(1-26)右侧的第三项可分解成为如下新的第三项和第四项之和，即

$$\int_a^b \int_a^r \int_a^y [G(t) - F(t)]U'''(r)\mathrm{d}t\mathrm{d}y\mathrm{d}r$$

$$= \int_a^c \int_a^r \int_a^y [G(t) - F(t)]U'''(r)\mathrm{d}t\mathrm{d}y\mathrm{d}r + \int_c^b \int_a^r \int_a^y [G(t) - F(t)]U'''(r)\mathrm{d}t\mathrm{d}y\mathrm{d}r$$

这样式(1-26)右侧中第一、二、四项为正，第三项为负。同理，我们也可选择适当的 $U(r)$，并使得 $\delta \leqslant 0$，总括第二种情况，均与题设 $\delta \geqslant 0$ 相矛盾，故只能有

$$\int_a^r \int_a^y F(t)\mathrm{d}t\mathrm{d}y \leqslant \int_a^r \int_a^y G(t)\mathrm{d}t\mathrm{d}y$$

如条件(1-22)、(1-23)均不成立，证明可仿上，这里不作多述。

我们已经给出了三个准则的证明，从这些证明中我们可看出它们是递进的，即一般的决策过程是：将诸多的可行的投资机会先用 FSD 准则来进行选择，除去劣类投资机会；然后再将已"通过"FSD 准则选择的优类投资机会用 SSD 准则进行选择，再除去劣类投资机会；最后将剩下的优类投资机会用 TSD 准则进行选择，通过的即 SD 最优投资机会。由于这三个准则对投资者的行为(效用函数)所施加的条件一个比一个严格，因此，从选择的质量上来说，应该是一个比一个高，如果把它们比作筛选投资机会的筛子的话，则它们的"筛眼"一个比一个小，它们选择的这种关系可用图 1-9 来表示。

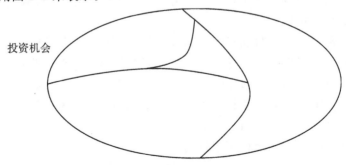

投资机会

图 1-9 投资机会的筛选

上面所叙述的三种选择方法均是以两两比较的，即如果对 m 个机会进行选择，则需要进行

$\binom{m}{2} = \frac{1}{2}m(m-1)$ 次选择,这显然很麻烦,好在我们现在可以利用计算机编程来解决。

第五节　单期的 Merton 比率

作为期望效用准则的一个应用,我们现在介绍资产分配优化中的一个很重要的比率——Merton 比率。顾名思义,它是 1997 年诺贝尔奖得主 Merton 于 1969 年在他的一篇重要论文中导出的。下面我们给出单期的 Merton 比率的推导过程。

设投资者的效用函数为
$$U(x) = \frac{x^a}{\alpha} \tag{1-27}$$
这里 $x > 0, 0 < \alpha < 1$。

再设投资者面对两种均为 1 个单位的资产,一个是无风险资产,其无风险利率为 i_f,因此一个周期末,无风险资产的价值是 $1 + i_f$。另一个是风险资产,在一个周期末,它的价值或者以概率 p、利率为 i_u,上升到 $1 + i_u$;或者以概率 $1 - p$、利率为 i_d,上升到 $1 + i_d (i_d < i_u)$,如下图所示。

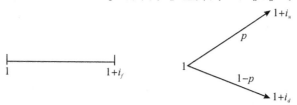

显然一个周期后,风险性资产的期望收益率为 $m = pi_u + (1-p)i_d = p(i_u - i_d) + i_d$

因此得概率 $p = \frac{m - i_d}{i_u - i_d}, 1 - p = \frac{i_u - m}{i_u - i_d}$。

下面来考虑一下 i_u、i_d、i_f 和 m 之间的关系,我们设想 i_f 不能大于 i_u,否则谁也不投资风险性资产,即 $i_f < i_u$;同样 i_f 不能小于 i_d,否则谁也不投资无风险资产,即 $i_f > i_d$,所以我们得
$$i_d < i_f < i_u \tag{1-28}$$
另外由于 $0 \leqslant p \leqslant 1$,故根据期望收益率计算公式就有 $i_u > m > i_d$。同时由于风险资产有扰动(方差)存在,所以必有 $m > i_f$,将它和(1-28)结合起来,我们有
$$i_u > m > i_f > i_d \tag{1-29}$$
得到了这个式子以后,Merton 比率就是回答这样的问题:如果具有形如(1-27)的效用函数的投资者,其初始财富为 W_0,则他应将他的财富按什么样的比例投放到上述两种资产上,使之到一个期末期望效用最大。

设该投资者分配 aW_0 到风险性资产上,则分配到无风险资产的数额为 $(1-a)W_0$,那么在一个周期后当风险性资产价值以 i_u 为利率上升时,该投资者的财富水平为
$$W = aW_0(1 + i_u) + (1-a)W_0(1 + i_f) = W_0[a(i_u - i_f) + 1 + i_f]$$
当风险性资产价值以 i_d 为利率上升时,该投资者的财富水平为
$$W = aW_0(1 + i_d) + (1-a)W_0(1 + i_f) = W_0[1 + i_f - a(i_f - i_d)]$$
把它们综合,则得到该投资者的期望效用为
$$E[U(W)] = p \frac{\{W_0[a(i_u - i_f) + 1 + i_f]\}^a}{a} + (1-p) \frac{\{W_0[1 + i_f - a(i_f - i_d)]\}^a}{a}$$

$$\tag{1-30}$$

由于 $U(x) = \dfrac{x^a}{a}$，$U'(x) = x^{a-1} > 0$，$U''(x) = (a-1)x^{a-2} < 0$。

即 $U(x)$ 是向上凸的，因而 $E[U(W)]$ 关于 W、进而关于 a 也是向上凸的，因此对式(1-30)两边关于 a 求导，并让它们都等于零，得

$$a = \frac{(1+i_f)(\theta-1)}{i_u - i_f + \theta(i_f - i_d)} \tag{1-31}$$

$$\theta = \left[\frac{p(i_u - i_f)}{(1-p)(i_f - i_d)}\right]^{\frac{1}{1-a}}$$

即当给定上述条件时，向风险性资产投资的比例如式(1-31)所计算出的 a 时，投资者的期望效用最大，式(1-31)就是单期的 Merton 比率。

习　题

1. 考虑下列定义于资产 X 上的效用函数为风险厌恶型投资者的效用函数。

(1)$U(X) = \ln(X)$

(2)$U(X) = -\dfrac{1}{X}$

2. 若下列效用函数为风险厌恶型投资者的效用函数，求 a 的取值范围。

(1)$U(X) = -X^{-a}$

(2)$U(X) = -e^{-aX}$

(3)$U(X) = \dfrac{X^a}{a}$

3. 考虑一下两种投资 A 和 B：

A		B	
收益	概率	收益	概率
2	0.2	3	0.6
3	0.3	6	0.4
5	0.5		

分别利用三个随机优势准则分析哪种投资更优，并说明原因。

4. 假设一个投资方案 A 的分布函数由以下函数给出，描述 FSD 准则。

$$F_A(x) = \begin{cases} 0, & 0 \leqslant x < 1 \\ 0.1, & 1 \leqslant x < 2 \\ 0.8, & 2 \leqslant x < 4 \\ 1, & x \geqslant 4 \end{cases}$$

假设另外三个投资方案 B、C 和 D 的收益分布函数由以下函数给出，分析投资机会 A 优于以下哪个投资方案？

$$F_B(x) = \begin{cases} 0, & 0 \leqslant x < 1 \\ 0.2, & 1 \leqslant x < 2 \\ 0.7, & 2 \leqslant x < 4 \\ 1, & x \geqslant 4 \end{cases} \quad F_C(x) = \begin{cases} 0, & 0 \leqslant x < 1 \\ 0.1, & 1 \leqslant x < 2 \\ 0.6, & 2 \leqslant x < 4 \\ 1, & x \geqslant 4 \end{cases} \quad F_D(x) = \begin{cases} 0, & 0 \leqslant x < 1 \\ 0.1, & 1 \leqslant x < 3 \\ 0.6, & 3 \leqslant x < 4 \\ 1, & x \geqslant 4 \end{cases}$$

5. 假设三个投资方案 A、B 和 C 的收益分布函数均服从正态分布，其期望和标准差由以下表格给出：

投资方案	期望(μ)	标准差(σ)
A	12%	4%
B	10%	3%
C	5%	1%

利用 SSD 准则判断这三个投资机会之间的优劣，并说明原因。

第二章

组合投资理论

　　1952 年,马科维茨在《财务学杂志》(*Journal of Finance*)上发表了他的著名论文《投资组合选择》,标志着现代组合投资理论(the portfolio theory)面世。马科维茨的投资组合分析方法涉及的基本假设是投资者从根本上讲都是回避风险的。这一假定意味着投资者若接受高风险的话,则必定要有高回报率来补偿。所以,如果在具有相同回报率的两个证券之间进行选择的话,则任何投资者都将会选择风险较小的,从而舍弃风险较大的。这一假定意味着投资者要使期望效用最大化,而不仅仅是使期望的回报率最大化。效用作为满意程度的一种度量,既要考虑回报,又要考虑风险。从那时起许多经济学家、数学家对该理论做了细致的研究,使得该理论的内容得到不断的充实,形式也日臻完美。

　　本章主要叙述组合投资的优化问题,这是投资组合理论中的核心问题,本章内容的顺序是:首先给出投资决策的均值-方差准则(即 M-V 准则),在此基础上建立组合投资的优化模型,根据这个模型,我们得到了绝对最小方差组合和最小方差集。对最小方差集的性质、计算和应用,我们安排了几节的内容,进行了深入的讨论。

第一节　M-V 准则

一、M-V 准则及其证明

　　前面,我们对效用函数,以及基于效用函数做不确定性的决策等,做了详尽的讨论。但是在那里,我们就指出了,一个交易策略的效用值,某个投资收益率 R 的效用函数 $U(r)$ 等,它们均是"只可意会,不可言传"。事实上,对于这些反映主观价值判断的量,我们很难精确地刻画它们。因此,为了正确地进行投资分析和决策,我们必须另辟蹊径,寻找一个理论正确且可操作性强的方法。

　　我们的思路是这样的,首先假定投资者是风险厌恶型的,即具有或不自觉地具有如下形式的效用函数 $U(x)$。

$$U'(x) \geqslant 0, \quad U''(x) \leqslant 0 \qquad (\text{不等号至少在一点上成立})$$

　　这个条件并不严格,然后我们只考虑投资对象——证券本身的信息。因这些信息是客观的,如同我们前面所述的,表征一种证券的投资收益率 R 的水平和分布的最主要的两个量是它们的期望值 $E(R)$ 和方差 $\sigma^2(R)$。对于风险厌恶型投资者而言,只根据实际的证券收益率的期望值和方差来进行决策,而不是依据"虚无缥缈"的效用函数来进行决策,这样要好做决策得多。基于上述和前面的内容,我们假定这些风险厌恶型投资者的决策规则是:在具有相同的期望收益率的多种证券中,总是选择收益率方差最小的证券;或者在具有同样的收益率方差的多种证券中,总是选择期望收益率最大的证券。这就是 M-V 准则。

定理 2-1 设投资者收益率为随机变量 R,其期望为 $E(R)$,方差为 $\sigma^2(R)$,如果有证券 F 和 G,则 F 优于 G,当且仅当

$$E_F(R) \geqslant E_G(R) \text{ 和 } \sigma_F^2(R) \leqslant \sigma_G^2(R) \quad (\text{不等号至少在一点上成立})$$

综观 M-V 准则,我们不难看出,实际上我们这里已经用投资收益率的方差来表征证券投资风险了,而且正是这种表征,我们就可以按照 M-V 准则,应用数学规划的方法来对证券进行选择。

需要指出的是,虽然我们在上面提出 M-V 准则的初衷是基于可操作性而避开效用函数,但我们要指出,M-V 准则并不违反期望效用最大化准则,在某些条件下,它们总是保持完全一致。下面我们来证明利用 M-V 准则和利用随机优势准则来进行投资选择时,结果是一样的。

我们先来证明如果证券的投资收益率是正态分布的,则 M-V 准则与 SSD 准则同一。这里有两点要说明:其一,假设投资收益率是正态分布的这一点并不为过,因为在第一章中我们曾讲过一个证券的投资收益会受到许多因素的影响,或者说是许多独立的或相关的多种因素综合交会的结果。由于统计规律,个别的偶然因素会相互抵销,总体却会呈现一定的规律,所以根据大数定律,我们能够做出这样的假定。其二,应用 M-V 准则和 SSD 准则进行投资决策的投资主体,如前所述都是风险厌恶型投资者,在没有其他信息的情况下,应用它们来进行选择,其结果是一样的。

证明:设有两种证券 F 和 G。F 的期望值是 μ_F,方差是 σ_F^2,分布函数是 $F(r)$;G 的期望值是 μ_G,方差是 σ_G^2,分布函数是 $G(r)$。

我们现在来分情况证明。

(1)如果 $\sigma_F = \sigma_G = \sigma$,$\mu_F > \mu_G$,则根据 M-V 准则有投资证券 F 优于投资证券 G,由于对于一切 r,均有 $\dfrac{r - \mu_F}{\sigma} < \dfrac{r - \mu_G}{\sigma}$,根据正态分布函数的性质得:

$$\Phi\left(\frac{r - \mu_F}{\sigma}\right) < \Phi\left(\frac{r - \mu_G}{\sigma}\right)$$

就是

$$F(r) = \Phi\left(\frac{r - \mu_F}{\sigma}\right) < \Phi\left(\frac{r - \mu_G}{\sigma}\right) = G(r)$$

于是有

$$\int_{-\infty}^{r} [G(t) - F(t)] \mathrm{d}t > 0 \tag{2-1}$$

即根据 SSD 准则也有 F 优于 G。

(2)如果 $\mu_F = \mu_G = \mu$,$\sigma_F < \sigma_G$,则根据 M-V 准则有投资证券 F 优于投资证券 G,若要证明按照 SSD 准则得到同一结论,则要根据正态分布函数的性质分 $r \leqslant \mu$ 和 $r > \mu$ 来考虑。

① 如果 $r \leqslant \mu$,则有 $\dfrac{r - \mu}{\sigma_F} \leqslant \dfrac{r - \mu}{\sigma_G}$,就是 $F(r) < G(r)$

于是

$$\int_{-\infty}^{r} [G(t) - F(t)] \mathrm{d}t > 0$$

② 如果 $r > \mu$,那么有

$$\int_{-\infty}^{r} [G(t) - F(t)] \mathrm{d}t = \int_{-\infty}^{\mu} [G(t) - F(t)] \mathrm{d}t + \int_{\mu}^{r} [G(t) - F(t)] \mathrm{d}t >$$

$$\int_{-\infty}^{\mu} [G(t) - F(t)]dt + \int_{\mu}^{+\infty} [G(t) - F(t)]dt$$

观察上式右侧的第二项，设 $x = 2\mu - t$，于是

$$\int_{\mu}^{+\infty} [G(t) - F(t)]dt = -\int_{\mu}^{-\infty} [G(2\mu - x) - F(2\mu - x)]dx = \int_{-\infty}^{\mu} [G(2\mu - t) - F(2\mu - t)]dt$$

但是 $G(t) + G(2\mu - t) = \Phi(\dfrac{t - \mu}{\sigma}) + \Phi(\dfrac{\mu - t}{\sigma}) = 1$

同理 $F(t) + F(2\mu - t) = 1$

所以对于 $r > \mu$，有

$$\int_{-\infty}^{r} [G(t) - F(t)]dt > \int_{-\infty}^{\mu} [G(t) - F(t)]dt + \int_{-\infty}^{\mu} [G(2\mu - t) - F(2\mu - t)]dt$$

$$= \int_{-\infty}^{\mu} \{[G(t) + G(2\mu - t)] - [F(t) + F(2\mu - t)]\}dt = 0$$

即根据 SSD 准则也有 F 优于 G。

（3）如果 $\mu_F > \mu_G$，$\sigma_F < \sigma_G$，则这是上面两种情况的合成，根据这两个准则均有 F 优于 G。

（4）如果 $\mu_F > \mu_G$，$\sigma_F > \sigma_G$，根据这两个准则，我们对 F 和 G 均无法做出孰优孰劣的结论。

二、M-LPV 准则及其证明

在实际投资分析中，常常要用到所谓的左侧方差 LPV(r)，它通常是由下式来定义的。

$$\text{LPV}(r) = \int_{-\infty}^{r} (x - r)^2 dF(x) \tag{2-2}$$

这里 $F(r)$ 是投资收益率 R 的分布函数。从上式可以看出左侧方差实际上是针对任意一点而言的，它标度的是该点左边与该点的差异程度，而实际上我们也正关心任意一点左侧与该点的背离情况，这也具有真正的"风险"含义；而对于方差，它不具有这一个特点，它同样反映了两侧对点（期望值）的背离程度。因此从这个意义上来说，左侧方差比方差更精确地刻画了投资风险，它越大，则风险越大。

如果把左侧方差中任意一点 r 固定为 R 的期望值 $\mu = E(R)$，那么左侧方差就变成了半方差 SV，

$$\text{SV} = \int_{-\infty}^{\mu} (x - \mu)^2 dF(x)$$

如果我们把投资收益率 R 的左侧方差 LPV(r) 也作为一个决策依据的话，那么可以仿 M-V 准则，我们得到了一个新的准则 M-LPV 准则，可叙述如下：

定理 2-2　设证券投资收益率为随机变量 R，其期望值为 $E(R)$，方差 $\sigma^2(R)$，如果有证券 F 和证券 G，则 F 优于 G，当且仅当

$$E_F(R) \geqslant E_G(R) \text{ 和 } LPV_F(r) \leqslant LPV_G(r) \quad （不等号至少在一点上成立） \tag{2-3}$$

这里的 LPV(r) 是由式（2-2）来定义的。

在用 M-LPV 准则来进行投资选择时，还有一个优点就是不需要投资收益率服从正态分布这一假定。这一点当然很好，扩大了应用范围，但有得必有失，它要求投资主体 —— 投资者必须是绝对风险厌恶递减型的，这个准则才能和期望效用最大化准则同一。由于使用这两个投资主体一样，故我们来证明 M-LPV 准则和 TSD 准则同一。

证明： 设我们有两种证券：证券 F 和证券 G，F 的收益率的分布函数是 $F(r)$，期望值是 μ_F，G 的收益率的分布函数是 $G(r)$，期望值是 μ_G，不妨假定根据 TSD 准则，投资证券 F 优于投资证

券 G，于是有

$$\mu_F \geqslant \mu_G$$

$$\int_{-\infty}^{r}\int_{-\infty}^{x} F(t)\mathrm{d}t\mathrm{d}x = \int_{-\infty}^{r}\int_{-\infty}^{x} G(t)\mathrm{d}t\mathrm{d}x \tag{2-4}$$

而根据 M-LPV 准则，对式（2-2）反复应用分部积分法，则得

$$\mathrm{LPV}_F\,(r) - \mathrm{LPV}_G(r) = \int_{-\infty}^{r}(x-r)^2\mathrm{d}F(x) - \int_{-\infty}^{r}(x-r)^2\mathrm{d}G(x)$$

$$= \int_{-\infty}^{r}(x-r)^2\mathrm{d}[F(x)-G(x)]$$

$$= (x-r)^2[F(x)-G(x)]\Big|_{-\infty}^{r} - 2\int_{-\infty}^{r}(x-r)[F(x)-G(x)]\mathrm{d}x$$

$$= -2\int_{-\infty}^{r}[F(x)-G(x)](x-r)\mathrm{d}x$$

$$= -2\int_{-\infty}^{r}(x-r)\mathrm{d}\int_{-\infty}^{x}[F(t)-G(t)]\mathrm{d}t$$

$$= -2(x-r)\int_{-\infty}^{x}[F(t)-G(t)]\mathrm{d}t\Big|_{-\infty}^{r} + 2\int_{-\infty}^{r}\int_{-\infty}^{x}[F(t)-G(t)]\mathrm{d}t\mathrm{d}x$$

$$= 2\int_{-\infty}^{r}\int_{-\infty}^{x}[F(t)-G(t)]\mathrm{d}t\mathrm{d}x$$

代入式（2-4），则得

$$\mathrm{LPV}_F(r) - \mathrm{LPV}_G(r) = 2\int_{-\infty}^{r}\int_{-\infty}^{x}[F(t)-G(t)]\mathrm{d}t\mathrm{d}x \leqslant 0$$

即

$$\mathrm{LPV}_F(r) \leqslant \mathrm{LPV}_G(r)$$

再注意到式（2-3），所以投资 F 优于投资 G，则 M-LPV 准则和 TSD 准则是一致的。

以上我们从投资收益率 R 的分布假定上着手来研究 M-LPV 准则和 TSD 准则的等价关系。从这个角度来看，由于经营活动的有限责任制、税的影响等，故 R 的分布很难对称，因而不大可能服从正态分布，故 M-LPV 准则应该比 TSD 准则有更大的适用性。

三、另一种理解

如果我们不从投资收益率 R 的分布方面来考虑，而是从效用函数方面来考虑，我们同样也可得出 M-V 准则符合期望效用最大化的准则。例如我们可设投资者具有在有限的范围内为二次三项式效用函数，即可得到这个结论。

设 $r < R_0$ 范围内，投资者的效用函数为

$$U(R) = a + bR + cR^2$$

由于投资者是风险厌恶型的，故需要效用函数满足

$$U'(R) = b + 2cR \geqslant 0, R \in [0, R_0]$$

$$U''(R) = 2c \leqslant 0$$

则得 $b > 0, c < 0$。

于是对上面的效用函数两边取期望，得

$$E[U(R)] = a + bE(R) + cE(R^2)$$

$$= a + bE(R) + c\sigma^2(R) + c[E(R)]^2$$

上式两边分别对 $E(R)$ 和 $\sigma^2(R)$ 求偏导

$$\frac{\partial E[U(R)]}{\partial E(R)} = b + 2cE(R) = E(b + 2cR) \geqslant 0$$

$$\frac{\partial E[U(R)]}{\partial \sigma^2(R)} = c < 0$$

显然,若投资者为风险厌恶型的,具有如上述的二次三项式型效用函数,则投资者的期望效用随投资收益率的增大而增大,随投资收益率方差的增大而减小,这正好说明了 M-V 准则与期望效用最大化相符合。

顺便说一句,上面的二次三项式函数被界定在 $[0, R_0]$ 内,是基于保证效用函数满足 $U'(R) \geqslant 0$ 和 $U''(R) \leqslant 0$ 这一要求的缘故,如图 2-1 所示。

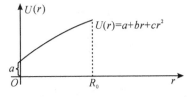

图 2-1 效用函数

当然对于 $r \in [R_0, +\infty)$,我们还可以再定义一个函数,即使得效用函数成为一个满足 $U'(R) \geqslant 0$ 和 $U''(R) \leqslant 0$ 要求的分段落函数。

综上所述,M-V 准则(包括 M-LPV 准则)的基本思想是以投资收益率的方差来作为投资风险的度量,这得到大多数主流经济学家的认同,在本章和下一章,我们均是采用这个定义的。但是需要指出的是,并不是所有学者都认同这个观念,如 Domar 认为投资收益率小于投资者预先设定的某一最低水平 r_0 的概率——$P(R < r_0)$ 来作为投资风险的量度;Boumol 则建议用 $E(R) - k\sigma$ 来作为风险量度,因为根据 Chebyshev 不等式,有

$$P\{R < [E(R) - k\sigma]\} < \frac{1}{k^2}$$

实际上我们还可以用实线性空间上的一个泛函——范数来定义风险,使得上述度量方法只是它的特例。

第二节 组合投资理论

一、基本定义

称 $\theta(k) = [\theta_1(k), \theta_2(k), \cdots, \theta_N(k)]'$ 是一个交易策略,其中 $\theta_i(k)$ 表示投资者在 $[k, k+1]$ 期间持有证券 i 的股数。从另一角度来看,我们专门研究单期情况,则可认为投资者在这期间持有一个包括 N 种证券的组合,因为我们是研究单期情况,则 $\theta(k)$ 固化了,成为一个普通列向量

$$\theta = (\theta_1, \theta_2, \cdots, \theta_N)$$

这里的 θ_i 则表示投资者持有证券 i 的股数。

如果在期初,这 N 种证券的价格为行向量

$$S = (S_1, S_2, \cdots, S_N)$$

那么令
$$x_i = \frac{\theta_i S_i}{\sum\limits_{j=1}^{N} \theta_j S_j} \qquad (2\text{-}5)$$

则 x_i 表示投资者向证券 i 投资的投资额占总的组合的投资额的比重。如果令
$$X = (x_1, x_2, \cdots, x_N)'$$

那么 X 就是这个组合的权重向量，或称为组合向量。

这里有两点要指出的是：其一，和 θ 一样，如果 x_i 为负，通常称为卖空或做空，表示的是投资者卖出证券 i 的份额；如果 x_i 为正，则是买进，又称买空或做多。其二，向量 X 必满足归一化条件，即如果我们仍设 N 维向量
$$i = (1, 1, \cdots, 1)'$$

那么必有
$$i'X = \sum_{i=1}^{N} x_i = 1$$

例 2-1 某投资者手里持有股票 A 若干和 20000 元现金，现在他把股票 A 全部卖掉得现金 10000 元，同时把现有的 30000 元买了 B 和 C 两种股票，购买前者花了 8000 元，购买后者花了 22000 元，计算投资者这个组合的系数向量。

根据式(2-5)
$$x_A = \frac{-10000}{20000} = -0.5$$
$$x_B = \frac{8000}{20000} = 0.4$$
$$x_C = \frac{22000}{20000} = 1.1$$

则系数向量是 $X = (-0.5, 0.4, 1.1)'$。

下面我们将辅之以适当的例子，分三个部分来阐述组合投资理论的背景知识。

二、证券组合

如果我们同时买或卖某些不同种类和不同收益的证券，我们就构成一个证券组合。从证券组合的定义，我们至少可以发现两点：首先，证券组合是个总体概念，这个总体是由若干个体组成的。其次，这些个体在种类和收益上可能各不相同。实际上就更广泛的内容来说，我们可以用"投资组合"这个词。而当所有个体均是证券时，则称为"证券组合"；如果只是债券或股票，则分别称为"债券组合"或"股票组合"，目前用的最普通的是"股票组合"。

为什么对证券进行投资要用组合的形式呢？西方有句谚语说得好：不能把所有的鸡蛋放到一个篮子里。在证券投资的实践中，人们发现，有相当多的投资者不愿把其全部资金都投放到个别证券上，因为那样做会有较大的风险。所以，人们在投资时，可以选择一组而不是一种证券来进行投资。当然，这种选择不是任意的，而是有特定意向的。选择哪种证券（考虑它们之间的关系）、各种证券所占的比例等，都是可以应用严密的数学方法推导的，这样选择的结果，可能会大大降低投资的风险。

从理论上来讲，我们构造一个含有 N 种证券的组合，就是要选择一组系数 $x_1, x_2, \cdots, x_N$，用 x_j 表示投资者向证券 j 投资的投资额占总的组合的投资额的比重，于是有
$$x_1 + x_2 + \cdots + x_N = 1$$

根据随机变量的期望和方差的定义，得该证券组合收益率的期望值和方差为

$$E(R_p) = x_1 E(R_1) + x_2 E(R_2) + \cdots + x_n E(R_N) \qquad (2\text{-}6)$$

$$\sigma^2(R_p) = E\{[X'R - E(X'R)][X'R - E(X'R)]'\}$$
$$= X'E\{[R - E(R)][R - E(R)]'\}X$$
$$= X'VX$$
$$= \sum_{i=1}^{N}\sum_{j=1}^{N} x_i x_j \sigma_{ij} \qquad (2\text{-}7)$$

例 2-2 有一个投资者面对两种股票,第一种股票的期望收益率 $E(R_1) = 10\%$,标准差 $\sigma(R_1) = 15\%$;第二种股票的期望收益率 $E(R_2) = 8\%$,标准差 $\sigma(R_2) = 12\%$;两种股票收益率之间的相关系数是 0.40,这个投资者把他的钱向这两种股票各投资一半,这样就构成了一个股票组合,计算该组合的收益率的期望值和标准差。

$$E(R_p) = 0.5 \times 10\% + 0.5 \times 8\% = 9\%$$
$$\sigma(R_p) = [0.5^2 \times (15\%)^2 + 2 \times 0.5 \times 0.5 \times 0.4 \times 15\%$$
$$\times 12\% + 0.5^2 \times (12\%)^2]^{\frac{1}{2}} = 11.3\%$$

原来两种股票的标准差分别是 15% 和 12%,通过组合,使得整个投资收益率的标准差降到了 11.3%,即风险降低了。

最后,我们再来介绍一下市场证券组合(market portfolio),因为它在我们后面的叙述中要反复用到:市场证券组合是由 Fama 于 1968 年提出的,它是指包括市场上每一种证券的总的组合,其中每种证券的组合权重,等于该种证券在市场交易中尚未清算部分的价值在市场上全部证券的总价值所占的比例,从理论上来讲,市场证券组合是风险性证券的理想组合证券,每个"具有高度理性"的投资者都按一定的比例持有它。例如:假如某个股票市场只有两种股票,股票 A 的均衡市场价值为 250 万美元,股票 B 的均衡市场价值为 750 万美元,则显然

$$x_A = \frac{250}{750 + 250} = 0.25$$
$$x_B = \frac{750}{750 + 250} = 0.75$$

这就意味着所有"具有高度理性"的投资者,均以 $0.25 : 0.75 = 1 : 3$ 的比例向 A、B 两种股票进行投资,当然这只是理论上的抽象,在实际生活中,找不到这样一个市场证券组合,人们普遍认为可以采用一些覆盖面比较大的股票价格指数来代表它.如美国的标准普尔 500 种股票价格指数(Standard & Poor's 500 Stock Index)和道琼斯价格指数(Dow-Jones Average Index)。

三、投资组合可行集

由前面我们知道,如果对于 N 种证券的期望收益率向量 $E(R)$ 和方差－协方差矩阵 V 已知,则给定一个 $X = (x_1, x_2, \cdots, x_N)'$,就得到一个相应的组合,其期望收益率 $E(R_p)$ 和标准差 $\sigma(R_p)$ 则可由式(2-6)和式(2-7)来求出,让 X 变化,则得到一系列不同的组合,因而得到一系列不同的 $E(R_p)$ 和 $\sigma(R_p)$。如果我们以 $\sigma(R)$ 为横轴,以 $E(R)$ 为纵轴来建立一个直角坐标系,则上述不同的组合,在坐标系上形成一系列的点,即投资组合的机会集合 —— 可行集。

下面我们以两种证券组合为例,来讨论可行集的性质。

(一) 两种证券的可行集

假定两种证券的期望收益率和标准差分别为 $E(R_1)$、$E(R_2)$ 和 $\sigma(R_1)$、$\sigma(R_2)$,它们之间的

相关系数为 ρ，设向证券一投资的比例为 α，则向证券二投资的比例为 $1-\alpha$，于是它们以此比例形成的组合 $E(R_p)$ 和 $\sigma(R_p)$ 分别为

$$E(R_p) = \alpha E(R_1) + (1-\alpha)E(R_2)$$

$$\sigma(R_p) = \left[\alpha^2\sigma^2(R_1) + (1-\alpha)^2\sigma^2(R_2) + 2\alpha(1-\alpha)\sigma(R_1)\sigma(R_2)\rho\right]^{\frac{1}{2}}$$

进一步可把它们改写成

$$\sigma^2(R_p) = \alpha^2\sigma^2(R_1) + (1-\alpha)^2\sigma^2(R_2) + 2\alpha(1-\alpha)\rho\sigma(R_1)\sigma(R_2) \tag{2-8}$$

$$\alpha = \frac{E(R_p) - E(R_2)}{E(R_1) - E(R_2)} \tag{2-9}$$

由此可看出，两项投资的组合线一般情况下是二次曲线，现在我们来分析一下几类特殊情况：

1. $\rho = 0$ 时

$$\sigma^2(R_p) = \alpha^2\sigma^2(R_1) + (1-\alpha)^2\sigma^2(R_2) = \alpha^2[\sigma^2(R_1) + \sigma^2(R_2)] - 2\alpha\sigma^2(R_2) + \sigma^2(R_2)$$

注意到 α 与 $E(R_p)$ 的线性关系，故由上式确定的组合线是椭圆或双曲线。

2. $\rho = 1$ 时

我们有

$$\sigma^2(R_p) = \alpha^2\sigma^2(R_1) + (1-\alpha)^2\sigma^2(R_2) + 2\alpha(1-\alpha)\sigma(R_1)\sigma(R_2)$$

$$= [\alpha\sigma(R_1) + (1-\alpha)\sigma(R_2)]^2$$

$$= \left\{\frac{E(R_p) - E(R_2)}{E(R_1) - E(R_2)}[\sigma(R_1) - \sigma(R_2)] + \sigma(R_2)\right\}^2$$

则

$$\sigma(R_p) = \left|\frac{\sigma(R_1) - \sigma(R_2)}{E(R_1) - E(R_2)}[E(R_p) - E(R_2)] + \sigma(R_2)\right| \tag{2-10}$$

不难看出，此时的组合线是如下的两条直线

$$\sigma(R_p) = \frac{\sigma(R_1) - \sigma(R_2)}{E(R_1) - E(R_2)}[E(R_p) - E(R_2)] + \sigma(R_2)$$

$$\sigma(R_p) = \frac{\sigma(R_2) - \sigma(R_1)}{E(R_1) - E(R_2)}[E(R_p) - E(R_2)] - \sigma(R_2)$$

在 $\sigma(R) - E(R)$ 坐标下，我们把它们分别写成

$$E(R_p) = \frac{E(R_1) - E(R_2)}{\sigma(R_1) - \sigma(R_2)}[\sigma(R_p) - \sigma(R_2)] + E(R_2)$$

和

$$E(R_p) = \frac{E(R_1) - E(R_2)}{\sigma(R_2) - \sigma(R_1)}[\sigma(R_p) + \sigma(R_2)] + E(R_2)$$

则它们都是从点 $A\left[0, \frac{E(R_1) - E(R_2)}{\sigma(R_2) - \sigma(R_1)}\sigma(R_2) + E(R_2)\right]$ 向右发射的、斜率分别为 $\pm\left|\frac{E(R_1) - E(R_2)}{\sigma(R_2) - \sigma(R_1)}\right|$ 的两条直线，如图 2-2 所示。

3. $\rho = -1$ 时

同理得两条直线方程分别为

$$E(R_p) = \frac{E(R_1) - E(R_2)}{\sigma(R_1) + \sigma(R_2)}[\sigma(R_p) + \sigma(R_2)] + E(R_2)$$

和

$$E(R_p) = \frac{E(R_2) - E(R_1)}{\sigma(R_1) + \sigma(R_2)}[\sigma(R_p) - \sigma(R_2)] + E(R_2)$$

它们所代表的图形和图 2-2 类似。

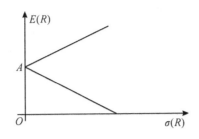

图 2-2　两项投资的组合线

例 2-3　假定有一个两股票组合,它们的收益率的期望值和标准差如表 2-1 所示。

表 2-1　各股的期望收益率和标准差

期望收益率和标准差	证券 A	证券 B
$E(R)$	10%	4%
$\sigma(R)$	5%	10%

我们让 ρ 分别取 ± 1 和 0,让 α(即 x_A)分别取 1.5,1,0.5,0.25,0 和 -0.5,则得表 2-2,将表中各组数据放到 $\sigma(R)-E(R)$ 坐标系中,得到 $\rho=-1,0$ 和 1 的 3 条组合线,如图 2-3 所示。

表 2-2　组合的期望收益率和标准差

\multicolumn{3}{c} $\rho=-1$			$\rho=0$			$\rho=1$		
α	$E(R_p)$	$\sigma(R_p)$	α	$E(R_p)$	$\sigma(R_p)$	α	$E(R_p)$	$\sigma(R_p)$
-0.5	1%	17.5%	-0.5	1%	15.2%	-0.5	1%	12.5%
0	4%	10%	0	4%	10%	0	4%	10%
0.25	5.5%	6.25%	0.25	5.5%	7.6%	0.25	5.5%	8.75%
0.5	7%	2.5%	0.5	7%	5.6%	0.5	7%	7.5%
1	10%	5%	1	10%	5%	1	10%	5%
1.5	13%	12.5%	1.5	13%	9%	1.5	13%	2.5%

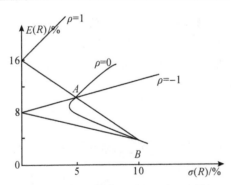

图 2-3　两证券的投资组合线

观察图 2-3,我们至少可以发现下面两个事实:

(1)所有组合线均通过 A、B 两点,A 点表示只向证券 A 投资,此时 $x_A=1,x_B=0$;B 点表示只向证券 B 投资,此时 $x_A=0,x_B=1$;在 A 点与 B 点之间均有 $0<x_A<1$ 和 $0<x_B<1$。对于在 A 点之上的点,表示对证券 B 卖空,将获得的钱连同原来的资金全部购买证券 A,此时

$x_A > 1, x_B < 0$;同理,对于在 B 点之下的点,则有卖空证券 A,购买证券 B,此时 $x_A < 0, x_B > 1$。

(2)无论 ρ 为何值,所有可行集均向左面 $-\sigma(R)$ 减小的方向凸,在 A、B 之间的所有曲线,是以 $\rho = -1$ 时的曲线凸得最厉害,$\rho = 1$ 时曲线最平坦。亦即对于同一个 $\alpha(x_A)$ 值,以 $\rho = -1$ 时的 $\sigma(R_\rho)$ 最小,而且 $\sigma(R_\rho)$ 依次按 $\rho = 0, 1$ 递增。

我们现在再来考虑一个有趣的证券组合,即一种债券和一种普通股的组合。这是投资实践中常用的二分法。因为债券的安全性较高,普通股股票的收益比较大,所以把它们结合起来使用,使该组合在降低风险的基础上获得较大的收益。

由于债券相对于普通股而言风险很小,故我们可以粗略地假设其收益率是恒定不变的。设债券的期望收益率为 i,标准差 $\sigma = 0$,股票的期望收益率和标准差分别为 $E(R_A)$ 和 $\sigma(R_A)$;假定向债券投资的比例是 α,则向股票的投资比例就是 $1 - \alpha$,那么该组合的收益率

$$R_p = \alpha i + (1 - \alpha) R_A$$

注意到常数和随机变量的协方差是 0。

则有
$$E(R_p) = \alpha i + (1 - \alpha) E(R_A) \tag{2-11}$$
$$\sigma(R_p) = (1 - \alpha) \sigma(R_A) \tag{2-12}$$

就是
$$\alpha = 1 - \frac{\sigma(R_p)}{\sigma(R_A)}$$

代入式(2-11)得

$$E(R_p) = i + \frac{E(R_A) - i}{\sigma(R_A)} \sigma(R_p) \tag{2-13}$$

其组合线是一条如图 2-4 所示的射线。

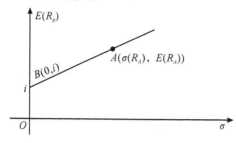

图 2-4 债券与股票的投资组合线

在 A、B 之间的点,说明向股票和债券进行投资,即购买债券(或以 i 为利率借钱给别人)和股票;在 A 点之上的点说明,借别人的债券(或以 i 为利率向别人借钱),得到的钱同原有的资金共同投资股票。

(二)多种证券的可行集

上面我们以两证券组合为例,讨论了其组合线的情况,那么如果是三种证券或三种以上的证券,还仍有类似的组合线吗?答案是否定的。

理论告诉我们,当证券的种类数超过 2 时,虽然 $E(R)$ 和 V 一定,但各种证券所形成的投资组合的 $\sigma(R_p)$ 和 $E(R_p)$ 在 $\sigma(R) - E(R)$ 坐标系中形成的也不是一条曲线,而是一个区域,我们以三证券组合为例。

假定有证券 A、B 和 C,已知其 $E(R)$ 和 V

$$E(R) = [E(R_1), E(R_2), E(R_3)]'$$

$$V = \begin{bmatrix} \sigma_1^2 & \sigma_{12} & \sigma_{13} \\ \sigma_{21} & \sigma_2^2 & \sigma_{23} \\ \sigma_{31} & \sigma_{32} & \sigma_3^3 \end{bmatrix}$$

现向它们分别投资 x_1, x_2 和 $1-x_1-x_2$，于是有

$$E(R_p) = x_1 E(R_1) + x_2 E(R_2) + (1-x_1-x_2)E(R_3) \tag{2-14}$$

$$\sigma^2(R_p) = x_1^2\sigma^2(R_1) + x_2^2\sigma^2(R_2) + (1-x_1-x_2)^2\sigma^2(R_3)$$
$$+ 2x_1 x_2 \sigma_{12} + 2x_1(1-x_1-x_2)\sigma_{13} + 2x_2(1-x_1-x_2)\sigma_{23} \tag{2-15}$$

如果给定该组合的一个期望收益率水平 r^*，即 $E(R_p) = r^*$，那么在两证券组合中，根据式(2-8)和式(2-9)，就有唯一的 α 与之对应，因而也就有唯一的 $\sigma(R_p)$。所以在 $\sigma(R)-E(R)$ 坐标系中只有唯一的一个点。但是在三种证券的情况下，当 $E(R_p) = r^*$ 时，根据式(2-14)有

$$x_2 = \frac{E(R_3)-r^*}{E(R_3)-E(R_2)} + \frac{E(R_1)-r^*}{E(R_3)-E(R_2)}x_1$$

这说明对于给定的一个 r^*，由上式确定的 $[x_1, x_2, (1-x_1-x_2)]$ 有无穷多个点，因而也就有无穷多个 $\sigma(R_p)$ 与之对应。通常在这些无穷多个 $\sigma(R_p)$ 中，有一个最小值，因此对于任一给定的 r^*，其对应的 $\sigma(R_p)$ 形成了如图 2-5 所示的一条射线，其中 M 点表示的组合是所有期望收益率均为 r^* 的组合中标准差最小的组合。如果让 $E(R_p)$ 连续地上下取值，则我们就得到如图 2-6 所示的闭合区域，它表示该三种证券所形成的各种组合均在该区域内。

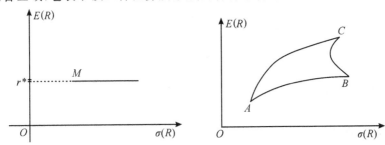

图 2-5 最小标准差组合　　图 2-6 三种资产的可行集

n 种资产构成的可行集是月牙形区域，如图 2-7 所示。

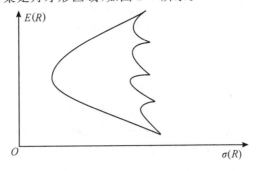

图 2-7 n 种资产的可行集

例 2-4 2016 年 8 月，某投资者拟投资宝钢股份、平安银行、青岛啤酒三只股票，试画出该投资组合的可行集。

解：根据宝钢股份、平安银行、青岛啤酒 2001－2015 年的年度收益率，可计算出三只股票的预期收益率分别为 15.10%、28.30% 和 11.02%，标准差分别为 50.38%、83.64% 和 24.06%，宝钢股份和平安银行收益率变动的相关系数为 0.85，宝钢股份和青岛啤酒的相关系

数为 0.04,平安银行和青岛啤酒的相关系数为 0.10。

投资组合的收益率为

$$E(R_p) = x_1 E(R_1) + x_2 E(R_2) + x_3 E(R_3) = 0.151x_1 + 0.283x_2 + 0.1102x_3$$

$$\sigma^2(R_p) = x_1^2 \sigma_1^2 + x_2^2 \sigma_2^2 + x_3^2 \sigma_3^2 + 2x_1 x_2 \sigma_{12} + 2x_1 x_3 \sigma_{13} + 2x_2 x_3 \sigma_{23}$$

$$= 0.2538x_1^2 + 0.6996x_2^2 + 0.0579x_3^2 + 0.7163x_1 x_2 + 0.0097x_1 x_3 + 0.0402x_2 x_3$$

$$x_1 + x_2 + x_3 = 1$$

当改变投资在各个证券上的投资比例时,$x_i \in [-1,1]$,会得到无穷多种投资组合,借助软件,可画出如图 2-8 的可行集。

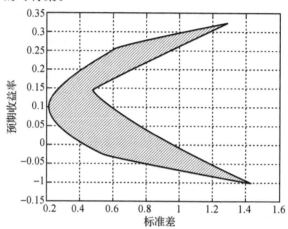

图 2-8　投资组合可行集

四、分散投资讨论

(一)分散投资的作用

迄今为止,我们对证券组合理论有了一个基本的认识,对选择证券进行投资的道理和方法也有了一个大致的了解。在这个基础上,我们将阐述分散投资的作用。

所谓分散投资就是投资者不是将全部资金投放在一种证券上,而是选择投放在很多彼此之间相关程度很低的高质量证券上的一种投资方式。

所谓高质量证券是指那些收益高、风险小的证券,我们在前面曾介绍过,假定投资者都是风险厌恶型的,故他们选择的投资对象应是那些风险均一样但收益较高或收益均一样而风险较低的证券。当然最理想的是收益高、风险低的证券。但是在实际生活中,证券大都属于收益高、风险也高和收益低、风险也低这两种类型。所以在选择证券进行投资时,应当把收益和风险结合起来考虑,这个问题不是本节的内容,我们暂且不谈。

选择彼此相关程度较低的证券进行投资,是我们在此讨论的中心内容。这里的相关程度用 ρ 来表征。

我们还是以本节例题为例,在图 2-3 中,我们可以发现,在不容许卖空的条件下(即在 AB 之间的全部组合线),其组合方差是随 $\rho = -1, 0, 1$ 而递增的,即相关系数越大,则 $\sigma(R_p)$ 越大。在 $\rho = 1$ 的组合线上,A、B 之间任一点的 $\sigma^*(R_p)$,均为 $\sigma(R_A)$ 和 $\sigma(R_B)$ 的线性和:

$$\sigma^*(R_p) = \alpha\sigma(R_A) + (1-\alpha)\sigma(R_B)$$

这里的 $0 \leqslant \alpha \leqslant 1$,表示向证券 A 投资的比例。由于 $\rho \leqslant 1$,故对证券 A 和 B 的任意组合的

收益率的标准差为

$$\sigma(R_p) \leqslant \alpha\sigma(R_A) + (1-\alpha)\sigma(R_B)$$

这个公式是从两证券组合中导出的,实际上它可推广到任意种证券的组合,因为

$$\sigma^2(R_p) = \sum_{i=1}^{N}\sum_{j=1}^{N}x_jx_i\sigma_{ij} = \sum_{i=1}^{N}\sum_{j=1}^{N}x_jx_i\rho\sigma_i\sigma_j$$

由于 $x_i \geqslant 0, i = 1,2,\cdots,N, \rho_{ij} \leqslant 1$,故有

$$\sigma^2(R_p) = \sum_{i=1}^{N}\sum_{j=1}^{N}x_jx_i\rho\sigma_i\sigma_j \leqslant \sum_{i=1}^{N}\sum_{j=1}^{N}x_jx_i\sigma_i\sigma_j = \Big[\sum_{j=1}^{N}x_j\sigma_j\Big]^2$$

就是 $\sigma(R_p) \leqslant \sum_{j=1}^{N}x_j\sigma_j$。

可以用图 2-9 来集中体现分散的作用。

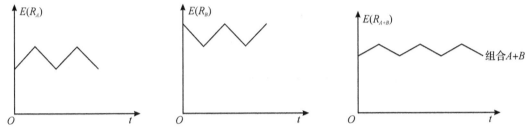

图 2-9　分散投资后的收益率

从图中我们可以看出,股票 A、B 的收益随时间变化起伏不定,因而它们皆具有一定的风险。但是股票 A 与 B 收益的升降几乎完全相反,当 A 的收益上升时,则 B 的收益下降;当 A 的收益下降时,则 B 的收益却上升,且它们同时上升和下降的幅度大致是一样的。因此我们可粗略地断言,这是 $\sigma(R_A) = \sigma(R_B)$,且有 $\rho_{AB} = -1$,即完全负相关。于是我们可采用这样的分散策略,即向 A、B 各投资 $\frac{1}{2}$ 资金,则所得的组合收益率的方差就是

$$\sigma(R_p) = \frac{1}{2}\sigma(R_A) - \frac{1}{2}\sigma(R_B) = 0$$

从图上看,"组合 $A+B$"收益就非常平稳了。这样就达到了降低风险的作用。

严格地说,上述推理是基于不容许卖空这个条件的,如果容许卖空,则上述推理未必能成立,好在我们可应用数学规划这个工具来求解,应该说也是不难的。

按照分散投资的要求,我们在选择证券进行组合时,还要注意所选的证券的种数 N,即要求 N 足够大。

对这个问题的阐述是难做到的,假定某个证券组合中含有 N 种互不相关的证券,向它们投资的比例均一样,均为 $\frac{1}{N}$,且风险均为 σ,于是根据前面所述有

$$R_p = \frac{1}{N}R_1 + \frac{1}{N}R_2 + \cdots + \frac{1}{N}R_N$$

按照假定条件 $\sigma(R_1) = \sigma(R_2) = \cdots = \sigma(R_N) = \sigma$,且 $\rho_{ij} = 0$,所得

$$\sigma^2(R_p) = \frac{1}{N^2}\sigma^2(R_1) + \frac{1}{N^2}\sigma^2(R_2) + \cdots + \frac{1}{N^2}\sigma^2(R_N) = \frac{1}{N}\sigma^2$$

于是 $\sigma(R_p) = \sqrt{\frac{1}{N}}\sigma$。

这个结果是根据上面非常特殊的条件(几乎是不存在的)而得出的,具有很大的局限性,但是,借助于该式,我们至少有一个定性理解,就是证券组合的风险,将随着组合内证券种数的增加而减少。

(二)系统风险与非系统风险

但是,投资理论和实践都证明,虽然证券组合的风险将随组合内证券种数的增加而减小,可这种减小并不是没有止境的,且不说种类较多的证券及比例本身就是非常复杂的,一般来说,当 N 较小时,增加一种证券,会使其组合的风险较大幅度地减少,但是,随着 N 的增大,这种减少的作用已不明显。美国学者 Horne 根据很多人的实验,绘制了一条反映证券组合投资风险与组合内包含的证券种类之间关系的曲线,如图 2-10 所示。

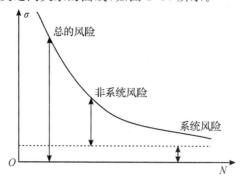

图 2-10　证券组合投资风险与证券种类的关系

由该图我们可以看出,任一组合的风险都可分成两部分:系统风险和非系统风险(我们后面还要讨论这个问题)。凡能够用分散的方法消除的风险称为非系统风险,不能消除掉的风险则称为系统风险。很明显随着组合内证券种数的增加,证券组合风险的减小程度越来越小,并无限趋于水平,即使再增加证券种数,它也不会减少了。这是由于非系统风险被逐渐消除掉,证券组合的风险仅仅等于其系统风险。

(三)如何进行分散投资

一个比较好的证券组合,究竟应该包含多少种证券?对这个问题,人们做了许多的研究(包括仿真研究),一般认为,随机地选取 10 种证券组合时,组合的风险可以减少到能够接受的水平。如选 15～20 种时,组合的风险将不会再随着证券种数的增加而明显减小。因此我们建议:一个较好的组合至少应包含 10 种证券,以 15 种为好。即使资金数额很大,考虑到证券选择工作,也不要超过 25 种。

以上我们较全面地叙述了分散投资的原理,分散投资作为一种投资策略,不仅在金融业、保险业中经常被用到,而且在其他产业部门也常常得到应用。如美国 Northwest 工业公司,直接或间接地管理着一批业务单位,从事工业品、化学物品和消费品的生产经营活动。该公司的做法是:第一,生产一些基本需求领域内的各种日用品,显然它们是很复杂的,是比较分散的,这样可以保证满足市场上始终不衰的需求。第二,在所经营的领域内取得领先地位。这是分散化战略使得不同业务单位之间的相关程度很小(如工业用品与消费部门),并由于采用了统一商标,使得收益比较稳定,从而降低了各业务单位的收益率的标准差,进而降低了整个公司的风险。

第三节　绝对最小方差组合

我们已经知道,根据若干证券的 $E(R)$ 和 V 的信息,我们可以得出其可行集,让 $E(R)$ 和 V 变化,我们就会得到不同的证券组合。

现在我们来考虑另一个问题,就是不考虑收益而只要求组合的风险最小,即具有最小风险的组合(绝对最小方差组合)的系数求解问题。这个问题的实际意义是,如果某个投资者极其厌恶风险,在他面对的 N 种证券收益率的协方差矩阵 V 均为已知的情况下,他应怎样投资?具体来讲,就是向各证券的投资,按照什么样的比例来进行,才能保证他们的总投资收益的风险最小?需要指出的是这类 $\sigma(R_p)$ 最小的点,并不是相对某一期望收益率水平而言的。

一、绝对最小方差组合问题及其求解

我们在回答这个问题之前,先给大家介绍两个常用的矩阵微商公式。

(1) 设变量 $X = (x_1, x_2, \cdots, x_N)'$, $a = (a_1, a_2, \cdots, a_N)'$ 为常数列向量,于是

$$\frac{\partial(a'X)}{\partial x_i} = \frac{\partial}{\partial x_i}\left(\sum_{j=1}^{N} a_j x_j\right) = a_i, \quad i = 1, 2, \cdots, N$$

即

$$\frac{\partial(a'X)}{\partial X} = \frac{\partial}{\partial X}(X'a) = a \tag{2-16}$$

(2) 仍设变量 $X = (x_1, x_2, \cdots, x_N)'$, A 为 $N \times N$ 的常数矩阵,则

$$\frac{\partial}{\partial x_i}(X'AX) = \frac{\partial}{\partial x_i}\left(\sum_{j=1}^{N}\sum_{k=1}^{N} a_{jk} x_j x_k\right)$$
$$= 2a_{ii}x_i + \sum_{j \neq i}(a_{ij} + a_{ji})x_j \quad i = 1, 2, \cdots, N$$

因此有

$$\frac{\mathrm{d}}{\mathrm{d}X}(X'AX) = (A + A')X \tag{2-17}$$

特别地,当 $A = A'$ 时,有

$$\frac{\mathrm{d}}{\mathrm{d}X}(X'AX) = 2AX \tag{2-18}$$

我们现在回到原来的论题上,已知 V 且假定它可逆,则根据式(2-7),我们知道,对于任一组合系数向量 X,该组合的方差是

$$\sigma^2(R_p) = X'VX$$

定理 2-3　构造一个 N 维向量 $i = (1, 1, \cdots, 1)'$,满足 $i'X = 1$,通过求解下面模型:

$$\min \quad \sigma^2(R_p) = X'VX$$
$$\text{s. t.} \quad i'X = 1$$

即可得到绝对最小方差组合 $X = \dfrac{V^{-1}i}{i'V^{-1}i}$。

证明:显然这是个条件极值,我们可以用 Lagrange 方法来求解。作 Lagrange 函数

$$L(X) = X'VX + \lambda(i'X - 1)$$

注意到 $\sum$ 是对称矩阵,故根据式(2-16)和式(2-18),我们得到

$$\frac{\partial L(X)}{\partial(X)} = \frac{\partial}{\partial X}(X'VX) + \lambda\frac{\partial(i'X - 1)}{\partial X} = 2VX + \lambda i \qquad (2\text{-}19)$$

$$\frac{\partial L(X)}{\partial \lambda} = i'X - 1 = 0 \qquad (2\text{-}20)$$

由式(2-19)得

$$X = -\frac{1}{2}\lambda V^{-1}i$$

将其代入式(2-20),得

$$\frac{1}{2}\lambda i'V^{-1}i + 1 = 0$$

$$\lambda = -2(i'V^{-1}i)^{-1} = -\frac{2}{i'V^{-1}i}$$

因此时 $i'V^{-1}i$ 已是一个标量了,于是

$$X = -\frac{1}{2}\lambda V^{-1}i = \frac{V^{-1}i}{i'V^{-1}i} \qquad (2\text{-}21)$$

将其代入目标函数,且注意到对称矩阵 V 有 $V^{-1} = (V^{-1})'$,则得该组合收益率的最小方差为

$$\begin{aligned}
\sigma^2(R_p) &= X'VX \\
&= (\frac{V^{-1}i}{i'V^{-1}i})'V(\frac{V^{-1}i}{i'V^{-1}i}) \\
&= \frac{i'V^{-1}VV^{-1}i}{(i'V^{-1}i)^2} \\
&= \frac{1}{i'V^{-1}i} \qquad (2\text{-}22)
\end{aligned}$$

以上结果告诉我们,如果不考虑组合的收益水平,则根据 $X = \dfrac{V^{-1}i}{i'V^{-1}i}$ 所规定的比例向各项证券进行投资,此时组合的风险最小,即绝对最小方差组合。我们举一个例子来说明本方法的应用。

例 2-5 某投资公司准备向两种证券同时进行投资,假定甲、乙证券的收益率的标准差分别是 $\sigma(R_1) = 15\%$,$\sigma(R_2) = 12\%$,而且根据历史资料测算,得到这两种证券收益率之间的相关系数是 $\rho = 0.4$,试确定投资风险最小的组合系数。

不难看出,这两种证券收益率的协方差矩阵为

$$V = \begin{pmatrix} (0.15)^2 & 0.15 \times 0.12 \times 0.4 \\ 0.15 \times 0.12 \times 0.4 & (0.12)^2 \end{pmatrix} = \begin{pmatrix} 0.0225 & 0.0072 \\ 0.0072 & 0.0144 \end{pmatrix}$$

则

$$V^{-1} = \begin{pmatrix} 52.910 & -26.455 \\ -26.455 & 82.672 \end{pmatrix}$$

根据式(2-21),解得

$$X = (0.32, 0.68)'$$

即向甲证券投资 32%,向乙证券投资 68%,此时总的投资风险为

$$\sigma(R_p) = \sqrt{\frac{1}{i'V^{-1}i}} = 11\%$$

对任意种数风险证券形成的组合,我们都可以采用上述方法,来选择最优组合系数,使总的投资风险最小。但是应该明了的是,这种风险也不是无限减小的,它有一个下限,根据第一章的定理 1.2(此时 $X' \cdot i = 1$),如果正定矩阵 V 的最小特征值为 $\lambda_{\min}$,则

$$\sigma^2(R_p) = X'VX \geqslant (\sqrt{\frac{\lambda_{\min}}{N}})^2$$

于是我们得到下面的推论:

推论 2.1 如果一个 N 种证券组合收益率的协方差 V 的最小特征根为 $\lambda_{\min}$,则该组合的风险肯定不小于 $\sqrt{\frac{\lambda_{\min}}{N}}$,$\sigma(R_p) \geqslant \sqrt{\frac{\lambda_{\min}}{N}}$。

二、等权组合的特例

现在我们来介绍一个特例,如果 V 矩阵中每一行(列)中的所有元素之和 —— 通常称为行和(列和)均相等,就是

$$\sum_{j=1}^{N} \sigma_{1j} = \sum_{j=1}^{N} \sigma_{2j} = \cdots = \sum_{j=1}^{N} \sigma_{Nj} = C$$

那么使其组合风险最小的组合系数为 $X = \frac{1}{N}i$,我们把这称为等权投资,等权投资的结果是不难证明的,因为对于

$$\frac{\partial L(X)}{\partial(X)} = 2VX + \lambda i = 0$$

$$\frac{\partial L(X)}{\partial \lambda} = i'X - 1 = 0$$

就是
$$\begin{cases} \sigma_{11}x_1 + \sigma_{12}x_2 + \cdots + \sigma_{1N}x_N = -\frac{1}{2}\lambda \\ \sigma_{21}x_1 + \sigma_{22}x_2 + \cdots + \sigma_{2N}x_N = -\frac{1}{2}\lambda \\ \vdots \\ \sigma_{N1}x_1 + \sigma_{N2}x_2 + \cdots + \sigma_{NN}x_N = -\frac{1}{2}\lambda \\ x_1 + x_2 + \cdots + x_N = 1 \end{cases}$$

把前 N 个方程相加,就是

$$\sum_{j=1}^{N} \sigma_{j1}x_1 + \sum_{j=1}^{N} \sigma_{j2}x_2 + \cdots + \sum_{j=1}^{N} \sigma_{jN}x_N = -\frac{1}{2}\lambda N$$

由对称性和已知条件

$$\sum_{j=1}^{N} \sigma_{ji} = \sum_{j=1}^{N} \sigma_{ij} = C \quad (i = 1, 2, \cdots, N)$$

我们有

$$Cx_1 + Cx_2 + \cdots + Cx_N = -\frac{1}{2}\lambda N \tag{2-23}$$

$$C = -\frac{1}{2}\lambda N$$

得 $$\lambda = -\frac{2C}{N}$$

将 $\lambda = -\frac{2C}{N}$ 代入上面 N 个方程

$$\sigma_{11}x_1 + \sigma_{12}x_2 + \cdots + \sigma_{1N}x_N = \frac{C}{N}$$

$$\sigma_{21}x_1 + \sigma_{22}x_2 + \cdots + \sigma_{2N}x_N = \frac{C}{N}$$

$$\vdots$$

$$\sigma_{N1}x_1 + \sigma_{N2}x_2 + \cdots + \sigma_{NN}x_N = \frac{C}{N}$$

我们用行列式方法来解此方程组,其系数行列式

$$D = \begin{vmatrix} \sigma_{11} & \sigma_{12} & \cdots & \sigma_{1N} \\ \sigma_{21} & \sigma_{22} & \cdots & \sigma_{2N} \\ \vdots & \vdots & & \vdots \\ \sigma_{N1} & \sigma_{N2} & \cdots & \sigma_{NN} \end{vmatrix}$$

不难看出它具有下面的性质

$$D = \begin{vmatrix} \sum_{j=1}^{N}\sigma_{1j} & \sigma_{12} & \cdots & \sigma_{1N} \\ \sum_{j=1}^{N}\sigma_{2j} & \sigma_{22} & \cdots & \sigma_{2N} \\ \vdots & \vdots & & \vdots \\ \sum_{j=1}^{N}\sigma_{Nj} & \sigma_{N2} & \cdots & \sigma_{NN} \end{vmatrix} = C\begin{vmatrix} 1 & \sigma_{12} & \cdots & \sigma_{1N} \\ 1 & \sigma_{22} & \cdots & \sigma_{2N} \\ \vdots & \vdots & & \vdots \\ 1 & \sigma_{N2} & \cdots & \sigma_{NN} \end{vmatrix}$$

$$= C\begin{vmatrix} \sigma_{11} & 1 & \cdots & \sigma_{1N} \\ \sigma_{21} & 1 & \cdots & \sigma_{2N} \\ \vdots & \vdots & & \vdots \\ \sigma_{N1} & 1 & \cdots & \sigma_{NN} \end{vmatrix} = \cdots = C\begin{vmatrix} \sigma_{11} & \sigma_{12} & \cdots & 1 \\ \sigma_{21} & \sigma_{22} & \cdots & 1 \\ \vdots & \vdots & & \vdots \\ \sigma_{N1} & \sigma_{N2} & \cdots & 1 \end{vmatrix}$$

于是我们得到

$$D = ND_1 = ND_2 = \cdots = ND_N$$

则 $$x_1 = x_2 = \cdots = x_N = \frac{D_1}{D} = \frac{D_1}{ND_1} = \frac{1}{N} \quad (克莱姆法则)$$

就是

$$X = \frac{1}{N}i$$

此时根据(2-7)公式有

$$\sigma^2(R_p) = X'VX = \sum_{i=1}^{N}\sum_{j=1}^{N}x_ix_j\sigma_{ij} = \frac{1}{N^2}\sum_{i=1}^{N}\left(\sum_{j=1}^{N}\sigma_{ij}\right) = \frac{C}{N}$$

即 $$\sigma(R_p) = \sqrt{\frac{C}{N}}。$$

三、不允许卖空条件下的绝对最小方差组合

最后我们来讨论一下不允许卖空的条件下最优组合系数的选择问题,不难看出这可以把原模型改写成如下形式

$$\min \sigma^2(R_p) = X'VX, \quad \text{s. t.} \quad \begin{cases} i'X = 1 \\ X \geqslant 0 \end{cases} \tag{2-24}$$

对这个问题的求解是比较复杂的,这里我们讨论一个简单的情况,$N = 2$,就是包括两个风险证券的组合,我们来分析一下在 $X \geqslant 0$ 的情况下最优组合的选择问题。

不难知道

$$V^{-1} = \begin{bmatrix} \sigma_1^2 & \sigma_{12} \\ \sigma_{21} & \sigma_2^2 \end{bmatrix}^{-1} = \frac{1}{\sigma_1^2 \sigma_2^2 - \sigma_{12}^2} \begin{bmatrix} \sigma_2^2 & -\sigma_{12} \\ -\sigma_{12} & \sigma_1^2 \end{bmatrix}$$

这里记 $\sigma_1 = \sigma(R_1)$,$\sigma_2 = \sigma(R_2)$,于是

$$i'V^{-1}i = \frac{\sigma_1^2 + \sigma_2^2 - 2\sigma_{12}}{\sigma_1^2 \sigma_2^2 - \sigma_{12}^2}$$

$$V^{-1}i = \frac{1}{\sigma_1^2 \sigma_2^2 - \sigma_{12}^2} \begin{bmatrix} \sigma_2^2 - \sigma_{12} \\ \sigma_1^2 - \sigma_{12} \end{bmatrix}$$

于是得

$$X = V^{-1}i/i'V^{-1}i = \frac{1}{\sigma_1^2 + \sigma_2^2 - 2\sigma_{12}} \begin{bmatrix} \sigma_2^2 - \sigma_{12} \\ \sigma_1^2 - \sigma_{12} \end{bmatrix} \tag{2-25}$$

$$\sigma^2(R_p) = X'VX = \frac{\sigma_1^2 \sigma_2^2 - \sigma_{12}^2}{\sigma_1^2 + \sigma_2^2 - 2\sigma_{12}}$$

因为 $\sigma_1^2 + \sigma_2^2 - 2\sigma_{12} \geqslant 2\sigma_1\sigma_2 - 2\sigma_{12} \geqslant 2\rho_{12}\sigma_1\sigma_2 - 2\sigma_{12} = 2\sigma_{12} - 2\sigma_{12} = 0$,

故如果必须有 $X \geqslant 0$,则有 $\begin{bmatrix} \sigma_2^2 - \sigma_{12} \\ \sigma_1^2 - \sigma_{12} \end{bmatrix} \geqslant 0$,即 $\begin{cases} \sigma_2^2 - \sigma_{12} \geqslant 0 \\ \sigma_1^2 - \sigma_{12} \geqslant 0 \end{cases}$ 成立,

就有

$$\sigma_2 - \rho_{12}\sigma_1 \geqslant 0, \rho_{12} \leqslant \frac{\sigma_2}{\sigma_1}$$

和

$$\sigma_1 - \rho_{12}\sigma_2 \geqslant 0, \rho_{12} \leqslant \frac{\sigma_1}{\sigma_2}$$

把它们合起来即

$$\rho_{12} \leqslant \min\{\frac{\sigma_1}{\sigma_2}, \frac{\sigma_2}{\sigma_1}\}$$

如果按照式(2-25)计算,X 有一个分量,比如说 $x_1 < 0$,就是 $\sigma_2^2 - \sigma_{12} < 0$,得 $\rho_{12} > \frac{\sigma_2}{\sigma_1}$,由于 $\rho_{12} \leqslant 1$,故有 $\sigma_1 > \sigma_2$,即证券1的投资风险大于证券2的投资风险。现在我们所面临的问题,如果不允许卖空,当 $\sigma_1 > \sigma_2$,且 $\rho_{12} > \frac{\sigma_2}{\sigma_1}$ 时,我们应该怎样来选择组合权重?

因不能卖空,即 $x_1, x_2 \geqslant 0$,设 $x_1 = \alpha \geqslant 0$,那么 $x_2 = 1 - \alpha \geqslant 0$,注意到 $\rho_{12} > \frac{\sigma_2}{\sigma_1}$,则设 $R_p = \alpha R_1 + (1-\alpha)R_2$

就是

$$\sigma^2(R_p) = \alpha^2\sigma_1^2 + (1-\alpha)^2\sigma_2^2 + 2\alpha(1-\alpha)\sigma_{12}$$
$$\geqslant \alpha^2\sigma_1^2 + (1-\alpha)^2\sigma_2^2 + 2\alpha(1-\alpha)\sigma_2^2$$
$$= \alpha^2\sigma_1^2 + (1-\alpha^2)\sigma_2^2$$
$$= \alpha^2\sigma_1^2 + (1-\alpha)(1+\alpha)\sigma_2^2$$
$$= \alpha^2(\sigma_1^2 - \sigma_2^2) + \sigma_2^2 \geqslant \sigma_2^2$$

这就是说,在此种情况下,该组合收益率的标准差是以风险较小的证券(即证券 2)的标准差作为下限的,就是 $\sigma(R_p) = \sigma_2$。因此,我们取 $x_1 = \alpha = 0$,这时 $x_2 = 1$,该组合收益率的标准差最小,为 $\sigma(R_p) = \sigma_2$。

同理,当 $\sigma_2 > \sigma_1$,且 $\rho_{12} > \dfrac{\sigma_1}{\sigma_2}$ 时,我们取 $x_1 = 1, x_2 = 0$,即只对证券 1 投资,此时 $\sigma(R_p) = \sigma_1$,把上述讨论归纳起来,我们得到 $N = 2$ 时的模型(2-24)的解

$$X = \begin{cases} \dfrac{1}{\sigma_1^2 + \sigma_2^2 - 2\sigma_{12}}\begin{bmatrix} \sigma_2^2 - \sigma_{12} \\ \sigma_1^2 - \sigma_{12} \end{bmatrix}, \rho_{12} \leqslant \min\{\dfrac{\sigma_1}{\sigma_2}, \dfrac{\sigma_2}{\sigma_1}\} \\[12pt] \begin{bmatrix} 0 \\ 1 \end{bmatrix}, \rho_{12} > \dfrac{\sigma_2}{\sigma_1} \\[12pt] \begin{bmatrix} 1 \\ 0 \end{bmatrix}, \rho_{12} > \dfrac{\sigma_1}{\sigma_2} \end{cases}$$

$$\sigma^2(R_p) = \begin{cases} \dfrac{\sigma_1^2\sigma_2^2 - \sigma_{12}^2}{\sigma_1^2 + \sigma_2^2 - 2\sigma_{12}}, \rho_{12} \leqslant \min\{\dfrac{\sigma_1}{\sigma_2}, \dfrac{\sigma_2}{\sigma_1}\} \\[12pt] \min\{\sigma_1^2, \sigma_2^2\}, \rho_{12} > \min\{\dfrac{\sigma_1}{\sigma_2}, \dfrac{\sigma_2}{\sigma_1}\} \end{cases}$$

第四节 最小方差集

我们已经给出了绝对最小方差组合权重的计算方法,即按这样的投资比例可使投资组合的风险最小。但是,在投资理论和实践中,人们的着眼点并不仅仅是投资风险,除了风险之外,人们的注意力还要集中在收益上面。换句话说,如果仅仅只考虑风险的话,那么人们就会把钱拿来购买政府债券或存入银行,而不会去购买风险很大的股票。因此,和前一节相比,本节将对证券组合理论作进一步深化,即在选择投资组合系数时,既要考虑到组合的收益,又要考虑到组合的风险。具体来讲,就是在期望收益给定的情况下,选择方差最小的组合和在方差给定的情况下,选择期望收益最大的组合,这样就产生了最小方差集,即投资组合有效前沿(有效集)。

一、最小方差集的导出

我们在前一节中已经知道,在 V 和 $E(R)$ 已知的情况下,当给定一个 X 时,根据式(2-6)和式(2-7),就有一个相应的 $\sigma(R_p)$ 和 $E(R_p)$,但如果给定一个 $E(R_p) = r$,那么根据式(2-6)有 $X'E(R_p) = r$ 和 $X'i = 1$。显然有许多 X 与之相适应,即有许多期望收益率等于 r 的组合,在这些组合中,我们可寻找一个最小的组合,我们把它称为最小方差组合。如果让 r 变化,则产生新

的相应的最小方差组合;这样,当 r 连续变化时,则会得到一系列最小方差组合。我们把由这些最小方差组合所产生的集合称为最小方差集(minimum variance set,MVS),通常用 MVS 表示,或称投资组合有效前沿。

从这个思路出发,我们不难得到求最小方差集的模型,即 Markowitz 的均值-方差模型:

$$\min X'VX, \quad \text{s.t.} \quad \begin{cases} [E(R)]'X = r \\ i'X = 1 \end{cases} \tag{2-26}$$

该模型是基于如下假设的:

(1) 投资者仅仅以期望收益率和方差(标准差)来评价资产组合(portfolio)。

(2) 投资者是不知足的和风险厌恶的,即投资者是理性的。

(3) 投资者的投资为单一投资期,多期投资是单期投资的不断重复。

(4) 投资者希望持有有效资产组合。

(5) 不考虑交易成本和税收。

现在我们来求解这个模型,作 Lagrange 函数,有

$$L = X'VX + \lambda_1\{[E(R)]'X - r\} + \lambda_2(i'X - 1)$$

故根据 Lagrange 条件极值定理有

$$\frac{\partial L}{\partial X} = 2VX + \lambda_1 E(R) + \lambda_2 i = 0 \tag{2-27}$$

$$\frac{\partial L}{\partial \lambda_1} = [E(R)]'X - r = 0 \tag{2-28}$$

$$\frac{\partial L}{\partial \lambda_2} = i'X - 1 = 0 \tag{2-29}$$

从式(2-27)得

$$X = -\frac{1}{2}V^{-1}[E(R),i](\lambda_1,\lambda_2)' \tag{2-30}$$

而根据式(2-28)和式(2-29),则有

$$[E(R),i]'X = (r,1)' \tag{2-31}$$

将式(2-30)代入式(2-31)中得

$$-\frac{1}{2}[E(R),i]'V^{-1}[E(R),i](\lambda_1,\lambda_2)' = (r,1)'$$

注意到 V 矩阵正定和有关因子的阶数,则设二阶正定矩阵

$$A = [E(R),i]'V^{-1}[E(R),i] \tag{2-32}$$

那么

$$(\lambda_1,\lambda_2)' = -2A^{-1}(r,1)'$$

代入式(2-30)得

$$X = V^{-1}[E(R),i]A^{-1}(r,1)' \tag{2-33}$$

此时对应的组合的方差为

$$\sigma^2(R_p) = X'VX = (r,1)A^{-1}(r,1)' \tag{2-34}$$

上式的诠释是,如果假定任一收益率 $r \in (0,+\infty)$,那么在期望收益率为 r 的众多组合中,按照式(2-33)构造的组合方差最小,其值由式(2-34)来表示。

如果以 σ^2(或 σ)为横轴,r 为纵轴建立直角坐标系,那么式(2-34)则表示为抛物线(或双曲线),如图 2-11 所示。

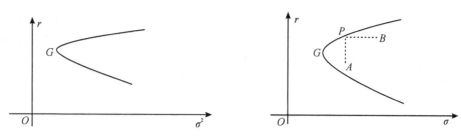

图 2-11 最小方差集（投资组合有效前沿）

在实际应用中，人们关心的是图 2-11 中最小方差集上 G 点之上的部分。G 点是绝对最小方差组合，沿着 G 点往上的那段曲线称为有效集（有效前沿）。P 为其上一点，与可行集中的 A 点相比，在相同的风险水平下，可以提供最大的预期收益率；与 B 点相比，在相同的收益率水平下，具有最低的风险。

有效前沿反映了当给定一方差（或标准差）水平时，我们从对应于这个方差水平的诸多组合中所得到的具有最高期望收益的组合，显然是式（2-26）对偶问题的解：

$$\max[E(R)]'X, \quad \text{s.t.} \quad \begin{cases} X'VX = \sigma^2 \\ i'X = 1 \end{cases} \tag{2-35}$$

在后面我们把这个解，甚至整个最小方差集中的组合称为有效组合（有效前沿）。

例 2-6 根据相关准则，判断表 2-3 哪个资产组合不可能在有效前沿上？

表 2-3 资产组合的收益率和标准差

资产组合	预期收益率 /%	标准差 /%
A	9	21
B	5	7
C	15	36
D	12	15

解：对比组合 A 和 D，组合 A 的收益率较低，而风险却较大，投资者显然不会选择组合 A 进行投资，即组合 A 不会在有效前沿上。

由于假设投资者是风险厌恶的，因此，最优投资组合必定位于有效集边界上，其他非有效的组合可以被排除。虽然投资者都是风险厌恶的，但程度有所不同，因此，最终从有效边界上挑选哪一个资产组合，则取决于投资者的风险规避程度。度量投资者风险偏好的无差异曲线与有效边界共同决定了最优的投资组合。

我们用无差异曲线来描述理性投资者对风险的偏好程度（见图 2-12）。同一条无差异曲线，给投资者所提供的效用（即满意程度）是无差异的，无差异曲线向右上方倾斜，高风险被其具有的高收益所弥补。对于每一个投资者，无差异曲线位置越高，该曲线上对应证券组合给投资者提供的满意程度越高。

不同的理性投资者具有不同风险厌恶程度，这由无差异曲线的陡峭程度来反映。无差异曲线越陡峭，投资者越厌恶风险。如图 2-13 所示。

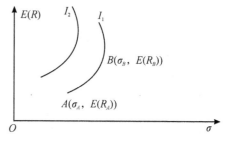

图 2-12 无差异曲线

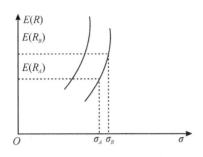

图 2-13(a) 投资者 1 的效用曲线

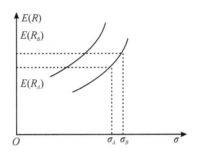

图 2-13(b) 投资者 2 的效用曲线

相比较,风险水平增加相同幅度,图 2-13(a) 代表的投资者要求的收益要高于图 2-13(b) 所代表的投资者。因此图 2-13(a) 所代表的投资者更加厌恶风险。

投资者偏好的无差异曲线 I_2 与有效前沿的切点 C 为该投资所选择的最优投资组合。由于不同投资者具有不同的无差异曲线,因而切点也处于不同位置。如图 2-14 所示。

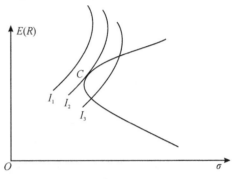

图 2-14 投资者的最优投资组合

二、最小方差集的性质

在叙述最小方差集的性质之前,我们先介绍一个公式。

设有两个证券组合 p 和 q,它们的系数向量分别是同维的 X_p 和 X_q,那么这两个组合收益率之间的协方差为

$$\sigma_{pq} = \mathrm{cov}(R_p, R_q) = E\{[R_p - E(R_p)][R_q - E(R_q)]'\}$$
$$= X_p E\{[R_p - E(R_p)][(R_q - E(R_q)]\} X_q$$
$$= X_p V X_q \tag{2-36}$$

性质 2-1 如果定义 $a = [E(R)]'V^{-1}E(R)$, $b = [E(R)]'V^{-1}i$, $c = i'V^{-1}i$

则正定对称矩阵 $A = \begin{pmatrix} a & b \\ b & c \end{pmatrix}$,那么在均值-方差坐标系上,最小方差集(2-34) 则表示为一条抛物线:

$$\sigma^2(R_p) = (r, 1)A^{-1}(r, 1)' = \frac{a - 2br + cr^2}{ac - b^2} \tag{2-37}$$

性质 2-2 (绝对最小方差组合),图 2-11 中 G 点表示的组合的方差为

$$\sigma_g^2 = \frac{1}{c} \tag{2-38}$$

均值为

$$r_g = \frac{b}{c} \tag{2-39}$$

该组合的系数向量为

$$X_g = \frac{1}{c} V^{-1} i \tag{2-40}$$

把 $r_g = \dfrac{b}{c}$，$\sigma_g^2 = \dfrac{1}{c}$ 和式(2-35)比较，我们可看出 G 点表示的组合就是式(2-34)的解，即不考虑收益的模型的解，因此我们把 G 点称为绝对最小方差组合。

由于引进了绝对最小方差组合，则对偶问题(2-35)的解就可表示成

$$r = \frac{b}{c} + \frac{1}{2c}\sqrt{4b^2 + 4\sigma^2(ac - b^2) - 4ac} \tag{2-41}$$

现在我们来看一个有趣的事实，设 X_j 是任一组合 j 的系数向量，根据式(2-36)，组合 j 和组合 G 的收益率的协方差

$$\sigma_{jg} = X_j V X_g = X_j V \frac{1}{c} V^{-1} i = \frac{1}{c} X_j i = \frac{1}{c} = \sigma_g^2 \tag{2-42}$$

上式说明任一组合与绝对最小方差组合收益率之间的协方差就等于后者的方差。

性质 2-3　（有效组合和相关性）除了绝对最小方差组合外，对最小方差集中任意一个有效组合，都存在唯一的一个与之正交的有效组合。如果前者的期望收益率为 r_p，后者的期望收益率为 r_z，那么有

$$r_z = \frac{a - br_p}{b - cr_p}$$

性质 2-3A　如性质 2-3 中所述的组合 z 和 p 一定在最小方差集中 G 点的上下两侧。

性质 2-3B　在 $r - \sigma^2$ 坐标系中，过最小方差集组合 p 和 G 的直线交 r 轴于 r_z（p，z 均如上所述）。在 $r - \sigma$ 坐标系中，过 p 点的切线交 r 轴于 r_z。

性质 2-4　在最小方差集中 G 点之上的所有组合均为正相关。

性质 2-5　（两基金定理）每一个有效组合的系数向量均可以表示成其他两个均值不一样的组合的系数向量的线性组合。

证明：根据式(2-33)我们知道，最优系数向量只与给定的收益水平 r 有关，我们不妨设 $N \times 2$ 阶矩阵（N 为组合中证券数目）

$$B = V^{-1}[E(R), i]A^{-1}$$

显然它是一个常数矩阵，如果存在三个有效组合 p_1、p_2 和 p_3，它们的均值分别是 r_1、r_2 和 r_3，令 $\alpha = \dfrac{r_3 - r_2}{r_1 - r_2}$，则有

$$r_3 = \alpha r_1 + (1 - \alpha)r_2$$

那么

$$\begin{aligned} X_{p_3} &= B \begin{pmatrix} r_3 \\ 1 \end{pmatrix} = B \begin{pmatrix} \alpha r_1 + (1 - \alpha)r_2 \\ \alpha + (1 - \alpha) \end{pmatrix} = \alpha B \begin{pmatrix} r_1 \\ 1 \end{pmatrix} + (1 - \alpha)B \begin{pmatrix} r_2 \\ 1 \end{pmatrix} \\ &= \alpha X_{p_1} + (1 - \alpha)X_{p_2} \end{aligned} \tag{2-43}$$

无论是在金融理论研究中，还是在实际应用时，两基金定理都是一个极其重要的工具，对于风险厌恶型投资者来说，只要找到两个最小方差组合，那么就可以利用式(2-43)来导出整个最小方差集。

一般来说，当我们在确定最初的两个最小方差组合时，首先根据式(2-40)，导出绝对最小方差组合的系数向量，然后我们寻找一个均值为 $\dfrac{a}{b}$ 的有效组合，它的方差根据式(2-34)为 $\dfrac{a}{b^2}$，我们更关心的系数向量为

$$X = \frac{1}{b}V^{-1}E(R)$$

显然这个组合的系数向量是正比于均值向量的,故很好算。

例 2-7　已知某三种股票的期望收益率分别是

$$E(R_1)=5\%,E(R_2)=10\%,E(R_3)=15\%$$

它们之间的协方差矩阵为 V,求在不同收益率水平下的最小方差组合。

$$V=\begin{pmatrix}0.25 & 0.15 & 0.17\\0.15 & 0.21 & 0.09\\0.17 & 0.09 & 0.28\end{pmatrix}$$

解:将已知量分别代入(2-33)和(2-34),我们得

$$X=V^{-1}[E(R),i]A^{-1}(r,1)'=\begin{pmatrix}1.44-12r\\0.12+4r\\-0.56+8r\end{pmatrix}$$

$$\sigma^2(R_p)=X'VX=(r,1)A^{-1}(r,1)'=0.37-3.68r+16r^2$$

当给定收益率水平 r 取不同值时,就可以得到不同的最优组合。

三、含无风险投资的有效组合

在前面的叙述中,我们均假设所有投资对象都是风险型证券,如股票。但实际生活中,还存在无风险投资机会,如向银行存款,或向银行贷款投资等,这都涉及含无风险投资的组合理论。下面我们来研究这个问题。

在研究这个问题之前,我们先申明一点,为了叙述方便起见,我们后面研究的有效组合均在最小方差集中 G 点的上侧部分,这就是模型式(2-35)的解式(2-41)。

我们以银行存贷款来表示无风险投资活动。我们知道存贷款利率通常是银行确定的,在一定时间内是不变的,设贷款利率为 i_B,存款利率是 i_L,那么一定有

$$i_B>i_L$$

否则银行没有利润。

再设原来的 N 种股票的最小方差集的上侧部分如图 2-15 中的 GLB 所示,在 r 轴上自 i_L 点出发作最小方差集上侧部分的切线 LN,切点为 L 点,再自 i_B 点出发作其切线 BP,切点为 B 点。这样,新的有效组合的集合就是由三部分组成的,第一部分是线段 $i_L L$,它表示投资者既向银行存款,又向投资组合 L 进行投资。第二部分是曲线 LB 段,它表示投资者既不贷款,也不存款,只向风险性证券组成的有效组合进行投资。第三部分是自 B 点出发的切线 BP,它表示投资者以利率 i_B 向银行借款,再和自己的资本一起投放到组合 B 中。

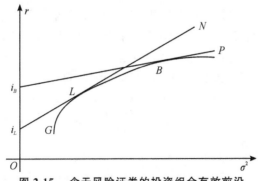

图 2-15　含无风险证券的投资组合有效前沿

这样,我们就得到了含无风险投资的有效组合的均值

$$r = \begin{cases} i_L + \dfrac{r_L - i_L}{\sigma_L^2}\sigma^2 , \sigma \leqslant \sigma_L \\[2mm] \dfrac{b}{c} + \dfrac{1}{2c}\sqrt{4b^2 + 4c\sigma^2(ac - b^2) - 4ac} , \sigma_L < \sigma \leqslant \sigma_B \\[2mm] i_B + \dfrac{r_B - i_B}{\sigma_B^2}\sigma^2 , \sigma > \sigma_B \end{cases} \quad (2\text{-}44)$$

其中点 L 和点 B 的坐标由下式给出

$$\sigma_k^2 = \frac{1}{ac - b^2}(r_k - i_k)(2cr_k - 2b) , k = L, B$$

如果我们假设存贷款利率一样,那么图 2-15 中的 i_L 和 i_B,L 点和 B 点重合,如图 2-16 所示。

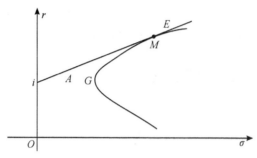

图 2-16 存贷款利率一致时的投资组合有效前沿

我们通常称它为资本市场线,显然它的方程为

$$r = i + \frac{r_m - i}{\sigma_m}\sigma$$

这里我们需要指出的是,图 2-16 中的 M 点表示的组合就是我们在第一节中所指出的市场证券组合,它是基于市场上所有的具有相同收益 —— 风险权衡关系的投资者的选择总和而成,或者说投资者所持有的风险证券的组合系数均一样,当然市场证券组合也是有效组合。

资本市场线的另一妙用,是在说明每一个投资者只向两种机会同时投资:无风险投资和市场证券组合,而不在乎风险厌恶程度。例如,若一个投资者对风险非常厌恶,他可以存款多一点,市场证券组合投资少一点(但不改变组合系数),亦即 A 点沿直线向左下移动。如果一个投资者对风险厌恶程度比较小,那么他就向市场证券组合多投资一点,存款少一点,相应地 A 点向右上方移动。特别地,他可能为了高收益,而以利率 i 向银行借款,再连同他自己的资本一起向 M 点投资,这个组合如图中 E 点所示。

例 2-8 某投资者以一种预期收益率为 15%、标准差为 25% 的风险证券组合,与另一种利率为 3% 的短期国债构建组合。如果要求组合标准差不超过 18%,并在此基础上获得最大收益率。则 ① 投资在风险证券组合上的资金比例是多少?② 总投资预期收益率是多少?

解:① 假设投资在风险证券组合上的资金比例为 x,则

$$\sigma(R_p) = x\sigma_A = 0.25x$$

由假设 $0.25x \leqslant 0.18$,即 $x \leqslant 0.72$。由于要求组合预期收益率最大,故投资在风险证券上比例最大,取 $x = 0.72$。

② 总投资的预期收益率为

$$E(R_p) = xE(R_A) + (1 - x)E(R_f) = 0.72 \times 15\% + 0.28 \times 3\% = 11.64\%$$

第五节 最小方差集的几何算法

在上一节,我们给出了最小方差集的概念、性质以及求解方法,在那里我们求解时采用的是代数方法,本节我们来介绍求解的几何算法。引入几何方法,不是因为它能简化计算,当 N 足够大时,这种方法确实简单,而是因为几何算法比较直观,比较明了,通过对几何算法的应用,可以使我们对最小方差集的性质,有一个更深刻、更全面的理解。

还是以上节例 2-5 为例,来介绍这种几何算法。已知如前所述有三种证券,它们的期望收益率和协方差矩阵分别是

$$E(R_1) = 5\%, E(R_2) = 10\%, E(R_3) = 15\%$$

$$V = \begin{pmatrix} 0.25 & 0.15 & 0.17 \\ 0.15 & 0.21 & 0.09 \\ 0.17 & 0.09 & 0.28 \end{pmatrix}$$

让这三种证券,以 x_1, x_2 和 $1-x_1-x_2$ 为比例来进行组合,那么该组合的期望收益率和方差为

$$E(R_p) = 0.05x_1 + 0.10x_2 + 0.15(1-x_1-x_2)$$

$$\sigma^2(R_p) = 0.25x_1^2 + 0.21x_2^2 + 0.28(1-x_1-x_2)^2 + 2 \times 0.15x_1x_2$$
$$+ 2 \times 0.17x_1(1-x_1-x_2) + 2 \times 0.09x_2(1-x_1-x_2)$$

分别整理得

$$x_2 = -2x_1 - 20E(R_p) + 3 \tag{2-45}$$

$$0.19x_1^2 + 0.31x_2^2 + 0.34x_1x_2 - 0.22x_1 - 0.38x_2 + 0.28 - \sigma^2(R_p) = 0 \tag{2-46}$$

先来看第一个式子,我们以 x_1 为横轴,x_2 为纵轴来建立一个直角坐标系,那么该式表示的就是一组斜率为 -2,截距为 $-20E(R_p) + 3$ 的直线,当 $E(R_p)$ 取一个数值,则得一条直线。如取 $E(R_p) = 16\%$,则对应的直线方程是

$$x_2 = -2x_1 - 0.2$$

如图 2-17 所示。反之,该直线上任意一点所表示的组合,其期望收益率均等于 16%。我们把这样的直线称为等收益线,它犹如物理学中的等压线、等位线一样,图 2-17 表示的就是一组这样的等收益线。从图中可以看出,直线的位置越右,则对应的 $E(R_p)$ 值越低,反之亦然,这是因为它们的斜率均为负,截距为 $-20E(R_p) + 3$,故 $E(R_p)$ 越大则截距越小。

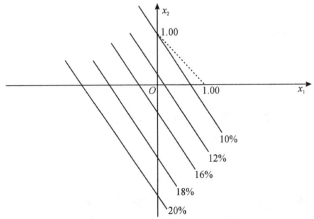

图 2-17 投资组合的等收益线

我们再来看第二个式子——式(2-46)。由解析几何知识，我们知道，当给定一个 $\sigma^2(R_p)$ 数值时，该式在 x_1-x_2 坐标系上是一个椭圆，故当 $\sigma^2(R_p)$ 变化取系列数值时，该式表示的是一组同心椭圆，对每一个 $\sigma^2(R_p)$ 数值，给定一个椭圆。例如取 $\sigma^2(R_p)=21\%$，则决定了椭圆：

$$0.19x_1^2+0.31x_2^2+0.34x_1x_2-0.22x_1-0.38x_2+0.07=0$$

如图 2-18 所示，反之该椭圆上每一点所代表的组合的收益率的方差皆等于 21%，我们把这种椭圆称为等方差椭圆。由于它是闭合的，故如同地图上的等高线。在图 2-18 中，椭圆越大，所代表的方差越大。

注意图 2-18 中的等收益线，就是图 2-17 中的那组平行线，在图 2-18 中，我们把等收益线和等方差椭圆结合在一起了，参照图 2-18，我们就可以很直观地给出最小方差集的几何算法。

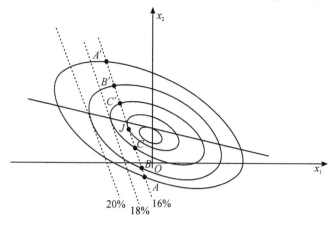

图 2-18　等方差椭圆

以 $E(R_p)=16\%$ 为例，它的等收益线如图 2-18 所示，我们刚刚说过，该线表示其上所有点所代表的组合的期望收益率均为 16%，现在我们要在该线上找一个方差最小的组合，我们该怎样找呢?不难看出，该收益线分别与方差为 30%，28%，26% 和 21% 的等方差椭圆相交，交点依次为 $A(A')$，$B(B')$，$C(C')$ 和 J 点(切点)。观察 A 和 A' 点，由于它们是 16% 等收益线与 30% 的等方差椭圆相交的交点，故它们所代表的组合的期望收益率均为 16%，方差均为 30%，依次类推，B 和 B' 点表示所代表的组合的期望收益率均为 16%，方差均为 28%……J 点所代表的组合的期望收益率为 16%，方差均为 21%，将它们逐一比较，发现只有 J 点所表示的组合在期望收益率为 16% 的所有组合中，其方差最小，故它就是最小方差组合，其组合系数可以由下面两式联立求解

$$\begin{cases} x_2=-2x_1-0.2 \\ 0.19x_1^2+0.31x_2^2+0.34x_1x_2-0.22x_1-0.38x_2+0.07=0 \end{cases}$$

解得

$$x_1=-0.48,x_2=0.76,x_3=1-x_1-x_2=0.72$$

更进一步，我们选定期望收益率水平为 r，则等收益线为

$$x_2=-2x_1+3-20r$$

它与方差为 $\sigma^2(R)$ 的等方差椭圆

$$0.19x_1^2+0.31x_2^2+0.34x_1x_2-0.22x_1-0.38x_2+0.28-\sigma^2(R)=0$$

的交点则由它们两式联立，得一关于 x_1 的一元二次方程：

$$0.75x_1^2-2.16x_1+18rx_1+124r^2-29.6r+1.93-\sigma^2(R)=0$$

注意到最小方差组合应是该收益线与等方差椭圆相切的切点,也就是上面的一元二次方程应是重根,故根据重根条件,得

$$(18r - 2.16)^2 - 4 \times 0.75 \times [124r^2 - 29.6r + 1.93 - \sigma^2(R)] = 0$$

就是

$$\sigma^2(R) = 16r^2 - 3.68r + 0.37$$

这就是所求的最小方差集,且组合系数为

$$\begin{cases} x_1 = 1.44 - 12r \\ x_2 = 4r + 0.12 \\ x_3 = 8r - 0.56 \end{cases}$$

我们发现它们和上一节的结果完全一样。

我们现在把上述内容归纳一下,给出三证券组合最小方差几何算法的步骤。

(1) 把等收益线和等方差椭圆联立。

$$\begin{cases} x_1 E(R_1) + x_2 E(R_2) + (1 - x_1 - x_2) E(R_3) = r \\ x_1^2 \sigma^2(R_1) + x_2^2 \sigma^2(R_2) + (1 - x_1 - x_2)^2 \sigma^2(R_3) + 2x_1 x_2 \sigma_{12} + \\ 2x_1(1 - x_1 - x_2)\sigma_{13} + 2x_2(1 - x_1 - x_2)\sigma_{23} = \sigma^2(R_p) \end{cases}$$

(2) 上两式联立的结果得一关于 x_1 或关于 x_2 的一元二次方程。

$$A x_1^2 + B x_1 + C = 0$$

(3) 利用重根条件

$$B^2 - 4AC = 0$$

即得所求之最小方差集。

对于四证券组合,如果已知

$$E(R) = [E(R_1), E(R_2), E(R_3), E(R_4)]'$$

$$V = \begin{bmatrix} \sigma_{11} & \sigma_{12} & \sigma_{13} & \sigma_{14} \\ \sigma_{21} & \sigma_{22} & \sigma_{23} & \sigma_{24} \\ \sigma_{31} & \sigma_{32} & \sigma_{33} & \sigma_{34} \\ \sigma_{41} & \sigma_{42} & \sigma_{43} & \sigma_{44} \end{bmatrix}$$

设向这四种证券分别投资的比例是 x_1, x_2, x_3 和 x_4,那么有

$$\begin{cases} x_1 E(R_1) + x_2 E(R_2) + x_3 E(R_3) + x_4 E(R_4) = r \\ x_1^2 \sigma^2(R_1) + x_2^2 \sigma^2(R_2) + x_3^2 \sigma^2(R_3) + x_4^2 \sigma^2(R_4) + 2x_1 x_2 \sigma_{12} + \\ 2x_1 x_3 \sigma_{13} + 2x_1 x_4 \sigma_{14} + 2x_2 x_3 \sigma_{23} + 2x_2 x_4 \sigma_{24} + 2x_3 x_4 \sigma_{34} = \sigma^2(R) \end{cases}$$

注意到 $x_1 + x_2 + x_3 + x_4 = 1$,故在上面等式中均消去 x_4,则在 $x_1 - x_2 - x_3$ 直角坐标系中,分别获得等收益面

$$A x_1 + B x_2 + C x_3 + D = 0$$

和等方差椭球面

$$\sigma^2(R) = F(x_1, x_2, x_3)$$

根据前述道理,我们应在它们的切点处得到最小方差组合,故根据解析几何我们有

$$\frac{A}{F_{x_1}} = \frac{B}{F_{x_2}} = \frac{C}{F_{x_3}} \qquad \text{(在切点法向量相同)}$$

将该式和 $A x_1 + B x_2 + C x_3 + D = 0$ 联立,则得切点坐标 x_1, x_2, x_3,把它们代入 $\sigma^2(R) = F(x_1, x_2, x_3)$,则得到所求的最小方差集。

对 $N > 4$ 的组合，我们可以仿照上面的方法，由下面两式联立

$$Ax_1 + Bx_2 + \cdots + Cx_{N-1} + M = 0 \qquad (2\text{-}47)$$

$$\frac{A}{F_{x_1}} = \frac{B}{F_{x_2}} = \cdots = \frac{C}{F_{x_{N-1}}} \qquad (2\text{-}48)$$

得到 $x_1, x_2, \cdots, x_{N-1}$，将其代入 $\sigma^2(R) = F(x_1, x_2, \cdots, x_{N-1})$ 即得最小方差集。

最后我们来讨论一下标准线问题。

所谓标准线，就是如图 2-18 中那些表示最小方差组合的点的连线，这是一条直线，把它从图 2-18 中分离出来，得图 2-19。

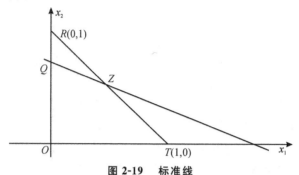

图 2-19　标准线

事实上这条标准线是不难求得的。在我们的例子中，由于任一最小方差组合的组合系数可以表示成 $x_1 = 1.44 - 12r, x_2 = 4r + 0.12$，消去 r，就得到这条标准线

$$x_1 + 3x_2 = 1.8$$

更一般的，式（2-48）就是 N 种证券组合的最小方差集的标准线。例如，在上例中

$$2x_1 + x_2 + 20r - 3 = 0$$

$$\sigma^2(R) = F(x_1, x_2) = 0.19x_1^2 + 0.31x_2^2 + 0.34x_1x_2 - 0.22x_1 - 0.38x_2 + 0.28$$

则有 $A = 2, B = 1, F_{x_1} = 0.38x_1 + 0.34x_2 - 0.22$

$$F_{x_2} = 0.34x_1 + 0.62x_2 - 0.38$$

故该标准线为

$$\frac{2}{0.38x_1 + 0.34x_2 - 0.22} = \frac{1}{0.34x_1 + 0.62x_2 - 0.38}$$

就是

$$x_1 + 3x_2 = 1.8$$

这和上面结果一样。

第六节　包含外国证券的组合投资

一、引入外国证券的原因

迄今为止，我们已经研究了如何在给定的 N 种证券中构造有效组合，所有这些都是基于严格的数学推导之上的，而且还具有很重要的应用价值。现在我们就不是被动地按照给定的信息的情况，而是积极地、主动地扩大投资范围，而随着国际经济日益一体化，我们有可能把外国

证券引进我们的组合,这主要基于下面两个原因来考虑。

(1) 引进外国证券可增加组合内证券的种数。因为从理论上证明,$N+1$ 种证券的优化效果肯定不会比 N 种证券的优化效果差。我们不妨设想一下,如果对 N 种证券进行组合,所得到的最小方差集为 $MVS(N)$,现增加一种证券进入组合,如果加入的证券会增加组合的方差,那么我们会让其权重为 0,所以增加一种证券至少不会增加原有组合的方差,而只会减少它或者不变。如果用 $MVS(N+1)$ 表示由 $N+1$ 种证券构成的最小方差集,则它应该在 $MVS(N)$ 的左侧或重合,如图 2-20 所示。

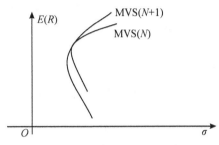

图 2-20　不同证券数目的最小方差集

(2) 由最小方差集求解模型式(2-26),我们可以看出,作为基本的信息载体,协方差矩阵对优化的结果影响很大。我们在第二节曾经说过,如果我们尽可能地选择一些相关程度很低,最好是负相关的证券进入我们的组合,那么我们的优化效果一定会好一些。

大量的事实说明,在同一个经济体(国家、地区)内,各种经济单位之间有着千丝万缕的关系,一般来说都具有依存关系(即正相关),所以我们即使有目的地、细心地选择证券,它们之间的相关程度一般也都是较大的,所以这种选择一般都是有限的。倒是由于国与国之间经济的某种独立或竞争关系,使得外国证券和本国证券收益率之间相关程度很低,甚至为负。

在 1969—1970 年间,美国和德国股价均有所下降,但日本的股价却上升;而在 1979—1980 年,德国股价下降了,美、日两国的股价却上升,这种相反的运动趋势,表示它们之间的相关程度很低。如图 2-21 所示。

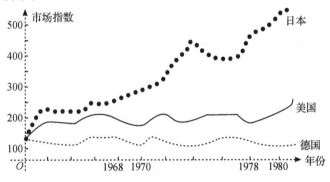

图 2-21　日本、美国、德国的市场指数

二、外国证券的收益率公式

于是为了把外国证券引进我们的组合,我们必须要计算出外国证券的收益率的期望值和方差(协方差),这样才能根据式(2-33)进行优化,因此我们首先来导出投资外国证券的收益率的计算公式。

首先要指出的是,投资外国证券的收益率的衡量,和投资者所属的国家乃至货币有关,即投资者总是以他本国的货币来衡量他投资外国证券所获的收益率。

我们知道,一般普通股在第 t 期的收益率可用下式表示:

$$R_t = \frac{P_t - P_{t-1} + D_t}{P_{t-1}}$$

这里 P_t 是股票的第 t 期期末的价格,D_t 是第 t 期的股息。

但是上式只是一般的股票收益率计算公式,如前所述,投资外国证券的收益率必须以本国货币来衡量,所以必须进一步对该式进行研究,使它的计算不仅反映了证券在所在国家的收益率,而且还和本国与该国货币的交换比率 —— 汇率有关。另外,为了使问题简便起见,我们不妨略去股票的股息。

假定第 i 国投资者,购买第 j 国公司发行的股票,设该股票在第 t 期按照第 i 国货币的价格为 P_{jt},则在第 t 期投资该股票按 i 国货币计算的年收益率 R_{jt} 为:

$$R_{jt} = \frac{P_{jt} - P_{j,t-1}}{P_{j,t-1}} \tag{2-49}$$

例 2-9 假定有一个美国投资者在1981年2月25日花了100美元购买了一些英国公司的股票,这种股票在英国的年收益率是15%(即按英镑算),1981年2月25日的汇率是1英镑 = 2.2282美元,一年后美元升值,1982年2月25日的汇率是1英镑 = 1.8330美元,那么该投资者的投资收益率应是多少?

解:在1981年2月25日,该美国投资者所购的英国股票的英镑价值为100/2.2282 = 44.88英镑,由于这些股票的英镑收益率为15%,则到了1982年2月25日,其价值为 $44.88 \times (1+15\%) = 51.61$ 英镑,转化成美元即 $51.61 \times 1.8330 = 94.60$ 美元,按照式(2-49),该投资者购买此英国证券的投资收益率为:

$$\frac{94.60 - 100}{100} = -5.4\%$$

即这项投资亏本了,虽然该股票在其自己国内的收益率高达15%,由此可看出汇率波动对投资者向外国证券投资的影响。根据上述思路,我们可以将式(2-49)具体化。设 i 国投资者以本国货币 C 在 t 期期初购买若干 j 国公司股票,该股票在此国内第 t 期的年收益率为 R_{jt},并假设在 t 期期初、期末,单位 i 国的货币分别等于 $M_{ij,t-1}$ 和 $M_{ij,t}$ 单位 j 国货币,于是 i 国投资者在第 t 期向 j 国公司股票投资的收益率为:

$$R_{ij,t} = \frac{C \times \dfrac{M_{ij,t-1}}{M_{ij,t}}(1+R_{j,t}) - C}{C} = \frac{M_{ij,t-1}}{M_{ij,t}}(1+R_{j,t}) - 1 \tag{2-50}$$

例 2-10 有一个德国投资者,他也在同期购买了那种英国公司的股票,已知在上述期初和期末,英镑对马克的汇率分别为1英镑 = 3.3423马克和1英镑 = 3.8952马克,则他的投资收益率为多少?

解:根据式(2-50)

$$M_{ij,t-1} = \frac{1}{3.3423}, M_{ij,t} = \frac{1}{3.8952}, R_{j,t} = 15\%$$

则这位德国投资者向该种英国股票投资的收益率为

$$R_{ij,t} = \frac{3.8952}{3.3423}(1+15\%) - 1 = 34.0\%$$

对于同样的股票,却因为投资者的国别不同,而造成了投资者的收益悬殊,这说明了投资者在选择外国证券投资时,要慎重地考虑到股票的国别,换句话说外国证券的收益率是会随着投资者的国别不同而异的。

三、构建跨国投资组合

利用分散投资的原理,我们拟构建跨国投资组合。

例2-11 表2-4和表2-5分别给出了从一个美国投资者角度来看的几个国家的市场证券组合收益率的期望值、标准差和相关系数,请构建各国证券的投资组合。

表2-4 各国证券的期望收益率和标准差 （单位:%）

国别	期望收益率	标准差	国别	期望收益率	标准差
比利时	2.0	9.1	意大利	−2.4	13.2
加拿大	0.9	9.7	日本	2.8	10.7
德国	1.4	10.7	英国	2.1	19.2
法国	1.9	13.9	美国	0.1	9.0

表2-5 各国证券的相关系数

相关系数	比利时	加拿大	德国	法国	意大利	日本	英国	美国
比利时	1.00	0.40	0.79	0.76	0.55	0.58	0.53	0.51
加拿大		1.00	0.31	0.37	0.28	0.40	0.46	0.75
德国			1.00	0.76	0.39	0.63	0.44	0.50
法国				1.00	0.57	0.52	0.43	0.44
意大利					1.00	0.36	0.35	0.27
日本						1.00	0.38	0.55
英国							1.00	0.61
美国								1.00

解: 每一个国家的投资者在得到如上的各国证券的期望收益率和方差(协方差)数据后,他就可以按照式(2-33)来选择他所理想的证券组合。表2-6给出了分属加拿大、德国、日本和美国的四个投资者的证券组合。

表2-6 各国投资者的证券组合

证券组合系数	美国	德国	加拿大	日本
加拿大	0.06	0.16	0.11	0.01
德国	0.19	0.19	0.18	0.21
日本	0.57	0.65	0.47	0.78
美国	0.18	——	0.24	——
组合收益率期望值	1.9%	2.2%	1.7%	2.5%
组合收益率标准差	8.9%	9.1%	8.5%	10.0%

　　我们以德国投资者为例,他没有购买美国证券,而只购买了他自己国家的证券和加拿大、日本的证券,投资的比例分别为 0.19,0.16 和 0.65。这样得到总的组合收益率的期望值为 2.2%,标准差为 9.1%。

　　另外,我们根据有关资料,从一个美国投资者的角度出发,得到美国国内市场证券组合(S&P500 种股票)和包含外国证券的投资组合的最小方差集,如图 2-22 所示。

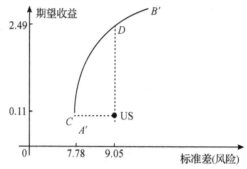

图 2-22　美国投资者的证券组合

　　从图中我们可以看出,如一个美国投资者仅向本国证券投资,则其期望收益率和标准差由点 US 表示,分别为 0.11% 和 9.05%(按季度计算)。但如果他要向包括外国证券的组合进行投资,则如保持收益不变标准差会下降到 7.78%(C 点),或保持标准差不变,期望收益率会上升到 2.49%(D 点),向外国证券投资的好处,由此可见一斑。

　　最后根据本节的思路,我们还可以把我们的研究内容扩大到投资外汇上去,其实这是一回事,我们只要把 j 国货币也看成是一种“证券”即可,那么该证券在 t 期内的收益率就是相应期间该种货币在银行存款的利率,其他一切均仿上。

第七节　模型总结

　　马科维茨模型体现的投资组合理论为证券投资选择提供了理论框架,又提供了指导实际应用的分析方法。马科维茨的风险定价思想和模型具有开创意义,奠定了现代金融学、投资学乃至财务管理学的理论基础。

一、马科维茨的投资组合理论的优点

　　(1)首次对风险和收益进行精确的描述,解决对风险的衡量问题,使投资学从一门艺术迈向了科学。

　　(2)分散投资的合理性为基金管理提供理论依据。单个资产的风险并不重要,重要的是组合的风险。

　　(3)从单个证券的分析,转向组合的分析。投资者们可以构建投资组合,尽量利用组合提高收益率,同时控制风险。

二、马科维茨投资组合理论的缺点

　　(1)当证券的数量较多时,计算量非常大。如果模型中有 N 个证券,需要计算 N 个回报率、N 个方差、$N(N-1)/2$ 个协方差,总共 $2N+N(N-1)/2$ 个估计数,这就使得模型应用受到限制,当 $N＝1000$ 时,这个数字为 501500。

(2)解的不稳定性。因为最优组合投资权重的计算公式里涉及矩阵求逆问题,而很多矩阵是不可逆的,这就要求近似解,但会造成一定的误差。

(3)重新配置成本较高。如果改变投资组合,重新配置,会造成较高的交易成本。

鉴于上述原因,马科维茨和他的学生夏普就寻求更为简便的方法,创立了下一章要介绍的资本资产定价模型(CAPM)。

习　题

1.投资组合的标准差一定小于每一项构成资产的标准差吗? 为什么?

2.什么是资本市场上投资者对于股票投资收益的同质预期,这一假设对于资产配置分析起到什么作用?

3.什么是资产配置? 马科维茨均值-方差模型怎样适合资产配置活动的?

4.若一投资组合包含 A、B 两种股票,股票 A 的期望收益率为 14%,标准差为 10%;股票 B 的期望收益率为 18%,标准差为 16%,两种股票的相关系数为 0.4,投资股票 A 的权重为 40%,B 的权重为 60%,则该投资组合的期望收益率与标准差分别是多少?

5.某企业有甲、乙两个独立性投资项目,计划投资额均为 1000 万元,其收益率的概率分布如下表所示,计算两个项目的期望收益率、标准差,以及投资组合的期望收益率和标准差。

市场状况	概率	甲项目/%	乙项目/%
好	0.3	20	30
一般	0.5	10	10
差	0.2	5	−5

6.投资组合中有两只构成股票,股票 A 的期望收益率为 15%,标准差为 20%,股票 B 的期望收益率为 20%,标准差为 25%。如果两只股票的相关系数为 0.3,制作使用两只股票进行组合的可能组合曲线。如果相关系数变为 −0.3,再次制作曲线,并进行比较。

7.依据下表求均方效率边界,至少得到 10 个点,并画图。

证券	协方差/%					收益率/%
1	2.30	0.93	0.62	0.74	−0.23	15.10
2	0.93	1.40	0.22	0.56	0.26	12.50
3	0.62	0.22	1.80	0.78	−0.27	14.70
4	0.74	0.56	0.78	3.40	−0.56	9.02
5	−0.23	0.26	−0.27	−0.56	2.60	17.68

8.三个证券的期望收益率、收益标准差和相关系数见下表:

证券	预期收益率	标准差	相关系数
A	0.08	0.20	0.18
B	0.12	0.25	0.20
C	0.15	0.15	−0.15

求绝对最小方差资产组合的期望收益率和标准差,该资产组合系数是多少?

9.对于上题中的三个证券构成的资产组合,假设其期望收益为 18%,在所有有效资产组合中,计算方差最小的资产组合。

10. 假设市场证券组合的期望收益为 23%,市场利率为 7%。市场证券组合的标准差为 32%。假设市场是有效的,请给出资本市场线的方程。考虑一个期望收益为 39% 的有效边界上的资产组合,计算该资产组合的标准差。如用 1000 元进行投资,该如何投资才能得到收益? 若投资 300 元用于无风险证券,700 元用于市场证券组合,那么年底的收益为多少?

第三章

资本资产定价模型

CAPM 模型主要是用来阐述证券的风险价格进而其均衡价格形成的机理的,是关于投资收益和风险之间的关系模型,甚至是整个金融领域最主要的模型之一,对投资理论和实践的发展起到了巨大推动作用。由于它的简洁的数学描述和缜密的逻辑推断,使得该模型在实际生活中和理论分析中受到广泛的应用,夏普本人也因此获得 1990 年的诺贝尔经济学奖。

必须指出的是,夏普本人当初建立这个模型时,曾经设想了一些重要的假想条件,或者说该模型是建立在这些假想条件之上的。然而,当今天我们再来评价这个模型时,我们就会发现,即使这些假想条件不成立,CAPM 模型的基本立论还是正确的,几十年来,无论是理论阐述,还是实际数据的验证,该模型的解释与人们在证券市场上所观察到的结果基本是一致的。

本章共分 5 节来阐述 CAPM 模型及其相关内容。首先,我们在给出严格的假想条件的基础上导出 CAPM 模型;其次,我们来介绍 CAPM 模型的应用价值;再次,我们对 CAPM 模型进行了实证检验,放宽上述假定条件后,我们对 CAPM 模型进行了推广。

第一节 CAPM 模型及其条件

一、资本市场线(CML)

我们在上章第四节中曾经指出过,如果存在 N 种具有风险的证券和一项无风险的证券投资机会,那么其有效组合均在图 2-16 中直线 iM 上,显然,所有投资者均在该直线上选择投资,这条直线称为资本市场线 CML(capital market line),不难看出,它的方程为

$$E(R_p) = i + \frac{E(R_m) - i}{\sigma_m}\sigma(R_p) \tag{3-1}$$

其图形如图 3-1 所示。显然,这条直线反映的是收益和风险的权衡关系,它共分为两个部分,第一部分为截距 i,反映了投资资金的时间价值,即投资者延迟消费对每单位时间的补偿,市场的无风险收益率;第二部分为风险投资组合的收益率高于无风险收益率的部分,称为风险溢价,即对投资者承担风险提供的补偿。如果投资者每多冒一个标准差的风险,则他应该多得到一个相应的风险补偿 $\frac{E(R_m) - i}{\sigma_m}$,如果他害怕风险,则他所得的风险报酬也少。这个斜率 $\frac{E(R_m) - i}{\sigma_m}$ 被称为单位风险溢价。在金融世界里,任何资产组合都不可能超越 CML。由于单个

资产一般来说,并不是最优的资产组合,因此,单个资产也位于该直线的下方。CML 将一项有效资产组合的期望收益率与其标准差联系起来,但它并未表明一项单独资产的期望收益率是如何与其自身的风险相联系的。CAPM 模型的最终目的是要对证券进行定价,因此,就由 CML 推导出 SML(证券市场线)。

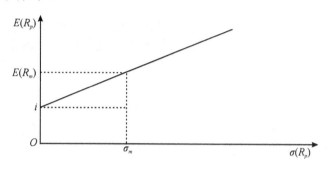

图 3-1　资本市场线 CML

例 3-1　假设市场的无风险收益率是 3%,市场组合的期望收益率是 10%,标准差是 18%。则

① 投资者的单位风险溢价是多少?

② 如果投资者需要一个标准差为 10% 的投资组合,则其在市场组合的资金比率为多少?期望收益率为多少?

③ 如果投资者将 40% 的资产投资在无风险资产上,则该组合的期望收益率和标准差是多少?

解:① 根据资本市场线的方程

$$\frac{E(R_m) - i}{\sigma_m} = \frac{0.1 - 0.03}{0.18} = 0.39$$

即投资者的单位风险溢价是 0.39。

② 因为无风险证券的标准差为 0,所以组合的标准差为

$$\sigma(R_p) = w_m \sigma_m = 18\% \times w_m = 10\%, \quad w_m = 55.6\%$$

即投资在市场组合上的投资比例为 55.6%,此时组合期望收益率为

$$E(R_p) = i + \frac{E(R_m) - i}{\sigma_m} \sigma(R_p) = 3\% + 0.39 \times 10\% = 6.9\%$$

③ 组合的期望收益率为

$$E(R_p) = w_m E(R_m) + w_i i = 0.4 \times 3\% + 0.6 \times 10\% = 7.2\%$$

组合的标准差为

$$\sigma(R_p) = w_m \sigma_m = 18\% \times 0.6 = 10.8\%$$

二、模型假设

为了导出 CAPM 模型,在上述的基础上,我们还要假定下列条件成立:

(1)证券市场包含许多买者和卖者,他们中的任何一个人的买卖行为,均不能影响市场上的价格,而且他们均可以免费地、不断地获得信息。

(2)对所有投资者来说,他们都是理性投资者,根据一段时间内(单期)组合的预期收益率和方差来评价投资组合,都追求收益最大化。

(3)没有交易费用或所得税。

（4）所有投资者都不需要任何费用即可得到所有的投资机会的信息，因此，他们对所有投资机会的期望收益率和方差（协方差）均有相同的估计（即同质期望）。

（5）在相应的范围内，所有的投资者均能借或贷到任何数额的资金，而且还不会影响利率；同时对所有投资者来说，借款利率等于贷款利率。

上述条件说明，我们所假定的市场是个完备市场（perfect market）。投资者的不同仅仅是风险偏好和拥有的投资禀赋不同。在现实生活中，完备市场是不存在的，我们在第五节将逐步放宽这些条件。

三、模型推导

我们还是回到上面的资本市场线的讨论中。我们知道，投资者总是选择资本市场线上的点进行投资。当点在 i,M 之间时，表示投资者以 i 为利率贷出资金，又向 M 点所代表的组合进行投资；当点在 M 点的右上方时，则表示投资者以 i 为利率借进资金，再连同原有资金一起向 M 点所表示的组合进行投资。一句话，所有投资者均是以不同的比例向 i,M 进行投资，但是由于 M 点表示的是含有 N 种证券所形成的组合，故所有投资者向这 N 种证券投资的系数向量均是一样的，即如果 x_{ij} 表示的是第 j 个投资者向第 i 种证券投资的份额，那么在 M 点则有

$$(x_{11},x_{21},\cdots,x_{N1}) = (x_{12},x_{22},\cdots,x_{N2}) = (x_{13},x_{23},\cdots,x_{N3}) = \cdots$$

鉴于这样的事实，我们把 M 点所代表的组合称为市场证券组合，它的期望收益率和方差用下式来表示

$$E(R_m) = \sum_{j=1}^{N} x_j E(R_j)$$

$$\sigma_m^2 = \sum_{j=1}^{N} \sum_{k=1}^{N} x_j x_k \sigma_{jk}$$

我们在前面说过，在实际应用中上述数据是用一些大的股票价格指数来表示的。根据上面的完全市场假设，我们知道，对同一种证券的收益率的期望和方差，所有投资者均有相同的估计，或者说任一证券的收益并不因人而异，而只取决于它自身的风险和市场，取决于它和市场的关系，描述这种证券的期望收益率与其风险（绝不仅仅是自身的风险）之间的关系的方程就称为 CAPM 模型，下面我们来导出这个模型。

如图 3-2 所示，其双曲线是原 N 种风险证券组合的最小方差集，iM 与它相切，根据我们前面的叙述，$N+1$ 种证券的有效组合均在直线 iM 上，M 点的坐标为 $(\sigma_m,E(R_m))$，无风险投资的利率是 i。

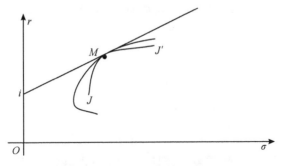

图 3-2　$N+1$ 种证券的有效组合

设任一证券 J，其坐标为 $(\sigma_j, E(R_j))$，由于我们推导的是一般证券的期望收益率与其风险的关系，所以对 J 的选择应不失一般性，即它不一定是有效组合。如图 3-2 所示，J 肯定不是有效组合。

我们现在让证券 J 和市场证券组合进行组合，那么其组合线除了 M 点外，其他均在双曲线右侧，也就是组合线 $\overgroup{JMJ'}$ 和该双曲线相切于 M 点，因而也和资本市场线 iM 相切于 M 点，显然在 $\overgroup{JM}$ 段表示的是向 J 和 M 均进行投资——买入，而在 $\overgroup{MJ'}$ 段则表示卖出证券 J，所得的资金和原有资金一起向 M 进行投资。

定理 3-1 （CAPM 模型）若市场投资组合是有效的，则任一资产 j 的期望收益满足

$$E(R_j) = i + [E(R_m) - i]\beta_j。$$

证：设证券 J 和市场证券组合 M 分别以 x_j 和 $1 - x_j$ 比例形成组合 p，那么根据第二章的内容，我们分别得该组合的期望收益率 $E(R_p)$ 和标准差 $\sigma(R_p)$ 为

$$E(R_p) = x_j E(R_j) + (1 - x_j) E(R_m)$$

$$\sigma^2(R_p) = x_j^2 \sigma_j^2 + (1 - x_j)^2 \sigma_m^2 + 2 x_j (1 - x_j) \sigma_{jm}$$

这可以看作是一个以 x_j 为参数的参数方程。

由于我们的目的是建立 $E(R_j)$ 和 σ_j 的关系，所以我们要充分利用已知条件，先求 $E(R_p)$ 在 M 点的导数，故有

$$\frac{\mathrm{d}E(R_p)}{\mathrm{d}x_j} = E(R_j) - E(R_m)$$

$$\frac{\mathrm{d}\sigma(R_p)}{\mathrm{d}x_j} = \frac{1}{2\sigma(R_p)} \left[2 x_j \sigma_j^2 - 2(1 - x_j) \sigma_m^2 + 2(1 - 2 x_j) \sigma_{jm} \right]$$

但是，在 M 点处，有 $x_j = 0, \sigma(R_p) = \sigma(R_m)$，则有

$$\frac{\mathrm{d}E(R_p)}{\mathrm{d}x_j} \Big|_{x_j=0} = E(R_j) - E(R_m)$$

$$\frac{\mathrm{d}\sigma(R_p)}{\mathrm{d}x_j} \Big|_{x_j=0} = \frac{1}{2\sigma_m} \left[2\sigma_{jm} - 2\sigma_m^2 \right] = \frac{\sigma_{jm} - \sigma_m^2}{\sigma_m}$$

于是

$$\frac{\mathrm{d}E(R_p)}{\mathrm{d}\sigma(R_p)} \Big|_M = \frac{\sigma_m}{\sigma_{jm} - \sigma_m^2} \left[E(R_j) - E(R_m) \right]$$

注意到 $E(R_p)$ 在 M 点的导数，应等于在 M 点和该组合线相切的切线的斜率，也就是等于资本市场线的斜率，因而得

$$\frac{\sigma_m}{\sigma_{jm} - \sigma_m^2} \left[E(R_j) - E(R_m) \right] = \frac{E(R_m) - i}{\sigma_m}$$

整理得

$$E(R_j) = i + [E(R_m) - i] \frac{\sigma_{jm}}{\sigma_m^2} \tag{3-2}$$

我们前面曾定义 $\beta_j = \dfrac{\sigma_{jm}}{\sigma_m^2}$，则上式可写成

$$E(R_j) = i + [E(R_m) - i]\beta_j \tag{3-3}$$

这就是我们所要求的 CAPM 模型，其图形称为证券市场线（SML）。

其图形如图 3-3 所示。

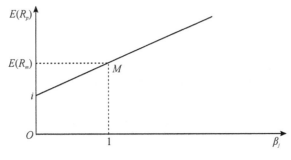

图 3-3 证券市场线 SML

四、模型分析

从上式我们可以看到,证券市场线表明了证券收益与市场收益之间的关系,也表现了证券收益与风险之间的关系特征。任一证券的期望收益率可分成两部分,一部分是无风险利率 i(截距部分),另一部分是由于风险存在而增加的利率补偿 $[E(R_m)-i]\beta_j$,风险越大(即斜率越大),则第二部分也就越大,亦即对该股票的期望收益率就越大,这是与我们的生活常理相符合的。

这里有必要对 β 系数多介绍几句。β 系数表示了特定资产(或资产组合)的收益率对市场组合收益率变动的灵敏程度,即市场组合收益每变动一个百分点,该资产收益变动的幅度。β_j 在这里实际上已成为证券风险大小的衡量标志了,因为 $E(R_m)$ 和 i 是给定的。事实上,如果 $\beta_j=1$,代表市场投资组合点 M;如果 $\beta_j>1$,则说明证券 J 的风险大于市场证券组合的风险,因而 $E(R_j)$ 当然应大于市场证券组合收益率的期望值 $E(R_m)$,该证券应位于直线的上方,被称为"进取型证券";反之若 $\beta_j<1$,我们同样得到 $E(R_j)<E(R_m)$,该证券应位于直线的下方,被称为"防御型证券"。由 β_j 的定义,我们可以看到,衡量证券风险的关键是该证券与市场组合的协方差而不是证券本身的方差。

例 3-2 表 3-1 是某段时间三种投资产品收益率的波动区间,试计算两只股票的 β 值。

表 3-1　三种投资产品的收益率　　　　　　　　　　　　　　　(单位:%)

市场组合收益率	激进型股票收益率	防守型股票收益率
5	−2	6
25	34	14

解:β 可用股票收益率波动幅度除以市场组合收益率波动幅度进行计算,

$$\beta_{激进型}=(-2\%-34\%)\div(5\%-25\%)=1.8$$
$$\beta_{防守型}=(6\%-14\%)\div(5\%-25\%)=0.4$$

对式(3-2)我们还可以深究一下,其结果将会是很有趣的。我们知道

$$\beta_j=\frac{\sigma_{jm}}{\sigma_m^2}=\frac{\rho_{jm}\sigma_j\sigma_m}{\sigma_m^2}=\frac{\rho_{jm}\sigma_j}{\sigma_m}$$

于是我们将式(3-2)改写成

$$E(R_j)=i+\frac{E(R_m)-i}{\sigma_m}\rho_{jm}\sigma_j \tag{3-4}$$

对上式右侧的第二项风险补偿部分,我们可以作这样的解释:由于整个市场存在风险,那么对它给予的风险补偿应是 $E(R_m)-i$,注意到市场风险的大小是用 σ_m 来表征的,于是 $\dfrac{E(R_m)-i}{\sigma_m}$ 就可理解为"平均单位市场风险"给予的补偿,现在证券 J 的风险为 σ_j,将它"折算"

成市场风险,则其折算值为 $\rho_{jm}\sigma_j$,将"平均单位市场风险"$\dfrac{E(R_m)-i}{\sigma_m}$ 与证券 J 的市场风险 $\rho_{jm}\sigma_j$ 相乘,其乘积 $\dfrac{E(R_m)-i}{\sigma_m}\rho_{jm}\sigma_j$ 当然就是证券 J 的风险补偿了!

利用式(3-3),我们可以对任一证券的收益率做出估计(期望),这里的关键是要先估计出 β,通常的做法是,假定证券市场是平稳地、有序地向前发展,那么我们可以利用历史数据 (R_{mt},R_{jt}) 来作回归,从而得出 β 的估计值。基于同样的道理,我们用 $\overline{R}_m$ 来代替 $E(R_m)$,这样就可得 $E(R_j)$。下面我们来举个例子说明一下。

例 3-3 某地有一家股份公司,在过去的 10 年内,平均无风险利率 $i=5\%$,其普通股收益率和相应的市场证券组合收益率如表 3-2 所示。

表 3-2　市场证券组合和某股票的收益率

年份	R_t	R_{mt}	年份	R_t	R_{mt}
1	0.14	0.12	6	0.14	0.13
2	0.12	0.09	7	0.15	0.14
3	0.11	0.08	8	0.18	0.17
4	0.12	0.11	9	0.10	0.05
5	0.11	0.10	10	0.10	0.06

根据前面所述,我们先求得

$$E(R_m) = \overline{R_m} = 10.5\%$$

$$\beta = \frac{\hat{\sigma}_{im}}{\hat{\sigma}_m^2} = 0.657$$

于是根据式(3-3)得该股票的期望收益率为

$$E(R_j) = 0.05 + (0.105 - 0.05) \times 0.657 = 8.6\%$$

五、证券市场线与资本市场线的比较

资本市场线与证券市场线,都描述了证券投资收益与风险之间的关系,横轴都是风险,纵轴都是收益,两条线都向右上方倾斜,表明高风险高收益。但仔细观察,发现它们在适用范围、变量选择和应用作用等方面存在着区别。

(1)适用范围不同。SML 描述的是任何一种资产或者资产组合的期望收益与系统风险之间的关系,它是一个有效市场给出的定价,但实际证券的收益可能偏离 SML;而 CML 则描述有效资产组合与总风险的关系,任何资产(组合)的期望收益不可能高于 CML。

(2)二者的风险变量选择不同。SML 的横坐标是系统风险 β,考虑的仅是总风险的一部分;而 CML 的横坐标是总风险 σ,其中既包括系统风险又包括非系统风险。

(3)二者在应用上有所不同。SML 作为 CAPM 模型的图像形式,主要应用于资产定价,计算证券的期望收益;而 CML 主要用于确定市场组合,构造投资组合,因此 CML 也称为有效的资本配置线。

第二节　CAPM 模型的另一种推导

上一节我们按夏普的方法导出了 CAPM 模型,本节我们按照林特纳的方法来导出 CAPM 模型,事实上林特纳和夏普是彼此独立地导出 CAPM 模型的,至少我们又给出林特纳的方法,是基于二者的思路不一样,故这样可以开阔我们的视野。

按照林特纳的方法,欲要对证券的风险定价,则我们必须先确定出最优组合 M 中各个证券 J 的系数 x_j,然后才能完成定价,即风险与收益的补偿关系。

设单位投资收益的期望值 $E(R_p)$,标准差为 $\sigma(R_p)$,这里 P 是风险股票的组合,那么根据前述有

$$E(R_p) = \sum_{j=1}^{N} x_j E(R_j)$$

$$\sigma(R_p) = \sqrt{\sum_{j=1}^{N} \sum_{k=1}^{N} x_j x_k \sigma_{jk}}$$

其中,x_j 为向股票 j 投资的比例;N 为风险股票的种数;σ_j^2 为向股票 j 单位投资收益的方差;$E(R_j)$ 为向股票 j 单位投资收益的期望;σ_{jk} 为股票 j 与股票 k 收益之间的协方差。

这里要注意的是,单位投资的收益即收益率,我们这样说是基于后面的总量收益的原因,另外我们这个组合未必是最优风险组合,因为上面的公式是个一般的公式。还需说明的就是这里一般是 $\sum_j x_j \neq 1$,因为我们这个组合仅仅是风险组合,事实上不存在无风险证券,如果设向无风险证券投资的比例系数为 x_r,那么才有 $\sum_j x_j + x_r = 1$。如果投资者借钱向组合 P 投资,那么 $x_r < 0$,$\sum_j x_j > 1$;如果投资者在向组合 P 投资同时还储蓄,那么 $x_r > 0$,$\sum_j x_j < 1$;如果投资者既不存款也不借钱,只向风险组合 P 投资,这时才有 $\sum_j x_j = 1$。

如果我们以 σ 为横轴,r 为纵轴,且假定无风险投资的利率为 i,那么我们就可以在 σr 坐标系中标出这个无风险投资和风险投资的组合 P,如图 3-4 所示。

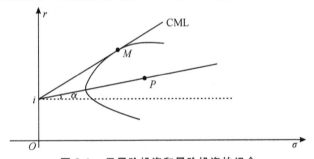

图 3-4　无风险投资和风险投资的组合

由于 i 是无风险投资,故直线 iP 就是上一章第二节中所讨论的投资组合线,直线 iP 上的任意一点,均是投资者的一个组合,注意到 i 是一个固定点,那么投资者所面临的决策问题就是如何保证在收益水平一定的条件下,使他得到的收益的标准差最小。从几何上反映,应该选择使直线 iP 与 σ 轴之间的夹角 α 最大的 $x_j (j = 1, 2, \cdots, N)$,就是使得下式最大的 x_j

$$\tan\alpha = \frac{E(R_p) - i}{\sigma(R_p)} = \frac{\sum_{i=1}^{N} x_i E(R_i) - i}{\sqrt{\sum_j \sum_k x_j x_k \sigma_{jk}}}$$

把它写成我们熟悉的规划模型,即

$$\min \sigma(R_p) = \sqrt{\sum_j \sum_k x_j x_k \sigma_{jk}}$$

$$\text{s. t} \quad E(R_p) = \sum_{j=1}^{N} x_j E(R_j) + (1 - \sum_{j=1}^{N} x_j)i \tag{3-5}$$

注意此时的 P 是 $N+1$ 种证券的组合,它是直线 iP 上任一点,于是作 Lagrange 函数

$$L = \sigma(R_p) + \lambda\left[E(R_p) - \sum_{j=1}^{N} x_j E(R_j) - (1 - \sum_{j=1}^{N} x_j)i\right]$$

这里的 λ 是 Lagrange 乘子,于是分别让 L 对 $x_j(j=1,2,\cdots,N)$ 和 λ 求偏导,并让其等于零,得

$$
\begin{aligned}
\frac{\partial L}{\partial x_1} &= \frac{1}{\sigma(R_p)}\left(\sum_{j=1}^{N} x_j \sigma_{1j}\right) - \lambda[E(R_1) - i] = 0 \\
\frac{\partial L}{\partial x_2} &= \frac{1}{\sigma(R_p)}\left(\sum_{j=1}^{N} x_j \sigma_{2j}\right) - \lambda[E(R_2) - i] = 0 \\
&\vdots \\
\frac{\partial L}{\partial x_k} &= \frac{1}{\sigma(R_p)}\left(\sum_{j=1}^{N} x_j \sigma_{kj}\right) - \lambda[E(R_k) - i] = 0 \\
&\vdots \\
\frac{\partial L}{\partial x_N} &= \frac{1}{\sigma(R_p)}\left(\sum_{j=1}^{N} x_j \sigma_{Nj}\right) - \lambda[E(R_N) - i] = 0 \\
\frac{\partial L}{\partial \lambda} &= E(R_p) - \sum_{j=1}^{N} x_j E(R_j) - (1 - \sum_{j=1}^{N} x_j)i = 0
\end{aligned}
\tag{3-6}
$$

对于上面 $N+1$ 个等式中的前 N 个等式,令第 k 个等式两边乘以 $x_k(k=1,2,\cdots,N)$,然后使这 N 个等式两边均相加,得:

$$\frac{1}{\sigma(R_p)}\left(x_1 \sum_{j=1}^{N} x_j \sigma_{1j} + x_2 \sum_{j=1}^{N} x_j \sigma_{2j} + \cdots + x_N \sum_{j=1}^{N} x_j \sigma_{Nj}\right)$$
$$-\lambda\{x_1[E(R_1) - i] + x_2[E(R_2) - i] + \cdots + x_N[E(R_N) - i]\} = 0$$

就是

$$\frac{1}{\sigma(R_p)}\left(\sum_{k=1}^{N}\sum_{j=1}^{N} x_j x_k \sigma_{jk}\right) - \lambda\left[\sum_{j=1}^{N} x_j E(R_j) - \sum_{j=1}^{N} x_j i\right] = 0$$

则得

$$\sigma(R_p) = \lambda\left[\sum_{j=1}^{N} x_j E(R_j) + (1 - \sum_{j=1}^{N} x_j)i - i\right] = \lambda[E(R_p) - i]$$

因此

$$\frac{1}{\lambda} = \frac{E(R_p) - i}{\sigma(R_p)} \tag{3-7}$$

这样根据式(3-6)解得的各个 x_i 所形成的组合 P 是有效组合[可由式(3-5)得出],必满足上式。总之,有效组合必满足式(3-7),于是对市场证券组合 $M(\sigma_m, E(R_m))$,由于假定它是有效的,故它必满足式(3-7),即

$$\frac{1}{\lambda} = \frac{E(R_m) - i}{\sigma_m}$$

$\frac{1}{\lambda}$ 就是所谓的一单位风险的价格,或者说当组合增加一个标准差的风险,收益率就必须要增加 $\frac{1}{\lambda}$,考察式(3-6)中的第 j 个等式 $(j < N+1)$ 取 $P = m$,则得

$$E(R_j) = i + \frac{1}{\lambda \sigma_m} \sum_{k=1}^{N} x_k \sigma_{jk} = i + \frac{E(R_m) - i}{\sigma_m^2} \cdot \sigma_{jm}$$

和上节类似定义

$$\beta_j = \frac{\sigma_{jm}}{\sigma_m^2}$$

则我们得 CAPM 模型

$$R_j = i + [E(R_m) - i]\beta_j$$

这就是根据林特纳方法导出的 CAPM 模型,如果我们把式(3-6)改写成

$$\frac{1}{\lambda} \frac{\partial \sigma_m}{\partial x_j} = E(R_j) - i$$

$$E(R_j) = i + \frac{1}{\lambda} \frac{\partial \sigma_m}{\partial x_j} \tag{3-8}$$

而这里的 $\frac{\partial \sigma_m}{\partial x_j}$ 表示的是证券 J 对市场证券组合风险 σ_m 的边际贡献,而 $\frac{1}{\lambda}$ 是单位投资的风险价格,我们得到和前面一样的结论,任一证券的收益率,在平衡时均可分为两部分,无风险投资收益率 i 和风险报酬 $\frac{1}{\lambda} \frac{\partial \sigma_m}{\partial x_j}$,前者体现了证券的时间价值,后者体现了风险价值。

第三节　CAPM 模型的应用

由于 CAPM 模型具有深刻的经济含义和简洁的数学形式,所以无论对于投资理论研究,还是在实际的金融业务中,它都有着广泛的应用。本节我们将其主要的应用方面来作一番介绍。

一、确定资本结构对企业基准收益率的影响

在企业金融中,人们往往对其企业投放出去的资金有一个最低的收益率要求,就是所谓的企业基准收益率。人们在确定一个企业的企业基准收益率时,往往是从企业的资金来源方面来考虑的,即为了保证企业不至于入不敷出,通常是以筹集资金的代价 —— 综合资本费用,来作为企业的企业基准收益率的。但是,一般来说,企业的资金来源主要有二,一是自有资金(主要是发行股票得到的资金),二是借债。对于前者计算其费用,即按 CAPM 模型来计算,对于后者,主要根据借债的利率和所得税来导出费用,然后根据这两者在总的资金来源中所占的比例,把二者的费用加权相加,即得到综合资本费用 —— 企业基准收益率。

鉴于上述道理,在确定企业的基准收益率时,我们总是以对自有资金收益率的期望(即公司普通股的期望收益率)来作为自有资金的费用的,而根据前两节的内容,我们知道,J 公司的自有资金收益率 R_j 是根据 CAPM 模型 —— 乃至根据其 β_j 来确定的。

但是,经过多年的研究,我们发现,上述的 β_j 不但与自身和市场有关,而且还与该企业内的资金结构 —— 负债和自有资金的比率 D/S 有关,也就是说,一个企业的自有资金费用与该企业的资金结构有关,这里我们就要给出这种关系的数学模型。

首先说明一下,我们的研究是基于股份公司的基础上的,且这种股份公司的资金来源是发行普通股和债券,那么前者是股本,是自有资金,后者是债。

假定有一个企业,原来其资金都是自有资金,债为 0,我们用 S_A 来表示原来该企业的股本市场均衡时的值,$E(S_A)$ 表示该股本在一个时期后的期望值,$E(div)$ 表示这个时期派发的股息,τ 表示税率,$E(X_A)$ 表示期望盈利,但这个盈利没有扣除利息和税金,于是我们有

$$E[X_A(1-\tau)] = E(div) + E(S_A) - S_A$$

$$E(R_A) = \frac{E[X_A(1-\tau)]}{S_A} = \frac{E(div) + E(S_A) - S_A}{S_A} \tag{3-9}$$

这就是该企业股东必需收益率,也就是该企业的自有资金费用。

现在假定该企业要改变它的资金结构,它以 i 为利率来发行总值为 D_B 的债券,同时以发行债券所获得的钱来买回它的股票;令资本结构改变后的股本在市场均衡时的值为 S_B,那么该企业发行债券后的自有资金费用为

$$E(R_B) = \frac{E[(X_A - iD_B)(1-\tau)]}{S_B} \tag{3-10}$$

于是根据式(3-2)得

$$E(R_A) = \frac{E[X_A(1-\tau)]}{S_A} = i + [E(R_m) - i]\frac{\sigma_{Am}}{\sigma_m^2}$$

$$E(R_B) = \frac{E[(X_A - iD_B)(1-\tau)]}{S_B} = i + [E(R_m) - i]\frac{\sigma_{Bm}}{\sigma_m^2} \tag{3-11}$$

将上面两式中的 $E[X_A(1-\tau)]$ 消去,则得

$$S_A\left\{i + [E(R_m) - i]\frac{\sigma_{Am}}{\sigma_m^2}\right\} = S_B\left\{i\left[1 + \frac{D_B}{S_B}(1-\tau)\right] + [E(R_m) - i]\frac{\sigma_{Bm}}{\sigma_m^2}\right\}$$

注意到

$$\text{cov}(R_A, R_m) = \text{cov}\left[\frac{X_A(1-\tau)}{S_A}, R_m\right] = \frac{1-\tau}{S_A}\text{cov}(X_A, R_m)$$

以及

$$\text{cov}(R_B, R_m) = \text{cov}\left[\frac{(X_A - iD_B)(1-\tau)}{S_B}, R_m\right] = \frac{1-\tau}{S_B}\text{cov}(X_A, R_m) \tag{3-12}$$

把它们代入式(3-11)得

$$S_A = S_B + (1-\tau)D_B \tag{3-13}$$

我们来比较一下(3-12)两式,不难发现有

$$\text{cov}(R_B, R_m) = \frac{S_A}{S_B}\text{cov}(R_A, R_m) \tag{3-14}$$

再把上式连同式(3-13)代入式(3-11)得

$$E(R_B) = i + [E(R_m) - i]\frac{\sigma_{Bm}}{\sigma_m^2}$$

$$= i + [E(R_m) - i]\frac{\sigma_{Am}S_A}{\sigma_m^2 S_B}$$

$$= i + [E(R_m) - i]\frac{\sigma_{Am}}{\sigma_m^2}\left[1 + \frac{D_B}{S_B}(1-\tau)\right] \tag{3-15}$$

由于 $\frac{\sigma_{Am}}{\sigma_m^2}$ 表示该企业无债($D = 0$)经营时的风险系数,而且 $E(R_B)$ 为该企业负债经营的自有资金的费用,其时对应的资金结构为 $\frac{D_B}{S_B}$,所以我们将上面公式的符号改变一下,让 β_{j0} 表示企业无债经营时的风险系数,就得到一个资金结构为 D/S 的企业自有资金费用计算公式:

$$E(R_j) = i + [E(R_m) - i]\beta_{j0}[1 + D/S(1 - \tau)] \tag{3-16}$$

这就是我们所要求的广义的 CAPM 的模型。

以上我们给出了资金结构对企业的普通股的期望收益率影响的关系式,这里我们想对这个公式的本身进行一番说明和推广,从而得出一些有益的结果。

(1) 从式(3-16),我们可以看出,如果其他各个因素不变,企业的自有资金的期望收益率与该企业结构呈同方向的线性关系,即 D/S 越大,则 $E(R_j)$ 越大;D/S 越小,则 $E(R_j)$ 也就越小,直观地来看,这是不难理解的。因为企业盈利之后,首先要支付债券所有利息,然后才以股息的形式把一部分盈利派发股东,所以在 D/S 比值较大情况下股东得到股息的风险要比 D/S 较小情况下股东所冒风险要大;由于风险大,其风险报酬也相应较大,故 D/S 较大情况下的股东的期望收益水平应高一些,也就是此种情况下的自有资金费用应大一些。

(2) 如果我们仍用 β_j 来表示 R_j 的风险系数,则此时它为

$$\beta_j = \beta_{j0}[1 + D/S(1 - \tau)]$$

我们把它分成两部分,则得

$$\beta_j = \beta_{j0} + D/S(1 - \tau)\beta_{j0}$$

对这个式子右边的第一项,我们称之为企业的经营风险(business risk),第二项则称之为财务风险(financial risk),因为它与企业的资金结构有关,这样我们就可以看出,作为一个度量风险的系数,β_j 不但包括了经营风险,而且还包括财务风险;如果 $D = 0$,则 $\beta_j = \beta_{j0}$,即此时的风险仅为经营风险,所以从这里我们同样可以看出,$E(R)$ 之所以随 D/S 值增大而增大,是因为其财务风险越来越大。

(3) 严格地说来,式(3-16)的主要意义是它能够给出一个企业的资金结构变化后的自有资金的期望收益率。

譬如,一个企业原来的资金结构为 D/S,其普通股的期望收益率为 $E(R)$,现该企业的资金结构改变为 D'/S',则其时自有资金的期望收益率 $E(R')$ 的计算推导如下:

根据式(3-16)有

$$\frac{E(R) - i}{\beta_{j0}[E(R_m) - i]} = 1 + \frac{D}{S}(1 - \tau)$$

$$\frac{E(R') - i}{\beta_{j0}[E(R_m) - i]} = 1 + \frac{D'}{S'}(1 - \tau)$$

于是有

$$\frac{E(R') - i}{E(R) - i} = \frac{1 + \dfrac{D'}{S'}(1 - \tau)}{1 + \dfrac{D}{S}(1 - \tau)}$$

就是

$$E(R') = \frac{1 + \dfrac{D'}{S'}(1 - \tau)}{1 + \dfrac{D}{S}(1 - \tau)}[E(R) - i] + i \tag{3-17}$$

二、市场平衡条件和证券平衡值

利用 CAPM 模型,我们可以导出市场的平衡条件。

设向证券市场的普通股投资的资金总额为 S,其中向第 j 种股票投资的比例为 x_j,在现期

出售的第 j 种股票的市场值为 V_{j0},那么显然有

$$S \cdot x_j = V_{j0}$$

故有

$$x_j = V_{j0}/S$$

但是,向市场投资的资金总额 S 一定等于所有已经出售的股票的市场值 T_0,就是:

$$S = \sum_{j=1}^{N} V_{j0} = T_0$$

因而

$$x_j = V_{j0}/S = \frac{V_{j0}}{T_0}$$

另一方面,我们知道,$E(R_j)$ 是由市场和股票 J 本身来确定的,具体来说,是由 CAPM 模型决定的,故我们对 R_j 也有同样的估计,进而对股票 J 在期末的市场价值 V_{j1}(期望值、方差)也将有同样的估计,于是,第 J 种股票的现行的市场价值必须要满足下式:

$$E(R_j) = \frac{V_{j1} - V_{j0}}{V_{j0}} \tag{3-18}$$

如果给定了已知条件,则满足式(3-18) 的 V_{j0} 就是 J 公司股票的均衡的市场值。

由于我们对 J 公司股票的期末市场价值 V_{j1}(随机变量)的分布均有同样的估计,故设 $\bar{\sigma}_j^2$ 表示投资者对第 j 种股票市场值的方差的估计,$\bar{\sigma}_{jk}$ 表示第 j 种股票市场价值和第 k 种股票市场价值的协方差,那么显然

$$\sigma_j^2 = \frac{\bar{\sigma}_j^2}{V_{j0}^2}$$

$$\sigma_{jk} = \frac{\bar{\sigma}_{jk}}{V_{j0} V_{k0}}$$

于是根据式(3-2) 式(3-18) 有

$$\frac{V_{j1} - V_{j0}}{V_{j0}} = i + [E(R_m) - i] \frac{\sigma_{jm}}{\sigma_m^2}$$

注意到

$$\sigma_{jm} = \mathrm{cov}(R_j, R_m) = \mathrm{cov}\left(R_j, \sum_{k=1}^{N} x_k R_k\right) = \sum_{k=1}^{N} x_k \sigma_{jk}$$

则得

$$\frac{V_{j1} - V_{j0}}{V_{j0}} = i + \frac{[E(R_m) - i]}{\sigma_m^2} \sum_{k=1}^{N} x_k \sigma_{jk}$$

$$= i + \frac{[E(R_m) - i]}{\sigma_m^2} \sum_{k=1}^{N} \frac{1}{V_{j0}} \cdot \frac{x_k}{V_{k0}} \bar{\sigma}_{jk}$$

$$= i + \frac{[E(R_m) - i]}{\sigma_m^2} \frac{1}{V_{j0}} \frac{1}{T_0} \sum_{k=1}^{N} \bar{\sigma}_{jk}$$

从而得第 j 种股票的市场平衡条件为

$$V_{j1} - (1+i)V_{j0} = \frac{[E(R_m) - i]}{T_0 \sigma_m^2} \sum_{k=1}^{N} \bar{\sigma}_{jk} = \frac{[E(R_m) - i]}{\sigma_m^2} \frac{1}{T_0} \sum_{k=1}^{N} \bar{\sigma}_{jk} \tag{3-18*}$$

根据上式,我们也可以得到 J 公司在市场平衡时总的股本值 V_{j0}。

设我们市场所有股票投资 T_0,而不是一个单位,那么市场有效组合的参数就是 $T_0 E(R_m)$ 和 $T_0^2 \sigma_m^2$,先把式(3-18*) 变换成:

$$V_{j0} = \frac{V_{j1} - \dfrac{[E(R_m) - i]}{\sigma_m^2} \cdot \dfrac{1}{T_0} \sum\limits_{k=1}^{N} \bar{\sigma}_{jk}}{1+i} \tag{3-19}$$

将上式分子中的 $\dfrac{[E(R_m)-i]}{\sigma_m^2}$ 项分子分母同乘 T_0，得

$$V_{j0} = \frac{V_{j1} - \dfrac{T_0[E(R_m)-i]}{T_0\sigma_m^2} \cdot \dfrac{1}{T_0} \sum\limits_{k=1}^{N} \bar{\sigma}_{jk}}{1+i}$$

$$= \frac{V_{j1} - \dfrac{T_0 E(R_m) - T_0 i}{T_0^2 \sigma_m^2} \sum\limits_{k=1}^{N} \bar{\sigma}_{jk}}{1+i} \tag{3-20}$$

这里，令

$$\gamma = \frac{T_0 E(R_m) - T_0 i}{T_0^2 \sigma_m^2}$$

显然它们表示投资 T_0（不是单位投资）的风险价格，注意这里的风险是以方差而不是标准差来衡量的，则上式演变为

$$V_{j0} = \frac{V_{j1} - \gamma \sum\limits_{k=1}^{N} \bar{\sigma}_{jk}}{1+i} \tag{3-21}$$

上式分子中 V_{j1} 是期末 J 公司总的股票价值。而它的风险为 $\sum\limits_{k=1}^{N} \bar{\sigma}_{jk}$，而风险价格为 γ，那么等效的、确定性的 J 公司在期末总的股票价值则为

$$V_{j1} - \gamma \sum\limits_{k=1}^{N} \bar{\sigma}_{jk}$$

因为这个值是确定性、无风险的，则该公司期初的股票总值应等于上面的确定性期末值，以无风险利率折算之，这就是式(3-21)。

相应的，该公司未来的收益率为（将 γ 代入）

$$\frac{V_{j1} - V_{j0}}{V_{j0}} = i + \frac{\gamma \sum\limits_{k=1}^{N} \bar{\sigma}_{jk}}{V_{j0}} \tag{3-22}$$

显然上式有类似的解释，读者会不讲自明的。

三、均衡价格和理论价格

上面介绍的是整个 J 公司的股票的均衡价值 V_{j0} 的计算，现在我们来导出该公司单张股票的均衡价格 P_{j0}。

设 J 公司的普通股票有 N_j 股，投资期末的期望价格为 P_{j1}，σ_j^2 表示单张该股票在投资期末的值的方差，σ_{jk} 表示相应的单张股票 J 与股票 K 的协方差。这样就有

$$V_{j1} = N_j P_{j1}$$
$$V_{j0} = N_j P_{j0}$$

类似地有

$$\bar{\sigma}_j^2 = N_j^2 \sigma_j^2$$
$$\bar{\sigma}_{jk} = N_j N_k \sigma_{jk}$$

于是根据式(3-21)得

$$N_j P_{j0} = \frac{N_j P_{j1} - \gamma \sum_{k=1}^{N} N_j N_k \sigma_{jk}}{1+i}$$

$$P_{j0} = \frac{P_{j1} - \gamma \sum_{k=1}^{N} N_k \sigma_{jk}}{1+i} \tag{3-23}$$

股票的理论价格是建立在对未来的收益率合理期望的基础上的。如果估计第 t 年的收益率为 R_t，股息收入为 D_t，那么该股票的理论价格为

$$P_0 = \sum_{t=1}^{\infty} \frac{D_t}{(1+R_t)^t} \tag{3-24}$$

如果估计各年的期望收益率均不变，则可利用历史资料，根据 CAPM 模型其期望收益率（可用最小二乘法）$E(R_t) = r_0$，则其时股票的理论价格为

$$P_0 = \sum_{t=1}^{\infty} \frac{D_t}{(1+r_0)^t} \tag{3-24*}$$

如果我们进一步假定股息以比例 $g(g < r_0)$ 逐期增长，就是

$$D_{t+1} = (1+g)D_t \quad t = 1, 2, \cdots$$

那么有

$$P_0 = \frac{D_1}{1+r_0} + \frac{D_1(1+g)}{(1+r_0)^2} + \frac{D_1(1+g)^2}{(1+r_0)^3} + \cdots$$

注意到 $\dfrac{1+g}{1+r_0} < 1$，故得

$$P_0 = \frac{D_1}{r_0 - g} \tag{3-25}$$

特别地，如果 $g = 0$，则 $D_1 = D$，那么

$$P_0 = \frac{D}{r_0} \tag{3-26}$$

需要特别指出的是，无论是股票的均衡价格，还是其理论价格，从它们的计算式中，我们都可看出它们均与股票的面值无关。

四、CAPM 模型对企业制定发展战略的指导作用

在经济生活中，常常要对一个公司进行估价，即这个公司应"值"多少钱，通常对一个公司的估值，可采用式（3-26）的形式来计算

$$P = \frac{R}{r_0}$$

这里，R 为年预期收益，r_0 为公司的期望收益率，它是按 CAPM 模型来计算的。由这个式子，我们可以看到，为了使得该公司的价值极大化，我们必须使期望收益率尽可能小，而根据 CAPM 模型，就必须努力降低公司的风险，这一点是一个公司在制定发展战略时所要考虑的一个中心问题。一般来说，它可以通过经营多种不同的业务来达到这个目的。

假定有一个经济高度分散的企业集团 Z，它拥有 N 个经营业务不同的公司，设 X_j 为 J 公司的投资在整个集团的总投资中所占的比例，σ_j^2 为 J 公司收益率的方差，σ_{jk} 表示 J 公司与 K 公司收益率之间的协方差，那么根据 CAPM 模型式（3-2）得

$$E(Z) = i + [E(R_m) - i] \frac{\rho_{zm} \sigma_z}{\sigma_m}$$

注意到集团 Z 含有 N 个公司,故它的收益率方差 σ_z^2 可表示为

$$\sigma_z^2 = \sum_{j=1}^{N} x_j^2 \sigma_j^2 + 2 \sum_{j>k} \sum_{k} x_j x_k \rho_{jk} \sigma_j \sigma_k$$

不难看出,要使集团 Z 的风险减小,我们不但要选择适当的 x_j,而且还要适当地选择不同类型的公司,也就是选择不同业务公司来组成企业集团,这样使 ρ_{jk} 很小,甚至负相关,从而使得整个集团的风险减小。此外,我们还可以在 ρ_{zm} 上"做点文章",总的思想是,虽然我们对 ρ_{zm} 只有部分控制能力,但是我们可以尽量减小它。

五、判定资产定价的合理性

CAPM 模型确定的是,某项资产在市场均衡时应该获得的期望收益率。CAPM 模型确定的期望收益率,是以所有投资人所认同的均衡为基础的,它可以成为判断实际投资绩效高低的客观标准。投资实践中,投资人可以利用历史数据预测实际投资的期望收益率。均衡与否是实际投资的期望收益率与应该获得的期望收益率的差,称为资产的 α,即

$$\alpha = E(R_{实际}) - E(R_{均衡})$$

α 衡量资产价格偏离均衡价格的方向和幅度,可用以判断资产价格的合理性:

(1)当 $\alpha > 0$ 时,实际投资的期望收益率比市场均衡时的期望收益率高,表明资产价格被低估,因为只有价格偏低时才能获得更高的收益率。

(2)当 $\alpha < 0$ 时,实际投资的期望收益率比市场均衡时的期望收益率低,表明资产价格被高估,因为价格偏高时获得的收益率才低。

(3)当 $\alpha = 0$ 时,实际投资的期望收益率等于市场均衡时的期望收益率,表明资产价格定价合理。

例 3-4 假设市场无风险利率为 3%、市场平均收益率为 10%,A,B,C,D 四只股票的基本情况如表 3-3 所示。问:四只股票中哪些价格被高估?哪些被低估?

表 3-3 四只股票的基本情况

股票	当前价格	预期一年后价格	预期红利	β 系数
A	21	24	0.65	0.85
B	19	21	1.3	0.68
C	54	58	0.32	1.2
D	22	23	0.1	-0.3

解:由 CAPM 模型,各股票在市场均衡时的期望收益率为

$$E(R_A) = 3\% + (10\% - 3\%) \times 0.85 = 8.95\%$$

$$E(R_B) = 3\% + (10\% - 3\%) \times 0.68 = 7.76\%$$

$$E(R_C) = 3\% + (10\% - 3\%) \times 1.2 = 11.4\%$$

$$E(R_D) = 3\% - (10\% - 3\%) \times 0.3 = 0.9\%$$

持有一年后,实际投资四只股票的期望收益率为:

$$E(\tilde{R}_A) = (24 + 0.65 - 21) \div 21 = 17.4\%$$

$$E(\tilde{R}_B) = (21 + 1.3 - 19) \div 19 = 17.4\%$$

$$E(\tilde{R}_C) = (58 + 0.32 - 54) \div 54 = 8\%$$

$$E(\widetilde{R}_A) = (23 + 0.1 - 22) \div 22 = 5\%$$

显然，$\alpha_A > 0, \alpha_B > 0, \alpha_D > 0, \alpha_C < 0$，故股票 A, B, D 价格被低估，股票 C 被高估。

例 3-5 假设市场收益率及无风险利率分别为 12% 和 3%，投资基金 F_1, F_2 的 β 值分别为 1.8 和 0.8，实际收益率分别为 13.5% 和 10.8%。则哪个基金的业绩更好？

解: 根据 CAPM 模型，市场均衡时，两个基金的合理收益率分别为

$$E(R_1) = i + [E(R_m) - i]\beta_1 = 3\% + (12\% - 3\%) \times 1.8 = 19.2\%$$
$$E(R_2) = i + [E(R_m) - i]\beta_2 = 3\% + (12\% - 3\%) \times 0.8 = 10.2\%$$

由于 $\alpha_1 = 13.5\% - 19.2\% = -5.7\% < 0, \alpha_2 = 10.8\% - 10.2\% = 0.6\% > 0$，即基金 F_1 的实际收益率低于其合理收益率，基金 F_2 的实际收益率高于其合理收益率，因此基金 F_2 的业绩相对较好。

六、项目选择

若有一个初始投资额为 p 的项目，未来一年的收入为随机变量 q，则有

$$E(r) = \frac{E(q) - p}{p} = i + [E(R_m) - i]\beta$$

故

$$p = \frac{E(q)}{1 + i + [E(R_m) - i]\beta}$$

由于

$$\beta = \frac{\text{cov}(r, R_m)}{\sigma_m^2} = \frac{\text{cov}\left[\left(\dfrac{q}{p} - 1\right), R_m\right]}{\sigma_m^2} = \frac{\text{cov}(q, R_m)}{p\sigma_m^2}$$

$$p = \frac{E(q)}{1 + i + [E(R_m) - i]\dfrac{\text{cov}(q, R_m)}{p\sigma_m^2}}$$

$$p = \frac{1}{(1 + i)}\left\{E(q) - \frac{\text{cov}(q, R_m)[E(R_m) - i]}{\sigma_m^2}\right\}$$

方括号里的部分称为 q 的确定性等价（certainty equivalence），它是一个确定量，用无风险利率贴现。投资者进行项目选择的准则：先计算项目的确定性等价，再将确定性等价贴现后与投资额 p 比较，得到净现值，即

$$\text{NPV} = -p + \frac{1}{(1 + i)}\left\{E(q) - \frac{\text{cov}(q, R_m)[E(R_m) - i]}{\sigma_m^2}\right\}$$

企业将选择 NPV 最大的项目，上式就是基于 CAPM 的 NPV 评估法。

例 3-6 某项目未来期望收益为 1000 万美元，由于项目与市场相关性较小，β 值是 0.6，若当时市场的无风险利率为 5%，市场证券组合的期望收益率是 17%，项目的投资成本是 820 万美元，是否值得投资？

解:
$$\frac{E(q)}{1 + i + [E(R_m) - i]\beta} = \frac{1000}{1 + 5\% + (17\% - 5\%) \times 0.6} = 891.27 (万美元)$$
$$\text{NPV} = -820 + 891.27 = 71.27 (万美元) > 0$$

净现值大于零，所以值得投资。

第四节 关于 CAPM 的实证研究

我们在前面已经叙述过，描述一个证券理论上的风险和收益的关系——CAPM 模型是基

于一系列的限制假定之上的,其中一些假定太抽象,如市场证券组合;一些假定则与实际生活矛盾,如不存在交易费用,不存在税收。但是这些假定对于得到一个简单而又易于理解的CAPM 模型又是必需的。因此如果一个模型能很好地解释证券的价格、收益等情况,或者能在我们所能接受的误差范围内解释上述情况,则我们可以撇开其不切实际的假设而接受这个模型;如果模型与我们的实证研究结果相去甚远,则我们就应考虑放弃不切实际的假设而对CAPM 模型进行修正,直到完全推翻这个模型。

本节介绍林特纳等外国学者对 CAPM 的实证研究,在这个基础上,下节讨论放弃假定条件后的 CAPM 模型。

一、解释变量的确定

我们知道在 CAPM 模型下,证券 J 的风险 —— 收益衡量关系用下式表示

$$E(R_j) = i + [E(R_m) - i]\beta_j$$

如前所述,β_j 实际是衡量证券 J 的风险表征,即

$$\beta_j = \frac{\sigma_{jm}}{\sigma_m^2}$$

注意到

$$\sigma_{jm} = \mathrm{cov}(R_j, R_m) = \mathrm{cov}\left(R_j, \sum_i x_i R_i\right) = \sum_i x_i \sigma_{ij} = x_j \sigma_j^2 + \sum_{i \neq j} x_i \sigma_{ij}$$

我们再记系数 $\gamma_0 = i, \gamma_1 = E(R_m) - i$,则把它们和上式一并代入(3-2),则得

$$E(R_j) = \gamma_0 + \frac{\gamma_1}{\sigma_m^2}\left(x_j \sigma_j^2 + \sum_{i \neq j} x_i \sigma_{ij}\right)$$

因为市场证券组合方差 σ_m^2 对所有证券均相同,那么 $x_j \sigma_j^2$ 及 $\sum_{i \neq j} x_i \sigma_{ij}$ 显然成了证券 J 的风险表征了。一个有趣的事实是,它包括了两部分,一部分是它自身的方差,另一部分是它与市场上所有其他的证券收益率的协方差之和。但是在一个非常大的证券组合里,任一证券的自身方差相对于它同其他所有证券收益率的协方差之和来说,总是很小的,所以证券 J 的风险表征σ_{jm} 基本上就等于如上所述的第二部分。

我们不妨举一个例子,为了简化起见,假定投资者对 n 种股票各占投资总额的 $\frac{1}{n}$,即等权重投资,$x_i = \frac{1}{n}, i = 1, 2, \cdots, n$,那么对于证券 J 有

$$\sigma_{jm} = \frac{1}{n}\sigma_j^2 + \frac{1}{n}\sum_{i \neq j}\sigma_{ij}$$

因为证券组合中有 n 种证券,上式右边的第二项中有 $n-1$ 个协方差($i \neq j$),记 $\bar{\sigma}_{ij}$ 为这$n-1$ 个协方差的算术平均值,即

$$\bar{\sigma}_{ij} = \frac{1}{n-1}\sum_{i \neq j}\sigma_{ij}$$

于是我们得

$$\sigma_{jm} = \frac{1}{n}\sigma_j^2 + \frac{n-1}{n}\bar{\sigma}_{ij}$$

注意到

$$\lim_{n \to \infty}\frac{1}{n}\sigma_j^2 = 0$$

$$\lim_{n\to\infty}\frac{n-1}{n}=1$$

则当 n 非常大时，σ_{jm} 近似地等于 $n-1$ 个协方差的算术平均值 $\bar{\sigma}_{ij}$，因为在 CAPM 架构下，每个投资者均持有的市场证券组合，其包含的证券数目是非常大的。

下面对 CAPM 进行实证研究的另一个方法是把证券 J 的方差分成两部分，我们从前一章知道，证券 J 在 t 期的收益率可由回归线加残差而得，即

$$R_{jt}=\hat{a}_j+\hat{\beta}_jR_{mt}+e_{jt}$$

如前所述，$\hat{a}_j$ 和 $\hat{\beta}_j$ 分别是对线性回归的截距和斜率的估计，e_{jt} 是 t 时刻观察值对相应回归线的残差，对上式两边做方差分析且注意到

$$\mathrm{cov}(R_m,e_j)=0$$

则得到

$$\sigma_j^2=\hat{\beta}_j\sigma_m^2+\sigma_e^2$$

这里 σ_e^2 是关于回归线的残余方差。

由于 $\hat{\beta}_j$ 进入了 CAPM 模型，即对证券 J 的期望收益率有很大的影响，但 σ_e^2 则没有出现在 CAPM 模型中，我们则可以认为在总的方差中相当于 σ_e^2 的这一部分对期望收益率没有影响，因此在下面的包括所有具有 σ_e^2 的证券的横断面实证研究中，我们均期望 σ_e^2 的系数为 0。

二、两类回归方法

我们知道在计量经济学中，回归模型一般有两大类，一类是对个体的纵断面进行回归，这就是时间序列分析，还有一种即横断面模型，即研究各个个体之间的关系，这就要用到横断面回归。

在下面的例子里，假定市场上有 n 种证券，对每一种证券，我们有一个 T 年的收益率序列和对应的市场证券组合收益率序列，为了检验 CAPM，我们也同样用两类回归方法。

(一) 第一类回归 —— 时间序列回归

对本例中的 n 种证券的任一种，我们对时间进行回归

$$R_{jt}=\hat{a}_j+\hat{\beta}_jR_{mt}+e_{jt} \tag{3-27}$$

如果让 $a_j=\hat{a}_j$，$b_j=\hat{\beta}_j$，则上式变为

$$R_{jt}=a_j+b_jR_{mt}+e_{jt} \tag{3-28}$$

这里的一切符号意义如前所述，由于每一种证券对应一个回归方程，则我们总共有 n 个第一类回归方程。

(二) 第二类回归 —— 横断面回归

这是一个为了检验 CAPM 模型的简单回归，它的形式如下：

$$\bar{R}_j=\hat{\gamma}_0+\hat{\gamma}_1b_j+\mu_j$$

这里的 $\bar{R}_j$ 是证券 J 的均值收益率的估计，b_j 是对证券 J 第一类回归式中 β_j 的估计，$\hat{\gamma}_0$ 和 $\hat{\gamma}_1$ 是待确定的第二类回归系数，μ_j 是残差，把上式和 CAPM 模型对照：

$$E(R_j)=i+[E(R_m)-i]\beta_j$$

则我们可以看到 $\hat{\gamma}_0$ 是对 i 的估计，$\hat{\gamma}_1$ 是对 $E(R_m)-i$ 的估计。在通常的实证检验中，有序对 $(\bar{R}_j,\bar{b}_j)$ 被用来作第 J 种证券未知真实参数 $(E(R_j),\beta_j)$ 的估计，这样如果在证券市场中，

CAPM 真的正确地解释了证券价格、收益率的确定,那么我们对于第二类回归系数就有了下列结论:

(1) $\hat{\gamma}_0$ 和 i 没有显著性差别。

(2) $\hat{\gamma}_1$ 和 $E(\bar{R}_m) - i$ 没有显著性差别。

这里 $E(\bar{R}_m) - i$ 是 $E(R_m) - i$ 的一个估计,我们也可以作回归

$$\bar{R}_j = \hat{\gamma}_0 + \hat{\gamma}_1 b_j + \hat{\gamma}_2 \sigma_j^2 + \mu_j$$

或回归

$$\bar{R}_j = \hat{\gamma}_0 + \hat{\gamma}_1 b_j + \hat{\gamma}_2 \sigma_{ej}^2 + \mu_j$$

我们同样希望 $\hat{\gamma}_2$ 和 0 没有显著的差别,因为根据我们前面的叙述,第 J 种证券的期望收益率与其自身的方差 σ_j^2,或与其残余方差 σ_{ej}^2 并没有关系。

于是根据 CAPM 模型,为了验证期望收益率和 β 之间的关系,故对任何一类形如下式的回归式:

$$\bar{R}_j = \hat{\gamma}_0 + \hat{\gamma}_1 b_j + \hat{\gamma}_2 b_j^2 + \mu_j$$

我们总期望 b_j^2 的系数 $\hat{\gamma}_2$ 和 0 没有显著的差别。

三、实证检验的结果

由于林特纳、米勒和斯科尔斯等学者先后对 CAPM 模型进行了检验,且实证研究的大部分结果均是相似的,且对 CAPM 模型也指出了相同的问题,于是我们在下面只给出了部分研究结果,这同样也看出与此有关的问题。

林特纳是以 1954－1963 年这一期间的数据来检验 CAPM 模型的,他的样本中共收集了 301 种股票在其间的各年收益率。从这 301 种证券的时间序列数据中,他估计出了各个 β_j 和平均收益率 $\bar{R}_j$,然后他又用横断面回归来检验 CAPM 模型,更确切一点说,他检验了下面的回归式。

$$\bar{R}_j = \hat{\gamma}_0 + \hat{\gamma}_1 b_j + \hat{\gamma}_2 S_{e_j}^2 + \mu_j$$

这里 b_j 是对第一类回归系数 β_j 的估计,$S_{e_j}^2$ 是对证券 J 第一类回归的残余方差的估计。$\hat{\gamma}_0$、$\hat{\gamma}_1$ 和 $\hat{\gamma}_2$ 分别是对第二类回归系数的估计。如果 CAPM 模型是正确的,那么 $\hat{\gamma}_2$ 应该和 0 没有显著性差别,但是很不幸,林特纳得到的结果如下:

$$\bar{R}_j = 0.108 + 0.063 b_j + 0.237 S_{e_j}^2$$
$$\qquad\qquad (0.009) \quad (0.035)$$
$$\qquad\quad t = 6.9 \qquad t = 6.8$$

且多元相关系数 $\rho = 0.541$,上面的括号内的值表明其上估计值的标准差,t 值是衡量系数显著性,等于所估计的系数除以其标准差,例如 b_j 系数下面,标准差是 0.009,则有

$$t = \frac{0.063}{0.009} = 6.9 \qquad (有小数点后的有效数字的误差)$$

从这个结果,我们可以大致得到如下结论:

(1) $\bar{R}_j$ 和 b_j 之间有正相关关系,但是 $\hat{\gamma}_1 = 0.063 = 6.3\%$ 较之同期市场证券组合收益率与无风险利率之差 $\bar{R}_m - i = 16.5\%$,要小得多。

(2) $\hat{\gamma}_2 = 0.237$,且 $t = 6.8$,即 $\hat{\gamma}_2$ 与 0 有显著性差别,这与我们前面对 CAPM 模型的叙述相矛盾(因为残余方差也影响证券的期望收益率)。

(3) 系数 $\hat{\gamma}_0 = 10.8\%$,比观察的同期平均无风险利率要大得多。

这样,林特纳的研究结果,一方面证实了平均收益率与 β 之间确实有显著性的正相关关系,但另一方面,由于 $\hat{\gamma}_1 = 6.3\% < 16.5\% = \bar{R}_m - i$,故它的回归线和 CAPM 直线相比要平坦得多,如图 3-5 所示,且残余方差也影响期望收益率。据报道,其他研究也提供了类似的结果。

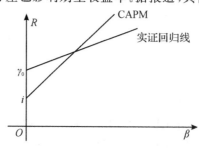

图 3-5 实证分析的回归线

这样的实证结果让人们怀疑 CAPM 模型的准确性。

我们认为 CAPM 模型的基本立论是正确的,我们不妨假定证券自身方差被发现在定价中起了重要的作用,这是否意味着与组合投资理论相矛盾呢?是否就意味着分散投资不一定会有好处呢?不是的,这个发现仅仅说明了投资者基于一些约束(如交易费用)而没有持有股票种数很多的组合。实际上,一般的投资者出于交易费用等方面的考虑,只持有几种股票组成的组合,那么一种股票的方差对其价格就有至关重要的影响了。另外,这个发现也并不能证实分散投资没好处,它仅仅说明了分散投资也是有代价的(交易费用增加),这对于分散投资的好处有一定的削弱作用。总之,完全分散投资和无交易费的假设,导致所有投资者将持有由市场上所有证券所组成的市场证券组合的理论结果。但这些假设显然和现实不相符,因为许多投资者只持有一个公司的股票,大部分投资者持有不超过 4 家公司的股票。此外,非系统风险对股票收益解释力不足,也就是模型可能存在遗漏变量的问题;除 β 系数外,还有其他指标在一定程度上对于股票收益具有解释力,如市盈率、公司规模、红利率等。通常,市盈率低、小公司及其高红利率的股票收益率比 CAPM 模型所预期的要高,其原因也许是在 β 系数估计中忽略了这些影响因素。虽然 CAPM 模型存在解释力不足的问题,但鉴于其形式简单,该模型在实际生活中和理论分析中受到广泛的应用。

第五节 条件放宽下的 CAPM 模型

从本章第一节起,我们就指出 CAPM 模型的成立是有条件的,我们在那里给出几个假想条件,但是通过上节的实证研究,进而在实际生活中,我们知道这些条件并不成立,但尽管如此,即使把这些引进假定条件——放宽,CAPM 模型的基本立论还是正确的,本节我们就来讨论这个问题。

一、不存在无风险投资

在前面推导 CAPM 模型时,我们总是假定一个利率为 i 的无风险投资,在一定的限度内,人们可以自由地以 i 为利率借或贷资金。但是,在实际生活中,这些是不存在的,其理由如下:

(1)在全球性的通货膨胀中,即使对于政府发行的国库券,虽然利率是不变的,但这个利率是名义利率,由于存在通货膨胀,其实际利率仍是变化的,因此也是有风险的。

（2）要求借款和贷款的利率是一样的，这不可能。一般情况下借款利率高于贷款利率，所以不存在一个无风险投资。

现在我们来考虑第一种情况：不存在无风险投资，如图 3-6 所示。

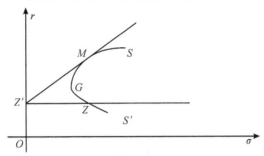

图 3-6　不存在无风险投资的有效组合

在图 3-6 中，SS' 是最小方差集，SG 是上半部分，M 是市场组合，因而它是有效的。

过 M 点作切线 MZ'，交纵轴于 Z'，通过 Z' 作横轴的平行线交 SS' 于 Z，显然 M 点坐标是 $(\sigma_m, E(R_m))$，Z 点的坐标是 $(\sigma_z, E(R_z))$，而 Z' 点的坐标是 $(0, E(R_z))$。

下面我们就可以导出在此种情况下，任一证券（或组合）的期望收益率和标准差的关系，具有和前述的 CAPM 模型一样的数学描述。

我们假定所求的一个证券投资组合，其期望收益率就等于市场证券组合的收益率的期望值，那么在期望收益率的水平下，使其组合风险最小的组合权重可用下面的模型求得

$$\min \sigma^2(R_p) = \sum_{j=1}^{N} \sum_{k=1}^{N} x_j x_k \sigma_{jk}$$

$$\text{s. t.} \quad \sum_{j=1}^{N} x_j E(R_j) = E(R_m)$$

$$\sum_{j=1}^{N} x_j = 1$$

这里的 x_j，$E(R_j)$ 和 σ_{jk} 的意义同前，作 Lagrange 函数，则得

$$L = \sum_{j=1}^{N} \sum_{k=1}^{N} x_j x_k \sigma_{jk} - 2\lambda_1 \Big[\sum_{j=1}^{N} x_j E(R_j) - E(R_m) \Big] - 2\lambda_2 \Big[\sum_{j=1}^{N} x_j - 1 \Big]$$

分别对 $x_j (j = 1, 2, \cdots, N)$ 和 λ_1, λ_2 求偏导，得下面的正则方程组：

$$\sum_{j=1}^{N} x_j \sigma_{1j} - \lambda_1 E(R_1) - \lambda_2 = 0$$

$$\sum_{j=1}^{N} x_j \sigma_{2j} - \lambda_1 E(R_2) - \lambda_2 = 0$$

$$\vdots$$

$$\sum_{j=1}^{N} x_j \sigma_{Nj} - \lambda_1 E(R_N) - \lambda_2 = 0$$

$$\sum_{j=1}^{N} x_j E(R_j) - E(R_m) = 0$$

$$\sum_{j=1}^{N} x_j - 1 = 0 \tag{3-29}$$

将前面 N 个方程中第 k 个式子乘以 $x_k (k = 1, 2, \cdots, N)$，然后将它们（$N$ 个）相加，得

$$\sum_{j=1}^{N}\sum_{k=1}^{N}x_jx_k\sigma_{jk}-\lambda_1\sum_{j=1}^{N}x_jE(R_j)-\lambda_2\sum_{j=1}^{N}x_j=0$$

就是

$$\sigma_m^2-\lambda_1E(R_m)=\lambda_2 \tag{3-30}$$

把这个结果代入方程组(3-29)中第 j 个式子,就可得

$$\sum_{k=1}^{N}x_k\sigma_{jk}-\lambda_1E(R_j)=\sigma_m^2-\lambda_1E(R_m)$$

但是根据协方差性质,我们知道

$$\begin{aligned}
\sum_{k=1}^{N}x_k\sigma_{jk}&=x_1\sigma_{j1}+x_2\sigma_{j2}+\cdots+x_N\sigma_{jN}\\
&=\mathrm{cov}(R_j,x_1R_1+x_2R_2+\cdots+x_NR_N)\\
&=\mathrm{cov}(R_j,R_m)\\
&=\sigma_{jm}
\end{aligned}$$

于是

$$E(R_j)-E(R_m)=\frac{1}{\lambda_1}(\sigma_{jm}-\sigma_m^2) \tag{3-31}$$

我们现在再来考虑消掉 λ_1,根据链式法则,应有

$$\frac{\partial\sigma_m^2}{\partial E(R_m)}=\sum_k\frac{\partial\sigma_m^2}{\partial x_k}\frac{\partial x_k}{\partial E(R_m)} \tag{3-32}$$

但根据前面方程组(3-30),有

$$\frac{\partial\sigma_m^2}{\partial x_k}=2\lambda_1E(R_k)+2\lambda_2 \tag{3-33}$$

而且因为 $\sum_{j=1}^{N}x_jE(R_j)=E(R_m)$ 和 $\sum_{j=1}^{N}x_j=1$,故我们分别让这两式均对 $E(R_m)$ 求偏导,得

$$\sum_{k=1}^{N}\frac{\partial x_k}{\partial E(R_m)}E(R_k)=1$$

和

$$\sum_{k=1}^{N}\frac{\partial x_k}{\partial E(R_m)}=0$$

把这两结果连同式(3-33)代入式(3-32)得

$$\begin{aligned}
\frac{\partial\sigma_m^2}{\partial E(R_m)}&=\sum_{k=1}^{N}\frac{\partial\sigma_m^2}{\partial x_k}\frac{\partial x_k}{\partial E(R_m)}\\
&=\sum_{k=1}^{N}\left\{[2\lambda_1E(R_k)+2\lambda_2]\frac{\partial x_k}{\partial E(R_m)}\right\}\\
&=2\lambda_1\sum_{k=1}^{N}\frac{\partial x_k}{\partial E(R_m)}E(R_k)+2\lambda_2\sum_{k=1}^{N}\frac{\partial x_k}{\partial E(R_m)}\\
&=2\lambda_1
\end{aligned} \tag{3-34}$$

另外,根据链式法则,还应有

$$\frac{\partial\sigma_m^2}{\partial E(R_m)}=\frac{\partial\sigma_m^2}{\partial\sigma_m}\frac{\partial\sigma_m}{\partial E(R_m)}$$

注意到 $\dfrac{\partial E(R_m)}{\partial\sigma_m}$ 就是最小方差集在 M 点的导数,故它应等于切线 MZ' 的斜率,所以有

$$\frac{\partial \sigma_m}{\partial E(R_m)} = \left[\frac{\partial E(R_m)}{\partial \sigma_m}\right]^{-1} = \frac{\sigma_m}{E(R_m) - E(R_Z)}$$

同时

$$\frac{\partial \sigma_m^2}{\partial \sigma_m} = 2\sigma_m$$

故有

$$2\lambda_1 = \frac{\sigma_m}{E(R_m) - E(R_Z)} 2\sigma_m$$

就是

$$\lambda_1 = \frac{\sigma_m^2}{E(R_m) - E(R_Z)} \tag{3-35}$$

把这个结果代入式(3-31),则得

$$E(R_j) - E(R_m) = \frac{E(R_m) - E(R_Z)}{\sigma_m^2}(\sigma_{jm} - \sigma_m^2)$$

重新整理并让 $\beta_j = \frac{\sigma_{jm}}{\sigma_m^2}$

$$E(R_j) = E(R_Z) + [E(R_m) - E(R_Z)]\beta_j \tag{3-36}$$

不难看出,这个式子和前面的式(3-3)有着非常相同的数学形式,只不过那里有一个无风险利率 i,这里有一个和点 M 相对应的组合 Z' 的期望收益率 $E(R_Z)$。

最后我们来考察一下组合 Z 的两个性质。

性质 3-1　组合 Z 是一个零 β 组合,而且在所有 β 为零的风险组合中,它的风险最小。

证:这是不难看出的,因为 $E(R_m) \neq E(R_Z)$,故根据式(3-36),有 $E(R_Z) = E(R_Z) + [E(R_m) - E(R_Z)]\beta_Z$,则 $[E(R_m) - E(R_Z)]\beta_Z = 0$,所以只有 $\beta_Z = 0$,故组合 Z 是一个零 β 组合。

由于 $\beta_Z = \frac{\sigma_{Zm}}{\sigma_m^2} = 0$,得 $\sigma_{Zm} = 0$,所以组合 Z 和市场证券组合是线性无关的。

另外,由图 3-6 可以看出,在直线 ZZ' 上只有 Z 的右侧部分所有的证券组合才是可行组合,它们的期望收益率均为 $E(R_Z)$,β 系数均为 0,但是只有 Z 具有最小风险(标准差)。

事实上,也正因为组合 Z 的这个性质,我们通常把式(3-36)称为零 β 模型。

性质 3-2　组合 Z 一定不在最小方差集的上半部分。

证:我们在上面已经说过,市场证券组合 M 是有效的,因此,MZ' 的斜率 $\frac{E(R_m) - E(R_Z)}{\sigma_m}$ 为正,就是 $E(R_m) > E(R_Z)$,观察绝对最小方差组合 G,根据我们前面的叙述,它可以表示成 Z 和 M 的线性组合,就是

$$R_G = x_Z R_Z + (1 - x_Z) R_m$$

这里的 x_Z 是向组合 Z 投资的比例,注意到 Z 和 M 线性无关,则

$$E(R_G) = x_Z E(R_Z) + (1 - x_Z) E(R_m)$$

$$\sigma_G^2 = x_Z^2 \sigma_Z^2 + (1 - x_Z)^2 \sigma_m^2$$

我们现在要选择 x_Z,使得 σ_G^2 最小,这可以通过求导得到,就是

$$\frac{\partial \sigma_G^2}{\partial x_Z} = 2x_Z \sigma_Z^2 - 2(1 - x_Z)\sigma_m^2 = 0$$

故有

$$x_Z = \frac{\sigma_m^2}{\sigma_m^2 + \sigma_Z^2}$$

和

$$1 - x_Z = \frac{\sigma_Z^2}{\sigma_m^2 + \sigma_Z^2}$$

显然这里的两个权重都为正数,由于 $E(R_m) > E(R_Z)$,那么有

$$E(R_G) = x_Z E(R_Z) + (1 - x_Z)E(R_m)$$
$$> x_Z E(R_Z) + (1 - x_Z)E(R_Z) = E(R_Z)$$

另一方面,组合 G 在所有的可行组合中是绝对最小方差组合,故有 $\sigma_G < \sigma_Z$;但组合 G 是有效组合,于是根据 M-V 准则,Z 一定不是有效组合(即在 G 点的下方)。

二、借款利率高于贷款利率

我们前面曾经讲过,一般来说,借款利率要高于贷款利率,否则人人都会借款而贷出,从而获得利率差。

如图 3-7 所示,r_B 为借款利率,r_L 为贷款利率,SG 上各点为有效组合。现在我们分别过 L 和 B 点作 SG 的切线,分别相切于 M_1 和 M_2 点。则我们得到存在两个无风险利率情况下的最小方差集,这个最小方差集包括直线 LM_1、曲线 M_1M_2 和直线 M_2C' 三个部分,如前所述,其中 LM_1 部分表示投资者是贷款者,M_2C' 部分表示投资者是借款者,曲线 M_1M_2 部分表示投资者既不借也不贷。

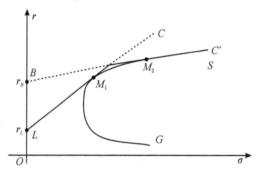

图 3-7　借款利率高于贷款利率的有效组合

这里要注意的是,虚线部分所代表的组合是不可行的。以 BM_2 为例,投资者总是以较高的利率贷款,例如以 r_B 为利率贷款再投资,但是银行对他们的存款仅仅以 r_L 付息,基于同样的道理,M_1C 也是不可行的。

由于最小方差集分成了三个部分,则描述任一证券(或组合)的期望收益率和其风险部分也分成了三部分。

(1)曲线 M_1M_2 部分,我们已经知道 M_1 和 M_2 所代表的组合均是有效组合,而市场证券组合 M 也是有效组合,它可以由 M_1 和 M_2 来线性表示,注意在 M_1M_2 这一段不存在无风险利率,故根据我们在第一个问题中的叙述,对应于市场证券组合 M,一定有一个和 M 线性无关的零 β 组合 Z,使得

$$E(R_j) = E(R_Z) + [E(R_m) - E(R_Z)]\beta_j \tag{3-37}$$

这里 β_j 的意义与前述相同。

(2)直线 LM_1 部分,由于 M_1 是有效的证券组合,故我们可根据前面所述内容得

$$E(R_j) = r_L + [E(R_{M_1}) - r_L]\beta_{jM_1} \tag{3-38}$$

这里

$$\beta_{jM_1} = \frac{\sigma_{jM_1}}{\sigma_{M_1}^2}$$

（3）直线 M_2C' 部分，仿上得到

$$E(R_j) = r_B + [E(R_{M_2}) - r_B]\beta_{jM_2} \tag{3-39}$$

这里

$$\beta_{jM_2} = \frac{\sigma_{jM_2}}{\sigma_{M_2}^2}$$

三、期望不一致（heterogeneous expectations）

到目前为止，我们都是假定所有的投资者对所有证券收益率的期望值、方差乃至协方差均有同样的估计。但是在实际生活中，不可能对这些情况有一致的估计，因此每个投资者都有自己的一个主观的最小方差集，即使不存在无风险利率，每个人持有的最优风险组合也不一样。

为了把这个问题说清楚，我们可简单规定市场上只有 A、B 两种证券，且有一个共同的无风险利率 i 存在。考虑一种最简单的情况，我们假定只有两个投资者，他们对 $E(R_A)$，σ_A，σ_B 和 σ_{AB} 均有相同的估计，唯一的分歧就是，对 $E(R_B)$ 有不同的估计，分别为 $E(R_{B_1})$ 和 $E(R_{B_2})$，因而根据我们前面的叙述，由于对 $E(R_B)$ 的估计不一样，所以这两个投资者持有不同的最优风险组合。一个持有如图 3-8 中 m_1 的代表的组合，另一个持有如 m_2 的代表的组合。一般情况下这两个组合是不一样的，因而资本市场线在他们眼中也不一样，分别为 I_{m_1} 和 I_{m_2}。

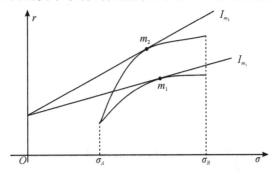

图 3-8 投资者期望不一致时的资本市场线

当然从理论上讲，每个投资者所持有的最优组合实际是根据他对备选证券收益率的主观参数（期望、方差和协方差）而定的。但实际上我们可根据投资者的不同估计，把每一个证券的未来价格和收益率以这些对有关参数的不同估计作为权重来加以平均，从而得到一个形式上和 CAPM 相近的模型。下面我们来给出推导过程。

假定投资者看法一样时，根据式（3-23）得

$$P_{j0}(1+i) = P_{j1} - \gamma \sum_{k=1}^{N} N_k \sigma_{jk} \tag{3-40}$$

如果投资者对股票 J 的未来估计不一致，假定投资者 K，他的估计为 $P_{j_1}(k)$，$N_i(k)$，$\sigma_{ji}(k)$，则这些估计必须按式（3-23）满足现行价格 P_{j_0}（已知），就是

$$P_{j0}(1+i) = P_{j1}(k) - \gamma_k \sum_{i=1}^{N} N_i(k)\sigma_{ji}(k)$$

或者写成

$$P_{j1}(k) - P_{j0}(1+i) = \gamma_k \sum_{i=1}^{N} N_i(k)\sigma_{ji}(k) = \gamma_k O_k \qquad (3-41)$$

注意这里

$$\gamma_k = \frac{A_k}{B_k}$$

A_k 是第 k 个投资者证券组合的风险补偿 $[E(R_m) - i]$ 的总值,B_k 是他的组合的期末值的方差,而 $O_k = \sum_{i=1}^{N} N_i(k)\sigma_{ji}(k)$。

根据 γ_k 的定义,且利用式(3-41),则我们得到

$$B_k[P_{j1}(k) - P_{j0}(1+i)] = A_k O_k$$

上式两边,对市场上所有投资者,或者说对 k 求和,得

$$\sum_k B_k P_{j1}(k) - P_{j0}(1+i)\sum_k B_k = \sum_k A_k O_k$$

$$(1+i)P_{j0} = \frac{\sum_k B_k P_{j1}(k)}{\sum_k B_k} - \frac{\sum_k A_k O_k}{\sum_k B_k}$$

$$\frac{\sum_k A_k O_k}{\sum_k B_k} = \frac{\sum_k A_k}{\sum_k B_k} \cdot \frac{\sum_k A_k O_k}{\sum_k A_k}$$

注意到 A_k 和 B_k 关于 k 均具有可加性,则有

$$\gamma = \frac{\sum_k A_k}{\sum_k B_k}$$

于是

$$(1+i)P_{j0} = \frac{\sum_k B_k P_{j1}(k)}{\sum_k B_k} - \frac{\gamma \sum_k A_k O_k}{\sum_k A_k} \qquad (3-42)$$

比照式(3-8),我们不难发现它与林特纳方法导出的 CAPM 模型有相类似的形式。

四、私人税赋

和以前一样,我们在这里考虑的主要是所得税,由于所得税是分级的,各种投资者由于收入不一样,故税率也不一样,因此即使除了所得税外其他假定条件均成立,每一个投资者也因自身的税率而拥有自己独有的"税后"有效集合。

Brennan 导出了考虑所得税对证券的期望收益率与其风险的关系式。

$$E(R_j) = i + [E(R_m) - i]\beta_j + f(\delta_j, \delta_m, T) \qquad (3-43)$$

其中,δ_j, δ_m, T 是与股息率等有关的三个变量。

很显然,上式和传统的 CAPM 模型还是有相似之处的,只不过这里考虑到税赋而引进了一个修正量 $f(\delta_j, \delta_m, T)$。

五、通货膨胀下的平衡

在目前情况下,通货膨胀几乎是全球性的,即使是国库券,其实际利率也是变化的,在这种情况下,我们理所当然地想起了采用零 β 模型来描述任一证券的期望收益率和风险的关系。这样,对于借和贷的利率都必须经过通货膨胀的调整而变成了风险性投资。事实上对于任一证券,我们都可以通过下式来计算经过通货膨胀调整过的实际收益率。

$$R_R = \frac{1+R_N}{1+\pi} - 1$$

其中,R_R 为实际收益率;R_N 为名义收益率;π 为通货膨胀(随机变量)。

零 β 模型中的各种参数也要经过上述调整,这样,Frend 等人导出一个模型如下:

$$E(R_j) = i + \sigma_{j\pi} + \frac{E(R_m) - i - \sigma_{m\pi}}{\sigma_m^2 - \frac{\sigma_{m\pi}}{\alpha}}(\sigma_{jm} - \frac{\sigma_{j\pi}}{\alpha})$$

其中,$\sigma_{j\pi}$ 为证券 J 收益率与随机变量 π 的协方差;$\sigma_{m\pi}$ 为市场证券组合与 π 的协方差;α 为名义风险证券的值和市场上所有证券名义总值的比率。

如果价格水平没有发生变化,则 $\sigma_{j\pi} = \sigma_{m\pi} = 0$,上式就缩成了传统的 CAPM 模型。

六、交易成本

根据人们的研究和调查,在实际生活中,投资者并不是像 CAPM 假设的那样,人人都持有一个市场证券组合,调查发现美国投资者平均持有 3 到 4 种风险证券,34% 的投资者仅仅持有一种股票,50% 的投资者的组合内不会超过两种股票,只有约 11% 的投资者持有 10 种以上的股票。

之所以出现上述违反 CAPM 模型的情况,主要是由于交易费用的存在,如果持有股票种数太多,则交易成本增加得很厉害,所以人们只购买较少的几种股票。在这种情况下,

Levy 导出了证券 J 的期望收益率计算公式

$$E(R_j) = i + \frac{\sum_k T_k(\mu_k - i)}{\sum_k T_k}\beta_{kj} \tag{3-44}$$

其中,i 为无风险利率;T_k 为投资者 K 的投资水平;μ_k 为投资者 K 所持组合收益率均值;β_{kj} 为证券 J 关于投资者 K 所持的组合(不一定是市场证券组合)的 β 系数。

由上式可看出,证券 J 的期望收益率等于无风险投资利率加上所有投资者的风险补偿的加权平均,如果所有投资者持有市场证券组合,则式(3-44)成为 CAPM 模型,在这种情况下 $\mu_k = \mu_m, \beta_{kj} = \beta_j$,这样

$$\frac{\sum_k T_k(\mu_k - i)}{\sum_k T_k}\beta_{kj} = (\mu_m - i)\beta_j$$

式(3-44) 变为

$$E(R_j) = i + (\mu_m - i)\beta_j$$

以上我们放宽了几个条件来讨论 CAPM 模型,也就是对传统的 CAPM 模型进行了推广。事实上,还有许多推广了的 CAPM 模型,这里最著名的一个模型就是套利定价模型(the arbitrage pricing theory model,简记 APT 模型),我们将在第四章来研究这个模型。

习　题

1. 请比较证券市场线和资本市场线。

2. 如果一种证券位于证券市场直线的上方，那它是被高估了还是低估了？

3. 如果无风险收益率和市场预期收益率分别是 6% 和 11%，某 β 值为 1.1 的证券预期收益率是多少？

4. 设无风险利率为 9%，期望的市场回报率为 15%。试画出证券市场线，并指出进取型的证券位于何处，以及防御型的证券将位于何处？

5. 证券 J 的 β 值为 0.70，而证券 K 的 β 值为 1.30。运用上题的有关证券市场直线的数据，计算各证券的期望回报率。

6. 证券 A、B 的预期收益率和 β 值见下表：

证券	预期收益率/%	β 值
A	14.80	16.30
B	1.24	1.82

如果市场收益率是 12.5%，无风险收益率是 3.6%，哪一只证券更值得购买？

7. 用实证分析检验 CAPM 模型。

8. 假设市场证券组合的期望收益为 9%，标准差为 30%，市场利率为 3%，求证券市场线的方程，假设证券 A 的 β 值为 0.6，根据 CAPM 模型计算该证券的期望收益。若证券 B 的标准差为 0.6，其与市场证券组合的相关系数为 0.25，根据 CAPM 模型，计算该证券的期望收益率。

9. 假设股票 A 的风险为 0.32，β 值为 1.42，而股票 B 的风险为 0.68，β 值为 0.75。哪个股票的总风险更大呢？哪个股票的市场风险更大？假设市场利率为 2%，市场期望收益率为 10%，哪个公司的价值更高？

第四章

Ross 套利定价模型

　　CAPM 模型揭示了在资本市场均衡状态下证券期望收益率与风险之间的关系,简洁、明确地回答了证券风险的合理度量问题以及证券如何在资本市场上被定价。由于模型是从假定条件经过严密的逻辑推理而得到的,而且所得结论与人们在现实资本市场上的直观相吻合,因此被理论与实际工作者广泛应用。但是,CAPM 模型也存在一些缺陷。其中最主要的一点是缺乏经验验证的有力支持。CAPM 模型中的市场证券组合是一理论概念,从理论上讲市场证券组合应位于有效边界上,但在进行实证分析时人们却只能以某种指数组合作为市场证券组合的替代,而指数组合不一定位于有效边界上,这样就导致参照指数组合计算的 β 值与模型中的 β 值之间存在偏差。另外,CAPM 模型描述的是证券期望收益率与风险之间的关系,而人们只能得到历史数据,对期望收益率与 β 值这些不可观测的变量,只能采用估计的方法,由此就可能产生较大误差,使得检验结果不能令人信服。

　　基于 CAPM 模型的不足,人们提出了一种新的资本资产定价理论,这就是套利定价理论(the arbitrage pricing theory,APT)。该理论由美国经济学家罗斯(S. Ross)于 1976 年创立,其基本思路是从套利的角度考虑套利与均衡的关系,利用套利原理推导出市场均衡下资本资产定价关系,即套利定价模型。由于套利定价模型具有同 CAPM 模型一样的解释功能,而且涉及较少的假定条件,与现实更加贴切,因此该模型越来越受到理论与实际工作者的关注。

第一节　套利与均衡

一、套利

　　套利是资本市场理论的一个基本概念,是指利用同一资产在不同市场上或不同资产在同一市场上存在的价格差异,通过低买高卖而获取利润的行为。一种最简单、明显的产生套利机会的情形是,某相同资产在两个市场上的价格不同,此时,投资者只需在价高的市场卖空并同时在价低市场买入该资产,就可从中获取一个正的差价收益,而且这种套利无风险。

　　很明显,无风险的套利机会一旦被发现,投资者就会利用它进行套利,这样,即使是少数几个(甚至一个)套利者的套利行为都将最终消除价格差异。因为这种无风险套利机会存在对任何一个投资者(无论他是否厌恶风险)都是有利的,只要投资者发现这种机会,他就会力图通过在两个市场上不断地低买高卖,以实现套利收益的巨额增加。但另一方面,在套利者进行买卖的同时,两个市场上对同种证券的供需会发生变化,套利者在证券交易所不断卖空证券 A 导致供给增加,从而 A 的价格下降;而在中间商处不断地买入证券 A 使需要增加,从而 A 的价格上升,当何等的上升与下降调整到使套利机会不再存在时,套利者就会结束其套利行为。如果不考虑交易费用,那么同种证券 A 在两个市场上的价格最终将处于同一水平。这种相同证券在不同市场(或同类证券在同一市场)的定价水平应相同的原理就叫价格同一律(the law of one price),价格同一律的成立意味着套利机会的消失,相反,价格同一律的违背就预示着套利机会的存在。一般来讲,一个完全竞争、有效的市场总是遵循价格同一律。

在当今证券市场上,先进通信工具的应用使市场能快速吸收新的信息,而且也使交易在瞬间就可完成,一旦市场违背价格同一律,投资者就会迅速通过巨额买卖而获暴利。另外,在同一市场上,不同证券之间也有可能存在套利机会。

二、套利与均衡的关系

通过分析可以看出,当套利机会出现时,投资者会通过低买高卖赚取差价,这时,使套利机会存在的那些证券,它的定价是不合理的。由于套利者利用他们进行套利,因此市场上对这些证券的需求与供给就处于非均衡状态。相应地,这些证券的价格就为非均衡价格。在套利者不断套利的过程中,这些证券的价格会随供需的变化而上升或下跌。当达到某种水平使套利机会不再存在时,套利者的套利行为就会终止,市场将处于均衡状态,各种证券的定价就处于合理水平,再从另一个角度看,当市场经过一系列调整达到均衡时,各种证券交易的价格都处于合理水平,在这种状态下,不存在任何套利机会。这就是套利与均衡的关系,它是资本市场理论的一个基本论点。

三、套利定价理论的假设

接下来的问题就是,当市场不存在任何无风险套利机会或者说市场处于均衡状态时,各种证券及证券组合应如何合理定价?它们的期望收益率与风险之间存在什么关系,这些问题正是套利定价理论所要回答的。

虽然前面的 CAPM 模型已经回答了市场均衡状态下证券及证券组合的期望收益率与风险之间的关系,但 CAPM 模型是在一系列假设条件下推导出来的理论模型,它是一个仅以市场证券组合为参照的描述证券均衡价格的关系式,由于它的一些假设条件太苛刻,因此时常会出现理论与现实不一致的情况。本章所介绍的套利定价理论是从套利的角度考察证券均衡期望收益率与风险的关系,有如下假设:①市场是有效的,充分竞争的,无摩擦的。②投资者是不知足的,只要有套利机会,就会不断套利,直到无利可图为止。③资产的收益率可以用因子模型表示,就是收益率可以表示为单个或者多个因子的线性函数。由于该理论没有苛刻的假设条件,而且与实际较为吻合,因此它对均衡价格的解释要强于 CAPM 模型,实际上 CAPM 模型是套利定价理论的一种特殊情形。在导出套利定价模型之前,我们必须先介绍一下因子模型。

第二节　因子模型

因子模型（factor model）也称为指数模型（index model），是关于资产收益率的一类经验模型，不是一个理论结果。因子模型的逻辑是：任何资产的收益率可以表示为一个可预期部分和不可预期部分。而不可预期部分又可以分为各种资产的共同因素部分和单个资产的特殊部分。因子模型一般分为单因子模型和多因子模型。

一、单因子模型

（一）基本定义

单因子模型（single factor model）就是指上述影响资产收益的共同因子只有一个，即

$$r_i = \alpha_i + \beta_i F + e_i \tag{4-1}$$

F 为共同因子，可为宏观经济指标、市场证券组合收益率或者其他；β_i 是证券 i 对因子 F 的敏感度；α_i 为常数项，代表因子为 0 时，证券收益率的期望水平；e_i 为残差项，为该公司的特有风险。且满足如下条件：

1. $E(e_i) = 0$ $\tag{4-2}$

它表示尽管残差在某期为正、某期为负，但对任一期残差的期望值均为 0。事实上，对于回归模型 $r_i = \alpha_i + \beta_i F + e_i$，如我们采用最小二乘法来拟合其回归线的话，一般都是假定 $E(e_i) = 0$。

2. $\text{cov}(e_j, e_i) = 0$　$(i \neq j)$ $\tag{4-3}$

它表明 R_j 的残差与 R_i 的残差是线性无关的，这个条件归纳和反映了我们上面的有关叙述。因为我们知道，R_j 的残差是由 J 公司内的微观事件引起的，R_i 的残差是由 I 公司内的微观事件引起的。按照我们的定义，J 公司的微观事件应不影响 I 公司，反之亦然。

3. $\text{cov}(e_i, F) = 0$ $\tag{4-4}$

这里把 F 假定为市场证券组合收益率 R_m。这个条件表明，某种证券收益率的残差与市场证券组合收益率线性无关，因此残差并不会在"牛市"时为正、"熊市"时为负，或相反。

例 4-1　假设证券收益率仅仅与市场因子收益率有关

$$r_{it} = \alpha_i + \beta_{im} R_m + e_{it}$$

r_{it} 为在给定时间 t 内，证券 i 的收益率；R_m 为同一时间段，市场因子的收益率；α_i 为截距项；β_{im} 为证券 i 对市场因子的敏感度；e_{it} 为残差项。试根据表 4-1 数据确定单因子模型。

表 4-1　股票收益率和市场收益率的时间序列

年份	市场收益率 /%	股票收益率 /%
1	5.7	14.3
2	6.4	19.2
3	8.9	23.4
4	8.0	15.6
5	5.1	9.2
6	2.9	13.0

解：通过线性回归，我们可以得到一条符合这些点的直线，如图 4-1 所示。

$$r_{it} = 4\% + 2R_{mt} + e_{it}$$

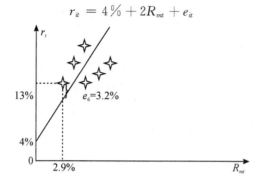

图 4-1 股票收益率与市场收益率的回归线

证券在任何一期的收益率包含了三部分：在任何一期都相同的部分 α_i；依赖于市场证券组合的收益率，每一期都不相同的部分 β_{im}，R_{mt}；属于特定一期的特殊部分 e_{it}。

（二）证券的方差与协方差

根据上面几个式子，我们可以推导出 $\mathrm{cov}(r_j, r_i) = \sigma_{ij}$ 的计算公式，注意到

$$r_i = \alpha_i + \beta_i R_m + e_i$$
$$r_j = \alpha_j + \beta_j R_m + e_j$$

于是

$$\sigma_{ij} = \mathrm{cov}(r_j, r_i) = \mathrm{cov}(\alpha_j + \beta_j R_m + e_j, \alpha_i + \beta_i R_m + e_i)$$
$$= \mathrm{cov}(\alpha_j, \alpha_i + \beta_i R_m + e_i) + \mathrm{cov}(\beta_j R_m, \alpha_i + \beta_i R_m + e_i)$$
$$+ \mathrm{cov}(e_j, \alpha_i + \beta_i R_m + e_i)$$

而

$$\mathrm{cov}(\beta_j R_m, \alpha_i + \beta_i R_m + e_i) = \mathrm{cov}(\beta_j R_m, \alpha_i) + \mathrm{cov}(\beta_j R_m, \beta_i R_m) + \mathrm{cov}(\beta_j R_m, e_i) = \beta_j \beta_i \sigma_m^2$$
$$\mathrm{cov}(e_j, \alpha_i + \beta_i R_m + e_i) = \mathrm{cov}(e_j, \alpha_i) + \mathrm{cov}(e_j, \beta_i R_m) + \mathrm{cov}(e_j, e_i) = 0$$

所以有

$$\sigma_{ij} = \mathrm{cov}(r_j, r_i) = \beta_j \beta_i \sigma_m^2 \tag{4-5}$$

式（4-5）是单因子模型的核心内容，根据这个式子，我们可以把任意两种证券收益率 r_j 和 r_i 的协方差，简化成上式右边三项的乘积，其中 σ_m^2 表示市场证券组合收益率的变动强度，β_j，β_i 分别表示 r_j 和 r_i 对市场证券组合收益率波动的反应。根据式（4-5），我们可以推导出单因子模型下任一证券（或组合）的收益率方差的计算公式。根据证券的收益率公式

$$r_i = \alpha_i + \beta_i R_m + e_i$$

$$\sigma^2(r_i) = \sigma^2(\alpha_i) + \sigma^2(\beta_i R_m) + \sigma^2(e_i) + 2\mathrm{cov}(\alpha_i, \beta_i R_m) + 2\mathrm{cov}(\beta_i R_m, e_i) + 2\mathrm{cov}(\alpha_i, e_i)$$

根据方差的基本性质和前面的假定条件有

$$\sigma^2(\alpha_i) = 0$$
$$\mathrm{cov}(\alpha_i, \beta_i R_m) = 0$$
$$\mathrm{cov}(\beta_i R_m, e_i) = 0$$
$$\mathrm{cov}(\alpha_i, e_i) = 0$$

所以

$$\sigma^2(r_i) = \sigma^2(\beta_i R_m) + \sigma^2(e_i) = \beta_i^2 \sigma_m^2 + \sigma^2(e_i) \tag{4-6}$$

根据式(4-6)，我们可以看出，任一证券 I 的收益率的变化可以由两部分来解释，其一是 $\beta_i^2\sigma_m^2$，它是证券 I 的系统风险，表示 r_i 受市场证券组合收益率的影响，沿其特征线变化；其二是 $\sigma^2(e_i)$ 部分，它是证券 I 的非系统风险，表示 r_i 围绕其特征线上下振动。总之在单因子模型下，在一个高度分散的证券组合内，证券 I 的系统风险，实际上是指整个组合的风险中应属于证券 I 的部分，它是不能消除的，而非系统风险可以随着证券分散程度的增大而消失。

(三) 证券组合的方差

现在我们来推导单因子模型下计算证券组合收益率方差的公式，设该组合内共有 N 种证券，其权重分别为 $x_1, x_2, \cdots, x_N$，那么根据式(4-5)和式(4-6)，我们有

$$\sigma^2(r_1) = \beta_1^2\sigma_m^2 + \sigma^2(e_1)$$
$$\sigma^2(r_2) = \beta_2^2\sigma_m^2 + \sigma^2(e_2)$$
$$\vdots$$
$$\sigma^2(r_N) = \beta_N^2\sigma_m^2 + \sigma^2(e_N)$$

和

$$\sigma_{ij} = \mathrm{cov}(r_i, r_j) = \beta_i\beta_j\sigma_m^2$$

于是该组合收益率的方差为

$$
\begin{aligned}
\sigma^2(R_p) &= \sum_{j=1}^{N}\sum_{i=1}^{N} x_j x_i \sigma_{ij} \\
&= \sum_{j=1}^{N} x_j^2 \sigma^2(r_j) + 2\sum_{j>i}\sum x_j x_i \sigma_{ij} \\
&= \sum_{j=1}^{N} x_j^2 \left[\beta_j^2\sigma_m^2 + \sigma^2(e_j)\right] + 2\sigma_m^2\sum_{j>i}\sum x_j x_i \beta_j \beta_i \\
&= \left[\sum_{j=1}^{N}(x_j\beta_j)^2 + 2\sum_{j>i}\sum x_j x_i \beta_j \beta_i\right]\sigma_m^2 + \sum_{j=1}^{N} x_j^2 \sigma^2(e_j) \\
&= \left(\sum_{j=1}^{N} x_j\beta_j\right)^2 \sigma_m^2 + \sum_{j=1}^{N} x_j^2 \sigma^2(e_j)
\end{aligned}
$$

比照式(4-6)，我们设

$$\beta_p = \sum_{j=1}^{N} x_j\beta_j, \quad \sigma^2(e_p) = \sum_{j=1}^{N} x_j^2\sigma^2(e_j) \tag{4-7}$$

则有

$$\sigma^2(R_p) = \beta_p^2\sigma_m^2 + \sigma^2(e_p) \tag{4-8}$$

这样任意一个证券组合的风险也可分成系统风险和非系统风险两部分，而且和式(4-6)相比，它们具有相同的数学表示形式。由式(4-7)，组合的非系统风险即参与组合的各证券非系统风险的加权和。

这里我们把 $\sigma^2(e_p) = \sum\limits_{j=1}^{N} x_j^2\sigma^2(e_j)$ 再分析一下，按照 $\sigma^2(e_p)$ 的定义应该有

$$
\begin{aligned}
\sigma^2(e_p) &= \sum_{j=1}^{N}\sum_{i=1}^{N} x_j x_i \mathrm{cov}(e_j, e_i) \\
&= \sum_{j=1}^{N} x_j^2\sigma^2(e_j) + 2\sum_{j>i}\sum x_j x_i \mathrm{cov}(e_j, e_i)
\end{aligned}
$$

根据单因子模型的设定条件，e 的协方差矩阵为

$$\begin{pmatrix} \sigma^2(e_1) & & & 0 \\ & \sigma^2(e_2) & & \\ & & \ddots & \\ 0 & & & \sigma^2(e_N) \end{pmatrix}$$

就是主对角线上为 $\sigma^2(e_1)$, $\sigma^2(e_2)$, $\cdots$, $\sigma^2(e_N)$, 其他均为 0, 即上式右边的第二项为 0, 由此得到

$$\sigma^2(e_p) = \sum_{j=1}^{N} x_j^2 \sigma^2(e_j)$$

在理论和实践中, 人们往往用增加组合内证券数目的方式来减小乃至消除非系统风险。

例 4-2 有两种残差、方差均为 0.1 的股票, 如果我们用等权数向这样的两种股票投资, 那么这个证券组合收益率的残余方差为多少? 三种证券呢? N 种证券呢?

解: 两种证券的残差为

$$\sigma^2(e_p) = 0.5^2 \times 0.1 + 0.5^2 \times 0.1 = 0.05 = 5\%$$

如果用等权数向这样的三种股票投资, 则得

$$\sigma^2(e_p) = (\frac{1}{3})^2 \times 0.1 + (\frac{1}{3})^2 \times 0.1 + (\frac{1}{3})^2 \times 0.1 = 3.33\%$$

事实上如果我们用等权数向包含 N 种等残余方差的股票构成的组合进行投资, 则有

$$\sigma^2(e_p) = \sum_{j=1}^{N} x_j^2 \sigma^2(e_j) = \frac{1}{N} \sigma^2(e_j)$$

显然随着 N 的增大, $\sigma^2(e_p)$ 越来越小。

单因子模型能够大大简化我们在均值-方差分析中的估计量和计算量。如要分析 N 种证券, 马科维茨的均值-方差模型要计算 $2N + N(N-1)/2$ 个数据; 而单因子模型只要计算 $3N+1$ 个数据。如果 $N = 1000$, 这两个值分别为 51500 和 3001, 计算量显然大大减少了。而且投资组合分散化导致因子风险的平均化, 缩小了非因子风险。但是单因子模型的简化是有成本的, 它简单地认为资产的不确定性仅仅与一个因子相关, 这个假设很不合理, 也难以把握公司对不同的宏观经济因素的反应。因而学者们就想到了多因子模型。

二、多因子模型

实际上, 任一证券(或组合)的收益率波动的原因都是很复杂的, 这并非一个市场因素所能包括得了的。例如, 利率、有关部门的经济发展速度、整个经济体的经济增长率、通货膨胀率及各种变化, 这些基本因素都将是证券收益率的重要因素。多因子模型的基本思想是由多个共同因子的作用形成证券的收益率:

$$r_i = \alpha_i + \beta_{i1} F_1 + \beta_{i2} F_2 + \cdots + \beta_{in} F_n + e_i \tag{4-9}$$

其中, r_i 为第 i 种证券的未来收益率, 它为一随机变量; α_i [也表示为 $E(r_i)$] 为第 i 种证券的期望收益率; β_{ik} 为第 i 种证券收益率对第 k 项共同因子的敏感度, 有时也称之为风险因子; F_k 为对各证券收益率都有影响的第 k 项共同因子。e_i 为第 i 种证券收益率中特有的受自身不确定因素影响的随机误差, 它的期望值为零, 且与各共同因子无关。也就是说, 证券 i 的未来收益率等于平均收益率(即期望收益率) $E(r_i)$ 加上各共同因子对收益率的影响值, 再加上自身特有随机因素对收益率的影响值。需要注意的是, 在模型式(4-9)中我们并没有指出共同因子是什么以及到底有多少个共同因子。

同理所设定的条件为：

（1）证券 j 与证券 i 的收益率的残差之间线性无关，$\text{cov}(e_j, e_i) = 0 (i \neq j)$；

（2）第 i 个指数与第 h 个指数之间线性无关，$\text{cov}(F_i, F_h) = 0$；

（3）第 i 个指数与残差之间线性无关，$\text{cov}(F_i, e) = 0$。

同样可以推导出证券的方差计算公式为：

$$\sigma^2(r_j) = \beta_{1j}^2 \sigma^2(F_1) + \beta_{2j}^2 \sigma^2(F_2) + \cdots + \beta_{nj}^2 \sigma^2(F_n) + \sigma^2(e_j) \tag{4-10a}$$

证券组合的方差计算公式

$$\sigma^2(R_p) = \beta_{1p}^2 \sigma^2(F_1) + \beta_{2p}^2 \sigma^2(F_2) + \cdots + \beta_{np}^2 \sigma^2(F_n) + \sigma^2(e_p) \tag{4-10b}$$

其中

$$\beta_{ip} = \sum_{j=1}^{N} x_j \beta_{ij}$$

$$\sigma^2(e_p) = \sum_{j=1}^{N} x_j^2 \sigma^2(e_j)$$

第三节　单因子套利定价模型

CAPM 模型是一单因子模型，它的缺陷之一是用一个指定的因素 —— 市场证券组合收益率来解释各证券的收益率构成。尽管在因子模型的讨论中可以将影响证券收益率的因子由一个扩展到多个，但仍没有走出事先人为指定是什么因子以及多少因子对证券收益率产生影响这一思维模式。显然，要使解释证券收益率构成的模型包含更多、更有用的信息，就需在模型设定上做一些修改。罗斯（Ross，1976）建立了修正模型，并在此基础上从套利角度讨论了市场均衡状态下证券的定价。

为了得到套利定价模型，我们先从最简单的情形开始，即考虑证券收益率只受某一个共同因子的影响。毫无疑问，更一般、更具现实意义的情形是收益率受多个共同因子的影响，但为了使分析过程简单明了，在本节我们首先考虑单因子模型，后面再过渡到对多因子模型的讨论。

如果各证券收益率只受一个共同因子 F 的影响，那么由式（4-1），证券 i 收益率的结构式就为

$$r_i = E(r_i) + \beta_i F + e_i$$

接着我们讨论在该模型下，在市场均衡下各证券及证券组合的期望收益率与风险的关系。

一、充分分散投资组合的套利定价

假定某证券组合 P 由 n 种证券构成，各证券的组合权重为 $x_i (\sum_{i=1}^{n} x_i = 1)$，则 P 的收益率构成为：

$$R_p = \sum_{i=1}^{n} x_i r_i = \sum_{i=1}^{n} x_i [E(r_i) + \beta_i F + e_i]$$
$$= E(R_p) + \beta_p F + e_p \tag{4-11}$$

其中，$\beta_p = \sum_{i=1}^{n} x_i \beta_i$ 代表投资组合 P 对共同因子 F 的敏感度；e_p 为 P 的非系统收益率。

由式（4-8），证券组合的风险为 $\sigma^2(R_p) = \beta_p^2 \sigma_m^2 + \sigma^2(e_p)$。可以论证，当证券组合包含的证券数越来越多（$n \to \infty$），且各证券权重的平方 x_i^2 通过分散越来越小时，上式中的非系统风险将逐渐趋于零。由上分析可以看出，对于一个充分分散的证券组合，它的非系统风险几乎接近于零，

因此,在实际应用中可将 $\sigma^2(e_p)$ 忽略不计,视其为零。又因为 e_p 的期望值为零,注意到方差 $\sigma^2(e_p)$ 为零,因而我们可断定 e_p 的实际值就是零。回到式(4-11),就得到作为实际用途的充分分散证券组合的收益率构造:

$$R_p = E(R_p) + \beta_p F \tag{4-12}$$

且 $\sigma_p^2 = \beta_p^2 \sigma_F^2$, $\sigma_p = \beta_p \sigma_F$。

将式(4-12)与式(4-1)作一对比可以看出,单个证券收益率与共同因子不存在完全的线性关系(因随机误差项 e_i 存在),但充分分散证券组合的收益率与共同因子之间具有线性关系。

图4-2表示 β 值都为1的充分分散证券组合 P 及单个证券 Q 的收益率与共同因子的关系。

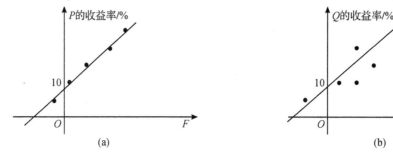

图 4-2　收益率与共同因子的关系

在图 4-2(a) 中,证券组合 P 的期望收益率为 10%,它代表共同因子为零时 P 的收益率,直线的斜率代表证券组合 P 对共同因子 F 的敏感度($\beta = 1$),直线上的不同点代表了在共同因子处于不同水平时证券组合 P 相应的收益率,若共同因子为正,则 P 的收益率超过期望收益率,反之则低于期望收益率,证券组合 P 满足的方程为:

$$R_p = E(R_p) + \beta_p F = 0.10 + 1.0 \times F$$

在图 4-2(b) 中,单个证券 Q 的期望收益率也为 10%,β 值为 1,但由于收益率受共同因子与非系统因素的影响,所以其收益率与共同因子 F 的关系为围绕直线分布的散点图,Q 的收益率满足如下关系式:

$$r_q = E(r_q) + \beta_q F + e_q = 0.10 + 1.0 \times F + e_q$$

下面再看图 4-3:虚线代表了另外一个充分分散证券组合 B 的收益率与共同因子 F 的关系,B 的期望收益率为 8%,β 值(虚线的斜率)仍为 1。

我们要问充分分散组合 P 与充分分散组合 B 能否同时并存?答案是不可能。因为无论共同因子处于何种水平,证券组合 P 都优于证券组合 B,这就是产生了套利机会(无风险)。

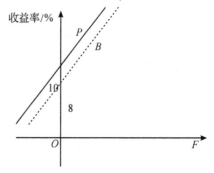

图 4-3　充分分散证券组合收益率与共同因子的关系

例如,投资者可卖空价值 100 万元的 B,再买入价值 100 万元的 P,构造出一个零投资组合,其收益额为:

$$[(0.10 + 1.0 \times F) - (0.08 + 1.0 \times F)] \times 100 \text{万元} = 2 \text{万元}$$

注意,投资者没有使用自己的任何本金,就获得了 2 万元的收益,并且由于实行等额卖空与买入,该零投资组合的 β 值就为零($\beta=\frac{1}{2}\beta_P-\frac{1}{2}\beta_B=0$),因此系统风险全部消除。同时,由于证券组合 P 与 B 都是充分分散组合,非系统风险也全部消除,所以该零投资组合实际上没有任何风险。如果真正存在这种套利机会,那么投资者要想获取多少收益就能得到多少,事实上,这是不可能的,即使这种机会出现,也不会保持长久。正如前面分析的那样,套利者的套利行为将引起市场上对 P 与 B 的供需量发生变化,从而最终消除这两个证券组合在价格上的差异。换句话说,在市场均衡状态下,相同 β 的证券组合必须有相同的期望收益率,否则无风险套利机会就将存在。

上面我们分析了在市场均衡状态下,具有同 β 值的充分分散证券组合应具有相同的期望收益率,那么对于不同 β 值的充分分散证券组合,它们的期望收益率与其 β 值之间存在什么关系呢?为了回答这一问题看下图 4-4:

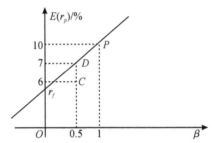

图 4-4　充分分散证券组合的期望收益率与 β 值

假设某充分分散证券组合 C 的 β 系数为 0.5,期望收益率为 $E(r_C)=0.06$。C 位于 $r_f(r_f=0.04)$ 与 P 的连接线的下方,也就是说,C 提供的风险补偿率低于 P 的风险补偿率。如果以二分之一权重的 P 及二分之一权重的 r_f 构成一新的投资组合 D,那么 D 的 β 值为:

$$\beta_D=\frac{1}{2}\beta_f+\frac{1}{2}\beta_p=\frac{1}{2}\times 0+\frac{1}{2}\times 1=0.5$$

D 的期望收益率等于:

$$E(r_D)=\frac{1}{2}r_f+\frac{1}{2}E(r_p)=\frac{1}{2}\times 0.04+\frac{1}{2}\times 0.10=0.07$$

这样证券组合 D 与 C 有相同的 β 值,但 D 的期望收益率高于 C,由前面的分析知,无风险套利机会将存在。因此,在市场处于均衡状态不存在套利机会时,所有充分分散证券组合必位于始于 r_f 的同一条直线上,这条直线的方程为:

$$E(R_p)=r_f+\lambda\beta_p \tag{4-13}$$

其中,斜率 λ 代表了单位风险的报酬,有时也称它为风险因子的价格。式(4-13)就是关于充分分散证券组合的套利定价模型,它描述了在市场均衡状态下,任意充分分散证券组合收益率与风险(β)的关系。

二、单个证券的套利定价

我们已经知道,如果利用充分分散证券组合进行套利的机会不存在时,每一充分分散证券组合的超额期望收益率与它的 β 值之间一定成常数比例,即对任意两个充分分散证券组合 P 与 T,总有如下式子成立:

$$\frac{E(R_p)-r_f}{\beta_p}=\frac{E(r_t)-r_f}{\beta_t}=\lambda \tag{4-14}$$

换句话说,处于市场均衡状态下的任何充分分散证券组合都具有相同的风险补偿率 λ (或单位风险价格)。接下来的问题是,充分分散证券组合所满足的式(4-13)或式(4-14)是否对参与组合的各个单个证券也成立?如果成立,则说明在市场均衡状态下,无论是证券组合还是单个证券,只有它们的系统风险能得到收益补偿,而且系统风险的补偿率是相同的。

为了导出单个证券的期望收益率与风险 β 的关系,我们假定各个证券的风险补偿率不相等,即期望收益率与 β 之间呈线性关系,如图 4-5 中曲线的情形。下面我们通过两个步骤来分析说明关系是不可能成立的。

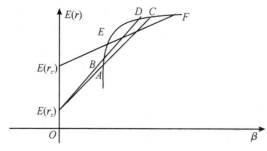

图 4-5 证券的期望收益率与风险的关系

首先,我们选择一个风险补偿率高而另一个风险补偿率低的一对证券进行组合,通过卖空补偿率低的证券并投资补偿率高的证券,可以构造一个零 β 值的证券。比如,对图中的证券 C 卖空,并投资于证券 A,在条件

$$\begin{cases} x_A\beta_A + x_C\beta_C = 0 \\ x_A + x_C = 1 \end{cases}$$

之下就可形成一个零 β 值的投资组合 Z,Z 的期望收益率为:

$$E(r_z) = x_A E(r_A) + x_C E(r_C)$$

投资组合 Z 没有系统风险,但需要非零的投资额,并且有非系统风险。以此类推,我们可以通过卖空 D、C 而投资于 A、B,在条件

$$\begin{cases} x_A\beta_A + x_B\beta_B + x_C\beta_C + x_D\beta_D = 0 \\ x_A + x_B + x_C + x_D = 1 \end{cases}$$

之下,就能形成期望收益率仍为 $E(r_z)$ 的另一零 β 投资组合,但与前面的零 β 投资组合相比,参与组合的证券为四种,即进一步分散化。如此下去,如果我们卖空足够多种风险补偿率低的证券而投资于相同数目的风险补偿率高的证券,则形成的零 β 投资组合几乎没有非系统风险(充分分散的结果)。这样,我们就构造了一个期望收益率为 $E(r_z)$,但无任何投资风险的投资组合,不过,该投资组合需要非零的投资额。

同样,我们也可构造一个期望收益率为 $E(r_{z'})$,既无系统风险也无非系统风险的投资组合(见图 4-5),它也需要非零的投资额。至此,我们已构造了两个无任何风险的投资组合,而它们的期望收益率却不同,很明显,这一情形的出现已产生了无风险套利机会,我们只需卖空一定量的具有低期望收益率的投资组合 Z,同时用所得的资金投资于高期望收益率的投资组合 Z',就可获得无风险的差额利润。这一套利机会对所有投资者都是有利的,因此,每一位投资者都会试图利用这一套利机会。

随着套利者的不断卖空与买入,像 D、C、F 那样风险补偿率低的证券其价格将随着供给增加而下降,从而期望收益率上升。而类似于 A、B、E 这样风险补偿率高的证券,由于需求增加,其价格将上升,从而期望收益率下降。最终,市场将调节到"几乎所有"证券的风险补偿率一致的状态,使套利机会消失,因此,在市场均衡状态下,单个证券满足如下关系式:

$$\frac{E(r_i) - r_f}{\beta_i} = k \quad (k \text{ 为定常数}) \tag{4-15}$$

或
$$E(r_i) = r_f + k\beta_i \tag{4-16}$$

这就是市场均衡状态下单个证券的套利定价模型。它描述了单个证券均衡期望收益率与 β 值之间的关系。APT 方程的斜率是因子的风险价格，当所有证券关于因子的风险价格相等时，则证券之间不存在套利。

三、单因子套利定价模型

最后，我们考察市场均衡下充分分散证券组合所满足的式(4-13)与单个证券所满足的式(4-16)是否一致，假设充分分散证券组合 P 由权重为 x_i 的各证券组合而成，利用式(4-16)，有

$$E(R_p) = \sum_{i=1}^{n} x_i E(r_i) = r_f \sum_{i=1}^{n} x_i + k \sum_{i=1}^{n} x_i \beta_i = r_f + k\beta_p$$

将它与式(4-9)进行对比，可得到 $k = \lambda$，这说明在市场均衡状态下，无论是单个证券还是证券组合，它们的期望收益率与 β 值之间有相同的线性关系：

$$E(r) = r_f + \lambda\beta \tag{4-17}$$

这就是单因子套利定价模型。它的经济意义为：任何一种证券（或证券组合）的期望收益率由两部分构成，一部分为无风险收益率，另一部分为风险溢价。风险溢价等于证券（或证券组合）对共同因子的敏感度（风险值 β）与单位风险价格 λ 的乘积。

第四节　多因子套利定价模型

在单因子套利定价理论中，我们假定各证券收益率只受一个共同因子的影响，很明显，这种假设过于简单，与现实不一定相符。更一般的情形是各证券收益率受多个共同因子的影响。下面我们考察证券收益率由多因子模型产生时，证券的套利定价模型。

假设各证券收益率受两个共同因子的影响（如果共同因子多于两个，可类似推广），那么证券收益率的分解式为：

$$r_i = E(r_i) + \beta_{i1} F_1 + \beta_{i2} F_2 + e_i \tag{4-18}$$

与讨论单因子套利定价模型一样，我们分别考察充分分散证券组合与单个证券的套利定价模型。

一、充分分散投资组合的双因子套利定价模型

对于由 n 种证券构成的证券组合 P，如果各证券的组合权重为 x_i，那么 P 的收益率就为：

$$\begin{aligned}
R_p &= \sum_{i=1}^{n} x_i r_i = \sum_{i=1}^{n} x_i [E(r_i) + \beta_{i1} F_1 + \beta_{i2} F_2 + e_i] \\
&= \sum_{i=1}^{n} x_i E(r_i) + (\sum_{i=1}^{n} x_i \beta_{i1}) F_1 + (\sum_{i=1}^{n} x_i \beta_{i2}) F_2 + \sum_{i=1}^{n} x_i e_i \\
&= E(R_p) + \beta_{p1} F_1 + \beta_{p2} F_2 + e_p
\end{aligned} \tag{4-19}$$

P 的总风险（方差）为：

$$\begin{aligned}
\sigma_p^2 &= Var[E(R_p) + \beta_{p1} F_1 + \beta_{p2} F_2 + e_p] \\
&= \beta_{p1}^2 \sigma_{F_1}^2 + \beta_{p2}^2 \sigma_{F_2}^2 + \sigma^2(e_p)
\end{aligned} \tag{4-20}$$

其中，$\sigma_{F_1}^2$、$\sigma_{F_2}^2$ 分别为共同因子 F_1、F_2 的方差，$\sigma^2(e_p) = \sum_{i=1}^{n} x_i^2 \sigma^2(e_i)$ 代表证券组合 P 的非系统

风险,前两项之和为两个共同因子变化的不确定性所带来的系统风险。

当证券组合 P 充分分散时,P 的非系统风险 $\sigma^2(e_p)$ 几乎为零。这样,充分分散证券组合 P 的收益率构成如下:

$$R_p = E(R_p) + \beta_{p1}F_1 + \beta_{p2}F_2$$

并且 P 的总风险就几乎全部是系统风险:

$$\sigma_p^2 = \beta_{p1}^2\sigma_{F_1}^2 + \beta_{p2}^2\sigma_{F_2}^2$$

下面我们考察当资本市场处于均衡而不存在无风险套利机会时,充分分散证券组合的期望收益率与风险之间存在什么关系?

首先,具有相同 β 值的充分分散证券组合,应有相同的期望收益率。因为,如果存在两个充分分散证券组合 P 和 Q,它们的 β 相同:$\beta_{p1}=\beta_{q1}$,$\beta_{p2}=\beta_{q2}$。而期望收益率 $E(R_p)$ 与 $E(r_q)$ 不相同,那么通过卖空一定数额的低期望收益率的证券组合而同时购入相等价值的高期望收益率的证券组合,就可形成一个零投资组合,该零投资组合的 β 值为零,从而系统风险为零,这样,投资者无须任何资本就可获得没有任何风险的套利收入。面对这种套利机会,人人都会利用它去谋取巨额收益,大量的买、卖最终迫使证券组合 P 与 Q 的期望收益率趋于一致。

其次,充分分散证券组合的期望收益率与其 β 值之间存在线性关系,即

$$E(R_p) = r_f + \lambda_1\beta_{p1} + \lambda_2\beta_{p2} \tag{4-21}$$

换句话说,所有充分分散证券组合必位于同一张二维平面上,如图 4-6 所示。

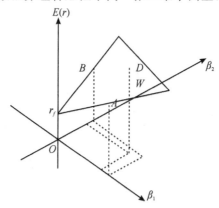

图 4-6　充分分散证券组合位置

为了说明这一结论的正确性,我们先引入"纯因子"组合的概念。所谓"纯因子"组合,是指对某个共同因子的敏感度为 1,而对其他共同因子的敏感度为 0 的充分分散证券组合。构造纯因子组合是能实现的,因为可供选择的证券众多而共同因子的个数相对来说少得多。比如,在两因子模型的情况下,可以通过求解如下方程(n 足够大):

$$\begin{cases} x_1\beta_{11} + x_2\beta_{21} + \cdots + x_n\beta_{n1} = 1 \\ x_1\beta_{12} + x_2\beta_{22} + \cdots + x_n\beta_{n2} = 0 \end{cases}$$

得到解 $x_1,x_2,\cdots,x_n$。以 $x_1,x_2,\cdots,x_n$ 为权重构成一充分分散投资组合 A,则 A 对共同因子 F_1 的敏感度 $\beta_{A1} = \sum_{i=1}^{n} x_i\beta_{i1} = 1$,而对共同因子 F_2 的敏感度 $\beta_{A2} = \sum_{i=1}^{n} x_i\beta_{i2} = 0$,从而 A 就是一个"纯因子 F_1"的充分分散组合,它位于图 4-6 中的 A 点。使用同样的方法,可以构造一个"纯因子 F_2"的充分分散组合 $B(\beta_{B1}=0,\beta_{B2}=1)$,它位于图 4-6 中的 B 点。

现在假设有一充分分散证券组合 W,它不在图 4-6 的平面上而位于其下方,W 的风险因子

（即关于共同因子的敏感度）分别为 β_{w1} 与 β_{w2}，期望收益率为 $E(r_w)$。下面我们分析说明这种情况在市场均衡状态下是不可能的。

利用前面所构造的"纯因子"组合 A 与 B，我们可以构造出一个与 W 有相同风险因子但期望收益率大于 $E(r_w)$ 的证券组合，以权重为 $x_A = \beta_{w1}$ 的资金投资于证券组合 A，权重 $x_B = \beta_{w2}$ 的资金投资于证券组合 B，权重为 $x_f = 1 - \beta_{w1} - \beta_{w2}$ 的资金投资于无风险资产 r_f，构成一投资组合 D，则 D 的风险因子等于参与组合的 A、B、r_f 的风险因子的加权平均：

$$\beta_{D1} = x_A\beta_{A1} + x_B\beta_{B1} + x_f\beta_{f1}$$
$$= \beta_{w1} \cdot \beta_{A1} + \beta_{w2} \cdot \beta_{B1} + (1 - \beta_{w1} - \beta_{w2})\beta_{f1}$$

由于 $\beta_{A1} = 1, \beta_{B1} = 0, \beta_{f1} = 0$，因此有 $\beta_{D1} = \beta_{w1}$。同理可得 $\beta_{D2} = \beta_{w2}$。

这样，投资组合 D 与 W 就具有相同的风险因子，但 D 的期望收益率为：

$$E(r_D) = x_AE(r_A) + x_BE(r_B) + x_fr_f$$
$$= \beta_{w1}E(r_A) + \beta_{w2}E(r_B) + (1 - \beta_{w1} - \beta_{w2})r_f$$

从而 D 位于图 4-6 的平面上，由于 D 的期望收益率大于 W，这样就产生了无风险套利机会，与市场均衡不存在无风险套利机会相矛盾，所以充分分散证券组合 W 必位于平面上。

由此可见，在市场均衡状态下，任意分散证券组合的期望收益率与 β 值必存在线性关系式（4-21），式（4-21）就是在两因子模型成立的情况下，充分分散证券组合的套利定价模型。它表明，任何分散证券组合的风险报酬是风险因子 β 的线性函数，β 值越大，风险报酬就越高，而 λ_1，λ_2 分别代表了两个风险因子 β_1、β_2 的单位价格。

二、单个证券的双因子套利定价模型

假设在市场均衡状态下各单个证券期望收益率与风险因子之间是非线性的，众多证券分布在如图 4-7 的曲线上。那么通过卖空像 H 这样的证券，并用所得资金与自有资金一起投资于像 G 这样的证券，只要卖空 H 的数量选择恰当，就可构造出对两个共同因子的敏感度都为零的证券组合 Z（即零 β 证券组合），它的期望收益率为 $E(r_z)$。由于 Z' 的两个 β 值都是零，因此 Z' 没有系统风险。但 Z' 存在非系统风险，而且需要非零的投资额。

如果我们选择许多对像 G，H 这样的证券，采用上述处理方法，就可以构造出充分分散的证券组合 Z'，使 Z' 对两个共同因子的敏感度都为零。这样，Z' 既无系统风险，又由于已充分分散而消除了非系统风险。但 Z' 仍需要非零的投资额。

使用相同的方法，通过卖空像 F，购入像 E 这样的足够多的证券，可以构造出对两个共同因子的敏感度都为零的充分分散投资组合 Z。Z 的期望收益率为 $E(r_z)$，如图 4-7 所示，而且既无系统风险，也无非系统风险，当然，Z 仍需要非零的投资额。

对比证券组合 Z 和 Z' 可以看出，这种情况已产生了无风险套利机会。投资者只需卖空 Z 并用所得资金购入 Z'，无须任何本金，就可获得无风险差价收益。显然，这种套利机会造成了价格压力，套利者的卖空与

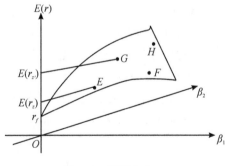

图 4-7　证券分布

买入使证券量供需失衡，市场将对证券价格做出调整，最终使套利机会消失，图 4-7 的曲面将变成如图 4-6 的平面。"几乎所有"的证券将位于该平面上，即证券的期望收益率与其 β 值之间

将保持线性关系,用数学式表示就是:

$$E(r_i) = r_f + \lambda_1 \beta_{i1} + \lambda_2 \beta_{i2} \tag{4-22}$$

这就是两因子模型成立的情况下,单个证券的套利定价模型,它与分散组合所满足的套利定价模型(4-21)完全一致。也就是说,当市场处于均衡状态时,所有的证券及证券组合都以相同的方式进行定价,它们期望收益率的高低取决于风险因子的大小和风险因子的价格。

三、单个证券的多因子套利定价模型

如果影响证券收益率的共同因子不止两个,采用相同的分析方法,可以得出与两因素完全类似的均衡定价模型,具体形式如下:

$$E(r_i) = r_f + \lambda_1 \beta_{i1} + \lambda_2 \beta_{i2} + \cdots + \lambda_n \beta_{in} \tag{4-23}$$

这就是一般情形的套利定价模型。其中,$\beta_{i1}, \beta_{i2}, \cdots, \beta_{in}$ 代表证券或证券组合的 n 个风险因子的值,而 $\lambda_1, \lambda_2, \cdots, \lambda_n$ 则为各风险因子的价格。式(4-18)的作用在于估计某证券对各风险因素的敏感度、实际投资该证券获得的预期收益率,以及调整各风险因素意外变化之后实现的收益率。式(4-23)的作用在于某证券在市场均衡时应该获得的预期收益率,即必要收益率,将其与式(4-18)计算所得的实际投资某证券获得的预期收益率进行比较,可以判断证券定价的合理性。

例 4-3　股票 A、B、C 的收益率受三个宏观因素 F_1, F_2, F_3 的影响,它们的值分别是 $F_1 = 7.5\%, F_2 = -0.3\%, F_3 = 0.6\%$,各股票对因素的敏感度如表 4-2 所示。请利用表 4-2 估算股票的收益率。

表 4-2　各股票对共同因素的敏感度

证券	F_1	F_2	F_3
A	1.24	-0.42	0
B	0.91	0.54	0.23
C	1.03	-0.09	0

(1) 只运用因子 F_1,分别计算这三只股票的预期收益率。假设无风险利率为 4.5%。

(2) 运用三个风险因子,分别计算这三只股票的预期收益率。假设无风险利率为 4.5%。

解:(1) 由单因子套利定价模型 $E(r_i) = r_f + \lambda_1 \beta_{i1}$,分别计算

证券 A:$E(r_1) = r_f + \lambda_1 \beta_{11} = 4.5\% + 1.24 \times 7.5\% = 13.8\%$

证券 B:$E(r_2) = r_f + \lambda_2 \beta_{21} = 4.5\% + 0.91 \times 7.5\% = 11.325\%$

证券 C:$E(r_3) = r_f + \lambda_3 \beta_{31} = 4.5\% + 1.03 \times 7.5\% = 12.225\%$

(2) 由多因子套利定价模型 $E(r_i) = r_f + \lambda_1 \beta_{i1} + \lambda_2 \beta_{i2} + \lambda_3 \beta_{i3}$,分别计算

证券 A:$E(r_1) = r_f + \lambda_1 \beta_{11} + \lambda_2 \beta_{12} + \lambda_3 \beta_{13}$

$\qquad\qquad = 4.5\% + 1.24 \times 7.5\% + 0.42 \times 0.3\% + 0 \times 0.6\%$

$\qquad\qquad = 13.926\%$

证券 B:$E(r_2) = r_f + \lambda_1 \beta_{21} + \lambda_2 \beta_{22} + \lambda_3 \beta_{23}$

$\qquad\qquad = 4.5\% + 0.91 \times 7.5\% - 0.54 \times 0.3\% + 0.23 \times 0.6\%$

$\qquad\qquad = 11.301\%$

证券 C：$E(r_3) = r_f + \lambda_1\beta_{31} + \lambda_2\beta_{32} + \lambda_3\beta_{33}$

$\qquad = 4.5\% + 1.03 \times 7.5\% + 0.09 \times 0.3\% + 0 \times 0.6\%$

$\qquad = 12.252\%$

例 4-4　假定市场可以用的三种系统风险和风险因子价格如表 4-3 所示。

表 4-3　系统风险和风险因子价格

因素	风险因子价格 /%
工业生产(I)	6
利率(R)	2
消费者信心(C)	4

特定股票的收益率可以用下面方程来表示

$$r = 15\% + 1.0I + 0.5R + 0.75C + e$$

使用套利定价理论确定该证券的均衡收益率。若无风险利率为 6%，该证券价格是低估还是高估了？解释原因。

解：根据多因子套利定价模型，该股票的期望收益率为

$$E(r) = r_f + 1.0\lambda_I + 0.5\lambda_R + 0.75\lambda_C$$

$$= 6\% + 1 \times 6\% + 0.5 \times 2\% + 0.75 \times 4\%$$

$$= 16\%$$

而股票当前的期望收益率 $E(r) = 15\%$，基于风险的要求收益率超过了实际的预期收益率，我们可以得出结论：该股票定价过高。也就是 15% 的收益率是不满足无套利的，若无套利，则收益率应该是 16%。

四、构建套利投资组合

所谓套利投资组合，是指投资者能够用以进行无风险套利的投资组合。反之，称为无套利投资组合。根据无风险套利的概念，无套利投资组合具有以下三个特点：

(1) 零投资：套利组合中对一种证券的购买所需要的资金可以由卖出别的证券来提供，即自融资(Self-financing)组合。

(2) 无风险：在因子模型条件下，因子波动导致风险，因此，无风险就是套利组合对任何因子的敏感度为 0。

(3) 零收益：套利组合的期望收益为零。

例 4-5　某投资者的投资组合由 3 种证券构成，假设收益符合单因子模型的特征，如表 4-4 所示。

表 4-4　各证券的期望收益率和 β 系数

证券	预期收益率 /%	β 系数
A	15	0.9
B	21	3.0
C	12	1.8

投资者使用这 3 种证券构成一个无套利投资组合的条件如下：

（1）零投资。分别以 x_1, x_2, x_3 表示构成的无套利组合中各个证券的权重，则应满足如下方程：

$$x_1 + x_2 + x_3 = 0$$

（2）无风险。分别以 $\beta_1, \beta_2, \beta_3$ 表示各个证券对某个因子的敏感度，投资组合对该因素的敏感度等于各证券敏感度的加权平均。

$$x_1\beta_1 + x_2\beta_2 + x_3\beta_3 = 0$$

（3）零收益。

$$x_1 E(r_1) + x_2 E(r_2) + x_3 E(r_3) = 0$$

符合上述三个条件的投资组合为无套利组合。如果仅符合前两个条件，而组合的投资收益大于 0，则为套利组合。不妨设 $x_1 = 0.1$，解由前两个方程构成的方程组

$$0.1 + x_2 + x_3 = 0$$

$$0.09 + 3x_2 + 1.8x_3 = 0$$

解得 $x_2 = 0.075, x_3 = -0.175$。将结果带入第三个条件：

$$x_1 E(r_1) + x_2 E(r_2) + x_3 E(r_3) = 15\% \times 0.1 + 21\% \times 0.075 + 12\% \times (-0.175)$$
$$= 0.975\%。$$

因为存在正收益，所以构成的投资组合即套利组合。这个套利投资组合可以通过如下操作形成：购买 1000 元的证券 A，750 元的证券 B；出售 1750 元的证券 C。这样的套利投资组合对任何投资者都有很大的吸引力。套利行为会增加对证券 A 和 B 的购买，增加证券 C 的出售，因此市场上证券 A 和 B 的价格上升，C 的价格下降，直到无套利机会为止。因此套利机会是转瞬即逝的。

第五节　APT 与 CAPM 的比较

一、APT 与 CAPM 的区别

套利定价模型 APT 与 CAPM 模型所描述的都是市场均衡状态下资产期望收益率与其风险之间的关系，即如何确定资产均衡价格，但这两个模型并不相同，它们的区别体现在如下几个方面：

（一）模型的假定条件不同

APT 假定证券收益率的产生同某些共同因子有关，但这些共同因子到底是什么以及有多少个，模型并没有事先人为地加以指定，而 CAPM 事先假定证券收益率同市场证券组合的收益率有关。此外，CAPM（无论是简化的 CAPM 还是扩展的 CAPM）的一个基本假定是投资者都以期望收益率和标准差作为分析基础，并按照收益-风险准则选择投资方案，而 APT 无此假定。

（二）建立模型的出发点不同

APT 考察的是当市场不存在无风险套利而达到均衡时，资产如何均衡定价。而 CAPM 考察的是当所有投资者都以相似的方法投资，市场最终调节到均衡时，资产如何定价。

（三）描述形成均衡状态的机理不同

当市场面临证券定价不合理而产生价格压力时，按照 APT 的思想，即使是少数几个投资者的套利行为也会使市场尽快地重新恢复均衡。而按 CAPM 的思想，所有投资者都将改变其投资策略，调整他们选择的投资组合，他们共同行为的结果才促使市场重新回到均衡状态。

（四）风险的来源不同

在 CAPM 中，证券的风险只与市场组合的 β 相关，它只给出了市场风险大小，而没有表明风险来自何处。APT 承认有多种因素影响证券价格，从而扩大了资产定价的思考范围（CAPM 认为资产定价仅有一个因素），也为识别证券风险的来源提供了分析工具。

（五）定价范围及精度不同

CAPM 是从它的假定条件经逻辑推理得到的，它提供了关于所有证券及证券组合的期望收益率-风险关系的明确描述，只要模型条件满足，以此确定的任何证券或证券组合的均衡价格都是准确的。而 APT 是从不存在无风险套利的角度推出的，由于市场中有可能存在少数证券定价不合理而整个市场处于均衡的状态（证券数少到不足以产生无风险套利），所以 APT 提供的均衡定价关系有可能对少数证券不成立。换言之，在满足 APT 的条件的情况下，用 APT 的证券或证券组合确定均衡价格，对少数证券的定价可能出现偏差。

二、APT 与 CAPM 的结合

尽管 APT 与 CAPM 存在上述差别，但并不能说明这两种模型是相互矛盾的。事实上，有可能出现这种情况，收益率由因子模型产生，而同时 APT 的其他假定条件及 CAPM 的假定条件都成立，此时，APT 与 CAPM 是相通的。

例如，如果影响证券收益率的因子只有一个，而且是市场证券组合的收益率 R_m，即证券收益率构成如下：

$$r_i = E(r_i) + \beta_i [R_m - E(R_m)] + e_i$$

其中
$$\beta_i = \frac{\mathrm{cov}(r_i, R_m)}{\sigma_m^2}$$

那么由此推出的 APT 模型的均衡关系式为：

$$E(r_i) = r_f + \lambda \beta_i$$

对于市场组合 M 来讲，上式也成立，注意 $\beta_m = 1$，从而

$$E(R_m) = r_f + \lambda \beta_m = r_f + \lambda$$

所以
$$\lambda = E(R_m) - r_f$$

这样就有

$$E(r_i) = r_f + \beta_i [E(R_m) - r_f]$$

这与 CAPM 所描述的均衡期望收益率-风险关系是完全一致的。所以说，从某种意义上讲，CAPM 是 APT 的一个特例。

进一步分析还可以发现，上述一致性并不是偶然的个别现象，即使对于比较复杂的收益率产生过程，由此推导的 APT 模型所描述的资本市场均衡关系与 CAPM 所描述的均衡关系也

是相通的。

例如，假设收益率产生于一个两因子模型，即

$$r_i = E(r_i) + \beta_{i1} F_1 + \beta_{i2} F_2 + e_i$$

其中，F_1，F_2 为两种共同因子，β_1，β_2 分别是证券 i 对两种共同因子的敏感度。下面我们分析说明：在 APT 的假定条件与 CAPM 的假定条件都成立的情况下，APT 与 CAPM 是相通的。

根据假定的收益率生成过程可推出 APT 模型为：

$$E(r_i) = r_f + \lambda_1 \beta_1 + \lambda_2 \beta_2$$

假设充分分散组合 A，B 分别是"纯因子 F_1"组合与"纯因子 F_2"组合，则由于 $\beta_{A1} = 1$，$\beta_{A2} = 0$，$e_A = 0$，$\beta_{B1} = 0$，$\beta_{B2} = 1$，$e_B = 0$，从而有

$$r_A = E(r_A) + F_1$$
$$r_B = E(r_B) + F_2$$

由 APT 有：

$$E(r_A) = r_f + \lambda_1$$
$$E(r_B) = r_f + \lambda_2$$

而由 CAPM 有：

$$E(r_A) = r_f + \beta_{Am} [E(R_m) - r_f]$$
$$E(r_B) = r_f + \beta_{Bm} [E(R_m) - r_f]$$

所以有：

$$\lambda_1 = \beta_{Am} [E(R_m) - r_f]$$
$$\lambda_2 = \beta_{Bm} [E(R_m) - r_f]$$

代入 APT 中有：

$$E(r_i) = r_f + (\beta_{i1} \beta_{Am} + \beta_{i2} \beta_{Bm}) [E(R_m) - r_f]$$

根据 CAPM 中 β 的定义，有：

$$\begin{aligned}
\beta_i &= \frac{\operatorname{cov}(r_i, R_m)}{\sigma_m^2} \\
&= \frac{\operatorname{cov}[E(r_i) + \beta_{i1} F_1 + \beta_{i2} F_2 + e_i, R_m]}{\sigma_m^2} \\
&= \frac{\operatorname{cov}(F_1, R_m)}{\sigma_m^2} \beta_{i1} + \frac{\operatorname{cov}(F_2, R_m)}{\sigma_m^2} \beta_{i2} + \frac{\operatorname{cov}(e_i, R_m)}{\sigma_m^2}
\end{aligned}$$

而 $\beta_{Am} = \dfrac{\operatorname{cov}(r_A, R_m)}{\sigma_m^2} = \dfrac{\operatorname{cov}[E(r_A) + F_1, R_m]}{\sigma_m^2} = \dfrac{\operatorname{cov}(F_1, R_m)}{\sigma_m^2}$

同理 $\beta_{Bm} = \dfrac{\operatorname{cov}(F_2, R_m)}{\sigma_m^2}$，所以 $\beta_i = \beta_{i1} \beta_{Am} + \beta_{i2} \beta_{Bm}$，从而 $E(r_i) = r_f + \beta_i [E(R_m) - r_f]$。

这恰好是 CAPM，说明 APT 与 CAPM 相通。

APT 模型对资产组合具有指导意义。APT 模型对系统风险进行了细分，使得投资者能够测量资产对各种系统因素的敏感系数，因而可以使得投资组合的选择更准确。例如，基金可以选择最佳的因素敏感系数的组合。但 APT 模型也有局限性，决定资产的价格可能存在多种因素，模型本身不能确定这些因素是什么和因素的数量，实践中因素的选择常常具有经验性和随意性。

三、APT 的检验

（一）检验过程中的难点

如前所述，如果我们用多因子模型来解释证券收益率的形成过程，即：

$$r_i = E(r_i) + \sum_{j=1}^{n} \beta_{ij} F_j + e_i$$

那么，由此得到的 APT 模型是：

$$E(r_i) = r_f + \sum_{j=1}^{n} \lambda_j \beta_{ij}$$

在这两个关系中，变量 β_{ij}，F_j 和 λ_j 显得尤为重要。根据收益率形成过程的计算公式，每个证券 $i(i = 1,2,\cdots,N)$ 对每一个 $F_j(j = 1,2,\cdots,n)$ 都有一个敏感度 β_{ij}。但对于全部证券而言，只存在一个 F_j 的取值，任意一个 F_j 都将对一个以上的证券的收益率产生直接的影响。否则，如果它只对某个证券的收益率产生影响的话，就应该被列入该证券的非系统收益率 e_i 之中，这些 F_j 在多因子模型中，被称为因子，但对于 APT 所需要的收益率生成公式来说，则被称为共同因子。在多因子模型中，这些因子都是在事先就被定义好的，每一个因子都具有特定的意义，表示特定的经济指标。对于 APT 中收益率生成过程的计算公式来说，各个因子在事先都是不确定的，没有特定的意义。投资者所知的只是这些因子都对一个以上的证券的收益率产生影响，因而它们是证券之间协方差的根源。

所有的 β_{ij} 都是与某个证券 i 相对应的，也就是说，是该证券所持有的。在多因子模型中，它们表示证券对某个特定指数的反应灵敏度，也可以看成是证券风险的测度。但在 APT 收益率生成过程的计算公式中，它们仅仅表示该证券所具有的某种特性，这种特性也许是对某一特殊要素的敏感度，也许是诸如股息支付等属于证券自身的东西。因此，β_{ij} 可以看成是证券的特征值。

从所推导出的 APT 的均衡关系式看，λ_j 是由于某一证券 i 对该证券的第 j 个特性的敏感性而带来的超额收益。对 APT 进行检验，就是验证其均衡关系式的正确性，即验证证券的均衡收益率是否满足和在多大程度上满足均衡关系式，这就意味着必须首先确定 β_{ij} 的取值。为了确定 β_{ij} 的取值，必须先确定相关的 F_j。但由于 APT 所强调的是资本资产的定价过程和方式，而对可能影响证券预期收益率的经济指标或特殊因子不作任何规范，因此，β_{ij} 和 F_j 在事先都是无法确定的，这就造成了无从下手的局面。

（二）检验的方法

检验 APT 的方法类似于检验 CAPM 所使用的方法。即首先根据各证券收益率的时间序列数据估计出证券对各个共同因子的敏感度 β_{ij}，然后利用证券平均收益率及估计的 β 值数据对证券期望收益率和 β 关系式做出估计，从而对 APT 所预言的证券均衡定价关系做出验证。

由于 APT 只假定证券收益率受一些共同因子的影响，而这些共同因子分别代表什么，它们共有多少个，模型并没有明确定义。因此，对证券 β 值的估计过程中必然伴随着要确定共同因子，为此就需找到一种方法，能同时确定共同因子及各证券对共同因子的敏感度。这种方法就是统计学中的因子分析法。下面我们给出该方法的基本思想，具体的做法可参阅有关多元统计学著作。

根据各证券收益率的时间序列数据估计出证券收益率之间的协方差矩阵,并以此作为因子分析的研究对象,最终确定出能够解释证券收益率变异的共同因子以及证券对这些共同因子的敏感度。一般的做法是,首先考察如果只用一个共同因子解释证券的收益率,各证券收益率残差的协方差;再考察如果用第一和第二个共同因子解释证券的收益率,各证券收益率残差之间的协方差比只用第一个因子解释时下降的百分比;再考察如果用第一、二和第三个因子来解释证券的收益率,各证券收益率残差之间的协方差比只用第一个因子解释时下降的百分比。然后不断重复这一过程,看增加因子后各证券收益率残差之间协方差下降的幅度。如果增加某一因子后证券收益率残差之间协方差下降的幅度低于某个事先设定的解释精度,比如 5% 或者说 10%,那么,该因子就被认为对证券收益率不可能产生明显的影响,从而被剔除。最后,入选的因子都能使证券收益率残差之间的协方差下降的幅度达到某一个精度指标所规定的要求,从而确定出恰当的共同因子,并且同时估计出证券对这些共同因子的敏感度 β_{ij}(在因子分析中叫作因子载荷)。

得到 β 的估计后,下一步就是对期望收益率与 β 关系做出估计。利用各证券的平均收益率及估计的 β 值作横断面数据的回归就可做到这一点,并可由回归结果去判断 APT 所预示的结论是否合理。

罗尔和罗斯(Roll & Ross)于 1980 年运用 1962 年 6 月到 1972 年 12 月纽约股票交易所 1260 种股票收益率数据,以每组 30 种证券,将 1260 种证券分成 42 组进行因子分析,发现存在 4 或 5 个因子有有效的解释力,而且还发现证券平均收益率与风险因子之间存在线性关系,证券的残差与平均收益率无关。

习 题

1.套利定价模型在形式上与因子模型是否一致?

2.请比较套利定价模型和 CAPM 模型,两个模型得出的共同结论是什么?

3.假设你用一个双因子模型估计股票 z 的回报率,表达式如下:

$$r_z = 0.5 + 0.8R_m + 0.2R_L + e_z$$

其中,R_m 是市场指数的回报率,L 代表未料到的流动性的变化。

(1)如果市场回报率是 10%,未料到的流动性的变化是 3%,那么股票 z 的回报率是多少?

(2)如果 L 不变,R_m 下降 5%,那么股票 z 的回报率将怎样变化?

4.假定市场可以用下面的三种系统风险及相应的风险溢价进行描述。

风险因素	β 值	风险因素价格
宏观因素 F_1	0.5	6
宏观因素 F_2	0.3	8
宏观因素 F_3	1.2	3

问:(1)如果无风险收益率为 3%,则合理定价下该股票的期望收益率为多少?

(2)假定三种宏观因素的市场预测值分别为 5%、3% 和 2%,而实际值是 4%、6% 和 0,则该股票修正后的收益率为多少?

5.考虑一个双因子模型,因子 a 和 b 对应的风险溢价分别为 4% 和 6%。股票 A 在因子 a

上的 β 为 1.2，在因子 b 上的 β 为 0.9。股票 A 的预期收益率是 16%。如果不存在套利机会，无风险收益率是多少？

6.考虑单因子套利定价模型，由三个证券组成的充分分散的资产组合的有关数据见下表。

证券	预期收益率/%	β 系数
A	10	1
B	9	2/3
C	4	0

根据以上数据，该资产组合是否存在套利机会？投资者应该如何制定套利策略？

第五章

债券投资与期度分析

前面我们介绍了证券组合理论,以及 CAPM 模型,严格地说上一章介绍的证券组合实际上是股票组合,即以普通股作为研究对象,在前两章我们实际上把对债券的投资,特别是国库券等,看作是无风险投资,这是因为相对股票而言,债券属于确定性收益的证券。

但是众多事实表明,债券投资也存在风险。一般来说,债券的风险主要基于下面三个来源。

(1)违约风险,这主要是指发行债券的主体(政府、企业)没有按规定按时按量付息或还本,使得债券价值下降。

(2)购买力风险,或称通货膨胀风险,即发行债券的主体按约定、按时、按量还本付息,但由于通货膨胀,使得所还的本息实际价值下降,则债券的实际价值也下降。

(3)利率风险,由于债券的价值实际等于各期的利息(附息债券)和期末的本金按利率折算的现值的代数和,故如果市场利率上调,则债券的价值就要下降。

对以上三种风险,理论上研究最成熟的当属第三种风险,事实上债券投资理论和利率理论从来就没有分开过。

基于以上事实,本章来研究债券的投资问题,在第一节中我们介绍债券的有关知识、利率和利率的期限结构、期度和惯量等。第二节介绍债券的违约风险的处理和利用投资组合理论来规避购买力风险。第三节介绍利率风险的规避,这是一种债券防护型的投资策略。第四节叙述固定债务偿还的风险规避,这是第三节的一个应用和推广。第五节为进取型投资模型,读者将会发现它也是基于期度分析之上的。

第一节 债券、利率与期度

债券是一种具有确定性收入的证券,这里所说的"确定"具有两重含义:一种就是时间确定,如债券的付息时间是确定的,一般是一年两次,而且债券有到期日,在到期的时候归还本金和分发最后半年利息;另一重含义是数额确定,债券都是有面值的,对于付息债券来说,息率都是规定好的,每期按照面值乘以息率的二分之一发放利息,到债券到期日发放最后一期利息并归还本金。

这里要说明的是,由于在债券投资中,要用到各种利率,所以我们必须对其加以规范,例如上面所说的息率,就是一种利率,即债券发行主体,按面值的二分之一息率的比例发放每期利息,这个利息率是债务人借用债权人资金而专门给予的补偿,是对于这种特定的债券而言的。虽然息率与市场资金利率有很大关系(一般为正相关),但它们绝对不是一回事,所以为了显示这种差别,我们对前面冠之以"息率",就是为了让读者能区分它们。

下面我们来分别叙述本节内容。

一、债券的定价

由于债券的收入是一个序列,所以我们可以采用折算现值的办法来对其定价,设单个债券的面值为 V,寿命为 M 年,每年付息两次,息率为 C,那么它的 2M 期的收入序列如下:

$$\frac{1}{2}CV, \frac{1}{2}CV, \cdots, \frac{1}{2}CV, \frac{1}{2}CV + V$$

设市场利率为 i,这是年利率,由于一年分两期付息,则 i 又是名义利率,每期的利率即 $\frac{i}{2}$,于是得此种情况下的债券价格

$$P = \sum_{t=1}^{2M} \frac{1}{2} \frac{CV}{(1+i/2)^t} + \frac{V}{(1+i/2)^{2M}} = \frac{CV}{i}\left[1 - (1+\frac{i}{2})^{-2M}\right] + V(1+\frac{i}{2})^{-2M} \quad (5\text{-}1)$$

在通常的金融理论研究和实际金融工作中,债券的价格往往用上式计算的价格占票面的百分数来表示,如某种国库券价格是 83,则说明它的实际价格是票面值的 83%。基于这样的理由我们定义债券价格为

$$p = 100\frac{P}{V}$$

则上式成为

$$p = 100\frac{C}{i}\left[1 - (1+\frac{i}{2})^{-2M}\right] + 100(1+\frac{i}{2})^{-2M} \quad (5\text{-}2)$$

根据式(5-2),我们可以把债券的发行分为三种方式,也就相应地有三种债券:

(1) 如果 C = i,即息率等于市场资金利率,则得

$$p = 100\left[1 - (1+\frac{i}{2})^{-2M}\right] + 100(1+\frac{i}{2})^{-2M} = 100$$

即实际价格等于面值(100% 面值)。这样的债券发行称为等值发行,该种债券称为平价债券。

(2) 如果 C < i,即息率小于市场资金利率,则得

$$p = 100\frac{C}{i}\left[1 - (1+\frac{i}{2})^{-2M}\right] + 100(1+\frac{i}{2})^{-2M} < 100$$

即实际价格小于面值,这样的债券发行称为折扣发行,这样的债券称为折扣债券,其折扣计算应为

$$d = 100 - p = 100\left(\frac{C}{i} - 1\right)\left[\left(1+\frac{i}{2}\right)^{-2M} - 1\right] \quad (5\text{-}3)$$

显然 $\left(1+\frac{i}{2}\right)^{-2M} < 1$ 且 $\frac{C}{i} < 1$,故 $d > 0$,从这个角度来看,折扣就是债券价格小于面值的比例。

在实际生活中,还有一种零息债券,也称纯粹折扣债券,它的收入序列为

$$0, 0, \cdots, 0, 100$$

即平时不付利息,在到期日时,返回本金,于是按照式(5-2),则这种债券的价格为

$$p = 100(1+\frac{i}{2})^{-2M}$$

和付息债券不同的是,零息债券虽然没有利息,但随着时间的流逝,它的价格以每期 $\frac{i}{2}$ 的速度增长,因此,虽然没有利息,但我们认为这个"利息"是以价格增长的形式给予债权人的,而且上期利息转为下期本金。

(3) 如果 $C > i$,即息率大于市场利率,于是根据式(5-2)

$$p = 100\frac{C}{i}\left[1-\left(1+\frac{i}{2}\right)^{-2M}\right]+100\left(1+\frac{i}{2}\right)^{-2M} > 100$$

即实际价格大于面值,称之为溢值发行,相应的,这样的债券称为溢值债券。

例 5-1 已知一个 4 年期面值为 1000 元的国债券,每半年付息一次,息率为 6%,并且该债券按面值兑现。如果目前市场利率为 8%,求该债券的认购价格。

解:根据债券价格公式(5-1),可得

$$P = \sum_{t=1}^{8}\frac{1}{2}\frac{60}{(1+0.08/2)^t}+\frac{1000}{(1+0.08/2)^8} = 932.67$$

该债券的实际价格 932.67 元小于面值 1000 元,是折扣债券。

二、利率

有关利率的概念很多,我们必须要仔细地把它们搞清。

我们首先要弄清的就是债券的到期收益率,这是针对某一债券而言的,它通常是采用内部收益率的形式计算。设某债券的价格为 p,寿命为 N 期,每期息率为 C,那么该债券(每期)的到期收益率就是使下式成立的 r:

$$p = 100\frac{C}{r}\left[1-(1+r)^{-N}\right]+100(1+r)^{-N} \tag{5-4}$$

注意上式和式(5-2)的区别,首先式(5-2)是按照资本市场的利率来计算该债券的价格,而上式是根据市场上该债券的价格来计算这个债券的到期收益率。其次式(5-2)是将债券的寿命定为年,每期为半年,息率、市场利率均是按半年计算;而上式是将其一般化,每期息率为 C,到期收益率也是按期计算,至于这一期是一年、半年抑或是一个月,这不失一般性。

例 5-2 现有面值为 1000 元的 4 年的美式债券,每年付息一次,息率为 7%,假设该债券的价格为 950 元,计算其到期收益率。

解:该债券的寿命为 4 期,每次付息 70 元,因此到期收益率为满足下列式子的 r

$$70(1+r)^{-1}+70(1+r)^{-2}+70(1+r)^{-3}+70(1+r)^{-4}+1000(1+r)^{-4} = 950$$

利用金融计算器,我们可以算出 $r = 8.53\%$。

例 5-3 假设一个 3 年期的美式债券的面值为 100 元,每半年付息一次,息率为 6%,假设该债券的价格为 93 元,计算其到期收益率。

解:该债券的寿命为 6 期,每次(半年)息率为 6%/2 = 3%,由式(5-4),其到期收益率(年)为满足下列式子的 r

$$93 = 100\frac{6\%/2}{r/2}\left[1-(1+r/2)^{-6}\right]+100(1+r/2)^{-6}$$

解得 $r = 8.7\%$。

例 5-4 假设目前市场上有如表 5-1 所示的债券信息,请计算表中 4 种不同期限债券的到期收益率。

表 5-1 不同期限债券价格

债券	债券面值	期限 / 年	年息率	债券价格
A	100	0.5	0.0	98
B	100	1.0	3.0	98
C	100	1.5	6.2	101
D	100	2.0	8.0	104

解:债券 A 的到期收益率:这里 $n=1, C=0, p=98$,求满足下列等式的 r:

$$98 = 100(1+r/2)^{-1}$$

得 $r = 4.08\%$。

债券 B 的到期收益率:$n=2, C=5\%/2=2.5\%, p=98$,求满足下列等式的 r:

$$98 = 100 \frac{2.5\%}{r/2}\left[1-\left(1+\frac{r}{2}\right)^{-2}\right] + 100\left(1+\frac{r}{2}\right)^{-2}$$

得债券 B 的到期收益率为 $r = 5.08\%$。

对于债券 C:$n=3, C=3.1\%, p=101$,求满足下列等式的 r:

$$101 = 100 \frac{3.1\%}{r/2}\left[1-\left(1+\frac{r}{2}\right)^{-3}\right] + 100\left(1+\frac{r}{2}\right)^{-3}$$

债券 C 的到期收益率为 $r = 5.50\%$。

类似地,当 $n=4, C=4\%, p=104$ 时,

$$104 = 100 \frac{4\%}{r/2}\left[1-\left(1+\frac{r}{2}\right)^{-4}\right] + 100\left(1+\frac{r}{2}\right)^{-4}$$

债券 D 的到期收益率为 $r = 5.85\%$。

现在我们再来考虑资金市场利率的问题。先介绍一个名词:利率期限结构。

它表示每期利率随着期限变化而变化的情况。例如我们设现期为 0,终期为 t,那么从现在开始,到期末止,这跨度为期的每期收益率水平则用 $h(0,t)$ 表示,于是

$$h(0,1), h(0,2), \cdots, h(0,t), \cdots$$

这一组值就称为利率期限结构,确定了利率期限结构,也就给出了资金市场的利率信息。

利率的期限结构一般有下面四种形式:

(1) 如果对所有的 t,均有 $h(0,t) > h(0,t-1)$,即随着到期日延长,利率不断上升的情况,这是一种正常情况,因为到期日越长,则资金借出者对其"流动性偏好"的抑制越厉害,则对这种抑制的补偿也应越来越大;同时到期日越长,由于违约、通货膨胀等风险也会加大,所以这些只能通过增加利率补偿;这种上升的利率期限结构如图 5-1(a) 所示。

(2) 如果对于所有的 t,均有 $h(0,t) < h(0,t-1)$,即表示短期利率比长期利率更高。通常发生于银根紧缩、信贷收紧时,由于短期资金偏紧,造成短期利率上升,这样的利率期限结构如图 5-1(b) 所示。

(3) 如果存在某一时点 t^*,使得 $t < t^*$ 时有 $h(0,t) > h(0,t-1)$,而当 $t > t^*$ 时有 $h(0,t) < h(0,t-1)$,这种先扬后抑的利率期限结构,往往发生在实行严厉的货币政策时期,如图 5-1 中的 c 图所示,我们根据期限图,往往称其驼峰式利率的期限结构。

(4) 如果对于所有的 t,均有 $h(0,t) = c$(常数),则表明利率与到期期限没关系,一般说来,这表明人们对利率的变动情况无法识别,这种常数型利率期限结构如图 5-1(d) 所示,它是一

条直线。

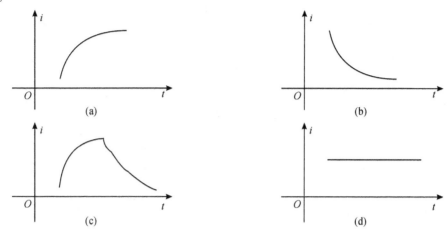

图 5-1　四种形式利率期限结构

这里将泛泛地、定性地介绍有关利率的三种理论，它们分别是市场预期理论、流动性偏好理论、市场分割理论。现分述如下：

（1）市场预期理论（the market expectation theory）。按照这个理论，市场对未来的利率升降的预期是决定利率的期限结构形状的唯一因素，而且未来的利率等于预期未来那个期限的利率。

（2）流动性偏好理论（the liquidity preference theory）。按照市场预期理论的核心假设，就是对于任一给定的时点，具有不同到期期限的债券有着相同的期望收益率。例如，一年到期的债券和六年到期的债券均有同样的期望收益率，或者说它们是完全可以互相替代的。但是，在实际生活中，情况并不是这样，一个很直观的事实是，债券的到期期限越长，则丢失本金、利息损失的可能性越大，也就是风险越大，为了补偿这种风险，长期债券的期望收益率应该较短期债券为大，基于这种考虑人们就采用流动性偏好理论来加以解释。

根据流动性偏好理论，长期债券和短期债券并不是可以相互替代的，因为一般来说，人们都具有流动性偏好，短期债券比长期债券的流动性要好，风险要小，故人们宁愿投资短期债券而不愿投资长期债券，所以，为了弥补它们之间的风险差距，人们对长期债券的期望收益率就高于短期债券的期望收益率，或者说对长期债券要加上流动性（风险）补偿。鉴于这种情况，我们认为利率的期限结构不仅要受到市场预期的影响，而且也要受这种流动性补偿影响。

（3）市场分割理论（the market segmentation theory）。这个理论是和债券定价中的市场无效性概念相一致的。按照该理论，整个债券市场由各个不同到期期限的债券分割成许多"区间（segment）"，资金不能自由地由一个区间流向另一个区间，且每一组投资者不管其他区间收益如何都固定地向某一区间进行投资，如果资金凑巧流到期限较长的区间，投资者就会购买长期债券而使它们的价格上涨，收益率下降。按照该理论，图 5-1（b）——利率的期限结构呈下降的曲线，不是因为市场预期或流动性补偿所致，而仅仅是资金的偶然的流动方向的缘故。

我们已经指出了利率的期限结构的几种形式，以及这些形式后面蕴含的理论。下面我们来介绍怎样根据付息债券的信息，采用"剥离法"来导出利率的期限结构。

我们知道如果是零息债券，那么如果到期期限为 T，则其价格为

$$p = 100[1 + h(0, T)]^{-T}$$

如果价格已经由上式给出,则其到期收益率为

$$p = 100[1 + r_T]^{-T}$$

故对于零息债券有

$$r_T = h(0, T)$$

所以根据零息债券得到的到期收益率序列:

$$r_1, r_2, \cdots, r_T$$

就是我们所要寻求的利率的期限结构,这就是我们通常把零息债券的(到期)收益率曲线作为市场利率的期限结构的原因。

但是在证券市场上,较长期限的零息债券是不多见的,如美国的一些政府债券是零息债券,但到期期限均非常短,有的只有三个月,而期限较长的债券通常均是附息债券,所以我们不能按照上述方法直接求出到期期限较长的债券的到期收益率。基于这样的原因,美国学者 Salomon 兄弟根据美国的平价国库券定期地编制和公布每年的到期收益率指标,这些到期收益率均是对应不同的到期期限的,通过这些到期收益率数据,我们从中解出所隐含的利率期限结构,我们把这个方法称作剥离法。下面就介绍这个方法。

假定有一个到期期限为 $2M$ 的附息债券,每期(每期为半年)付息 $100C/2$,那么根据利率的期限结构定义,得该债券的价格为

$$p = 100 \cdot \frac{C}{2} \sum_{t=1}^{2M} [1 + h(0, t)]^{-t} + 100[1 + h(0, 2M)]^{-2M} \tag{5-5}$$

同样如果设该债券的到期收益率为 r,那么它一定满足下式

$$p = 100 \cdot \frac{C}{2} \sum_{t=1}^{2M} \left[1 + \frac{r}{2}\right]^{-t} + 100\left[1 + \frac{r}{2}\right]^{-2M} \tag{5-6}$$

这里的 $\frac{r}{2}$ 表示半年的收益率。

设我们在时刻 0 观察到期期限为 t 的每期(半年)收益率 r_t' 的序列:$r_1', r_2', \cdots$

由于对于平价债券,$C = r$,就是 $r_t' = \frac{C}{2}$,于是将其代入上式,并取到期期限为 $t = 1, 2, \cdots$,$2M$ 各种平价债券得:

$$100 = p_1 = 100r_1'[1 + h(0, 1)]^{-1} + 100[1 + h(0, 1)]^{-1}$$
$$100 = p_2 = 100r_2'\{[1 + h(0, 1)]^{-1} + [1 + h(0, 2)]^{-2}\} + 100[1 + h(0, 2)]^{-2}$$
$$100 = p_3 = 100r_3'\{[1 + h(0, 1)]^{-1} + [1 + h(0, 2)]^{-2}$$
$$+ [1 + h(0, 3)]^{-3}\} + 100[1 + h(0, 3)]^{-3}$$
$$\vdots$$
$$100 = p_{2M} = 100r_{2M}' \sum_{t=1}^{2M} [1 + h(0, t)]^{-t} + 100[1 + h(0, 2M)]^{-2M} \tag{5-7}$$

由于 $t = 1$,平价附息债券就成了一个"零息债券",此时的到期收益率等于对应的利率,即

$$r_1' = h(0, 1)$$

取一年期的平价债券,即,此时它不是零息债券,但由于序列是已知的,因此,代入式 (5-7) 得

$$100 = p_2 = 100r_2'\{(1 + r_1')^{-1} + [1 + h(0, 2)]^{-2}\} + 100[1 + h(0, 2)]^{-2}$$

由于 r_2' 已知,则很容易从上面解得 $h(0, 2)$。

对于 $t = 3$,同样可得

$$100 = p_3 = 100r_3{}'\{[1+h(0,1)]^{-1} + [1+h(0,2)]^{-2}$$
$$+ [1+h(0,3)]^{-3}\} + 100[1+h(0,3)]^{-3}$$

由于 $r_3{}', h(0,1)$ 和 $h(0,2)$ 已知,则可解出 $h(0,3)$。

依此类推,我们则可得到现时(0 时刻)的利率的期限结构。

例 5-5　根据表 5-1 中的债券信息,计算对应于 6 个月、12 个月、18 个月和 24 个月期限的零息债券的到期收益率,即隐含利率期限结构。

解:债券 A 为零息债券,故 6 个月的利率等于 6 个月零息债券的到期收益率,即 $h(0,1) = \dfrac{100}{98} - 1 = 2.04\%$。因为债券 B,C,D 为付息债券,现在我们利用剥离法计算零息债券的到期收益率 $h(0,2), h(0,3), h(0,4)$。

$$98 = 100\frac{3\%}{2}[1+h(0,1)]^{-1} + 100\frac{3\%}{2}[1+h(0,2)]^{-2} + 100[1+h(0,2)]^{-2}$$

$$101 = 100\frac{6.2\%}{2}[1+h(0,1)]^{-1} + 100\frac{6.2\%}{2}[1+h(0,2)]^{-2} + 100\frac{6.2\%}{2}[1+h(0,3)]^{-3}$$
$$+ 100[1+h(0,3)]^{-3}$$

$$104 = 100\frac{8.0\%}{2}[1+h(0,1)]^{-1} + 100\frac{8.0\%}{2}[1+h(0,2)]^{-2} + 100\frac{8.0\%}{2}[1+h(0,3)]^{-3}$$
$$+ 100\frac{8.0\%}{2}[1+h(0,4)]^{-4} + 100[1+h(0,4)]^{-4}$$

求得 $h(0,2) = 2.54\%, h(0,3) = 2.76\%, h(0,4) = 2.95\%$。注意,这里每期为半年。我们得到如表 5-2 所示的结果。

表 5-2　不同期限的零息债券的价格和利率

债券	债券面值 / 元	期限 / 年	年息率	债券价格 / 元	年利率 / %
A	100	0.5	0.0	98	4.08
B	100	1.0	3.0	98	5.08
C	100	1.5	6.2	101	5.52
D	100	2.0	8.0	104	5.9

研究了利率的期限结构理论后,我们现在来研究远期利率。

我们在上面已经指出序列

$$h(0,1), h(0,2), \cdots, h(0,t), \cdots$$

作为现时(0 时刻)利率的期限结构,或者说按照 Salomon 兄弟的方法,我们是基于在 0 时刻观察序列 $\{r_t{}'\}$ 而导出各个 $h(0,t)$ 的,它的起点均是 0,于是我们把 $h(0,t)$ 称作 0 时刻的即期利率。

假若我们现在在 0 点观察 $h(1,t)$,那么它表示从 1 期开始到 t 期末为止的 1 时刻的即期利率。从 0 时刻来看,它是未来的利率,所以我们称它为远期利率。对于 0 点,$h(2,t), h(3,t)\cdots$ 均是远期利率。

为了根据现有的信息,导出远期利率,我们不妨假定进行一项为期两年的投资,那么我们有两种形式可选择:一种是买两年期的零息债券;一种是先买一年期的零息债券,一年后以本利和再买一年期的零息债券。为简单起见,设我们只有一元钱投资额。

于是,在第一种形式下,我们在两年后得到的本利和为

$$[1+h(0,2)]^2$$

而在第二种形式下，设 R_{12}（随机变量）为 1 年后的即期利率（一年），那么这种形式下，两年后的本利和的期望为

$$[1+h(0,1)][1+ER_{12}]$$

按照市场预期理论，投资者不在乎债券的时间长短，未来的某一确定时期的远期利率应等于预期的未来的那个期限的即期利率，对应本例，就是

$$h(1,2)=ER_{12}$$

因此有

$$[1+h(0,2)]^2=[1+h(0,1)][1+h(1,2)]$$

对于三年投资我们则有

$$[1+h(0,3)]^3=[1+h(0,1)][1+h(1,2)][1+h(2,3)]$$

这样在市场预期理论下，对于 $0<\tau<t$，总有

$$h(\tau,t)=ER_{\tau t}$$

而在流动性偏好理论下，投资者从保持流动性这一角度来看，总是愿意投资短期债券而不愿意投资长期债券，这样市场为了吸引投资者投资长期债券，就必须要给予补偿，即利率要增加。因此在流动性偏好理论下，远期利率应该总是高于预期的未来的即期利率，就是

$$h(\tau,t)>ER_{\tau t}$$

所以 $h(\tau,t)=ER_{\tau t}+\delta_\tau$ 这里的 δ_τ 即风险补偿。

综上所述，对于任一 $0<\tau<t$，即期利率和远期利率均有如下的关系

$$[1+h(0,t)]^t=[1+h(0,\tau)]^\tau[1+h(\tau,t)]^{t-\tau} \tag{5-8}$$

但在市场预期理论下：$h(\tau,t)=ER_{\tau t}$。

而在流动性偏好理论下：$h(\tau,t)>ER_{\tau t}$。

关于债券的进一步讨论，将在第八章展开。

三、期度与期度的计算

我们在前面曾介绍过，利率风险、违约风险和购买力风险是债券投资者所面临的三大风险，在这三大风险中理论界研究的主要是怎样规避利率风险，这个理论也是最成熟的。

无论是在利率风险规避的理论研究中，还是在实际的操作中，期度（duration）以及在其基础上建立起来的期度分析，都是债券投资研究者们使用的一个主要工具。毫不夸张地说，在债券投资的理论研究中，期度分析犹如在股票投资分析中的组合投资理论一样重要。

我们现在先来介绍期度概念。我们知道，按照式（5-1），若市场年利率为 i，面值为 V，寿命为 M 年，每年付息两次，息率为 C 的债券价格为

$$P=\sum_{t=1}^{2M}\frac{1}{2}\frac{CV}{(1+i/2)^t}+\frac{V}{(1+i/2)^{2M}}=\frac{CV}{i}\Big[1-(1+\frac{i}{2})^{-2M}\Big]+V(1+\frac{i}{2})^{-2M}$$

债券的价格是市场利率的函数，故我们把 P 写成 $P(i)$，如果利率发生变化，则债券的价格亦将发生变化。我们先假定利率的期限结构是水平的，所以如果利率变化，它只是水平变化，而不是形状变化。在这种情况下，我们把现金流折现并按照时间加权再除以债券价格来定义期度。期度（也称为久期）即表示债券的价格对利率 i（实际是 $1+i$）变化的弹性，用 D 表示为

$$D(i) = \frac{\sum\limits_{t=1}^{2M} \frac{1}{2} \frac{CV}{(1+i/2)^t} \cdot \frac{t}{2} + \frac{V}{(1+i/2)^{2M}} \cdot M}{P(i)}$$

也可以写为

$$D(i) = \sum_{t=1}^{2M} \left[\frac{1}{2} \frac{CV}{(1+i/2)^t P(i)} \right] \cdot \frac{t}{2} + \frac{V}{(1+i/2)^{2M} P(i)} \cdot M$$

括号中的项表示在 $\frac{t}{2}$ 年债券支付的现金流现值与债券价格的比率。期度表示付款时间的加权平均。可以证明

$$D(i) = \frac{-\mathrm{d}P(i)}{\mathrm{d}i} \cdot \frac{1+i/2}{P(i)} \tag{5-9}$$

如果原来利率水平是 i_0，变化后为 i，那么在 $i = i_0$ 处的期度为

$$D(i_0) = -\frac{\mathrm{d}P(i)}{\mathrm{d}i} \bigg|_{i_0} \cdot \frac{1+i_0/2}{P(i_0)} \tag{5-10}$$

若一年复息 m 次，则

$$D(i) = -\frac{\mathrm{d}P(i)}{\mathrm{d}i} \cdot \frac{1+i/m}{P(i)}$$

例 5-6 设市场利率为 i，债券到期期限为 M，息率为 C，债券的价格为

$$p = \frac{100(C/2)}{i} \left[1 - (1+i)^{-M} \right] + 100(1+i)^{-M}$$

试求其期度。

解 注意根据式(5-2)，这里一期是按半年算的，则 i 也是半年利率

令

$$A = \frac{100(C/2)}{i} \left[1 - (1+i)^{-M} \right]$$

$$B = 100(1+i)^{-M}$$

则 $p = A + B$

$$\frac{\mathrm{d}A}{\mathrm{d}i} = -\frac{A}{i} + \frac{M \cdot (100)(C/2)(1+i)^{-M-1}}{i}$$

$$\frac{\mathrm{d}B}{\mathrm{d}i} = -M \cdot (100)(1+i)^{-M-1}$$

把上面两个等式的两边均乘以 $(1+i)$，则得

$$-(1+i)\frac{\mathrm{d}A}{\mathrm{d}i} = \frac{1+i}{i}A - \frac{M \cdot (C/2)}{i}B$$

$$-(1+i)\frac{\mathrm{d}B}{\mathrm{d}i} = MB$$

则

$$D(i) = -\frac{\mathrm{d}P}{\mathrm{d}i} \cdot \frac{1+i}{P} = -\frac{(1+i)}{p}\frac{\mathrm{d}A}{\mathrm{d}i} - \frac{(1+i)}{p}\frac{\mathrm{d}B}{\mathrm{d}i}$$

$$= \frac{1+i}{i}\frac{A}{p} + M\left(1 - \frac{C/2}{i}\right)\frac{B}{p}$$

$$= \frac{1+i}{i} - \frac{(C/2-i)M + (1+i)}{(1+i)^M(C/2) - (C/2-i)}$$

$$\tag{5-11}$$

注意，这里的 D 的量纲是长度，即包含的期数(每期半年)。

上面介绍的期度计算是对某一债券而言的,和前两章类似,如果有一个债券组合,其第 t 年的现金收入为 F_t,到期期限是 N,那么如果市场的利率的期限结构是水平的,则对于利率 i,该组合的价值为

$$V(i) = \sum_{t=1}^{N} F_t(1+i)^{-t}$$

$$\frac{\mathrm{d}V}{\mathrm{d}i} = -\sum_{t=1}^{N} tF_t(1+i)^{-t-1}$$

上式两边同乘以 $(1+i)$,则得

$$-\frac{\mathrm{d}V}{\mathrm{d}i}(1+i) = \sum_{t=1}^{N} tF_t(1+i)^{-t}$$

于是该组合的期度

$$D = -\frac{\mathrm{d}V}{\mathrm{d}i} \cdot \frac{(1+i)}{V} = \frac{\sum_{t=1}^{N} tF_t(1+i)^{-t}}{V} \tag{5-12}$$

令 $\omega_t = \dfrac{F_t(1+i)^{-t}}{V}$,则得

$$D = \sum_{t=1}^{N} \omega_t \cdot t \tag{5-13}$$

显然 ω_t 表示第 t 年组合收入的现值占总组合价值的比例,则期度表示长度的概念更清楚了,可以理解为投资者收回所有现金流需要等待的平均时间。而且我们还不难看出任一债券的期度不会大于其到期期限的,除了零息债券其期度即等于其到期期限,其他债券的期度均小于其到期期限。

第二节　违约风险和购买力风险的规避

严格地说来,在债券投资理论研究中,我们通常所说的投资风险实际上指的是利率风险,债券投资理论主要集中在这一方面,但是为了理论的全面性,我们先介绍一下违约风险和购买力风险的规避问题。

一、违约风险的处理

我们前面讲过,所谓债券的违约风险实际上是指债券发行主体没能履行诺言,不能按时按量地还本付息,从而造成债券价值的下降。一般来说违约债券均是企业债券,政府债券是不可能违约的。

判别一个债券是否有违约的可能,主要看此种债券的等级。债券的等级则反映了一个债券的质地,在现在的一些主要发达国家,债券的等级主要是由美国的一些专业证券评估公司,如 Moody(穆迪公司),Standard & Poor's(标准普尔)公司,根据发行债券公司的盈利数额、盈利变化情况、资本结构中债的数量、公司的净值和短期资产数额等指标给该公司评定的。

Moody's,Standard & Poor's 公司分别把企业的债券分成 9 个等级和 11 个等级,如表 5-3 所示。

表 5-3　Moody's,Standard & Poor's 公司对企业债券的等级划分

Moody's 的等级	Standard & Poor's 的等级	种类
AAA	AAA	优质债券
AA	AA	
A	A	
BBB	BBB	中等质量债券
BB	BB	
B	B	
CCC	CCC	投机债券
CC	CC	
C	C	
D	违约债券	
E	破产公司的债券	

　　因此 A 级债券属于优质债券,接近或相当于政府债券,而 C 级债券则属于投机级债券,它们违约的可能性非常大,最差的当属 Standard & Poor's 等级体系中的 E 级,它们的发行公司已经破产,要进行清算,所以它们一定是违约债券,甚至本息全无,有人对美国的全部债券的违约情况进行调查,发现违约率只有 0.116%,而对 Baa 以下级别的债券的违约情况进行计算,发现违约率上升到 2.54%。

　　一个债券受其所属等级影响最大的当属它的价格(当然也影响公司的资信),一般来说债券的等级越高,其到期收益率越低,进而根据式(5-1),它的价格也越高。

　　有人对美国的高质量债券的到期收益率进行过调查,得到的结果如表 5-4 所示。

表 5-4　美国高质量债券的到期收益率调查结果

年份	各等级的到期收益率			
	AAA	AA	A	BAA
1973	7.15	7.37	7.53	7.90
1974	7.83	8.00	8.17	8.48
1975	8.83	9.13	9.81	10.81
1976	8.60	9.13	9.54	10.41
1977	7.96	8.16	8.45	9.08
1978	8.41	8.59	8.76	9.17
1979	9.25	9.48	9.72	10.13
1980	11.09	11.56	11.88	12.42

　　现行的对违约债券风险管理的主要工作是,完备债券评估体系,使之向客观化(而不是凭经验)、科学化的定量分析方向发展。

　　在叙述债券的等级及到期收益率的确定这个问题时,不能不提到 Fisher 的工作,Fisher 以

政府债券作为参考债券,再选择和政府债券到期期限相同的企业债券。根据我们上面的叙述,对于到期期限相同的企业债券和政府债券来说,由于企业存在违约的可能,所以前者的到期收益率较后者的到期收益率大,设二者之差为 Δr。Fisher 选择了发行该债券的公司的若干指标,以这些指标作为解释变量,进行多元回归分析,得到如下的回归式:

$$\ln\Delta r = a + 0.262\ln V_E - 0.223\ln L_S - 0.496\ln \frac{S}{D} - 0.290\ln N_B$$

其中,V_E 为盈利变动性指标;L_S 为有偿付能力的时间长度;$\frac{S}{D}$ 为自有资金和债的比例,即资本结构;N_B 为发行的债券的数量;a 为常数。

而且这个回归式的总体相关系数非常大,达到81%,这说明 Δr 的变化的81%可由这些公司指标来解释。

二、购买力风险的规避

我们前面讲过,所谓购买力风险实际就是可能的通货膨胀造成债券实际价值的下跌。

一般来说,有效规避购买力风险的方法就是构造国际债券组合,其原理如同我们在第二章第六节中叙述的那样,通过购买不同国家的债券可有效地分散风险,使得在共同收益的情况下,具有最小风险的组合。

例如,Robison 等人对世界主要的12个发达国家的债券进行了研究,得到了用美元调整的不同国家债券的收益率的相关系数,如表 5-5 所示。

表 5-5　12 个国家债券的收益率之间的相关系数

国家	Bel	Den	Fra	Ger	Ita	Hol	Spa	Swe	Swi	UK	Jap	Can
Den	0.54											
Fra	0.72	0.69										
Ger	0.77	0.22	0.43									
Ita	0.25	0.43	0.53	−0.01								
Hol	0.93	0.45	0.64	0.86	0.36							
Spa	0.31	0.49	0.47	0.04	0.61	0.24						
Swe	0.63	0.42	0.28	0.34	−0.40	0.63	0.44					
Swi	0.90	0.48	0.66	0.85	0.08	0.94	0.17	0.46				
UK	0.09	0.12	0.10	0.12	0.29	0.03	−0.13	−0.24	0.13			
Jap	0.32	0.36	0.28	0.27	0.24	0.25	−0.16	−0.18	0.38	0.50		
Can	0.16	−0.01	0.01	0.18	−0.22	0.21	−0.10	0.26	0.04	−0.15	−0.17	
USA	0.05	0.22	0.15	0.10	−0.13	0.17	0.07	0.06	0.10	0.08	0.10	0.63

注:Bel——比利时,Den——丹麦,Fra——法国,Ger——德国,Ita——意大利,Hol——荷兰,Spa——西班牙,Swe——瑞典,Swi——瑞士,UK——英国,Jap——日本,Can——加拿大,USA——美国。

根据这个表和前面介绍的组合的投资理论,我们选择目标收益水平分别为8%,9%,10%,11%,分别得到四个最小的方差组合如表 5-6 所示。注意这是从美国投资者的角度来进行运算的。

表5-6　　由表5-5得到的最小方差组合

组合	I	II	III	IV
ER(%)	8.00	9.00	10.00	11.00
σ(%)	4.76	5.72	7.02	9.43
组合系数				
Ger	0.20	0.29	0.47	0.34
Spa	0.02	0.02	0.00	0.00
Swe	0.40	0.40	0.19	0.00
UK	0.01	0.00	0.00	0.00
Jap	0.23	0.29	0.34	0.66
USA	0.15	0.01	0.00	0.00

　　Robison等人研究了同期美国债券投资优化模型,发现如果只对美国债券投资,则对于最小标准差为$\sigma = 7.5\%$的最小方差组合,其提供的收益率水平为4.31%,该收益率大大小于上表中第三个组合中的期望收益。

　　Robison等人的研究还表明,如果构造混合的国际债券和股票的组合,那么对风险分散的效果将会更好。表5-7表示了13个国家股票和债券收益率之间的相关系数。注意这个矩阵不是对称的,即法国的股票与丹麦的债券收益率之间的相关系数,不等于丹麦的股票与法国的债券收益率之间的相关系数。

表5-7　　13个国家股票和债券收益率之间的相关系数

股票	债券												
	Bel	Den	Fra	Ger	Ita	Hol	Spa	Swe	Swi	UK	Jap	Can	USA
Bel	0.49	0.58	0.57	0.34	0.54	0.41	0.58	0.26	0.34	−0.08	0.19	0.19	0.11
Den	−0.09	0.24	0.01	−0.21	0.28	−0.14	0.34	−0.02	−0.11	−0.21	0.17	−0.11	0.14
Fra	0.25	0.59	0.61	−0.06	0.64	0.15	0.67	0.08	0.20	0.07	0.10	−0.34	−0.07
Ger	0.17	0.15	0.27	0.28	0.20	0.24	0.10	−0.17	0.32	−0.11	0.26	−0.32	−0.12
Ita	−0.34	−0.01	−0.17	−0.53	−0.27	−0.37	0.32	−0.06	−0.33	0.07	0.11	−0.51	−0.24
Hol	−0.05	0.41	0.24	−0.06	0.3	−0.04	0.12	−0.18	−0.00	−0.07	0.14	−0.14	0.09
Spa	−0.17	0.01	−0.10	−0.31	0.44	−0.3	0.53	0.02	−0.36	−0.18	−0.21	−0.26	−0.33
Swe	0.05	0.39	0.06	−0.18	0.16	−0.01	0.38	0.32	0.00	−0.17	0.01	−0.19	0.02
Swi	0.12	0.10	0.30	0.18	0.41	0.17	0.25	−0.17	0.14	0.03	0.12	−0.20	0.08
UK	0.11	0.43	0.21	−0.16	0.51	−0.19	0.05	−0.39	0.08	0.52	0.35	−0.18	0.22
Jap	0.09	0.39	0.09	−0.13	0.35	0.00	0.38	0.05	0.06	−0.07	0.41	−0.14	0.16
Can	−0.13	0.18	0.06	−0.29	0.42	−0.18	0.46	0.07	−0.27	0.03	−0.12	0.17	0.10
USA	−0.24	0.13	−0.07	−0.36	0.25	−0.27	0.07	−0.17	−0.31	0.03	0.11	0.07	0.21

　　根据上述数据和组合投资模型,Robison设定了5个期望收益率水平8.5%、10%、11.5%、15%和18.5%,得到了相应的五个股票、债券的最小方差组合,如表5-8所示。

表 5-8　由表 5-7 数据所得出的股票、债券的最小方差组合

组合		I	II	III	IV	V
ER(%)		8.50	10.00	11.50	15.00	18.50
σ(%)		3.64	4.68	6.38	15.90	29.28
股票	Ita	0.04	0.03	0.00	0.00	0.00
	Spa	0.11	0.14	0.10	0.00	0.00
	UK	0.00	0.00	0.02	0.12	0.12
	Jap	0.00	0.00	0.07	0.39	0.88
	Can	0.00	0.00	0.12	0.08	0.00
	USA	0.11	0.16	0.05	0.00	0.00
债券	Ger	0.33	0.46	0.54	0.41	0.00
	Swe	0.14	0.11	0.00	0.00	0.00
	UK	0.02	0.00	0.00	0.00	0.00
	Jap	0.07	0.11	0.09	0.00	0.00
	Can	0.07	0.00	0.00	0.00	0.00
	USA	0.12	0.00	0.00	0.00	0.00

比较表 5-8 与表 5-6,我们不难发现,含有国际股票、债券的组合的分散风险的效果,比只含有国际债券的组合分散风险效果要好得多。

第三节　利率风险的规避

我们现在开始研究利率风险的规避。

设现有一债券组合,其收入序列为

$$F_1, F_2, \cdots, F_N$$

这里 N 为该债券组合的到期期限,如果资金市场的利率为 i,那么其价值为

$$V(i) = \sum_{t=1}^{N} F_t (1+i)^{-t} \tag{5-14}$$

由于债券是确定型收益证券,故当不考虑违约时,收入序列 $\{F_t\}$ 是不变的,因此债券的价值仅仅与利率 i 有关。如果当投资者已经投资了一组合后,市场利率立即降低,这当然对该投资者有利;但如果利率上升,那么该投资者手中持有的组合的价值就会下跌,投资者就要蒙受损失,所谓利率风险即指后面这种情况发生的可能性。所以,利率风险规避即指采取什么样的操作策略,使得即使利率上升,投资者手中的组合的价值不至于因此而贬值。

但是序列 $\{F_t\}$ 是不变的,利率 i 不会受单个投资者控制,我们唯一能做的就是手中持有该组合的时间 —— 投资计划的长短。我们不妨设投资计划期为 q,那么,如果市场利率为 i_0,组合的价值为 $V(i_0)$,经过 q 期后,其价值为

$$V_q(i_0) = V(i_0)(1+i_0)^q \tag{5-15}$$

如果投资者投资后,市场利率即由 i_0 变为 i,那么组合的价值即由 $V(i_0)$ 变为 $V(i)$,于是在

q 期后其价值为

$$V_q(i) = V(i)(1+i)^q \tag{5-16}$$

比较上面两式,我们不难发现 i 的变化对 $V(i)$ 和 $(1+i)^q$ 的影响是相反的。如果 i_0 变为 i 是利率上升,即 $i_0 < i$,那么 $V(i) < V(i_0)$,但 $(1+i)^q > (1+i_0)^q$;同理,如果 i_0 变为 i 是利率下降,即 $i_0 > i$,则 $V(i) > V(i_0)$,但 $(1+i)^q < (1+i_0)^q$。因此利率风险规避就是寻求一个投资计划期,使得在上述条件下,恒有

$$V_q(i) \geqslant V_q(i_0) \tag{5-17}$$

上式的实际意义就是,如果投资期为 q,那么无论利率 i 是上浮还是下浮,投资者手中的组合均不会由此而发生贬值。上式的数学意义是,对于一恰当的 q,使得 $i = i_0$ 成为函数 $V_q(i)$ 的极小点,现在我们来导出 q 的计算式,根据式(5-16),有

$$V_q(i) = V(i)(1+i)^q$$

两边对 i 求导得

$$V'_q(i) = V'(i)(1+i)^q + qV(i)(1+i)^{q-1}$$

选择 i_0 使得 $i = i_0$ 为 $V_q(i)$ 的极小点,则得

$$V'_q(i_0) = V'(i_0)(1+i_0)^q + qV(i_0)(1+i_0)^{q-1} = 0$$

则得

$$q = -\frac{V'(i_0)}{V(i_0)}(1+i_0) \tag{5-18}$$

为了保证式(5-17)成立,还需

$$V''_q(i_0) = (1+i_0)^q V''(i_0) + q(1+i_0)^{q-1} V'(i_0) +$$
$$q(q-1)(1+i_0)^{q-2} V(i_0) + q(1+i_0)^{q-1} V'(i_0)$$
$$= \sum_{t=1}^{N} F_t (q-t-1)(q-t)(1+i_0)^{q-t-2} > 0$$

如果上式中

$$(q-t-1)(q-t) \leqslant 0$$

则得到

$$q = t \quad 或 \quad q = t+1$$

此时 $V''_q(i_0) = 0$,否则 $V''_q(i_0) > 0$,这说明除了形如收入序列如下的组合:

$$0, 0, \cdots, 0, F_{q-1}, F_q, 0, 0, \cdots, 0 \tag{5-19}$$

外,其他任何组合均有 $V''_q(i_0) > 0$

于是我们即可得到结论:如果我们按式(5-18)来选取投资计划期,则我们持有的债券组合不会因利率波动而贬值。

而综观式(5-13),我们不难发现这里有

$$q = D \tag{5-20}$$

我们在前面反复强调期度是个时间长度概念,这里它的意义和重要性则非常清楚了。

我们现在考虑如式(5-19)那样的收入序列,该组合的最小值为

$$V_q(0) = F_{q-1} + F_q$$

对于任一利率 $i > 0$,均有

$$V_q(i) > V_q(0)$$

如果在上面的序列中,只有 F_{q-1} 或 F_q 非零,那么此时具有收入序列

$$0,0,\cdots,0,F_q,0,0,\cdots,0$$

或

$$0,0,\cdots,0,F_{q-1},0,0,\cdots,0$$

的组合的值不受利率波动的影响。

综合以上讨论,我们得到下面的定理:

定理 5.1 (屏蔽定理)如果投资者取一债券组合的期度作为其投资计划期,则该组合不会因为利率波动而贬值。

我们把取投资组合的期度作为投资计划期,从而使得组合不受利率波动的影响的操作方法,称为建立一个屏蔽机制,使得利率波动不会影响到被屏蔽的组合的价值。

对于期度,我们还有下面的推论:

推论 5.1 一个债券组合的期度等于构成该组合内各个债券的期度的加权平均,权数就是每个债券的组合系数。

证明 设一个债券组合内有 m 个债券,设第 j 个债券的收入序列为

$$F_1^j,F_2^j,\cdots,F_N^j \quad (j=1,2,\cdots,m)$$

那么该债券的价值和期度分别为

$$V_j = \sum_{t=1}^{N} F_t^j(1+i)^{-t}$$

$$D_j = \frac{1}{V_j}\sum_{t=1}^{N} t \cdot F_t^j(1+i)^{-t}$$

而整个组合的第 t 年收入 F_t 应等于

$$F_t = F_t^1 + F_t^2 + \cdots + F_t^m$$

于是其价值和期度为

$$V = \sum_{t=1}^{N} F_t(1+i)^{-t}$$

$$= \sum_{t=1}^{N} (F_t^1 + F_t^2 + \cdots + F_t^m)(1+i)^{-t}$$

$$= \sum_{t=1}^{N} F_t^1(1+i)^{-t} + \sum_{t=1}^{N} F_t^2(1+i)^{-t} + \cdots + \sum_{t=1}^{N} F_t^m(1+i)^{-t}$$

$$= V_1 + V_2 + \cdots + V_m$$

$$D = \frac{1}{V}\sum_{t=1}^{N} t \cdot F_t(1+i)^{-t}$$

$$\tag{5-21}$$

但

$$\sum_{t=1}^{N} t \cdot F_t(1+i)^{-t} = \sum_{t=1}^{N} t \cdot (F_t^1 + F_t^2 + \cdots + F_t^m)(1+i)^{-t}$$

$$= \sum_{t=1}^{N} t \cdot F_t^1(1+i)^{-t} + \sum_{t=1}^{N} t \cdot F_t^2(1+i)^{-t} + \cdots + \sum_{t=1}^{N} t \cdot F_t^m(1+i)^{-t}$$

$$= D_1 V_1 + D_2 V_2 + \cdots + D_m V_m$$

把上式代入式(5-21),则得

$$D = D_1 \frac{V_1}{V} + D_2 \frac{V_2}{V} + \cdots + D_m \frac{V_m}{V}$$

下面我们来举例说明屏蔽定理的应用。

例 5-7 设我们用 1000000 元向两个价格均为 100 元的平价附息债券投资,这两个债券的息率均是 10%。一个债券的到期期限是 20(每期半年),期度是 13.085321;另一个债券的到期期限是 40,其期度是 18.017041。我们向这两个债券投资的比例是依照所构造的组合的期度为 16 而定的,如果设向第一个债券投资的份数为 x,则根据推论 5.1,有

$$\frac{100x}{1000000} \cdot 13.085321 + \frac{1000000 - 100x}{1000000} \cdot 18.017041 = 16$$

解得 $x = 4089.93$。

于是如果我们购买 4089.93 份第一种债券和 5910.07 份另一种债券,则它们的期度是 16。

由于债券均是平价债券,则我们可知市场利率是 10%(年利率),如我们刚投资后市场利率变为 i,则我们按前面的有关公式来计算 $V_q(i)$,得到表 5-9 所示的结果。

表 5-9　不同市场利率下的债券组合的价值　　　　　　　　（单位:千元）

$V_q(i)$	7.0%	7.5%	8.0%	8.5%	9.0%	9.5%	10.0%	10.5%	11.0%	11.5%	12.0%	12.5%	13.0%
0	1.277	1.223	1.173	1.125	1.181	1.093	1.000	0.963	0.928	0.895	0.864	0.835	0.807
1	1.321	1.269	1.219	1.173	1.130	1.089	1.050	1.014	0.979	0.947	0.916	0.887	0.859
2	1.367	1.316	1.268	1.223	1.180	1.140	1.103	1.068	1.033	1.001	0.971	0.942	0.915
3	1.415	1.366	1.319	1.275	1.234	1.195	1.158	1.123	1.090	1.059	1.029	1.001	0.957
4	1.465	1.417	1.372	1.329	1.289	1.251	1.216	1.182	1.150	1.120	1.091	1.064	1.038
5	1.516	1.470	1.427	1.386	1.347	1.311	1.276	1.244	1.213	1.184	1.156	1.130	1.106
6	1.569	1.525	1.484	1.445	1.408	1.373	1.340	1.309	1.280	1.252	1.226	1.201	1.178
7	1.624	1.582	1.543	1.506	1.471	1.438	1.407	1.378	1.350	1.324	1.299	1.276	1.254
8	1.681	1.642	1.605	1.570	1.537	1.506	1.447	1.450	1.424	1.400	1.377	1.356	1.336
9	1.740	1.703	1.669	1.637	1.606	1.578	1.551	1.526	1.503	1.481	1.460	1.441	1.442
10	1.801	1.767	1.736	1.706	1.679	1.653	1.629	1.606	1.585	1.566	1.548	1.531	1.515
11	1.864	1.833	1.805	1.779	1.754	1.731	1.710	1.691	1.673	1.656	1.640	1.626	1.613
12	1.929	1.902	1.877	1.854	1.833	1.814	1.796	1.780	1.765	1.751	1.739	1.728	1.718
13	1.996	1.973	1.952	1.933	1.916	1.900	1.886	1.873	1.862	1.852	1.843	1.836	1.830
14	2.066	2.047	2.030	2.015	2.002	1.990	1.980	1.971	1.964	1.958	1.954	1.951	1.949
15	2.139	2.124	2.112	2.101	2.092	2.085	2.079	2.075	2.072	2.071	2.071	2.073	2.075
16	2.213	2.203	2.196	2.190	2.186	2.184	2.183	2.184	2.186	2.190	2.195	2.202	2.210
17	2.291	2.286	2.284	2.283	2.285	2.287	2.292	2.298	2.306	2.316	2.327	3.340	2.354
18	2.371	2.372	2.375	2.380	2.387	2.396	2.407	2.419	2.433	2.449	2.467	2.486	2.507
19	2.454	2.461	2.470	2.482	2.495	2.510	2.527	2.546	2.567	2.590	2.615	2.641	2.670
20	2.540	2.554	2.569	2.587	2.607	2.629	2.653	2.680	2.708	2.739	2.771	2.806	2.844
21	2.629	2.649	2.672	2.697	2.724	2.754	2.786	2.820	2.857	2.896	2.938	2.982	3.028
22	2.721	2.749	2.779	2.812	2.847	2.885	2.925	2.968	3.014	3.063	3.114	3.168	3.225
23	2.816	2.852	2.890	2.931	2.975	3.022	3.072	3.124	3.180	3.239	3.301	3.366	3.435
24	2.915	2.959	3.006	3.056	3.109	3.165	3.225	3.288	3.355	3.425	3.499	3.577	3.658
25	3.017	3.070	3.126	3.186	3.249	3.316	3.386	3.461	3.539	3.622	3.709	3.800	3.896
26	3.122	3.185	3.251	3.321	3.395	3.473	3.556	3.643	3.734	3.830	3.931	4.038	4.149

从表中我们可以看出如果利率从 10% 下调到 7%,那么该组合的价值立刻上涨到 1.277(千元),一期后,则上涨到

$$1.277 \times (1 + \frac{0.07}{2}) = 1.322(千元)$$

即每期比上期价值增加 3.5 个百分比。

如果利率从 10% 上浮到 13%，那么该组合的价值立即下跌至 8.07(千元)，以后每期比前一期价值增加 6.5 个百分比。

如果利率不变，依然是 10%，那么每期比前期增加 5 个百分比。

以上是对表 5-9 的解读。现在我们用表 5-9 来确定我们的投资计划期，如果我们的投资计划期 $q < 16$，则利率上浮会使我们组合的价值贬值，对应于表 5-9 中前 16 行中利率为 10.0% 的那一列中任何一个数字均比它同行右边中的数字大；如果我们的投资计划期 $q > 16$，则利率下调会使我们组合的价值贬值，对应于表 5-9 中后 10 行(第 18 行至第 27 行)，利率为 10.0% 的那一列中任何一个数字均比它同行左边中的数字大。

只有当 $q = 16$(债券组合的期度)时，10% 下的 $V_q(10\%) = 2.183$(千元) 比它同行中"左邻右舍"均要小，即无论利率怎样变化，16 期后债券的值都不会减小，总是有

$$V_q(i) \geqslant V_q(10\%)$$

第四节　多期固定债务的匹配

在一些金融行业中，往往有一些固定性的债务(支出)，这里的固定不仅是数量上的，而且还是时间上的，例如像保险公司这样的金融公司，随着保险单的增多，由于统计规律的作用，理赔的时间和数量也就趋于稳定，这样这些公司就必须要适时地安排一定资金，方能给付这些固定性债务。

一个显然的事实是，我们不能将这些用来偿债的资金闲置起来或者用作活期存款，那样显然经济效益不高。我们可以将这些资金用于具有固定性收益的证券或项目上，例如定期储蓄、购买高质量的债券等。

但是，像定期储蓄、购买债券这类金融资产(包括债券)，它们的值通常要受到利率影响，利率的波动可能会使这些资产不能适时地支付这些固定性债务。例如，如果设 t 期的债务是 L_t，资产的现金流入是 A_t，现时利率是 i_0，则资产和债务的现值分别是

$$A(i_0) = \sum_t A_t (1 + i_0)^{-t} \tag{5-22}$$

$$L(i_0) = \sum_t L_t (1 + i_0)^{-t} \tag{5-23}$$

且有

$$A(i_0) = L(i_0)$$

这时资产和债务得到了确切的匹配。

可是如果利率波动为 i，此时我们不能保证

$$\sum_t A_t (1 + i_0)^{-t} = \sum_t L_t (1 + i_0)^{-t}$$

特别地可能有

$$\sum_t A_t (1 + i_0)^{-t} < \sum_t L_t (1 + i_0)^{-t}$$

由此可见利率波动对资产和债务的匹配影响很大。

本节主要研究在利率波动下如何保证有效的匹配问题,其中包括匹配条件和匹配方法问题。

一、匹配条件

现在我们来导出匹配的条件。

设

$$N(i) = A(i) - L(i) = \sum_t A_t(1+i)^{-t} - \sum_t L_t(1+i)^{-t}$$

于是

$$N'(i) = A'(i) - L'(i) = (1+i)^{-1}\Big[\sum_t L_t \cdot t(1+i)^{-t} - \sum_t A_t \cdot t(1+i)^{-t}\Big]$$

注意到资产和债务的期度分别为

$$D_A(i) = \frac{1}{A(i)}\sum_t A_t \cdot t(1+i)^{-t}$$

$$D_L(i) = \frac{1}{L(i)}\sum_t L_t \cdot t(1+i)^{-t}$$

则

$$N'(i) = (1+i)^{-1}[L(i)D_L(i) - A(i)D_A(i)] \tag{5-24}$$

如果现行的市场利率是 i_0,且根据既定的债务,我们可适当地选取资产,使得

$$A(i_0) = L(i_0) \text{ 和 } D_A(i_0) = D_L(i_0)$$

因此有 $N'(i_0) = 0$,即 $i = i_0$ 是驻点。

再看二阶条件,由式(5-24)我们得

$$\begin{aligned} N''(i) = (1+i)^{-2}[&A(i)I_A(i) + A(i)D_A^2(i) + A(i)D_A(i) \\ &- L(i)I_L(i) - L(i)D_L^2(i) - L(i)D_L(i)] \end{aligned} \tag{5-25}$$

这里 $I_A(i)$ 和 $I_L(i)$ 是资产惯量和债务惯量,它们分别由下式表示

$$I_A(i) = \frac{1}{A(i)}\sum_t A_t(1+i)^{-t}[t - D_A(i)]^2 \tag{5-26}$$

$$I_L(i) = \frac{1}{L(i)}\sum_t L_t(1+i)^{-t}[t - D_L(i)]^2 \tag{5-27}$$

这样为了保证

$$N(i) = A(i) - L(i) \geqslant N(i_0) = A(i_0) - L(i_0) = 0$$

根据式(5-25),必须有

$$N''(i_0) = (1+i_0)^{-2}A(i_0)[I_A(i_0) - I_L(i_0)] \geqslant 0$$

就是

$$I_A(i_0) \geqslant I_L(i_0)$$

因此为了使得资产和债务得到确切的匹配,我们可根据现行的市场利率 i_0,选取适当的资产组合,使其满足下列条件:

(1)$A(i_0) = L(i_0)$

(2)$D_A(i_0) = D_L(i_0)$

(3)$I_A(i_0) \geqslant I_L(i_0)$

则不论市场利率 i 怎样变化,都不会有 $A(i) < L(i)$ 的情况出现。

二、二分法的匹配原理

基于上述的匹配条件，在金融理论研究和实际工作中，有一个简单而易于操作的方法 —— 二分法。下面我们来介绍二分法匹配的原理。

二分法是这样进行的：设现有一债务序列 $L_{t_1}, L_{t_2}, \cdots, L_{t_n}$，这里 L_{t_j} 表示债务发生在 t_j 年末，且有 $t_1 < t_2 < \cdots < t_n$，那么其债务总的价值、期度和惯量为

$$L = \sum_j L_{t_j}(1+i)^{-t_j}$$

$$D_L = \sum_j t_j \frac{L_{t_j}}{L}(1+i)^{-t_j}$$

$$I_L = \frac{1}{L}\sum_j L_{t_j}(t_j - D_L)^2(1+i)^{-t_j}$$

这里 i 表示利率。再设第 t 年的资产收入流为 A_t，按照二分法的做法，将它分为

$$A_t = A_{1t} + A_{2t} \quad (A_{1t} \geq 0, A_{2t} \geq 0, t = 1, 2, \cdots)$$

那么记

$$A^{(1)} = \sum_t A_{1t}(1+i)^{-t}, D_{A1} = \frac{1}{A^{(1)}}\sum_t t A_{1t}(1+i)^{-t}$$

$$A^{(2)} = \sum_t A_{2t}(1+i)^{-t}, D_{A2} = \frac{1}{A^{(2)}}\sum_t t A_{2t}(1+i)^{-t}$$

于是根据二分法匹配原理，必须有

$$A = A^{(1)} + A^{(2)} = L, D_A = \frac{A^{(1)}}{A}D_{A1} + \frac{A^{(2)}}{A}D_{A2} = D_L$$

为了满足惯量条件，通常取

$$D_{A1} \leq t_1, D_{A2} \geq t_n \tag{5-28}$$

则资产收入流和债务序列得到匹配。

现在我们来证明这个原理，具体来说就是证明若有 $D_{A1} \leq t_1$ 和 $D_{A2} \geq t_n$，则一定有资产的惯量 $I_A \geq I_L$。

首先根据期度的定义，资产收入流下标 t 取的最小值就比 t_1 小，最大值就比 t_n 大，即资产流量应比债务流量散度大一些。根据惯量公式（无论是资产还是债务）均可以作如下变化

$$I_A = \frac{1}{A}\sum_t A_t(1+i)^{-t}(t - D_A)^2 = \frac{1}{A}\sum_t A_t(1+i)^{-t}t^2 - D_A^2$$

由于总有 $I_A \geq 0$，故

$$\frac{1}{A}\sum_t A_t(1+i)^{-t}t^2 \geq D_A^2 \tag{5-29}$$

注意到匹配时，资产收入流与债务流量的价值和期度是相等的，则有

$$A^{(1)} + A^{(2)} = \sum_j L_{t_j}(1+i)^{-t_j}$$

$$A^{(1)}D_{A1} + A^{(2)}D_{A2} = \sum_j t_j L_{t_j}(1+i)^{-t_j} \quad （由于 A = L）$$

于是从上两式得：$A^{(2)}(D_{A2} - D_{A1}) = \sum_j L_{t_j}(t_j - D_{A1})(1+i)^{-t_j}$ \tag{5-30}

则 $I_A - I_L = \frac{1}{A}\sum_t A_t(1+i)^{-t}t^2 - D_A^2 - \left[\frac{1}{L}\sum_j L_{t_j}(1+i)^{-t_j}t_j^2 - D_L^2\right]$

$$\begin{aligned}
&= \frac{1}{A}\Big[\sum_t A_t(1+i)^{-t}t^2 - \sum_j L_{t_j}(1+i)^{-t_j}t_j^2\Big] \quad \text{(因为 } D_A = D_L, A = L)\\
&= \frac{1}{A}\Big[\sum_t A_{1t}(1+i)^{-t}t^2 + \sum_t A_{2t}(1+i)^{-t}t^2 - \sum_j L_{t_j}(1+i)^{-t_j}t_j^2\Big]\\
&\geqslant \frac{1}{A}\Big[A^{(1)}D_{A1}^2 + A^{(2)}D_{A2}^2 - \sum_j L_{t_j}(1+i)^{-t_j}t_j^2\Big] \quad \text{[根据式(5-29)]}\\
&= \frac{1}{A}\Big[A^{(2)}(D_{A2}^2 - D_{A1}^2) - \sum_j L_{t_j}(1+i)^{-t_j}(t_j^2 - D_{A1}^2)\Big] \quad \text{[根据式(5-30)]}\\
&= \frac{1}{A}\Big[\sum_j L_{t_j}(t_j - D_{A1})(1+i)^{-t_j}(D_{A2}+D_{A1})\\
&\qquad - \sum_j L_{t_j}(1+i)^{-t_j}(t_j - D_{A1})(t_j + D_{A1})\Big]\\
&= \frac{1}{A}\Big[\sum_j L_{t_j}(1+i)^{-t_j}(t_j - D_{A1})(D_{A2} - t_j)\Big] \qquad\qquad (5\text{-}31)\\
&\geqslant 0 \quad \text{[根据式(5-28)]}
\end{aligned}$$

就是 $I_A \geqslant I_L$，惯量条件符合，二分法的原理证毕。

这里有几个问题说明一下，首先 $D_{A1} \leqslant t_1$ 和 $D_{A2} \geqslant t_n$ 只是二分法匹配的充分条件，但并不必要，事实上根据式(5-31)，虽然对任一 t_j，若有 $D_{A2} \geqslant t_j \geqslant D_{A1}$，能保证 $I_A \geqslant I_L$，但由于最终结论只需 $\sum(\cdot) \geqslant 0$，所以对于一些不符合 $D_{A2} \geqslant t_j \geqslant D_{A1}$ 的资产收入组合，可能仍有 $I_A \geqslant I_L$。

其次，由于 $D_{A1} \leqslant t_1$ 和 $D_{A2} \geqslant t_n$ 能保证二分法匹配有效，且我们注意到零息债券的期度即其到期期限，所以在实践中我们可以选择两种到期期限分别为 D_{A1} 和 D_{A2} 的零息债券来匹配现有的债务序列，其价值份额 B_1 和 B_2 应满足下式

$$B_1 + B_2 = \sum_j L_{t_j}(1+i)^{-t_j}$$
$$B_1 D_{A1} + B_2 D_{A2} = \sum_j t_j L_{t_j}(1+i)^{-t_j}$$

第五节　债券的进取型投资模型

我们在前面研究了债券投资中应用期度方法来规避利率风险的理论和应用，但是一般来说，利率波动对债券的价值的影响是或正或负的，并不总是负面影响。例如当利率下调时，债券的价值是上涨的，即使利率上涨而使债券价格下跌，但是由于利率上涨了，则债券重投资的收益率增大了，故后面的价值以更大的幅度在逐渐增大。所以，上述那种以规避利率风险为主要目的的投资策略则称之为被动型投资策略。事实上，和股票投资一样，如果投资者在认可或接受的风险下，他总是寻求获得最大收益的策略，我们把这种投资策略称为进取型投资策略。由于这里的模型和前面的组合投资模型一样，所以我们在这里的主要任务就是给出债券的（持有期）收益率的期望和方差的计算公式。

设市场利率原来是 i_0，在投资者购买（即投资）了一个价值为 $V(i_0)$ 的债券组合后，利率由 i_0 变为 i，相应地价值由 $V(i_0)$ 变为 $V(i)$，则经过投资计划期 q 后，其价值为

$$V_q(i) = V(i)(1+i)^q$$

注意到投资者的初始投资是 $V(i_0)$，于是如果我们设在持有该组合的 q 期里，持有收益率为 r，那么则应有

$$V_q(i) = V(i_0)(1+r)^q = V(i)(1+i)^q$$

可解得

$$r = \sqrt[q]{\frac{V(i)}{V(i_0)}}(1+i) - 1 \tag{5-32}$$

我们仍然以例 5-7 来讨论。

例 5-8 设我们用 1000000 元向两个价格均为 100 元的平价附息债券投资,这两个债券的息率均是 10%。一个债券的到期期限是 20(每期半年),期度是 13.085321;另一个债券的到期期限是 40,其期度是 18.017041。我们向这两个债券投资的比例是依照所构造的组合的期度为 16 而定的。

注意到 $i_0 = 10\%$,则根据表 5-9 中的数据进行计算,注意这里以半年为一期。例如当利率由 10% 降到 7%,债券的价值由 $V(10\%) = 1.000$(千元)变为 $V(7\%) = 1.277$(千元),如 $q = 2$,则这一年里投资者的持有期收益率应是

$$2[\sqrt{1.277}(1+3.5\%) - 1] = 0.339 = 33.9\%$$

注意这里的持有期收益率是按年算的,所以应乘以 2。

和上面类似,我们得到对应于各个 i 和 q 的持有期收益率,整理成表 5-10,注意这里的 r 均是按年计算的。

表 5-10   对应于不同的 i 和 q 的持有期收益率   (单位:%)

q	i(按年计算)												
	7.0%	7.5%	8.0%	8.5%	9.0%	9.5%	10.0%	10.5%	11.0%	11.5%	12.0%	12.5%	13%
1	64.24	53.74	43.89	34.63	25.92	17.73	10.00	2.71	−4.16	−10.66	−16.80	−22.61	−28.11
2	33.87	29.46	25.23	21.18	17.30	13.57	10.00	6.57	3.28	0.12	−2.92	−5.85	−8.65
3	24.55	21.89	19.53	16.87	14.50	12.21	10.00	7.87	5.82	3.84	1.93	0.09	−1.69
4	20.03	18.20	16.44	14.74	13.11	11.53	10.00	8.53	7.10	5.73	4.40	3.12	1.88
5	17.36	16.02	14.73	13.48	12.28	11.12	10.00	8.92	7.88	6.87	5.90	4.96	4.06
6	15.60	14.58	13.59	12.64	11.73	10.85	10.00	9.18	3.89	7.63	6.90	6.20	5.52
7	14.35	13.55	12.78	12.05	11.34	10.66	10.00	9.37	8.76	8.18	7.62	7.09	6.57
8	13.41	12.78	12.18	11.60	11.04	10.51	10.00	9.51	9.04	8.59	8.17	7.76	7.37
9	12.69	12.19	11.71	11.25	10.82	10.40	10.00	9.62	9.26	8.92	8.59	8.28	7.99
10	12.12	11.72	11.34	10.98	10.63	10.31	10.00	9.71	9.43	9.17	8.93	8.70	8.48
11	11.65	11.33	11.03	10.75	10.48	10.23	10.00	9.78	9.57	9.38	9.20	9.04	8.89
12	11.25	11.01	10.78	10.56	10.36	10.17	10.00	9.84	9.69	9.56	9.44	9.33	9.23
13	10.92	10.74	10.56	10.40	10.26	10.12	10.00	9.89	9.79	9.71	9.63	9.57	9.52
14	10.64	10.50	10.38	10.27	10.17	10.08	10.00	9.93	9.88	9.83	9.81	9.78	9.76
15	10.40	10.30	10.22	10.15	10.09	10.04	10.00	9.97	9.95	9.95	9.95	9.96	9.98
16	10.18	10.13	10.08	10.04	10.02	10.00	10.00	10.00	10.02	10.04	10.07	10.12	10.16
17	9.99	9.97	9.96	9.95	9.96	9.98	10.00	10.03	10.08	10.13	10.19	10.25	10.33
18	9.83	9.83	9.85	9.87	9.91	9.95	10.00	10.06	10.13	10.20	10.29	10.38	10.48
19	9.68	9.71	9.75	9.80	9.86	9.93	10.00	10.08	10.17	10.27	10.38	10.49	10.61
20	9.54	9.60	9.66	9.73	9.82	9.90	10.00	10.10	10.21	10.33	10.46	10.59	10.73
21	9.42	9.50	9.58	9.68	9.78	9.88	10.00	10.12	10.25	10.39	10.53	10.68	10.84
22	9.31	9.41	9.51	9.62	9.74	9.87	10.00	10.14	10.29	10.44	10.60	10.76	10.93
23	9.20	9.32	9.44	9.57	9.71	9.85	10.00	10.16	10.32	10.48	10.66	10.84	11.02
24	9.12	9.25	9.38	9.53	9.68	9.84	10.00	10.17	10.35	10.53	10.71	10.91	11.11
25	9.03	9.18	9.33	9.49	9.65	9.82	10.00	10.18	10.37	10.57	10.77	10.97	11.18
26	8.95	9.11	9.28	9.45	9.63	9.81	10.00	10.20	10.40	10.60	10.81	11.03	11.25

如果我们以市场利率 i 为横轴,持有期收益率 r 为纵轴来建立直角坐标系,我们再以 $q = 5$,

$q = 16$ 和 $q = 25$,这样则得如图 5-2 所示的三条曲线。

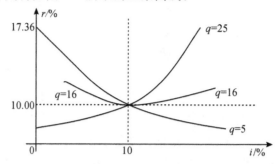

图 5-2 不同投资期 $q = 5$, $q = 16$ 和 $q = 25$ 的持有期收益率曲线

对于 $q = 5$ 和 $q = 25$ 两条曲线,它们的持有期收益率均随着市场利率 i 的变动而变动。若投资者对利率变动的方向有所理解,则他可以通过控制持有债券组合时间的长短来达到较高的收益率,当然这要建立在投资者对市场利率的估计非常准确的情况下。

而对于 $q = 16$,投资者肯定能得到不低于 10% 的收益率,而不管市场利率 i 波动的方向。

现在我们来导出持有期收益率的期望和方差的计算公式,注意到式(5-32)中持有期收益率与市场利率的非线性关系,且市场利率是个随机变量,因此持有期收益率也是随机变量。为了由市场利率 i 的数字特征导出持有期收益率的数字特征,我们有必要将式(5-32)中非线性关系转化为线性关系。故设 $\Delta i = i - i_0$,那么式(5-32)可表达为

$$r = f(\Delta i)$$

在 $\Delta i = 0$ 附近,可将它展开成 Taylor 级数:

$$r = f(0) + f'(0)\Delta i + \frac{1}{2}f''(0)(\Delta i)^2 + \cdots$$

我们取等号的右边的前两项来近似代替,则得

$$r \approx f(0) + f'(0)\Delta i \tag{5-33}$$

当 $\Delta i = i - i_0 = 0$ 时,$i = i_0$,则根据式(5-32)得

$$f(0) = i_0$$

$$f'(0) = \frac{1}{q}\frac{V'(i_0)}{V(i_0)}(1 + i_0) + 1$$

由式(5-12)知:

$$D = -\frac{V'(i_0)}{V(i_0)}(1 + i_0)$$

所以

$$f'(0) = 1 - \frac{D}{q}$$

于是债券的收益率 r 就可表达为:

$$r = i_0 + \left(1 - \frac{D}{q}\right)(i - i_0) \tag{5-34}$$

故期望值和方差分别为:

$$Er = i_0 + \left(1 - \frac{D}{q}\right)(Ei - i_0) \tag{5-35}$$

$$\sigma^2(r) = \left(1 - \frac{D}{q}\right)^2 \sigma^2(i) \tag{5-36}$$

如果定义:$\sigma = \left|1 - \frac{D}{q}\right|\sigma(i)$

那么，随着计划期 q 取值的不同，则可得债券组合收益率的期望与方差关系如下：

$$Er = \begin{cases} i_0 + \dfrac{Ei - i_0}{\sigma(i)}\sigma, & q > D \\[2mm] i_0, & q = D \\[2mm] i_0 - \dfrac{Ei - i_0}{\sigma(i)}\sigma, & q < D \end{cases} \tag{5-37}$$

在组合投资理论分析中，仅有期望收益率和方差是不够的，还需要导出债券 J 和债券 K 收益率 r_j 和 r_k 之间的协方差 σ_{jk} 计算式，应用式(5-34)、(5-35)及(5-36)，可分别得：

$$r_j - Er_j = (1 - \frac{D_j}{q_j})(i - Ei)$$

$$r_k - Er_k = (1 - \frac{D_k}{q_k})(i - Ei)$$

于是

$$\sigma_{jk} = E[(r_j - Er_j)(r_k - Er_k)]$$
$$= (1 - \frac{D_j}{q_j})(1 - \frac{D_k}{q_k})\sigma^2(i) \tag{5-38}$$

式中 D_j 和 D_k 分别是债券 J 和债券 K 的期度；q_j 和 q_k 是投资者投资债券 J 和债券 K 的计划投资期。

由式(5-34)和(5-38)，就可按组合投资理论建立一系列模型，选择有效的债券组合或债券和股票组合。

如果 $q_j = q_k = q$，则式(5-38)变为

$$\sigma_{jk} = (1 - \frac{D_j}{q})(1 - \frac{D_k}{q})\sigma^2(i) \tag{5-39}$$

令

$$1 - \frac{D_{jk}}{q} = (1 - \frac{D_j}{q})(1 - \frac{D_k}{q})$$

则式(5-39)变为

$$\sigma_{jk} = (1 - \frac{D_{jk}}{q})\sigma^2(i) \tag{5-40}$$

不过这里的 D_{jk} 已不具有期度的含义了。

习　题

1. 假设市场利率为 10%，一个剩余期限还有 18 个月、息率为 7% 的债券(每年付息两次，刚付完半年的利息)，求该债券价格。18 个月期的零息债券的到期收益率为多少？

2. 一个 2 年期债券的息率为 8%，每年付息两次，债券的当前现金价格为 103 元，那么债券的收益率是多少？

3. 假设一个投资者在 2013 年 1 月 1 日购买了一个 5 年期息率为 8% 的债券，当时市场利率为 6%。该债券的面值为 100000 元，到期日为 2015 年 12 月 31 日。计算投资者购买之前的价格，假设债券 1 年付息一次。

4. 假设一个债券的收益率为 10%，计算一年期面值为 1000 元的零息债券的价格；2 年期

面值为 1000 元的零息债券的价格;3 年期面值为 10000 元的零息债券的价格。

5.一个年收益率为 10% 的 3 年期债券,其息率为 10%(每年支付一次),面值为 10000 元,计算该债券的价格。

6.一个年收益率为 12% 的 4 年期债券,其息率为 8%(每年支付一次),面值为 10000 元,计算该债券的期度。

7.假设你接下来两年需要在年末支付每年 11700 元的学费。目前市场利率为 7%。计算这笔款项的现值和其期度。

8.计算以下四种债券的价格和期度。哪个债券对于市场利率的变动最为敏感?

债券	息率(半年付息一次)/%	面值/元	期限/年	市场利率(年利率)/%
A	10	1000	1.5	15
B	5	1000	1.5	15
C	0	1000	1.5	15
D	0	1000	1	15

9.考虑两个债券组合。资产组合 A 由一个本金为 2000 元的 1 年期零息债券和 1 个面值为 6000 元的 10 年期零息债券组成。资产组合 B 由一个面值为 5000 元的 5.95 年期的零息债券组成。每个债券的收益率为 10%。证明这两个资产组合具有相同的期度。

第六章

远期与期货

前几章我们介绍的股票、债券等金融产品都属于原生金融工具,原生证券指的是由证券发行者负责支付的金融工具,其收益直接取决于发行者的财务状况。后面几章我们将介绍衍生金融工具,衍生证券是在原生证券收益的基础上产生的,它的收益不取决于发行者的情况,其收益也不是由证券发行者支付的。其收益取决于或者衍生于其他证券的价格。衍生金融工具品种繁多,我们将介绍 3 类基本的衍生工具:远期、期货和期权。

本章共分为两节。第一节将介绍远期交易,第二节将介绍期货交易。

第一节 远期交易

一、远期合约的概念

远期合约是买卖双方之间的一个协议,它是指买卖双方订立一个在确定的将来时间按确定的价格购买或出售某项资产的协议。通常是在两个金融机构之间或金融机构与其公司客户之间签订的合约。尽管这种金融工具已存在许多年,但人们对它并不是十分熟悉。这是因为它不同于期货、期权交易,它没有固定的交易场所和有形设施,它是金融机构以其特有的联系方式严格控制在柜台上的交易。

当远期合约的一方同意在将来某个确定的日期以某个确定的价格购买标的资产时,我们称这一方为多头(long position),另一方同意在相同的日期以同样的价格出售该标的资产,这一方就称为空头(short position)。远期合约中的特定价格称为交割价格(delivery price)。在和约签订的时刻,所选择的交割价格应该使得远期合约的价值对双方都为零,这意味着无须成本就可处于远期合约的多头或空头状态。

远期合约在到期日交割。空头的持有者交付标的资产给多头的持有者,多头支付等于交割价格的现金。决定远期合约价格的关键变量是标的资产的市场价格。正如上述,签订远期合约时,该合约的价值为零。在此以后,它可能具有正的或负的价值,这取决于标的资产价格的变动。例如,如果合约签订之后不久该标的资产上涨,则远期合约多头的价值变为正值而空头的价值变为负值。

某个远期合约的远期价格定义为使得该合约价值为零的交割价格。因此,在签订远期合约协议的时候,远期价格和交割价格是相同的。随着时间的推移,远期价格有可能改变而交割价格保持不变。一般而言,在任何时刻远期价格随该合约期限的变化而变化。

一单位资产远期合约多头的损益(见图 6-1)是:

$$S_T - K \tag{6-1}$$

这里 K 是交割价格而 S_T 是合约到期时资产的即期价格。这里因为合约的持有者有义务用价格 K 购买价值为 S_T 的资产。类似地,一单位资产远期合约空头的损益(见图6-2)是:

$$K - S_T \tag{6-2}$$

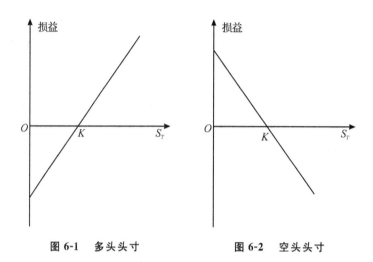

图6-1 多头头寸   图6-2 空头头寸

二、远期价格

这部分内容将讨论远期的定价问题。首先对部分市场参与者做出如下假设:

(1) 无交易费用。

(2) 所有的交易收益(减去交易损失后)使用同一税率。

(3) 市场参与者能够以相同的无风险利率借入和贷出资金。

(4) 当套利机会出现时,市场交易者将参与套利活动。

最容易定价的远期合约是基于不支付收益证券的远期合约。不付红利的股票和贴现债券就是诸如此类的证券。

由于没有套利机会,对无收益证券而言,该证券远期价格 F 与现价 S 之间的关系应该是

$$F = Se^{r(T-t)} \tag{6-3}$$

式中,F 为 t 时刻的远期价格;S 为远期合约标的资产在 t 时刻的价格;r 为对 T 时刻到期的一项投资而言,时刻 t 以连续复利计算的无风险利率;T 为远期合约到期时间(年);t 为现在的时间(年)。

为证明上式,先假设 $F > Se^{r(T-t)}$。一个投资者可以以无风险利率借 S 美元,期限为 $T-t$,用来购买该证券资产,同时卖出该证券的远期合约。在时刻 T,资产按合约中约定的价格 F 卖掉,同时归还借款本息 $Se^{r(T-t)}$。这样,在时刻 T 就实现了 $F - Se^{r(T-t)}$ 的利润。

再假设 $F < Se^{r(T-t)}$。投资者可以卖出标的证券,将所得收入以年利率 r 进行投资,期限为 $T-t$,同时购买该资产的远期合约。在时刻 T,投资者以合约中约定的价格 F 购买资产,冲抵了原来的空头,实现的利润为 $Se^{r(T-t)} - F$。

为了更深入地进行讨论,考虑如下两个证券组合:

组合A:一个远期合约多头加上一笔数额为 $Ke^{-r(T-t)}$ 的现金(K 为远期合约中的交割价格)。

组合B:一单位标的证券。

在组合 A 中,假设现金以无风险利率投资,则到时刻 T 时,现金数额将达到 K。在远期合约到期时,这笔钱正好可以用来购买该标的证券。在时刻 T,两个组合都将包含一单位的标的证券。在时刻 T 以前,如时刻 t,两个组合的价值也应该相等;否则,投资者就可以通过购买相对便宜的组合,出售相对昂贵的组合来获得无风险利润。因此,有

$$f + Ke^{-r(T-t)} = S$$
$$f = S - Ke^{-r(T-t)} \tag{6-4}$$

式中,f 为时刻 t 时,远期合约多头的价值。

当一个新的远期合约生效时,远期价格等于合约规定的交割价格,且使该合约本身的价值为零。因此,远期价格 F 就是公式中令 $f = 0$ 时的 K 值,即 $F = Se^{r(T-t)}$。

接下来我们考虑另一种远期合约,该远期合约的标的资产将为持有者提供可完全预测的现金收益。例如支付已知红利的股票和付息票的债券。设 I 为远期合约有效期间所得收益的现值,贴现率为无风险利率。

由于没有套利机会,F 和 S 之间的关系应该是:

$$F = (S - I)e^{r(T-t)} \tag{6-5}$$

首先,假设 $F > (S-I)e^{r(T-t)}$。某套利者可以借钱购买资产,卖出远期合约。到时刻 T 时,依照合约中约定条款,资产以价格 F 卖掉。假定用所得收入偿还部分借款,则还有 $(S-I)e^{r(T-t)}$ 金额的借款要在 T 时刻归还,于是在时刻 T,实现的利润为 $F - (S-I)e^{r(T-t)}$。

其次,假设 $F < (S-I)e^{r(T-t)}$。套利者可以出售资产,将所得收入进行投资,同时购买远期合约。在这种情况下,在时刻 T,实现的利润为 $(S-I)e^{r(T-t)} - F$。

我们再看以下两个组合。

组合 A:一个远期合约多头加上一笔数额为 $Ke^{-r(T-t)}$ 的现金;

组合 B:一个单位的证券加上以无风险利率借 I 数额的资金。

由于证券的收益可以用来偿还借款,因此在 T 时刻,组合 B 与一单位的证券具有相同的价值。组合 A 在 T 时刻也具有同样的价值。因此,在 T 时刻,这两个组合应具有相同的价值,即

$$f + Ke^{-r(T-t)} = S - I \tag{6-6}$$

式中,f 为 t 时刻远期合约多头的价值。

远期价格 F 就是 $f = 0$ 时的 K 值,即 $F = (S-I)e^{r(T-t)}$。

我们可以认为货币和股票指数是提供已知红利收益率的证券。我们将对基于这类证券的远期合约进行一般性的分析。

我们假设红利收益率按照年利率 q 连续支付。为进一步解释它的含义,假设 $q = 0.05$,即红利收益率为每年 5%。我们看下面两个组合:

组合 A:一个远期合约多头加上一笔数额为 $Ke^{-r(T-t)}$ 的现金;

组合 B:$e^{-q(T-t)}$ 个证券,并且所有的收入都再投资于该证券。

组合 B 中拥有证券的数量随着获得红利的增加而不断增长,因此到时刻 T 时,正好拥有一单位的该证券。在时刻 T 时,组合 A 和组合 B 价格相等。在 t 时刻两者也相等,可得

$$f + Ke^{-r(T-t)} = Se^{-q(T-t)}$$

或

$$f = Se^{-q(T-t)} - Ke^{-r(T-t)}$$

远期价格 F 就是 $f = 0$ 时的 K 值,即 $F = Se^{(r-q)(T-t)}$。 $\tag{6-7}$

注意,如果在远期合约有效期间红利收益率是变化的,上式仍然是正确的,此刻 q 等于平

均红利收益率。

对于远期合约的多头方,下式都是正确的: $f = (F-K)e^{-r(T-t)}$。

因为,无论 $f > (F-K)e^{-r(T-t)}$,还是 $f < (F-K)e^{-r(T-t)}$,都存在套利机会。

首先,考虑 $f > (F-K)e^{-r(T-t)}$ 的情形。我们购买一个到期时刻为 T ,交割价格为 F 的远期合约;同时卖出一个到期时刻为 T ,交割价格为 K 的远期合约。由于第一个合约的价值为 0,这个策略产生的初始现金流等于 f 。终值的现金流为:

$$(S_T - F) + (K - S_T) = -(F - K)$$

从而投资导致了正的净现金流,其现值为:

$$f - (F - K)e^{-r(T-t)}$$

同样,如果 $f < (F-K)e^{-r(T-t)}$,我们出售一个到期时刻为 T ,交割价格为 F 的远期合约;同时购买一个到期时刻为 T ,交割价格为 K 的远期合约。该投资的现金流为正,其现值为 $(F-K)e^{-r(T-t)} - f$ 。

在时刻 t ,投资者的头寸(一个远期合约多头,即在 T 时刻以价格 K 买入资产的协议;一个新远期合约空头,即在 T 时刻以价格 F 卖出资产的协议)保证了到期日旧远期合约多头 $(F-K)$ 的价值,而我们可以用无风险利率将该多头价值贴现到 t 时刻,得出远期合约多头在 t 时刻的价值为: $f = (F-K)e^{-r(T-t)}$ 。

下面我们看具体例子。

例 6-1　设投资者买入一个远期合约,今天报价是 100 美元,合约到期日是 45 天,无风险利率是 10%。远期合约以协定价格 100 美元买入期限是 45 天的多头;20 天后,新远期合约有同样到期日 —— 期限是 25 天,价格是 104 美元,则

$$r = 0.1$$
$$T - t = 25/365$$

则　　　　　　　　　　　$f = (104 - 100)e^{-0.1 \times (25/365)} \approx 3.974$（美元）

三、远期合约的优缺点

远期合约是非标准的合约,它有自身的优缺点。

优点:灵活性较大。在签署远期合约之前,双方可以就交割地点、交割时间、交割价格、合约规模、标的物的品质等细节进行谈判,以便尽量满足双方的需要。

缺点:

(1)非集中。远期合约属于柜台交易,没有固定的、集中的交易场所。不利于信息交流和传递,不利于形成统一的市场价格,市场效率较低。

(2)流动性较差。非标准化,每份远期合约千差万别,这就给远期合约的流通造成很大的不便,故远期合约要终止是很困难的。

(3)没有履约的保证。当价格变动对一方有利时,对方有可能无力或无诚意履行合约,因此远期合约的违约风险较高。

第二节　期货交易

20 世纪 70 年代,西方国家出现严重的通货膨胀,浮动汇率制取代固定汇率制,国内外经

济环境和体制安排的转变使经济活动的风险增大。这种情况反映到金融市场上就是利率、汇率的急剧波动。原有的远期交易由于流动性差、信息不对称、违约风险高等缺陷而无法满足人们急剧增长的需求。由于远期交易存在着上述弊端，所以人们开始设想通过一种更为规范的形式把远期交易方式固定下来，期货交易的产生就顺应了这种要求。最初由一些商人，把某种商品的交易组织到一起，创立了期货市场。首先，他们固定了商品交易的场所，即最初的期货交易所；随后，他们还固定了商品交易的方式——通过合约进行买卖；与此同时，他们把这种合约的内容和形式通过一定的规格固定下来，形成了规范的合约。合约中唯一没有确定的只有价格。远期商品的价格往往是由交易者对于这种商品的预期所决定的。期货交易的方式是交易各方在交易所内通过买卖合约来进行交易，从而使交易趋于规范化，使得合约逐渐和它所规定的商品相分离，独立地成为买卖的对象。期货合约的独立买卖，就成为期货交易正式形成的标志。

一、期货概念

下面我们介绍一些期货交易中涉及的基本概念和术语。

（1）期货合约（future contracts）是指协议双方同意在约定的某个日期，按照约定的条件买卖一定标准数量的标的资产的标准化协议。合约中规定的价格就是期货价格。

（2）期货交易所：期货交易所是专门从事期货交易的场所。通常所说的期货市场在狭义上也是指期货交易所。

（3）期货经纪公司：指专门代理客户从事期货交易，以交易手续费作为主要收入来源的公司。期货经纪公司一般是指期货交易所的会员，或者和交易所的会员有一定的关系，经纪公司代理非交易所会员进行期货交易。

（4）清算公司：指在期货市场上负责对期货合约进行核对，对交易者的资金进行管理的机构。清算公司要对交易所内每天进行的交易情况进行登记，并监督交易者的账户。

（5）套期保值：指从事实际交易的个人和企业利用期货合约在期货市场上为现有的资产进行保值、回避价格风险的一种交易方法。最初的套期保值是在期货市场上买卖合约以暂时代替实际商品的买卖。其方法是在期货市场上进行和现货市场上数量相同、方向相反的交易。在期货市场上卖出合约是为了防止资产价格下跌，在期货市场上买进合约是为了防止将要买入的资产价格上升，以达到规避价格风险的目的。套期保值又分为多头套期保值和空头套期保值。多头套期保值是指套期保值者先在期货市场上买入与其将在现货市场上买入的现货商品数量相等、交割日期相同或相近的该商品期货合约，即预先在期货市场上卖空，持有多头头寸。然后，当该套期保值者在现货市场上买入现货商品的同时，在期货市场上进行对冲，卖出原先买进的该商品的期货合约，进而为其在现货市场上买进现货商品的交易进行保值。而空头套期保值是指套期保值者先在期货市场上卖出与其将在现货市场上卖出的现货商品数量相等、交割日期也相同或相近的该种商品的期货合约。然后，当该套期保值者在现货市场上实际卖出该种现货商品的同时或前后，又在期货市场上进行对冲，买进原先所卖出的期货合约，结束所做的套期保值交易，进而为其在现货市场上卖出现货保值。

（6）套利：套利又叫差价交易，是期货投机行为的一种，指投机者利用不同交割月份、不同商品和不同市场之间的价格变动关系，在买进一种期货合约的同时卖出另一种期货合约，以便从价格变动中获得利润。

（7）保证金：期货交易者为了履行合约承诺而按照规定存入的一笔款项。保证金是交易者履行合约义务的一种保证,可以以现金支付,也可以以证券等形式支付。交易所要求其会员缴纳保证金,期货经纪商也会要求其客户缴纳保证金。保证金制度还适用于结算所的财务管理。

(8)空头:指交易者处于卖出期货合约的交易部位。期货交易者卖出自己手头还没有的商品期货合约。交易者卖出期货合约的这种行为称为"卖空"。

(9)多头:指交易者处于买进期货合约的交易部位。期货交易者买进期货合约的行为称为"买空"。

(10)基差:一种商品期货价格和现货价格之间的差异。由于存在远期成本,所以在正常的市场条件下,期货价格比现货价格高,所以基差在一般条件下为正数。

(11)升水:指在期货交易所规定的、实际交割时对于高于期货合约标准的商品补充支付的费用。这是由于交易所考虑到实际交割时的商品和期货合约上规定的商品等级存在一定的差异而做出的补救措施。

二、期货交易的基本特点

期货与远期合约有如下区别:

(1)交易地点:期货在交易所交易,远期在场外柜台交易。

(2)标准化:期货是高度标准化的合约,各项条款由交易所规定;远期合约的各项条款由交易双方在订立合约之前协商解决,所有条款均需双方认可。

(3)清算:期货交易的交割由专门的清算机构完成,交易商无须认定自己的交易对手;远期合约中,一方直接对另一方负责。

(4)监管:期货市场受期货交易委员会监管,远期市场通常不受监管。

(5)保证金:期货交易的双方均需交纳保证金,称之为"垫头",保证金的结算通常采用盯市的方式,从而保证各方履约;远期市场不采用保证金制度,因此,市场参与者倾向于与熟悉的对手做远期交易。

(6)合约终止:期货合约可以通过简单的平仓来终止;远期合约的终止要困难得多,事实上,通常是不能终止的。

期货合约有其自身的特点:

(1)交易对象:期货交易的买卖对象是期货合约,这种合约本身并没有实在的价值。这种合约是由期货交易所设定的,它不同于由商品买卖双方签署的书面合同,交易者必须要在接受这种标准化合约的基础上才能够开户进行买卖。

(2)交易目的:期货交易在发展初期是以套期保值为目的的,是不愿意承担风险的经营者用以规避风险的方法。发展到后来,期货交易这种交易方式为越来越多的人提供了投机的可能,更多的人在这个市场上通过买空卖空来进行投机盈利。交易者的目的并不是获得或出售商品,而是通过期货合约差价的变化来赚取利润。

(3)交易场地:期货交易要求必须在期货交易所内进行。交易所将交易者组织起来,通过集体竞价形成价格,商品的价格信息和供求信息在其中汇集,这样能够有效地发挥这些信息的调配作用。交易者进行交易还必须遵守交易所的规章制度,按照严格的交易程序,遵守公平的竞价原则。

(4)交易结算:在期货交易中,一般来说是进行合约的转让,多数情况下是将合约进行对冲,很少进行实物交割,因而这种交易方式为商品交易者的交易结算提供了更多的便利。期货交易是每天进行结算的,而不是一次性进行的,这样违约风险限制在一天以内。

(5)保证金制度:期货交易有自己独特的保证金制度,交易者要严格遵守规则。交易者不用缴纳全部交易额,只需缴纳 5%~10% 的保证金。这一制度使得参与期货投资的人不用具备大量的资金就能够进行交易,同时还为交易者提供了履约保证。在每天交易结束时,保证金账户要根据期货价格的升跌而进行调整,以反映交易者的浮动盈亏(称为"逐日盯市制度")。一旦交易者期货合约价格下降,交易者会被要求追加保证金,这样违约风险将降低。如果交易者由于破产而不能履行合约,交易所的信用保证公司可以出面拍卖其财产用以抵债。保证金制度是期货交易规范化的重要标志。下面我们通过一个例子来理解保证金制度。

例 6-2 设有 1 份期货合约:5000 蒲式耳小麦,每蒲交割价格是 4 元,假设保证金按照标的资产价值的 5% 缴纳,维持保证金为保证金的 50%。(最低限度的保证金,一般为初始保证金的 75%。如果保证金降低到最低限度,客户就需要补充保证金,使其恢复到初始保证金水平。)具体情况见表 6-1。

表 6-1 小麦期货合约   单位:元

日期	小麦期货价格	多方盯市损益	多方保证金余额	空方盯市损益	空方保证金余额
7 月 1 日	4	0	1000	0	1000
7 月 2 日	4.1	500	1500	−500	500
7 月 3 日	3.95	−750	750	750	1250
7 月 4 日	4.15	1000	1750	−1000	250

7 月 4 日空方若不继续追加保证金,则强行平仓。

(6)标准的交易单位:期货合约的交易单位,是指在期货交易所内交易的每份期货合约所明确规定的商品数量及计量单位。交易者只要在该交易所买卖同种商品的期货合约,就相当于买卖相同数量单位的商品。标准化的期货合约交易单位,使得期货交易过程大大简化,也提高了市场效率。美国 CBOT(芝加哥期贸交易所)期货合约的交易单位是:玉米期货合约为 5000 蒲式耳,大豆为 100 吨。

(7)标准的交割地点和时间:交割地点是指由期货交易所统一规定的在实物商品交割时的标准仓库,或者在进行金融商品结算时的指定银行。交割时间是指交易合约所规定的实物商品或金融商品期货合约到期交割的月份。如芝加哥期货交易所玉米期货合约交割月份为 3,5,7,9,12 月。

(8)价格最大及最小变动限制:期货交易所为了使期货交易更加方便和规范,规定了在公开竞价过程中每份期货合约的最小变动价格单位。在竞价过程中,每次报价的变动幅度必须是最小竞价单位的整数倍。如,美国芝加哥期货交易所玉米期货合约的最小变动价格单位是每蒲式耳 0.25 美分。期货交易所同样也限定每天期货价格的最大变动幅度。一旦某种期货的价格波动超过了限制的最大波动幅度,期货交易所将会自动停止交易。如,美国芝加哥期货交易所玉米合约规定,玉米期货价格的每日波动幅度限制在每蒲式耳不高于或不低于前一交易日的结算价格各 10 美分。一份玉米合约标准交易单位是 5000 蒲式耳,所以每份合约的价格波动约为 500 美元。

下面我们看一张我国郑州商品交易所于 1993 年 5 月 28 日提出的绿豆标准化期货合约,其规格如表 6-2 所示。

表 6-2　绿豆期货合约

交割品种	绿豆
交易单位	10 吨
最小变动价值	每公斤 0.2 分(每张合约 20 元)
每日价格最大波动限制	每公斤不高于或低于上一交易日结算价 12 分(每张合约 1200 元)
合约月份	1、3、5、7、9、11
交易时间	每周一上午 9:00—11:30,下午 1:30—3:00
最后交易日	交割月最后营业日往回数第七个营业日
交割日期	交割月第一营业日至最后营业日
交割品级	中华人民共和国国家标准二等杂绿豆。绿豆替代品中差距(以标准品级合约价为基础),一等杂绿豆加价 3%,三等杂绿豆减价 3%。中华人民共和国黄绿豆和灰绿豆其价格与国际同等级杂绿豆一致;中华人民共和国国标绿豆,其价格与国标杂绿豆同等级升水 10%。
交割地点	交易所定点交割仓库
保证金	初始保证金占持仓合约总量的 5%
交易手续费	6 元/张

三、期货市场的作用

期货市场是期货商品交换关系的总和。期货市场的主要经济作用,体现在这个市场中所进行的期货交易对于经济的影响作用。随着期货交易的扩大,期货市场也在不断扩大,期货市场发挥的作用也越来越大。

(1)风险转移的作用。在任何一个市场中,价格波动的风险都是普遍存在的。期货市场发展起来以后,生产者和经销者就有了一个共同的转移风险的场所。同一种商品不仅有一个现货市场,同时还有一个期货市场。这就为生产商、经销商等提供了一个利用期货市场防范风险的渠道。由于影响现货市场和期货市场价格波动的因素是相同的,所以对于同一种商品,现货市场的价格波动和期货市场的价格波动方向是一致的,涨的时候就会一起涨,跌的时候就会一起跌。这些经营者可以一面在现货市场进行交易,一面在期货市场进行一笔相反的交易来保值。通过在两个市场上的同时投资,就可以在市场上的价格出现波动的时候,利用两个市场价格的同向波动,用一个市场上的盈利来弥补另一个市场上的损失,达到转移风险的目的。通过在期货市场上进行保值,保证了经营的顺利进行,虽然不能获得价格变动所带来的好处,但也避免了价格波动所造成的风险,是符合经营者的利益的,因而他们乐于在期货市场进行投资。当然,这种转移出去的风险必须要有人来承担,承担者是一些风险爱好者。他们不是真正的经营者,而只是希望通过自己对市场的预测来进行投资以获得利润。因此,他们也就成为从现货市场转移到期货市场的风险承担者。

(2)价格发现作用。期货市场出现以前,现货市场上的价格形成机制,主要是由买卖双方自行达成交易。经营者在现货市场所获得的价格信息只是少数买卖的情况,因此具有很大的片面性,缺少较高的准确度,这就使得生产经营者对于未来的经营状况进行预测时不能获得完整的依据,影响经营者经营决策的正确性。期货市场出现以后,提供了另外一种价格形成的机制。这就是众多的经营者以及投机者聚集在一起,在一个特定的组织条件下,以公开竞价的方式来形成商品的基本价格。这个价格虽然不是现货市场上正在进行交易的商品价格,却对现货市场上的商品交易价格具有很大的影响作用,在一定程度上指导着现货市场商品的价格形成,因此我们说期货市场具有价格发现功能。期货市场上的价格是通过公开竞价形成的,而且每时每刻都在发生变化,每一个能对价格产生影响的因素及其变化,都会及时地在期货市场价格上体现出来。期货市场上所体现出来的价格是真正的通过供求关系所反映出来的价格以及价格趋势走向,具有较强的预测性。期货是由远期交易发展而来的,所以在期货交易所中形成的价格,包含着远期的因素,这就是期货价格具有预测功能的原因所在。期货价格比较真实地反映了市场供求状况,所以期货市场的价格对生产经营者的经营活动及产品定价等各方面起了指导作用。随着交割日临近,期货价格与现货价格之间的关系如图6-3所示。

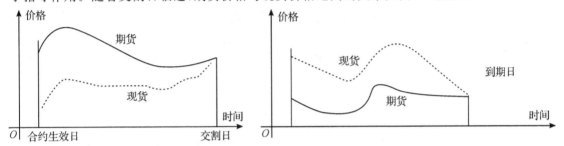

图6-3 随着交割日临近,期货价格与现货价格之间的关系

　　(3)扩大投资渠道。期货市场具有对商品价格变化的敏感性,而且期货市场的交易具有连续性,所以期货市场非常吸引投资者。期货市场因此将闲置资金利用起来,能够起到扩大投资渠道、活跃资本市场的作用。将这些资金在期货市场进行套利,投资者通过对市场的预测,有机会获得比银行存款更大的收益,获得风险利润。期货市场通过消化这些资金,使得暂时不用的闲置资金变成了能够长期活用的资金,这些资金能够在期货市场上自由流通,从而充分发挥期货市场自身的作用。在活跃资本市场的同时,也使社会总投资额得到增加,提高人们对于资本市场和风险的认识,使市场经济得到充分的完善,也使市场对于价格和供求的调节作用能够得到充分的发挥。

　　可见期货市场在完善市场方面发挥着独特的作用。除了上述作用之外,一般来说期货市场还能给当地的经济带来很大的好处。由于期货市场所在地需要满足仓储和运输等便利条件,以方便实物交割的进行,所以期货市场所在地的交通、建筑、仓储以及服务、通信等基础产业,一般都会随期货市场的发展而快速发展。美国中部城市芝加哥能在期货市场发展的基础上迅速成为一个商业中心,就是这个原因。

四、期货的种类

　　期货市场上交易的商品种类主要有两种,一种是商品期货合约,主要有农产品期货、金属期货以及能源期货,这几种交易种类是期货市场发展初期阶段最为主要的交易对象,也是最基本的期货交易品种;另一种属于金融期货,包括外汇期货、利率期货以及股指期货,金融期货产品是在期货市场发展到了一定程度之后发展起来的,在交易机制上、合约规格上以及交易过程上都是一样的。但商品期货和金融期货还是有一定的区别。首先表现在标的资产上,商品期货都有真实的标的资产,例如玉米、黄豆、黄金等,而有些金融期货是没有真实标的资产的,比如股指期货,其标的资产是股票指数,不是真实的资产。其次,两者的清算方法不一样,商品期货是以货物的所有权转让为最后交割标志的,而股指期货的交割是以现金转账作为最后结算结果的,国债期货的结算是将有价证券进行转让来实现交割的。下面将分别介绍这两类期货。

(一)商品期货

我们把农作物、金属、能源等期货交易称为商品期货交易。虽然他们是期货市场上最早的交易品种,但迄今为止商品期货仍然是期货市场上非常重要的一部分,尤其是传统的农作物交易项目,一直在期货市场上保持着活跃的交易,美国的芝加哥期货交易所更是全世界农产品交易的中心。

作为为商品提供远期风险规避的商品期货交易,这种投资方式有其自身的特点。大多数商品都是在现货市场上进行买卖的,而在期货市场对该商品进行买卖的只是这种商品的远期价格。这两者不同,对于一种商品的远期来说,由于存在着储藏、运输、保存、增值等潜在价值,所以一般商品的远期价格都比即时价格高。如果我们把商品在某一时点上现货市场的价格记为 P_s,把商品在将来某一个时点上的价格记为 P_f,将现货价格和期货价格之间的差额叫作基差,记作 B,则 $B = P_f - P_s$。

基差对我们进行期货投机的分析有很大作用。由于存在着潜在成本,所以远期价格一般比即时价格高,即期货价格一般会大于现货价格,基差在一般情况下应为正值,但不排除在某些特殊情况下为负值。这种情况一般为:某种商品在现货市场上出现了暂时的货品短缺,导致商品的现货价格上涨,而未来对于这种商品的供应是看好的,期货价格不会上涨,这时基差为负数。基差的大小根据交割日的远近来确定,一般来说,交割日越远的商品,其基差就会越大,这也是商品的持有成本、投资者的心理预期、市场的供求状况等决定的。在一个完整有效的市场中,一般而言期货价格和未来的现货价格应该是相等的。当一份期货合约越接近其交割时间,期货价格和现货价格也就越接近,其基差就越小。如果不考虑商品的持有成本,也不考虑市场失效的情况,基差的期望值应为零。

前面我们讲到期货投资的成本是商品的持有成本,投资者在期货合约的持有期内的收益率应如下计算:我们将投资者所持有合约的初期价格记为 P_1,将合约的末期价格记为 P_0,

将合约持有期的收益率记为 HPR,则 $HPR = \dfrac{P_1 - P_0}{P_0}$,如果我们考虑保证金的杠杆作用,

将保证金比例记为 m,则 $HPR = \dfrac{P_1 - P_0}{mP_0}$。

举例说明期货合约的收益情况。

例 6-3 假设一名投资者买入了 5 月份的大豆合约一份,标准合约上规定的数量为 5000 蒲式耳,买入的价格为 7.8 美元,初始保证金是 10%,则期货合约的总价值为 39000 美元,初始保证金为 3900 美元。如果该投资者持有这份合约 2 个月,价格变化为 8.0 美元,则可计算得该投资者的收益率为 25.64%。

可见保证金在此起着放大收益率的杠杆作用,当 P_1 和 P_0 不变,就是说在价格变化一定的情况下,保证金比率 m 所起的作用,将把这种变化放大 $1/m$ 倍。在这里我们可以看出期货市场的特点,即以小博大,以一当十。这主要是由于保证金起到了杠杆的作用,也就是说在进行期货交易的时候,是不需要以全部商品现货的价格来买卖合约的,而只需要交纳一定的保证金就可以交易了。下面我们介绍几类商品期货:

(1)农产品期货:农产品期货是商品期货中很重要的一类。农产品多年来一直是期货市场中交易活跃的商品之一。农产品期货的价格波动有着多方面原因,自然规律、经济规律和人为的因素都可能会造成农产品的价格波动。农产品的价格波动一般比较频繁,而且波动的幅度也比较大。美国是世界上的农业大国,每年都有大量的粮食出口,所以美国的农产品价格对于

世界农产品价格也有很大影响,因此,在美国期货交易所中形成的价格,往往被世界公认,并对世界市场的价格造成影响。美国期货交易所主要交易的农产品有谷物类、肉类以及其他品种。在农产品期货合约的买卖中,农产品的生产者、粮食的批发销售者和进出口商、运输商以及仓库管理者等都是期货市场的积极参与者。如果一个做粮食批发的销售商买入粮食正好是粮食价格上升的时候,而卖出粮食正好是粮食价格下降的时候,那么他就会面临亏损。粮食价格波动的频繁性和不稳定性使这种情况的存在极有可能。因此他们非常需要期货市场提供价格风险回避机制。下面用一个例子来说明农产品交易者怎样进行期货交易来回避价格风险。

例 6-4　假设一个玉米批发商要在 5 月份购进一批玉米,在 2 个月之后卖出,但是他为了防止在买入之后玉米的价格下跌而遭受损失,决定进行套期保值。具体情况如表 6-3 所示。

表 6-3　玉米批发商利用农产品期货套期保值

现货市场	期货市场
5 月份买入 10000 蒲式耳玉米,每蒲式耳 2.9 美元	7 月份卖出 10000 蒲式耳,每蒲式耳玉米 3.0 美元
5 月份卖出 10000 蒲式耳玉米,每蒲式耳 2.78 美元	7 月份买入 10000 蒲式耳,每蒲式耳玉米 2.85 美元

分析:现货市场亏损 10000×0.12 美元 $= 1200$ 美元,

期货市场盈利 10000×0.15 美元 $= 1500$ 美元,

通过套期保值盈利 $1500 - 1200 = 300$ 美元。

从上表中可以看出,这个交易者在现货市场上虽然处于亏损状态,但是在期货市场上却获得了盈利,两者相抵销,交易者盈利 300 美元。这主要是利用了期货市场和现货市场一致的价格变动方向这一特点,至于交易者最后到底是盈利还是亏损,主要取决于期货市场和现货市场哪个价格变化的幅度更大一些,交易者可能会盈利,也有可能会亏损,但即使亏损,也比在没有进行保值的情况下亏损小。

(2)金属期货:在农产品期货得到了广泛发展之后,金属期货市场逐渐开始形成,并且也获得了很大的发展。目前,金属期货交易的品种主要有铜、铁、铝、锌、黄金、白银等。世界上从事金属期货商品的交易所中,伦敦金属交易所是最著名和最权威的。除此之外,美国的纽约商品交易所也是世界上金属期货交易的主要场所。金属商品的特点在于金属作为一种自然资源,分布非常不均匀,金属商品的生产周期很长,开采需要很大的人力、物力和财力,而且受影响的因素很多,虽然金属商品的生产和季节及气候的关系不大,但是地理条件、开采条件和制作工艺条件等给金属商品的产量和质量带来的影响是很大的。金属的应用范围十分广泛,而且适宜储藏和保存、运输,是理想的期货商品。在纽约商品交易所和伦敦金属交易所之间,投机者利用两个交易所中金属期货商品价格变动的差价不断进行套汇和套利的投机活动。

(3)能源期货:为了有效地平抑原油的价格波动,美国及时建立起了能源期货市场。传统的原油价格体系是由中东国家所控制的,原油价格的大幅波动使原油商品的销售商和消费者都承担了价格波动所带来的巨大影响,还造成了政治上的紧张局面。由于原油期货交易的建立,这种传统的价格决定体系受到了冲击,原油价格的形成不再完全依靠产油国家的市场价格,而越来越大地受到期货市场的影响。石油期货的生产商在期货市场上对产品进行保值,在生产开始之前,生产商就会研究将要生产的数量和质量,研究生产的成本和利润。为了获得预期的利润,生产商会选择在期货市场上对产品进行保值,从而锁定生产风险。

(二)金融期货

金融期货是指承诺在未来某个时间内以某种价格买卖某种金融工具的凭证。它是在商品期货合约的基础上发展起来的,只不过在商品期货合约中,合约标的是传统的实物商品,例如谷物、能源或者金属;而金融期货合约的标的则是金融商品,例如股票、债券、外汇以及股票指数等。金融期货市场是指将从事金融期货投资的交易者组织起来以公开竞价的方式形成市场价格的场所。金融期货市场的发展,是从 20 世纪 70 年代初期开始的。由于浮动汇率制开始实施,国际汇率极其不稳定,为了稳定汇率抑制通货膨胀,各国竞相提高利率,这种做法的后果是企业转而向资本市场融资,促使资本市场迅速发展。汇率、利率和股票市场的剧烈波动给经营者带来了很大的经营风险,所以他们稳定由于市场波动所造成的财务风险的愿望十分强烈。在这种情况下,1972 年芝加哥期货交易所推出了第一份外汇期货合约,成功地将金融商品引入期货市场;1975 年芝加哥期货交易所推出了第一份利率期货;1982 年美国堪萨斯期货交易所推出了第一份股票指数期货。随着美国金融期货市场的建立和完善,世界各国逐渐认识到金融期货市场对于稳定金融市场和提供新投资工具的巨大作用,一些国家和地区也先后建立了金融期货市场。除此之外,在期货保值的基础上发展起来的一种更为灵活的保值工具——期权也获得了很大的发展。

金融期货市场有其自身的特色。首先,金融期货以金融商品作为标的,而金融商品本身就有自己的运动规律。其次,金融期货市场和金融现货市场的联系非常紧密,现货市场上细微的波动会影响到期货市场,反之亦然。金融商品所具有的高度灵活和高度敏感的特点,使金融现货市场和金融期货市场都成为投资者非常感兴趣的投资场所。金融期货市场为从事金融交易的人提供了一个套期保值回避风险的场所,为投机者提供了良好的投资机会。下面我们详细介绍几类金融期货:

1. 外汇期货

外汇期货指持有者能够在规定时间内以规定汇率获得规定数量外汇的一种标准化的协议,这种期货合约同样具有内容标准化的特点。20 世纪 70 年代初期,随着布雷顿森林体系的崩溃,固定汇率制转为浮动汇率制。在国际贸易和国际结算中,汇率变动不断给企业和个人带来风险,回避和转嫁这种风险的愿望推动了金融创新,期货交易被引进金融领域。1972 年芝加哥期货交易所建立了可进行外汇期货合约交易的国际货币市场,交易所内从事包括英镑、加拿大元、德国马克、法国法郎、瑞士法郎、日元等外汇的期货交易。外汇期货合约是最早的金融期货合约。外汇期货价格的变化是由多方面原因造成的,但最主要的是汇率的变化以及投资者对汇率变化的预期所造成的外汇期货价格随之而不断地改变。我们把一种外汇远期价格高于即期价格的情况称为这种货币远期有升水,把一种外汇远期价格低于即期价格的情况称为这种货币远期有贴水。外汇市场和外汇期货市场的变化是相互影响的,外汇市场上的汇率变化会直接影响到期货市场上投资者对于汇率走势的判断,而期货市场上的投机和套利等行为,以及期货市场上所形成的外汇价格,也影响着外汇市场上汇率的形成。一般而言,一个国家货币汇率的形成和波动受下面几个因素的影响:①一国的国际收支情况;②一国的利率水平;③一国的通货膨胀因素;④一国的财政货币政策;⑤经济实力。

外汇期货市场上的参与者也有保值者和投机者两种类型。外汇套期保值者主要是那些有外汇收支项目的交易商,为了防止在交易中由于外汇汇率的变化而导致收益的变化,他们选择用期货来进行保值;外汇投机者是那些想利用外汇汇率的变化来获得投资收益的人,他们主动承担了外汇套期保值者所转移的汇率风险,并通过自己的预测来判断外汇汇率的变化趋势,以此获得收益。

投资者看好某种外汇,预计其价格上涨,就有可能导致以该币种为合同货币的进口商的损失,那么他可以买入该币种的期货合约进行保值,此为利用多头套期保值,我们通过下例来分析。

例6-5 7月1日,美国进口商签订合同以英镑计价买入20辆英国汽车,11月1日付款,价格为35000加元/辆。进口商担心英镑汇率上涨,需要付出更多美元,则采取下面措施(见表6-4)。

表6-4 利用外汇期货合约进行多头套期保值

现货市场	期货市场
7月1日,即期汇率为1.3190美元/英镑,远期汇率为1.3060美元/英镑,20辆车远期成本为:20×35000×1.3060=914200(美元)。	12月到期的英镑期货合约报价1.278美元,则每一张合约的价格为:62500×1.278=79875(美元),应买合约数为:$\frac{20 \times 32500}{62500}$=11.2,所以买入11张合约。
11月1日,即期汇率为1.442美元/英镑,投入700000英镑购买20辆车,以美元计价的成本为:700000×1.442=1009400(美元)。	12月英镑合约报价为1.4375美元,每一合约价格为:62500×1.4375=89843.75(美元),卖出11张合约。

分析:汽车最终成本为:1009400-914200=95200(美元),

期货合约交易获利为:11×89843.75-11×79875=109656.25(美元),

净损益为:109656.25-95200=14456.25(美元),

进口商实际支付了:1009400-109656.25=899743.75(美元)。

当投资者预期在将来一定时点收回一笔现金流,而又担心该现金流的标价货币会贬值,那么他可考虑卖出相应币种的期货合约来保值,此为空头套期保值。

例6-6 6月29日,一个跨国公司拥有的英国子公司定于9月28日从其伦敦的账户上转移10000000英镑到其纽约银行的账户上,公司担心英镑在未来两个月中贬值,则采取如表6-5所示的措施。

表6-5 利用外汇期货合约进行空头套期保值

现货市场	期货市场
6月29日,即期汇率为1.362美元/英镑,远期汇率为1.3570美元/英镑,资金的远期价值为:10000000×1.357=13570000(美元)。	12月到期的英镑期货合约报价为1.375美元/英镑,每份合约的价格为:62500×1.375=85937.5(美元)。应卖合约数为:$\frac{10000000}{62500}$=160。
9月28日,即期汇率为1.2375美元/英镑,10000000英镑可兑换美元为:10000000×1.2375=12375000(美元)。	12月交割的英镑合约报价为1.238美元,每一合约价格为:62500×1.238=77375(美元)。买入160张期货合约。

分析:英镑标价的这笔资金到期时价值减少了:13570000-12375000=1195000(美元),

期货合约交易获利为:160×85937.5-160×77375=1370000(美元),

净损益为:1370000-1195000=175000(美元),

公司实际获利:12375000+1370000=13745000(美元),即实际汇率超过每英镑1.375美元。

外汇的套期保值是外汇期货市场最初创立的目的所在。从以上的两例可以看出,套期保值者通过在现货市场和期货市场从事不同交易方向的交易,用一个市场的盈利弥补另一个市场的亏损,从而达到保值的结果。除了多头保值和空头保值这两种情况外,还有一种情况称为交叉套期保值。一般来说,美元和国际市场上进行交易的外汇之间的汇率都有期货合约提供保值的机会,但是除了美元之外,其他的两种货币之间如果要进行保值则不是那么容易,并不是所有的交易都提供了相关的合约交易或者能够进行交叉套期保值这项业务,这时保值者就

需要利用美元作为中介为外汇保值。见下例:

例 6-7　英国向加拿大出口一批货物,计价货币是加元,货物的总价值为 500 万加元。合约的签订时间是 5 月份,约定在 3 个月之后交款。5 月份时英镑兑美元的汇率是 1 美元兑换 0.8 英镑,加元兑美元的汇率是 1 美元兑换 1.5 加元。则英镑兑加元的汇率是 0.53 英镑兑 1 加元。英国的出口商为了避免加元兑英镑的汇率下降导致收入的加元不能兑换到预期的英镑,决定对加元进行保值。由于没有英镑兑加元的期货合约,所以必须通过现有的外汇合约进行,具体情况见表 6-6。

表 6-6　利用外汇期货合约进行交叉套期保值

现货市场	期货市场
5 月份现汇汇率:0.55 英镑/加元,500 万加元折合 275 万英镑。	5 月份卖出 50 份 8 月份的加元期货合约,价格为:1 美元兑 1.55 加元,总值为 322.5 万美元。买入 75 份 8 月份的英镑期货合约,价格为:1 美元兑 0.85 英镑,总值为 551.5 万美元。
8 月份现汇汇率:0.52 英镑/加元,500 万加元折合 260 万英镑。	8 月份买入 50 份 8 月份的加元期货合约,价格为:1 美元兑 1.6 加元,总值为 312.5 万美元。卖出 75 份 8 月份的英镑期货合约,价格为:1 美元兑 0.82 英镑,总值为 571.6 万美元。

分析:现货交易损失:275−260=15(万英镑)。

期货交易获利:加元期货盈利 322.5−312.5=10(万美元),英镑期货盈利 571.6−551.5=20.1(万美元)。

8 月份,英镑兑美元的汇率为 1 美元兑 0.75 英镑,则现货交易损失折合为 20 万美元。在这次交叉套期保值中,英国出口上总共盈利:10+20.1−20=10.1(万美元)。如果这名出口商没有进行保值,他将损失 20 万美元。

外汇投机种类很多,主要有:

(1)套汇:指利用两个外汇市场上因为种种原因而造成的汇率差异买卖外汇,在汇率低的外汇市场买入而在汇率高的市场卖出获取差价。

(2)套利:指利用不同国家的货币利率的差别来获得收益。

(3)掉期:指在买进或者卖出一种货币的同时,卖出或者买进这种货币远期的跨期交易方式。

(4)期货投机:指在外汇期货市场上通过买低卖高的行为来获取收益的方法。外汇期货的投机者自身并没有外汇需要买卖,也没有外汇收支的业务,投机者只是利用期货市场上的价格变化和自己对于期货市场的预测来进行投资并从中获得风险收入。投机者和套期保值者共同组成了外汇期货市场,投机者承担了外汇保值者转移的外汇风险,从而成为外汇期货市场上不能缺少的一支力量。投机又分为多头投机和空头投机。多头投机是通过在期货市场上先买入外汇期货合约再卖出同等数量的同一种外汇期货合约的方式来赚取差价的行为。当投机者预测外汇期货市场上某一种外汇将升值或者汇率将会上涨的时候,他就买入这种外汇期货合约,等到未来的外汇价格果然上涨时,再将这种合约卖出从而赚取差价,如果投机者的预测是错误的,他将遭受损失。另一种是空头投机,指投机者先卖出外汇期货合约,然后再买入同等数量的同一种外汇期货合约来赚取差价的方式。当投机者预测某一种外汇的汇率将下降或者货币将会贬值的时候,他在外汇期货处于较高价位的时候卖出期货合约,在市场走低、外汇贬值时再买入同等数量的外汇期货合约进行平仓,从而获得其中的差价。如果市场的走势和投机者的预测是相反的,那么投机者将蒙受损失。

2. 利率期货

20 世纪 70 年代西方国家恶性通货膨胀以及后来金融管制的放松,使利率频繁变动,股票和其他证券的价格变幻莫测,1975 年 10 月,美国芝加哥期货交易所首次进行了利率期货交易。利率期货合约是标的资产价格仅仅依赖于利率水平变动的期货合约。包含固定收入证券的期货一般指的都是利率期货,因为其合约价格受当前和未来利率的影响很大,特别是其合约定价与利率的期限结构相互联系。利率期货无论是在期货市场上还是在期权市场上都占有十分重要的地位。利率期货在美国的成功,成为其他国家的交易所竞相仿效的对象。例如,伦敦国际金融期货交易所、东京证券交易所和香港期货交易所都相继推出了利率期货合约。中国的期货市场虽然发展较慢,但也开展了利率期货合约业务。

美国期货市场上进行交易的利率期货合约的种类很多,不同的利率期货合约对于利率工具的种类、利率的大小、到期时间、合约的单位以及价格波动的限制等都有不同的限制。根据利率工具借款时间的长短,我们可把利率期货市场分为短期资金期货市场和长期资本期货市场。资金期货市场买卖的是标准化的短期信用工具,在美国资金期货市场上的交易品种主要是短期国库券期货合约、大额定期可转让存单期货合约以及欧洲美元期货合约。在资本期货市场上买卖的主要是标准化的长期附息证券。与资金期货市场的主要不同之处在于,资本市场上的信用工具是以半年一次的方式支付利息的,这种信用工具不是按照贴现的方式发行的,利息每半年支付一次,最后到期日将最后一笔利息和本金一起支付给投资者。在美国的资本市场上,主要交易的品种有中期和长期的国库券期货合约,以及抵押证券期货合约。

利率期货合约也具有保值和投机两种基本功能。利率期货的套期保值交易是指交易者通过买卖利率期货达到避免因利率波动造成风险的目的。根据进行套期保值的交易者交易方向和交易目的的不同,可以将套期保值分为多头保值和空头保值。

多头保值是通过在利率期货市场上做"多",防止利率下降、国库券价格上升所带来的风险。比如一个将要购买国债的人,为了防止他所计划投资的债券价格上升,会采用多头保值来固定风险,见下例。

例 6-8 3 月份时,一名投资者预计在 3 个月后将有一笔资金(100 万美元)的收益,投资者计划将这笔资金投入短期国债中去,此时市场利率为 8%。但是投资者担心在 3 个月后市场利率会下降,债券价格上升,所以他决定在债券期货市场上对这笔投资进行保值,具体见表 6-7。

表 6-7　利用利率期货合约进行多头套期保值固定风险

现货市场	期货市场
3 月份,面值为 100 万美元的短期国债收益率为 8%	3 月份买入一张面值为 100 万美元的短期国债期货合约,价格为 92—00
6 月份,面值为 100 万美元的短期国债收益率为 6%	6 月份卖出一张面值为 100 万美元的短期国债期货合约,价格为 95—00

分析:现货交易亏损:$100 \times (6\% - 8\%) \times 90/360 = -5000$(美元),

期货市场盈利:$25 \times (95 - 92) \times 100 = 7500$(美元),

最后交易者获得总盈利:$7500 - 5000 = 2500$(美元),交易者避免了利率下降带来的损失。

空头保值是通过在利率期货市场上做"空",防止利率上升、国库券价格下降所带来的风险。比如一个已经拥有国债的人,为了防止他的债券价格下降,会采用空头保值来固定风险。

例 6-9 投资者持有 40 万美元的长期国库券,他预计下一段时间利率将会上升,他不愿意手中所持有的债券价格下降,担心价格下降将会影响到他出售债券所获得的利益,于是决定进行套期保值,具体操作见表 6-8。

表 6-8　利用利率期货合约进行空头套期保值固定风险

现货市场	期货市场
3 月份持有的长期国库券 400000 美元,市价 98—00,总值为:392000 美元。	3 月份卖出一张面值为 400000 美元的长期国库券期货合约,价格 86—00,总值为:344000 美元。
6 月份市价水平为 96—00,持有的债券总值为:384000 美元。	6 月份买入一张面值为 400000 美元的长期国库券期货合约,价格 83—00,总值为:332000 美元。

分析:现货市场亏损:384000－392000＝－8000(美元),

期货市场盈利:344000－332000＝12000(美元),

最后交易者获得总盈利 12000－8000＝4000(美元),交易者成功地避免了利率上升所带来的损失。

利率期货市场也是投资者乐于参与的市场,在利率期货市场中,投机者可以选择比较简单的头寸交易法来进行投机,用较少的成本去获得较高的收益。在利率期货市场上,投机者主要应用的方法是套利,套利有下面三种形式:

(1)头寸交易法:这是一种比较简单的投机形式,主要依靠投机者对市场上利率走势的判断进行。如果投机者认为市场上的利率水平将会上升,债券价格将会下降,那么他就会在期货市场上做"空",即先卖出期货合约,然后在债券的价格下降后再买入合约进行平仓;如果投机者认为市场上的利率水平会下降,债券价格将会上升,那么他就会在期货市场上做"多",即先买入期货合约,然后在债券的价格上升之后再卖出合约进行平仓。

(2)跨期套利:跨期套利是最常见的套利方法,投机者在上升的市场中买入近期合约,卖出远期合约,在下降的市场中投机者卖出近期合约而买入远期合约。我们通过下例来分析整个过程:

例 6-10　某基金预计在将来一段时间中利率会下降,债券的价格会上升,但是由于现货市场对于期货市场的影响根据时间长短而有所不同,所以近期债券合约的价格将比远期债券合约的价格上升得快,于是该基金的负责人决定在期货市场上做跨期套利交易,见表 6-9。

表 6-9　利用利率期货合约进行跨期套利

9 月份的利率期货合约	12 月份的利率期货合约
5 月份买入一份 9 月份的利率期货合约,年利率为 6%,总值为:$(1-6\% \times 90/360) \times 500000 = 492500$(美元)。	5 月份卖出一份 12 月份的利率期货合约,年利率为 6.5%,总值为:$(1-6.5\% \times 90/360) \times 500000 = 491875$(美元)。
7 月份卖出一份 9 月份的利率期货合约,年利率为 5.5%,总值为:$(1-5.5\% \times 90/360) \times 500000 = 493125$(美元)。	7 月份买入一份 12 月份的利率期货合约,年利率为 6.2%,总值为:$(1-6.2\% \times 90/360) \times 500000 = 492250$(美元)。

分析:9 月份的利率期货合约盈利:493125－492500＝625(美元),

12 月份的利率期货合约亏损:491875－492250＝－375(美元),

在这次投机交易中,交易者的投机收益为:625－375＝250(美元)。

(3)跨商品套利:指在同一个市场,根据不同品种的利率期货价格变化速度的不同,通过对不同商品相反部位进行交易来获得收益的一种套利的方法。在美国期货市场上,最为典型的跨商品套利是美国的短期国库券和欧洲美元之间的套利交易,因为这两种合约之间的相关性比较明显,所以这种套利方法为很多人所采用。通过下例我们来理解这一过程:

例 6-11　　在一段时间内欧洲美元的利率迅速上升,利率和国债收益率之间的差距也在迅速扩大,投机者抓住这样一个机会在两种商品中间进行跨商品投机,见表 6-10。

表 6-10　　利用期货合约进行跨商品套利

3 月的短期国库券期货合约	3 月的欧洲美元合约	差价
1 月份买入 100 份 3 月的短期国库券期货合约,价格 90—50	1 月份卖出 100 份 2 月的欧洲美元期货合约,价格 93—40	卖出了 290 个基本点
2 月份卖出 100 份 3 月的短期国库券期货合约,价格 90—55	2 月份买入 100 份 3 月的欧洲美元期货合约,价格 93—42	买入了 287 个基本点

分析:盈利(290—287)×25×100=7500 美元

(4)跨市场套利:指在两个或者两个以上不同的市场同时买进或者卖出同一种商品,从而从不同的市场价格变化的不同幅度中获得收益的一种套利行为。在国际市场中,期货市场的价格变化更是受到各国现实条件的影响而各不相同。这就为投机者在不同的市场中进行套利创造了条件。跨市场套利和跨期套利、跨商品套利的基本原则一样,都是进行买低卖高,这里不再赘述。

3. 股票指数期货

股票指数期货简称为股指期货,是一种以股票价格指数作为标的物的金融期货合约,股指期货合约是协议双方同意在将来的约定时间内,以预先约定的价格买卖股票价格指数的可转让合约。股指期货的推出,是为了回避股票市场上价格波动的风险。股指期货与外汇期货、利率期货等其他金融期货的区别在于,股指期货的标的不是真正的金融资产,而只是一个反映股票市场的综合指数,合约价值是股票价格指数的点数和一个约定乘数之间的乘积。因此,股指期货以现金结算,而不进行实物交割。由于股票价格指数的波动性大,变动比较敏感,所以它是比较合适的期货商品。股票价格变动风险分为系统风险和非系统风险。非系统风险可以通过证券组合多样化来分散,但股票分散化不能降低股市全面波动的影响,于是 1982 年 2 月,美国堪萨斯农产品交易所正式开办第一个股票指数期货。它以股票价格指数为标的,而股票价格指数是由成百上千的股票组成的参数,所以它基本消除了股价的不规则变动,仅反映股市走势,使大额投资者可以专心应付系统风险。股指期货交易目前成为期货交易中最活跃的几个品种之一,是金融期货市场的一大创新。股指期货交易的实质,是投资者将整个股票指数的预期风险转移到期货市场的交易过程。投资者通过对股票市场发展的趋势做出不同的判断来买卖股指期货,冲抵股票市场的风险。

股指期货交易和股票交易相比较,具有股票交易所不具有的优势。股指期货合约是股票市场和期货市场共同发展的结果,所以股指期货具有股票市场和期货市场的共同特点,又和这两个市场上的产品完全不一样,有自身的特点:

(1)没有真正的资产标的:无论是股票交易还是期货交易,都具有一定的标的资产。但股指期货的标的是股票指数,不是一种真实的资产,而是一种无形的、抽象的指标,代表着一组假设的股票资产组合,但不需要真正买入股票。股指期货的开创,是期货交易市场一个崭新的创造。

(2)交易成本较低:相对于现货交易而言,指数期货交易的成本相当低。成本包括交易佣金、买卖价差、用于支付保证金的机会成本和可能的税项。股指期货交易是一种买空卖空式的保证金买卖,其本质是以小博大。在股票市场上需存放 50% 左右的保证金,而在期货市场上只需要存放 10% 左右的保证金。

(3)市场的流动性较高:股指期货市场的流动性明显高于现货股票市场。

(4)由股票指数和固定乘数决定价值:一般来说,商品期货合约和其他金融商品期货合约的价值都是由这种商品或者金融资产的市场价格来决定的。但是股指期货的价格决定却不一样。股指期货的价格是由股票指数乘以一个固定的乘数来决定的。

(5)以现金方式进行结算:股指期货合约是以现金而不是实物进行交割的。投资者不需要真正地持有股票才能够进行交易,投资者可以通过购买股指期货获得盈利,这样就免去了投资在股票市场上的价格风险。在股指期货的交易结算中,实际上是将股票指数按照点数换算成现金进行交易。

股指期货的标的物的性质比较独特,因此,在股指期货合约内容的规定上,也体现了股指期货的特殊性。

(1)合约的价格:在股指期货交易中,合约价格以一定的货币金额与购买或出售时的指数的乘积表示。期货市场在报价的时候,只需要以合约的标的指数来报出它的价格。例如,在芝加哥期货交易所上市的主要市场指数期货合约规定,交易单位为 250 美元与主要市场指数的乘积。如果期货市场报出的市场指数为 410 点,则表示一张合约的价值为 $410 \times 250 = 102500$ 美元。若主要市场指数上涨了 20 点,则表示一张合约的价值增加了 5000 美元。

(2)最小变动价位:期货交易所对股指期货的最小变动价位(即一个刻度)也有规定,通常是以一定的指数点来表示。如价值线指数、标准普尔 500 等指数期货的最小变动价位是 0.05 个指数点。由于每个指数点的价值为 500 美元,即每张合约的最小变动价位是 25 美元,它表示交易中价格每变动一次的最低金额为每合约 25 美元。

(3)每日价格波动限制:自 1987 年 10 月"黑色星期五"以后,绝大多数交易所均对上市的股指期货合约规定了每日价格波动限制,但各交易所的规定不同。这种不同表现在限制的幅度上,也表现在限制的方式上。标准普尔 500 指数的限制是在前一个交易日结算价格的 10 点,而价值线指数的限制则是前一个交易日结算价格的 20 点。

(4)结算方式:股指期货交易以现金方式进行结算。在此方式下,每一个未平仓合约于到期日得到自动冲销。即,交易者比较成交及结算时合约价值的大小,来计算盈亏,进行现金交收。表 6-11 是一张标准普尔 500 股指期货合约。

表 6-11 标准普尔 500 股指期货合约

股票指数计算	以纽约证券交易所 500 家公司的股票组成,采用加权平均法计算
合约规模	500 美元乘以指数
最小变动价位	0.05 指数点(每张合约 25 美元)
交易时间	上午 10:00 至下午 4:15
合约交易月份	3、6、9、12 月
最后交易日	每个合约交易月份的第三个星期四
保证金存款	每份合约 5000 美元

股指期货市场由于所需要的保证金低和交易手续费便宜,流动性好,因此深受投资者欢迎。一旦有信息影响到交易者对市场的预期,期货市场就会很快反映出来,并且期货市场的价格变化可以快速传递到现货市场,从而使期货市场和现货市场价格达到均衡,发挥期货市场的价格发现功能。股指期货交易的开展,为市场提供了风险对冲的途径,交易者通过套期保值来实现股票买卖的风险转移。如果投资者持有与股票指数相关联的股票,为防止未来股价下跌造成损失,他可以卖出股指期货合约,即股指期货空头与股票多头配合,投资者就避免了交易总头寸的风险。股指期货还有利于投资者合理地配置资产。若投资者只想获得股票市场的平均收益,或者看好某一类股票,但不想冒购买单只股票所带来的风险,就可以购买股指期货合

约。购买股指期货,可以以小博大,只需少量资金就可以跟踪大盘指数和股市的总体走势。除此以外,股指期货期限很短(一般三个月),流动性强,有利于投资者重新配置其资产结构。

股指期货的主要功能就是套期保值和投机,下面我们分别作介绍。

利用股指期货进行套期保值的原理就是股票指数和股票价格变动是呈同方向同幅度趋势的。对于一个拥有多种股票投资组合的投资者来说,在股指期货市场上进行套期保值是规避手中所拥有的股票价格风险的最有效方法。套期保值又分为多头保值和空头保值。

(1)空头保值:指在股指期货市场上通过建立"空头"来对手中的股票进行保值的一种方法。如果投资者持有一定数量的股票,他们为了避免股票市场上的价格下降所带来的交易损失,就会在股指期货市场上先卖出一定数量的合约,待到市场价格下降时再买入合约平仓。

例 6-12 一个投资者于 3 月份买入几只股票,总额为 40 万美元,为防止股价下跌蒙受损失,决定做套期保值,见表 6-12。

表 6-12 股指期货空头套期保值

股票市场	股指期货市场
3 月份买入股票投资组合,总价值为 40 万美元。	3 月份卖出 2 份 6 月份的标准普尔 500 股指期货,价格为 400 点。总值为:2×500×400=40(万美元)。
5 月份卖出股票投资组合,总价值为 37(万美元)。	5 月份买入股指期货 2 份,价格为 360 点。总值为:2×500×360=36(万美元)。
分析:股票市场亏损 40−37=3(万美元),期货市场盈利 40−36=4(万美元)。 投资者通过套期保值获利:4−3=1(万美元)。		

(2)多头保值:指如果投资者未来将有一笔资金打算投入股票市场中,准备买进股票,但又怕实际股票价格上升造成损失,为了回避风险,投资者在股指期货市场上先买入股指期货,待到市场价格上升的时候再将合约卖出。此为多头保值。

例 6-13 投资者预计在一个月后有一笔资金回收,投资者计划将这笔资金投入股票市场中,但是在资金没有收回之前,为防止股价上升所带来的机会成本增加,投资者决定做套期保值,具体见表 6-13。

表 6-13 股指期货多头套期保值

股票市场	股指期货市场
1 月份时,计划买入的股票市场价格总值为 165 万美元。	1 月份买入股指期货 10 份,价格为 320 点,总值为:10×500×320=160(万美元)。
2 月份时,计划买入的股票市场价格总值为 170 万美元。	2 月份卖出股指期货 10 份,价格为 355 点,总值为:10×500×355=167.5(万美元)。
分析:股票市场上损失 170−165=5(万美元),期货市场上盈利 167.5−160=7.5(万美元)。 投资者通过套期保值获利:7.5−5=2.5(万美元)。		

股指期货的投机交易是指投机者手头并没有持有股票,也没有购买股票的计划,只是根据自己对股票市场的预测而投资于期货市场,希望获得收益。投机者承担了保值者转移的市场价格风险,投机行为的存在,保证了市场的流动性。投机交易主要有下面几类:

(1)头寸交易:投机者根据对未来股指期货市场价格走向的判断而决定持有头寸的一种交易手段。头寸交易一般有做空和做多两种情况。做空指投资者预测股票市场将会下跌,在股指期货市场上先卖出一定数量的合约,然后等到市场价格下降的时候再买入同等数量的合约进行平仓的做法。这种交易方法的目的在于获得股票市场整体价格变动所带来的利益。

例 6-14　某投机者认为未来一段时间内,股票市场将出现"熊市",决定采取做空策略,见表 6-14。

表 6-14　做空头寸

日期	交易
10 月	卖出 1 张 12 月份到期的价值线股指期货合约,价格 263.5 点,总值:$500 \times 263.5 = 131750$(美元)。
12 月	买入 1 张 12 月份到期的价值线股指期货合约,价格 256.4 点,总值:$500 \times 256.4 = 128200$(美元)。

分析:盈利 $131750 - 128200 = 3550$(美元)。

做多指在股票市场上升的时候,在股指期货市场先买入一定数量的合约,然后等到市场价格上升的时候再卖出同等数量的合约进行平仓的做法。

例 6-15　某投机者认为在未来一段时间内,股票市场会出现"牛市",决定采取做多策略,见表 6-15。

表 6-15　做多头寸

日期	交易
1 月	买入 10 张 3 月份到期的标准普尔股指期货合约,价格为 390.25 点,总值:$500 \times 390.25 \times 10 = 1951250$(美元)。
2 月	卖出 10 张 3 月份到期的标准普尔股指期货合约,价格为 395.5 点,总值:$500 \times 395.5 \times 10 = 1977500$(美元)。

分析:盈利 $1977500 - 1951250 = 26250$(美元)。

(2)股指期货套利交易:其原理与其他期货套利交易相同。主要分为跨期套利、跨商品套利和跨市场套利。

跨期套利指通过买卖不同月份的股指期货合约,获得由于不同的合约变化幅度不一样所出现的差价。交易者在入市时建立一个近期头寸的同时,再建立一个相反方向的远期头寸,待到价格变化对于投资者盈利有利的时候,平仓出市,获取收益。

例 6-16　5 月份时,6 月份到期的某股指期货合约的价格为 325.5,9 月份到期的某股指期货合约的价格为 326.1,投机者预测股市将会下跌,做如下跨期套利交易,见表 6-16。

表 6-16　股指期货跨期套利

6 月份合约	9 月份合约
5 月买入 6 月份合约 20 份,价格 325.5,总值:$500 \times 325.5 \times 20 = 3255000$(美元)。	5 月卖出 9 月份合约 20 份,价格 326.1,总值:$500 \times 326.1 \times 20 = 3261000$(美元)。
6 月卖出 6 月份合约 20 份,价格 324.9,总值:$500 \times 324.9 \times 20 = 3249000$(美元)。	6 月买入 9 月份合约 20 份,价格 325.3,总值:$500 \times 325.3 \times 20 = 3253000$(美元)。

分析:6 月份合约亏损:$3249000 - 3255000 = -6000$(美元),

9 月份合约盈利:$3261000 - 3253000 = 8000$(美元),

通过跨期套利,盈利:$8000 - 6000 = 2000$(美元)。

若投资者预测市场将会上升,则会采取相反的操作方法。即在近期合约上建立空头而在远期合约上建立多头。

跨商品套利指通过买卖一个市场上同一交割时间、关系密切的不同股指期货合约来获得它们之间价格差异的一种投机方法。投机者通过自己对股市上不同股指之间不同变化的预测，来决定在期货市场上对不同股指期货做不同的交易以获得差价。

例 6-17　投机者预测未来股市将走高，并且他预测股市上主要市场指数合约（MMI）的上涨幅度将超过纽约证券交易所的股指期货合约（NYSE），于是进行如下跨商品套利，见表 6-17。

表 6-17　跨商品套利

主要市场指数合约（MMI）	纽约证券交易所股指期货合约（NYSE）
8 月份买入 9 月份的合约 10 张，价格：455 点，总值：$455 \times 500 \times 10 = 2275000$（美元）。	8 月份卖出 9 月份的合约 10 张，价格 170 点，总值：$170 \times 500 \times 10 = 850000$（美元）。
9 月份卖出 9 月份的合约 10 张，价格：457.3 点，总值：$457.3 \times 500 \times 10 = 2286500$（美元）。	9 月份买入 9 月份合约 10 张，价格 171.5 点，总值：$171.5 \times 500 \times 10 = 857500$（美元）。
分析：MMI 获利 $2286500 - 2275000 = 11500$（美元），NYSE 亏损 $850000 - 857500 = -7500$（美元），通过跨商品套利，总盈利为 $11500 - 7500 = 4000$（美元）。	

跨市场套利指投机者在两个不同期货交易所中通过在两种关系密切的股指期货合约上进行相反的操作来获得盈利的方法。投机者在这种投机方法中注意的是市场之间的价格差异扩大或者缩小的趋势。

股指期货在一些发达国家早已开展交易。20 世纪 90 年代初，股指期货在我国也曾有过短暂的尝试，但仅维持了 6 个月就夭折了。当时，该股指期货之所以失败，既有主观原因，也有客观原因。主观原因是当时人们对股指期货这一新生事物还缺乏应有的认识，而客观原因是当时我国实际上还并不具备推出股指期货的必要条件。然而，随着我国经济金融体制的不断改革和对外开放步伐的不断加快，推出包括股指期货在内的金融期货是我国金融发展的必然趋势。因此，在其后十多年内，金融理论界和金融实务界对股指期货进行了深入的研究和反复的论证，并做了充分的准备工作。2010 年 4 月 16 日，股指期货正式推出。就各方面的利益而言，股指期货的推出都能带来益处。

（1）促进投资者投资的多元化，丰富了期货市场的品种。首先，就普通投资者而言，它的出现增加了新的投资品种和风险管理工具；对于券商而言，股指期货的推出既可以增加其自营品种，也可以拓展其业务领域，增加了新的利润来源；对基金而言，股指期货的推出既增加了投资品种，也能够通过投资组合提高其资源配置的效率；对保险公司而言，股指期货的推出可以使其资金管理得到更好的风险控制。从总体上来看，推出股指期货实现了投资主体的多元化，丰富了期货市场的品种，利于我国金融市场的完善，促进了资本的流通与发展。

（2）结束了单边市场的格局，有效规避和分散了风险。股指期货将股票市场和期货市场连接在了一起，改变了两个市场割裂的状态。同时股指期货的做空机制改变了过去单一的只能"做多"的股市运作模式，给证券市场带来革命性的变化。在操作上，投资者可以通过"做空"来平衡"做多"的股市运作模式，通过期货和现货的组合投资来规避系统性风险，改变了过去只能单一卖出现货股票的方式。在途径上，投资者可以通过金融的杠杆性以小博大来获取利润，也可以买其看好的股票产品同时"做空"股指期货来实现风险对冲实现套期保值。所以说，股指期货的推出把股票市场与期货市场紧密结合，结束了单边市场的状态，同时也通过这种"做多""做空"的方式有效地规避和分散了市场风险。

（3）稳定市场和增强流动性。当股票市场价格和股指期货市场价格偏离时，市场中的投机者、套利者和套期保值者能够敏锐地衡量出两个市场一方或两方的错误定价程度，通过比较交易成本，进行各种策略的交易操作，从而起到纠正市场的错误定价，平抑市场波动，防止暴涨暴跌的作用。这种发现只能促使投资者做出正确的判断，增加了市场的需求，增强了流动性，在一定程度上起到了平衡的作用,从而稳定了市场的秩序。

(4)促进股价的合理性波动,充分发挥经济晴雨表的作用。2008年的中国股市大跌了65%,而在随后的2009年又飙升了80%,这种价格波动存在着很大的不合理性和不稳定性。而股指期货推出后,可以适当地促进股市股价的合理性波动。因为其交易活动可以反映各种经济信息,有利于提高股票市场的透明度。如果股市与期货市场价差增大,将会引来两个市场间的大量套利行为,从而抑制股票市场价格的过度波动,同时期货市场也可以给股市提供可靠的价格波动信息。股指期货通过发挥经济晴雨表的作用,促进股价在合理范围内波动。

(5)增强了我国证券市场的国际竞争力。在经济全球化的背景下,国际资本流动频繁且影响日益深远,使得全球证券市场的联系更加紧密,证券市场呈现一体化的特征。股指期货的推出顺应了这种发展趋势,不仅增加了我国证券市场的投资品种,规范了资本市场,同时还增强了我国证券市场的国际竞争力。

(6)为我国社会游资提供了新的投资渠道,我国投资品种的单一使得社会游资往往在一段时间集中涌向某个投资领域,使得这一市场领域出现泡沫的可能性增大,不利于市场稳定和正常发展。在经济货币化、市场化、证券化程度日益提高的情况下,社会游资金额不断增加,股指期货等衍生品将为这些游资提供新的投资场所,并使社会游资通过参与金融衍生品市场而发挥作用。

股指期货的推出顺应了资本市场发展的趋势,也对市场发展产生了良好的推动作用,但是从我国金融衍生品失败的经验来看,还需要规避以下风险:

(1)金融杠杆性下的高风险投资。股指期货交易的保证金为合约的5%,这就意味着交易者可以通过控制所投资金额20倍的合约资产,来实现以小博大的效果。由于收益和风险呈正相关,收益成倍放大的同时,也会使风险和损失成倍放大。基础工具价格的微小变动会引起投资者的大盈大亏,这种杠杆性特征在一定条件下就反映了它的高风险性和高投机性。又由于金融衍生品存在着跨期性质和与基础工具产品联动的特征,要求投资者对未来市场的变动趋势把握准确,因为判断准确与否,直接决定了投资者的交易盈亏。

(2)合约到期可能引起价格变动,而价格变动又会助涨助跌现货市场价格。股指期货合约一旦临近交易日的时候,价格必然会呈现波动性的增长,那么在到期日的时候,现货交易量和期货的交易量也会同时放大,这样就很有可能引起价格变动。以基金代理人为代表的组合管理人,因为其管理的资产往往非常庞大,所以他们在进行投资组合时,会购买一些风险对冲的产品。在股市不利的条件下,他们必然会"做空"股指期货或卖掉股票,这样会引起其他投资者的跟风现象,对现货市场会起到助涨助跌的作用。

(3)可能促使标的指数成分股价波动增加。在期货价格明显波动的情况下,标的指数成分股价的波动广度也会明显增大,甚至可能出现价格偏离价值的现象。

基于上述风险,我们应积极规范期货市场,完善法律法规,引导市场良性发展。美国期货交易市场发达,管理规范,而且投资者大多是机构投资者。在这样的客观前提下,对高效的避险品种有很高的需求,从而交易市场也更加规范、公平和透明。而我国资本市场发展的起点较低,市场相对来说不完善,所以要健全相关监管职能,完善法律法规,引导交易市场的良性有序发展。此外,纽约证券交易所通过每季度调整一次熔断幅度,来发挥熔断机制对市场的作用。我国需根据市场的变化,采取定期和不定期相结合的方式调整熔断的幅度,即使在市场出现了异动的情况下,也可以及时调整。这样可以更为有效地发挥熔断机制的作用,促进市场向好的方向发展。最后,应加强投资门槛设置,加强投资者风险投资意识。此次,沪深300推出的门槛条件为:有知识,有资金,有经验。50万元的资金门槛设置要求投资者具备一定的资金抗风险能力;需要经过专业的股指期货测试和仿真交易实践。这些门槛在一定程度上引导了股指期货市场的健康发展。今后在向大众投资者推开的过程中,投资者需具有一定的风险认知水平,这样才能促进股指期货的长远发展。

五、期货合约的价值与价格

期货合约有其内在价值,并随着每日的盯市操作而变化。同时,期货合约的价格同远期合约价格有着密切的关系。下面我们就来分析期货合约的价值与价格。

(一)期货合约的价值

期货合约要进行逐日盯市,且合约成立时,其价值为零。期货合约价值分到期时的期货价值,交易日中逐日盯市前的期货价值,交易日中逐日清算后的期货合约价值。我们用 V_t 表示到期前期货合约价值,V_T 表示到期时期货合约价值,f_t 表示到期前期货合约价格,f_T 表示到期时期货合约价格。

当到达交割期限时,期货价格等于或非常接近于现货价格。若非如此,投资者可利用此机会套利。假设期货价格高于现货价格(S_T),则套利者可卖出期货合约获收益 f_T,同时买入现货资产,交割时可净赚($f_T - S_T$)。一旦交易者都如此进行交易,则期货价格会下降;假定在此期间,期货价格低于现货价格 S_T,打算获得该标的资产的公司将发现,购买期货合约静等交割对公司更有利,一旦所有交易者都如此操作,期货价格就上升。所以市场的有效性保证了期货价格收敛于现货价格。

未经清算的期货合约的价值就是交易日当天该合约的价值。假设今天和时刻 t 仅隔一天,而一投资者今天一开市就买入价格为 f 的期货合约,f 为开市价即前一天的最后的清算价格。假设已近交易尾声但还没到最后清算时刻,该合约价格为 f_t,若投资者卖出该合约,则获得($f_t - f$),则当天该合约的价值为:$V_t = f_t - f$。f_t 可代表除交易日结束时的任何时刻。V_t 可为负值。

交易日结束时的盯市操作把当天合约价格变化在合约买卖双方进行得失划分后,合约价值为 $V_t = 0$。若交易当天合约清算价格未变化,则投资者卖出该合约的价值为零。

综上,多头合约的价值等于投资和卖出该合约的获利;空头合约价值则等于 -1 乘以多头合约的价值。所以对多头合约而言,价格上升则价值上升;而空头合约则相反。

(二)期货价格与远期价格

通过前面的分析我们可以知道期货价格与远期价格在到期时都等于现货价格,下面我们来分析到期的前几天两者的关系。假设不存在违约风险,利率不发生变化。

我们可以把期货视作一连串不断更新的远期,我们已经知道远期的定价公式,根据金融工程原理,可以用远期来复制期货。假设某期货合约,用 f_i 表示第 i 天末($0 < i < n$)的期货价格,δ 表示每天的无风险利率,考虑下述投资策略(不计交易费用):

(1)在第 0 天末,即合约开始的时候,买进 e^δ 单位的期货。

(2)在第 1 天末,把头寸增加到 $e^{2\delta}$,结清上一日的 e^δ 单位。

(3)在第 2 天末,把头寸增加到 $e^{3\delta}$,结清上一日的 $e^{2\delta}$ 单位。

......

(n) 在第 $n-1$ 天末,把头寸增加到 $e^{n\delta}$,结清上一日的 $e^{(n-1)\delta}$ 单位。

具体分析见表 6-18。

表 6-18 计算如上投资策略的盈利

天	0	1	2	⋯	$n-1$	n
期货价格	f_0	f_1	f_2	⋯	f_{n-1}	f_n
期货头寸	e^{δ}	$e^{2\delta}$	$e^{3\delta}$	⋯	$e^{n\delta}$	0
盈亏	0	$(f_1-f_0)e^{\delta}$	$(f_2-f_1)e^{\delta}$	⋯	$(f_{n-1}-f_{n-2})e^{\delta}$	$(f_n-f_{n-1})e^{\delta}$
盈亏(未来值)		$(f_1-f_0)e^{n\delta}$	$(f_2-f_1)e^{n\delta}$	⋯	$(f_{n-1}-f_{n-2})e^{n\delta}$	$(f_n-f_{n-1})e^{n\delta}$

则上述头寸的总盈亏为 $\sum_{k=1}^{n}(f_k-f_{k-1})e^{n\delta}=(f_n-f_0)e^{n\delta}=(S_T-f_0)e^{n\delta}$。投资者采取如下策略:

策略一:(1)0 时刻买进一个面值为 f_0 的无风险债券,n 时刻卖出;

(2) 投资上述的期货合约 $f_0e^{n\delta}+(S_T-f_0)e^{n\delta}=S_Te^{n\delta}$。

注:初始投资仅为 f_0。

策略二:(1) 假设第 0 天的远期价格为 F_0,则在无风险债券上投资 F_0;

(2) 第 0 天买进 $e^{n\delta}$ 单位的远期合约,则在上述投资策略下,到期收益为:

$F_0e^{n\delta}+(S_T-F_0)e^{n\delta}=S_Te^{n\delta}$。

注:初始投资仅为 F_0。

由上面两式,成立 $f_0=F_0$。因此,期货价格等于相同期限的远期价格。期货仅仅是远期的标准化。

上述分析成立的重要假设条件是:① 交易无风险。如果距离到期日很长,则风险越大,该假设也就越不可靠。② 利率恒定,或至少是事先已知的。然而现实中利率水平是不断变化而且不确定的,套利者不知道用多少张期货合约可以获取无风险收益。此时期货合约价格就不再等于远期合约价格,期货合约价格较远期合约价格大。假设在合约期限中期货价格上升,则合约多头方将由于价格的正向移动而在清算后获利,如果此时利率也上升,则投资者从保证金账户中提现进行再投资的利息收入会增加。假设投资者在盯市后发生亏损,同时利率下降,投资者可以以低于平均利率水平的利率融资,所以当利率与期货价格正相关时,期货合约将比远期合约更有吸引力,因而其价格相应也会高些。若期货价格与利率反向移动,因期货价格上升而得到的收益就以较低利率进行再投资,因期货价格下降而导致的损失就以上升的利率进行融资。此时远期合约较期货合约更为有利,故远期价格大于期货价格。

有效期仅为几个月的远期合约价格与期货合约价格之间的理论差异在大多情况下都可忽略不计。随着合约有效地增长,这个差异开始变大。实际上,许多没有反映在理论模型中的因素使得远期和期货价格不同,如税收、交易费用、保证金的处理方式等。且在某些情况下,期货合约比远期合约流动性更强,更易于交易。尽管有以上这些因素,但大多情况下,我们仍假设远期和期货价格相等。

1. 商品期货价格

黄金、白银是众多投资者所拥有的贵金属资产。如不考虑存储成本,黄金和白银类似于无收益证券。由式(6-3)可得期货价格

$$f=F=Se^{r(T-t)} \tag{6-8}$$

若考虑存储成本,则存储成本可看作是负收益,设 V 为期货合约有效期间所有存储成本的现值,则期货价格为:

$$f = F = (S + V)e^{r(T-t)} \tag{6-9}$$

若任何时刻的存储成本与商品价格成一定比例，期货价格 f 调整为

$$f = F = Se^{(r+u)(T-t)} \tag{6-10}$$

其中，u 表示比例。

例 6-18　假设有一个一年期的黄金期货，设黄金的存储成本为每年每盎司 3 美元，年底进行支付。如果黄金现货价格为 500 美元，无风险利率恒为 7%，则期货价格 $r = 0.07, S = 500$，$V = 3e^{-0.07} = 2.7975$，期货价格为 $f = F = (S + V)e^{r(T-t)} = (500 + 2.7975)e^{0.07} = 539.25$（美元）。

2. 外汇期货价格

用变量 S 代表以美元表示的一单位外汇的即期价格，K 是远期合约中约定的交割价格。外汇的持有人能获得货币发行国的无风险利率的收益（例如持有人能将外汇投资于以该国货币标价的债券），我们设 r_f 为外汇的无风险利率，连续计复利。

用于外汇远期合约定价的两个组合如下：

组合 A：一个远期合约多头加上一笔数额为 $Ke^{-r(T-t)}$ 的现金；

组合 B：$e^{-r_f(T-t)}$ 金额的外汇。

两个组合在 T 时刻都将等于一单位的外汇。因此，在 t 时刻两者应该相等。

$$f + Ke^{-r(T-t)} = Se^{-r_f(T-t)}$$

$$f = Se^{-r_f(T-t)} - Ke^{-r(T-t)} \tag{6-11}$$

远期价格（或远期汇率）F 就是使得上式中 $f = 0$ 时的 K 值，因而

$$F = Se^{(r-r_f)(T-t)} \tag{6-12}$$

这是国际金融领域著名的利率平价关系。F 大致上也是期货价格。注意：也可将 r_f 用 q 代替。这是因为外汇与支付已知红利收益率的证券是一样的。这里的"红利收益率"就是外汇的无风险利率。要了解其原因，应注意外汇持有者的利息所得也是外汇，因此其价值在用本国货币衡量时亦与外汇的价值呈比例。

例 6-19　现有 3 个月期的瑞士法郎合约，标的资产提供年利率为 2% 的连续红利收益率。无风险利率（连续复利）为每年 4%。汇率为 1.3720 瑞士法郎／美元，交割价格为 1.3723 瑞士法郎／美元。那么可知 $S = 1.3720, K = 1.3723, r = 0.04, r_f = 0.02, T-t = 0.25$。由上式可知，远期合约多头的价值 $f = 1.3720e^{-0.02 \times 0.25} - 1.3723e^{-0.04 \times 0.25} = 0.0066$

从上式可知远期价格 $F = 1.3720e^{0.02 \times 0.25} = 1.3789$。

3. 利率期货价格

由于我国现在尚无利率期货，因此，以下的定价模型都以美国债券市场为背景。

（1）中长期国债期货：在以最便宜的债权进行交割和交割日期已知的情况下，长期国债期货合约类似于"支付已知现金收益证券的远期合约"，即该合约可向其持有者提供已知的收益。因此长期国债期货合约定价模型如下：

$$F = (S - I)e^{r(T-t)} \tag{6-13}$$

其中，I 是期货合约有效期内息票利息的现值，T 是期货合约的到期时刻，t 是现在的时刻，r 是在 t 和 T 期间内适用的无风险利率。

在上面公式中，F 是期货的现金价格，S 是债券的现金价格。正确的过程如下：

① 根据报价计算交割最便宜的债券的现金价格；

② 根据债券的现金价格运用公式计算期货的现金价格；

③ 根据期货的现金价格计算出期货的报价；

④ 考虑到交割最便宜的债券和标准的 15 年期 8% 的债务的区别,将以上求出的期货报价除以转换因子。下面的例子可以很好地说明这一过程。

例 6-20 假定有某一国债期货合约,已知交割最便宜的息票利率为 12%,转换因子为 1.4。假定 270 天后进行交割。债券息票每半年付息一次。如下图所示,上一次付息是 60 天前,下一次付息是在 122 天后,再下一次付息是在 305 天后。利率期限结构是水平的,年利率为 10%(连续复利)。

假定当时的债券报价是 120 元。债券的现金价格为报价加上从上一次付息至今的累计利息。因此现金价格为：

$$120 + \frac{60}{182} \times 6 = 121.978$$

在 122 天(等于 0.3342 年)后将会收到 6 元的利息。则利息的现值为：

$$6e^{-0.1 \times 0.3342} = 5.803$$

期货合约还要持续 270 天(等于 0.7397 年)。如果期货合约标的资产为 12% 的债券,则其期货现金价格为：

$$(121.978 - 5.803)e^{0.7397 \times 0.1} = 125.094$$

在交割时,有 148 天的累计利息。如果合约标的资产为 12% 的债券,则其期货的报价为：

$$125.094 - 6 \times \frac{148}{183} = 120.242$$

事实上,期货合约是基于 8% 的标准债券的,而每一个 12% 的债券等同于 1.4 个 8% 的标准债券。因此,标准期货合约的报价应为：

$$120.242 \div 1.4 = 85.887$$

(2) 短期国债期货定价：在短期国债期货合约中,标的资产为 90 天的短期国债。根据合约条款,在合约到期时,该合约的空头方必须在 3 个连续的营业日内交割 1000000 美元的短期国债。第一个交割日是交割月份中的第一日,这天发行期限为 13 周的短期国债,并且某个一年期短期国债还有 13 周到期。实际上,这意味着当进行交割时,短期国债到期日也许是 89 天,或 90 天,或 91 天。

短期国债也被称为贴现债券。其间它不单独支付利息,在到期日投资者收到债券的面值。在期货合约到期日前,标的资产可看作是期限长于 90 天的短期国债。例如,如果期货合约在 160 天后到期,标的资产就是 250 天的短期国债。

为进行一般性的分析,假定期货合约的到期期限为 T_1 年,作为标的资产的短期国债的到期期限为 T_2 年(T_2 和 T_1 之间相差 90 天)。可以进一步假定到期日 T_1 和 T_2 的无风险复利率分别为 R_1 和 R_2。假定期货合约标的资产的短期国债的面值为 100 美元,其现值 V 为：

$$V = 100e^{-R_2 T_2}$$

由于在此期间短期国债没有支付收益,根据公式,可以得出期货的价格：

$$F = Ve^{RT_1} = 100e^{-R_2 T_2} e^{R_1 T_1} = 100e^{R_1 T_1 - R_2 T_2}$$

上式可以简化为：$F = 100e^{-R_f(T_2 - T_1)}$

其中,R_f 为 T_1 和 T_2 期间的远期利率。这一式子表明,如果交割日的 90 天期利率等于现在的远期利率,则短期国债期货合约价格即上述价格。

4. 股指期货价格

大部分指数可以看作支付红利的证券。这里的证券就是计算指数的股票组合,证券所付红利即该组合的持有人收到的红利。近似可认为红利是连续支付的。设 q 为红利收益率,由(6-7)知,期货价格为:

$$f = F = Se^{(r-q)(T-t)} \tag{6-14}$$

例 6-21 考虑一个 S&P500 指数的 3 个月期期货合约。假设用来计算指数的股票的红利收益率为每年 3%,指数现值为 400,连续复利的无风险利率为每年 8%,这里 $r = 0.08$,$S = 400, T - t = 0.25, q = 0.03$,期货价格为 $f = F = 400e^{0.05 \times 0.25} = 405.03$ 美元。

实际上,计算指数的股票组合的红利收益率一年里每周都在变化。q 值应代表合约有效期间的平均红利收益率。若投资者觉得估计红利收益率比较困难,则可估计指数成分股票组合将要收到的红利金额总数及其时间分布。这时股票可以看作提供已知收入的证券,公式 $f = F = (S - T)e^{r(T-t)}$ 可用来计算期货价格。此方法对日本、德国、法国的指数很有效。若期货价格 $f = F > Se^{(r-q)(T-t)}$,可通过购买指数中的成分股票,同时卖出指数期货合约而获利。若 $f = F < Se^{(r-q)(T-t)}$,则可通过相反操作,即卖出指数中的成分股票,买入指数期货合约而获利。此即股指期货的套利。对于一些包含较多股票的指数,指数套利有时是通过交易数量相对较少的有代表性的股票来进行,这些代表性的股票的变动能较准确地反映指数的变动。股指期货套利经常采用程序交易的方法来进行,即通过一个计算机系统来进行交易。

股指期货能用来对冲一些高度分散化股票组合的风险,所以我们利用股指期货对股票组合进行套期保值,目标是使得套期保值工具头寸与现货头寸构成的投资组合的风险最小,实质是通过金融工具使现货头寸的风险得到转移。我们面临的问题是如果要保值的股票组合与指数组合不同,如何进行套期保值?我们采用交叉套期保值。当要保值的资产价值与所用的期货合约的标的资产的变化不是完全同步时,要考察两者价格变化的相关关系,并确定合适的套期保值比率。用于套期保值的期货合约的面值与要保值的资产的面值需要满足一定的函数关系。

假设要保值的资产(现货)价格为 S,用于保值的期货的价格为 f,定义 ΔS:套期保值期间,现货价格 S 的变化。Δf:套期保值期间,期货价格 f 的变化。h:套期保值的比率。且令 $\sigma_s = D(\Delta S), \sigma_f = D(\Delta f), \rho = \dfrac{\text{cov}(\Delta S, \Delta f)}{\sqrt{D(\Delta S)D(\Delta f)}}$。利用现货价格/期货价格变化的相关性,通过在期货市场和现货市场的相反操作来使它们的价格变化相互抵销,从而得到结果确定的目的。

下面我们来确定套期保值的最优比率。对一份现货资产的多头(空头)头寸用 h 份期货合约的空头(多头)进行套期保值。因此,一份现货资产的多头头寸经过套期保值后,组合的头寸为:1 份现货资产的多头 + h 份期货合约的空头 = 1 份现货资产的多头 - h 份期货合约的空头。

该套期保值组合的价格变化为:$\Delta V = \Delta S - h\Delta f$,

其方差为:$D(\Delta V) = \sigma_p^2(h) = \sigma_s^2 + h^2\sigma_H^2 - 2h\rho\sigma_s\sigma_H$。

对于套期保值者,其目标是使组合的方差最小化,由 $\min\limits_h \sigma_p^2(h)$ 可知,

当

$$h = \rho\sigma_s/\sigma_f \tag{6-15}$$

$$\min\limits_h \sigma_p^2(h) = \sigma_s^2(1 - \rho^2) \tag{6-16}$$

我们把使得套期保值工具头寸与现货头寸构成的投资组合风险最小的套期保值比率称为最优套头比。若套期保值不能完全消除价格风险,则投资者还必须承担剩余的风险,把在采取

套期保值措施以后剩余的风险称为基差风险。式(6-15)的意义：最优套头比等于现货工具的标准差与套期保值工具的标准差之比乘以二者的相关系数。式(6-16)的意义是：基差风险是由现货工具的价格风险与相关系数决定的。

例 6-22 某基金经理希望利用S&P500指数期货对他管理的股票基金进行为期3个月的套期保值，但该组合只包含10种股票，故组合价值变化与指数值的变化不能保持完全一致。若 $\sigma_s = 13.47, \sigma_f = 0.964, \rho = 0.779$，则由式(6-15)，$h = 0.779 \times \dfrac{13.47}{0.964} = 10.88$，则基金经理应卖出11份期货合约。

第三节 小 结

本章主要介绍了远期和期货的基本概念、定价原理、期货的种类、期货的套期保值和套利。重点介绍了金融期货中的外汇期货、利率期货和股票指数期货。通过实际案例分析了各种金融期货的套期保值交易和套利交易。套期保值包括多头套期保值和空头套期保值。套利包括跨期套利、跨商品套利和跨市场套利。投资者通过套期保值，利用期货合约在期货市场上为现有的资产进行保值、回避价格风险。其方法是在期货市场上进行和现货市场上数量相同方向相反的交易。在期货市场上卖出合约是为了防止资产价格下跌，在期货市场上买进合约是为了防止将要买入的资产价格上升，以达到规避价格风险的目的。套利是期货投机行为的一种，指投机者利用不同交割月份、不同商品和不同市场之间的价格变动关系，在买进一种期货合约的同时卖出另一种期货合约，以便从价格变动中获得利润的交易方法。金融期货在我国还是新兴的产品，我们必须学习国外的先进经验，使得金融期货在我国健康稳定地发展。

习 题

1. 金融期货的定价方法是什么？
2. 举例说明股指期货的定价。
3. 金融期货套期保值的基本原理何在？
4. 套期保值的种类有哪些？
5. 简述买入套期保值和卖出套期保值的适用对象及范围。
6. 在持有股票组合时，投资者如何利用股指期货进行套期保值？
7. 分析下面案例：某经销商将在3个月后购买1000吨大豆。在3个月内每吨大豆的价格变化的标准方差为0.056。公司选择购买豆粕期货合约的方法来进行套期保值。在3个月内豆粕期货价格变化的标准方差为0.080，且3个月内大豆价格的变化与3个月内豆粕期货价格变化之间的相关系数为0.9。求最佳的套期比率和经销商应购买的期货合约数目。
8. 考虑下面例子中货币期货的套期保值：某年3月1日，美国一家进口商与瑞士一家出口商签订了一份进口2000只瑞士表的合同，约定于3个月后交货付款，每只手表的价格为380

瑞士法郎。当时即期汇率为每瑞士法郎 0.6309 美元。如按这一汇率计算,美国进口商用479484 美元即可购得所需的 760000 瑞士法郎。为避免这一因汇率的不确定变动而可能造成的损失,美国进口商便决定从 IMM(芝加哥国际货币市场)买进同年 6 月份到期的瑞士法郎期货合约,以实施外汇期货的多头套期保值,过程如下,试分析这一过程:

日期	现货市场	期货市场
3 月 1 日	签订进口合约,约定 3 个月后付款 760000 瑞士法郎,按当时即期汇率(1 瑞士法郎＝0.6309 美元)计算,应支付 479484 美元。	买进 6 月份到期的瑞士法郎期货合约 6 份,成交期货汇率为 0.6450,合约总价值为 483750 美元。
6 月 1 日	即期汇率升至 1 瑞士法郎＝0.6540 美元,按此汇率购买 760000 瑞士法郎,共支付 497040 美元。	卖出 6 月份到期的瑞士法郎期货合约 6 份,成交期货汇率为 0.6683,合约总价值为 501225 美元。
损益		
结果		

第七章

期权定价

连续时间金融理论是现代金融经济学的一个重要分支,而且随着金融全球化的发展和金融理论的创新和推进,连续时间金融在整个金融学科中的地位日益重要。由于离散模型中我们限制了资产价格的取值范围(只能取到某些离散值)且价格变动只能在某些确定的时间点上发生,存在一定的局限性。在理论运用于实践方面,连续时间金融理论的运用相比离散时间金融理论更加出色。例如,从金融产品的角度来看,衍生品交易的规模在国际金融市场中占了很大的比例,而衍生品的交易与发展正是建立在对衍生品合理定价的基础上,而衍生品的定价(比如期权)正是建立在连续时间金融理论之上。

本章共分为三节,第一节将介绍期权的概念和定价问题;第二节将介绍股票期权;第三节中,将详细讲解期权定价的二叉树模型和 Black-Scholes 模型。

第一节 期权概论

一、期权发展的背景

期权交易早已有之。1973 年以前,在美国就存在着场外期权交易。由于这种交易是直接交易,交易费用很高,而且没有相应的期权二级市场,所以期权交易很不活跃。1973 年 4 月 26 日,芝加哥期权交易所(Chicago Board Option Exchange,CBOE)正式挂牌,开始了美国全国性的股票买入期权标准化合约的交易。这一交易一经推出就取得了极大的成功。投资者对期权的兴趣及期权交易量迅速增长。期权市场的建立和完善刺激了期权交易的发展,除此之外,20世纪 70 年代和 80 年代金融市场、商品市场的剧烈波动使得一些投资者纷纷采用期权战略进行保值,降低投资组合的风险,而另一些投机者则利用期权作为投机工具,希望通过短线操作赚钱,所有这些因素,都促使期权交易迅速发展。

二、期权的基本概念

(一)期权的定义

期权(option)又称选择权,它是在给定的时间或这个时间之前,持有者享有按照事先规定的价格(strike price)买进或者卖出某种资产的权利。所谓期权交易,实质上就是这种权利的买卖。对于期权的持有者(买方)来说,购买期权并没有得到任何商品,而只是购买到一种权利。这种权利使他可以在一定时期内(即在"给定的时间前")以一定的价格购买或者出售一定数量的某种商品,条件是他必须在购买时支付一定的权利金。对于期权的卖方而言,他必须承诺在期权有效期内买方行使权利时进行出售或者购买,这是他必须履行的义务,但他可以收取一定的费用进行补偿。这种费用即期权费(option premium)。

（二）期权的要素

(1)施权价:期权合同中规定的购入或售出某种资产的价格,称为期权的施权价(exercise price)或敲定价格(striking price)。

(2)施权日:期权合同规定的期权的最后有效日期称为期权的施权日或到期日(maturing date 或 expiration date)。

(3)标的资产:期权合同中规定的双方买入或售出的资产为期权的标的资产(underlying asset)。标的资产可以为普通资产,如商品、股票、货币等,也可以为利率、股票指数、期货等。

(4)期权费:买卖双方购买或出售期权的价格称为期权费或期权的价格(premium)。

（三）期权购买者和出售者的权利与义务

任何一个期权都有购买者(buyer)和出售者(writer 或 seller)。期权的购买者也被称为期权的长头寸方,期权的出售者被称为期权的短头寸方。期权的购买者在购买期权时需付出一笔费用给出售者,以获得买卖某种资产的权利。这笔付出的费用,就是期权的价格或期权费。买入期权的购买者付出期权费,获得购买某种资产的权利,但他并没有到期必须购买标的资产的义务,他拥有购买或者不购买的选择权。与此相似,卖出期权的购买者或持有者可以出售某种资产,也可以选择不出售。但是,对期权的出售者来说,如果期权的购买者行使其权利,出售者必须向买入期权的持有者以某一确定的价格提供相应的资产,或按照某一确定的价格接受卖出期权持有者手中的资产。因此,对于期权的购买者而言,付出期权费后,只有权利而没有义务;对期权出售者而言,接受期权费后,只有义务而没有权利。

（四）期权的种类

(1)根据期权交易履行合约的日期划分,期权又可分为欧式期权(European－style)和美式期权(American－style)。欧式期权指期权的购买方只能在到期日当天或在到期日以前某一规定的时间行使期权;美式期权指期权购买方从合约一开始购买直至到期日以前任何时刻都可以行使期权。可见,美式期权与欧式期权相比,在权利的行使日期上,有较高的弹性。与欧式期权相比,美式期权的出售方承担的风险更高,因此美式期权的期权费也较欧式期权贵一些。美式期权和欧式期权的交易地点并不受其名称限制,欧式期权也在美国期权交易所交易。因美式期权在行使日期上更为灵活,美式期权更为常见,期权交易所交易的期权也以美式期权为主。但欧式期权更为简单,更易分析,因此欧式期权的学习对美式期权有一定借鉴价值。

(2)根据期权相关合约的买进和卖出的性质划分,期权可分为看涨期权(call option)和看跌期权(put option)。看涨期权又称买入期权、敲入期权,它给予期权的持有者在给定时间或在此时间之前的任一时刻按规定的价格买入一定数量某种资产的权利,但不负有必须买进的义务。看跌期权又称卖出期权、敲出期权,它给予其持有者在给定时间或在此时间之前的任一时刻按规定的价格卖出一定数量某种资产的权利,但不负有必须卖出的义务。期权市场中通常有四类参与者:看涨期权的购买者、看涨期权的出售者、看跌期权的购买者和看跌期权的出售者。

例 7-1　考虑一份执行价格为 100 元的看涨期权。假设当前股票价格为 100 元,期权的到期日为 1 年,目前买入一股股票的期权价格为 5 元。看涨期权的持有者期待股票价格上涨从而获利。

看涨期权的购买者的净损益:

①到期日股票价格小于或等于 100 元,投资者不会行使期权,因此投资者会损失最初的投资(期权成本)5 元。

②到期日股票价格大于 100 元,投资者会行使期权。假定在到期日股票价格为 110 元,投资者通过行使期权,以 100 元的价格买入 1 股股票,并马上在市场上将股票变卖,可以获得净收入 10 元,忽略交易费用,算上最初的期权费用,投资者的净损益为 5 元。

看涨期权的出售者的净损益:

①到期日股票价格小于或等于 100 元,购买方不会行使期权,因此出售者获得最初的期权费 5 元。

②到期日股票价格大于 100 元,购买方会行使期权。假定在到期日股票价格为 110 元,购买者会行使期权,出售者有义务以 100 元的执行价格出售股票,需要以 110 元的价格补进股票,他的净损益为 -5 元。

例 7-2 考虑一份执行价格为 70 元的某股票的看跌期权。假定股票当前价格为 65 元,期权的到期日为 3 个月,期权价格 3.5 元。看跌期权的持有者期望股票价格下跌。

看跌期权的购买者的净损益:

①到期日股票价格小于或等于 70 元,购买方会行使期权,假定在到期日股票价格为 62 元,投资者通过行使期权,以 62 元的价格从市场上买入股票,并以约定 70 元的执行价格出售,可以获得 8 元收益,忽略交易费用,算上最初的期权费用,购买者的净损益为 4.5 元。

②到期日股票价格大于 70 元,购买者不会行使期权,投资者的净损益为 -3.5 元。

看跌期权的出售者的净损益:

①到期日股票价格小于或等于 70 元,购买方行使期权。假定在到期日股票价格为 62 元,出售者有义务以 70 元的价格收购股票,他将损失 8 元,算上最初的期权费用,购买者的净损益为 -4.5 元

②到期日股票价格大于 70 元,购买方不会行使期权,所以出售者的净损益为 3.5 元。

(3)根据期权交割的内容标准进行行划分,期权又可分为指数期权、外汇期权、利率期权和期货期权四种。

①指数期权:它是指以股票价格的变动指数作为基础证券的期权形式。在指数期权中,期权购买方可以购买股票指数的看涨或者看跌期权。

②外汇期权:它是指以外汇作为基础证券的期权形式,包括外汇现货期权与外汇期货期权两种类型。在外汇期权中,期权购买方在向出售方支付了一定的期权费、购买了某种外汇现货或期货的期权之后,有权决定在期权到期日之前,是否以敲定价格购入或者售出一定数量的某种外汇现货或期货。

③利率期权:它是指以国库券等债券作为基础证券的期权形式。这类基础证券主要有国库券、政府中长期债券、大额可转让存单等,利率期权的交易单位通常面额为 10 万美元。

④期货期权:它是指以商品期货合约作为基础证券的期权形式。期货期权的购买方在期权合约有效期内,在向期权卖方支付一定的权利金后,有权按照约定的价格购买或者出售某种具体时期的期货合约。因此,期货期权在实际交割时并不是期货合约所代表的商品,而是期货

合约本身。

（4）期权交易按其是否在交易所交易还可分为场内期权和场外期权。场外期权是指不能在交易所上市交易的期权，又称零售期权。场内期权是指在交易所内以固定的程序和方式进行的期权交易，又称上市期权。场外期权的交易金额、适用价格及期限等条件均由当事人双方自由决定，而场内期权的适用价格、到期日、交易金额单位均为标准的期权合约格式，双方当事人仅就期权合约进行买卖。

（5）前面谈的这些期权类型主要是针对标准期权而言的，但由于期权概念中权利和义务不完全对称的特性，这给衍生工具的发展留下了巨大空间。标准期权是期权类衍生工具的基本形式，此外，还有非标准期权（或奇异期权，exotic option）。非标准期权工具正是由于其非标准性，而成为衍生工具家族中最富有创新能力的一支。下面简要介绍非标准期权的种类。

非标准期权的非标准之处在于其回报的形式大大复杂于一般的美式和欧式期权。非标准期权工具大多在场外市场上交易。非标准期权的概念含义广泛，目前创新出的各类期权交易工具都可归入此类。我们根据非标准期权的基本特点，将它们大致分为三类。

第一类，路径非相关工具。路径非相关的含义是指该类工具的最终价值只由基础交易物最终的价格决定，而与达到这个最终价格的路径无关。它主要包括以下几种期权种类：

①二元式期权（binary option）：又称为欧式数字式期权，其损益曲线为非连续性的。如果二元式期权在到期日处于有利价，则其持有人可获得一定数量的现金支付。二元式期权也分为看涨期权和看跌期权。

②复合期权：即看涨期权的看涨期权（call on a call）、看跌期权的看涨期权（call on a put）、看涨期权的看跌期权（put on a call）、看跌期权的看跌期权（put on a put）。

③迟付费期权（pay later option）：其得名源于其期权费只是在期权得以执行时才需支付。迟付费期权要求其持有人在到期日，对于处于有利价的期权必须执行，而不管执行期权所得是否足以支付期权费。

④选择人期权（chooser option）：又称作"随你所愿"期权，它给予持有人的权利是在一个确定的时段后，持有人可选择决定所购买的是看涨期权还是看跌期权。

第二类，路径相关工具。路径相关工具的基本特征同路径非相关工具恰恰相反，其最终价值基本上取决于基础交易物的价格变动过程。它主要包括以下种类期权：

①障碍期权（barrier option）：其可划分为两大类：敲入期权（knock-in option）和敲出期权（knock-out option）。敲入期权是指因基础交易物价格达到一定水平才开始生效的期权；敲出期权是指因基础交易物价格达到一定水平才失效的期权。障碍期权的损益取决于在一特定时期内基础交易物的价格是否达到一定水平。它是典型的路径相关工具，因为期权的最终价值取决于基础交易物价格运动的轨迹。

②回望期权（lookback option）：其可划分为两类：浮动敲定价格回望期权和固定敲定价格回望期权。浮动敲定价格回望期权又称标准回望式期权，是指在期权到期日，期权持有者可选择期权期限内基础交易物的最低价格（对于看涨期权）或最高价格（对于看跌期权）作为敲定价格，从而使收益最大化。固定敲定价格回望期权是指它给予持有者在到期日以期权期限内基础交易物价格的最大值（对于看涨期权）或最小值（对于看跌期权），而非最终价格来进行结算，从而使其收益最大化。

③亚式期权（Asian option）：其可分为两类：平均价格期权和平均敲定价格期权。平均价格期权是指在到期日的收益为基础交易物价格在一定时段内的平均值与敲定价格间的差额

（如果为正）或零。平均敲定价格期权是指在到期日的收益为基础交易物在一定时段内的平均价格（即平均敲定价格）与其在到期日的终点价格之间的差额（如果为正）或零。亚式期权的价值决定于期权期限内某一特定时段内基础交易物价格的平均值。

④呼叫期权（shout option）：对于一般的欧式期权持有者而言，其盈亏将决定于期权到期日的标的资产价格与敲定价格的关系。而在到期日之前，即使标的资产价格有过较有利的变动，从而使该期权具有较大的内在价值，但期权持有者也因不能提前执行而错失良机。呼叫期权是一种特殊的欧式期权，这种期权的持有者有权在期权有效期内的某一个时间锁定一个最小的盈利。如果期权有效期内的某一时间，期权持有者向期权出售者"呼叫"，那么在期权到期时，该期权的持有者既可能获得普通欧式期权的盈利，也可能获得呼叫时该期权的内在价值。

第三类，其他非标准期权。

①组合头寸（packages）：它是由标准欧式期权、远期合同、现金基础交易物本身构成的证券组合。金融机构往往根据客户的需要为其设计组合头寸，而这种组合头寸的初始成本一般被设计为零。

②远期启动期权（forward start option）：它是费用已付但将于未来一定时间生效的期权合同。合同条款常常使期权在启动时处于平价。常见的远期股票期权为经理人股票期权。经理人股票期权经常用于对雇员激励的计划中，公司承诺在未来的某一时间向雇员发放平价期权。实际上，根据风险中性估价原则，我们可以推知，对于无股息支付的股票，远期启动期权的价值是与条件相同的标准期权一样的。

③百慕大期权（Bermudan option）：标准美式期权允许持有者在到期日前任意时间行使期权且施权价相同，而百慕大期权作为美式期权的一种变形，将提前执行期权的时间限定在期权权限内特定时段。

④交换期权（exchange options）：它给予持有者的权利是以一种基础交易物换取另一种基础交易物。这种期权的价值取决于两种交易物的价格。

⑤彩虹期权（rainbow option）：它是指设计两个或两个以上基础交易物的期权。期权持有者从犹如彩虹七色的一组交易物中进行选择。有一种彩虹期权称作一篮子期权（basket option），其收益取决于由几种交易构成的一个投资组合的价值。

（五）期权的内在价值

1.期权的内在价值

根据上面对期权买卖双方的权利与义务的分析，可以对看涨期权和看跌期权的内在价值做一些分析。

一个施权价为 K，标的资产在施权日 T 的市场价格为 S_T 的买入期权在施权日的价值 P_c^* 为：

$$P_c^* = \begin{cases} S_T - K, & S_T > K \\ 0, & S_T \leqslant K \end{cases} \tag{7-1}$$

或
$$P_c^* = \max(0, S_T - K)$$

这是因为，若某看涨期权的施权价为 100 元，标的资产的市场价格为 110 元，则看涨期权持有者可执行期权，以 100 元的价格买入标的资产，再在市场上以 110 元的价格卖掉，从中可获利 10 元。若标的资产的市场价格为 90 元，则看涨期权的持有者将不执行期权，看涨期权的价值为零，但不会出现其价值为负的情况。

同样道理，施权价为 K，标的资产在施权日 T 的市场价格为 S_T 的卖出期权在施权日的价值

P_p^* 为：

$$P_p^* = \begin{cases} 0, & S_T \geqslant K \\ K - S_T, & S_T < K \end{cases} \tag{7-2}$$

或

$$P_p^* = \max(0, K - S_T)$$

买入期权和卖出期权的上述价值称为期权的内在价值。

2. 实值期权、两平期权与虚值期权

根据期权施权价与标的资产市场价之间的关系，期权可分为实值期权（in-the-money）、两平期权（at-the-money）和虚值期权（out-of-the-money）。

对买入期权来说，如果 $S_T > K$，则为实值期权；如果 $S_T = K$，为两平期权；如果 $S_T < K$，为虚值期权。对于卖出期权来说，如果 $S_T < K$，为实值期权；如果 $S_T = K$，为两平期权；如果 $S_T > K$，为虚值期权。表 7-1 对买入期权的类型做了介绍。

表 7-1　买入期权的类型　　　　　　　　　　　单位：元

买入期权	施权价	标的股票市价	类型
A	55	60	实值期权
B	60	60	两平期权
C	65	60	虚值期权

三、看涨期权与看跌期权平价

具有相同施权价 K 和施权日 T 的欧式买入期权、欧式卖出期权和标的资产三者之间存在着一种价格依赖关系，投资者可以凭借其中任意两个构造出另一个金融产品来。它们之间的这种价格依赖关系，称为买入期权与卖出期权平价（call and put parity）。

下面我们就以欧式股票期权为对象，考察一下这种平价关系。

令：$S_0 =$ 当前 t 为 0 时的股票价格，$P_c =$ 欧式看涨期权的价格，$P_p =$ 欧式看跌期权的价格，$K =$ 施权价，$T =$ 施权日，$S_T =$ 施权日的股票价格，$r =$ 利息率。

假设投资者现在（即时间 $t=0$）以 P_c 价格出售一单位（注意，不是一份期权合约，关于一份期权合约在后面将涉及，这里为了讨论方便，对问题进行了简化）看涨期权，以 P_p 价格购入一单位（同样到期日，同样施权价）看跌期权，以 S_0 的价格购入一单位期权的标的股票，以利率 r 借入一笔借期为 T 的现金，金额为 $K(1+r)^{-T}$，以上权利义务在施权日全部结清，不考虑交易成本和税收，投资者现在和施权日的现金流量如表 7-2 所示。

表 7-2　投资组合的现金流量

现在 $t=0$	施权日 $t=T$	
	$S_T \leqslant K$	$S_T > K$
出售看涨期权：$+P_c$	0	$K - S_T$
借入资金：$+K(1+r)^{-t}$	$-K$	$-K$
购买股票：$-S$	S_T	S_T
购买看跌期权：$-P_p$	$K - S_T$	0
总计	0	0

由表 7-2 可知，不管在施权日股价如何变化，该投资组合的价值均为 0。由于上述投资组合为无风险投资组合，期末价值为 0，那么，它的期初价值也必然为 0，即：

$$P_c - P_p - S_0 + K(1+r)^{-T} = 0 \tag{7-3}$$

将式(7-3)移项得：

$$P_c + K(1+r)^{-T} = P_p + S_0 \tag{7-4}$$

这就是看涨看跌期权平价(call-put parity)。同样施权价、同样到期日的看涨和看跌期权价格必须符合上式，否则，就会出现无风险套利机会，而市场是不会也不应该提供这种机会的。下面举例说明上述情况。

例 7-3 假设目前市场上有效期为三个月，施权价 K 为 40 的欧式看涨期权价格 P_c 为 3，同样的看跌期权价格 P_p 为 2，股票当前价格 S_0 为 40，利率为 5%，则我们有

$$P_c + K(1+r)^{-T} = 3 + 40(1+0.05)^{-\frac{1}{4}} \approx 42.52$$

$$P_p + S_0 = 2 + 40 = 42 < 42.52 \tag{7-5}$$

所以 P_c、P_p 不符合看涨看跌期权平价。由看涨期权和零息债券（存款）构成的投资组合在今天的价值 42.52 高于由看跌期权和股票构成的投资组合在今天的价值 42。因此我们可以通过购入价值低的证券组合同时卖出价值高的证券组合来制造套利机会。如果投资者构造下述投资策略：

- 出售一单位看涨期权： +3
- 按 5% 借入现金： +39.52
- 购买一单位看跌期权： −2
- 买入一单位股票： −40
- 当前现金收入： +0.52

这个投资组合为无风险组合。根据表 7-2 的分析，我们知道，在施权日 $t = T$ 时该投资策略的价值应等于 0，即在施权日不管股价如何变化，投资者都不必付出任何财富。而现在，投资者的现金收入为 0.52。因此，这个投资者只要构造这个投资策略，可马上得到 0.52 单位的无风险收益。市场绝不允许出现这样的无风险套利的机会，所以看涨期权、看跌期权的价格必须符合看涨看跌期权平价。

第二节 股票期权

股票期权是最常见的期权类型，是指以现货市场的某种具体的股票作为标的物的期权。利用这种期权，投资者既可规避个别股票的风险，又可增加投资这些股票的收益。这一节我们就对股票期权做详细的介绍。

一、股票期权合约

规定买卖双方权利义务的标准化的期权合同，又称期权合约，在市场上买卖的就是这种标准化的合同。标准化期权合约有标准的交易单位（标的资产数量）、最小变动价位、每日价格波动限制、施权价、合约月份、交易时间、最后交易日、履约日。在这些规定中，有些是与金融期货中的规定相同的或相似的，而有些则是金融期权所特有的。

（一）交易单位

一般股票期权合约规定：一份股票期权合约的标的资产数量为 100 股股票，即期权的持有

者如购买了一份期权合约,则有权以施权价购买或出售该种股票100股。值得指出的是,期权行情表上公布的期权价格均是针对每股股票而言的,由于每份合约的数量是100股股票,所以每份合约的价格是行情表上标明的价格的100倍。

(二)合约月份

最初,标准化的期权合约规定的到期月份分为三个固定的周期:

- 一月、四月、七月、十月
- 二月、五月、八月、十一月
- 三月、六月、九月、十二月

如一月份发行的期权,到期月份只能是四月、七月和十月;七月份的期权,到期月份只能是十月、次年一月和四月。期权最长的期限为9个月,到期日为到期月份的第三个星期五后的那个星期六。因此,期权的最后一个交易日就是到期月份的第三个星期五。虽然交易所为每一种股票期权选定了上面三个周期中的一组作为到期月份,但在任何一个营业日,此后到期的期权都可以进行交易。如在九月初,到期月份为九月、十月、十一月、十二月的期权都可交易。

(三)施权价

标准化的期权合约还规定标准的施权价。根据其标的股票的价格,美国股票期权的施权价一般以2.5美元、5美元或10美元的价位递增递减。例如,以5美元为价差的某种股票的期权,其施权价可分为65美元、70美元、75美元、80美元等几种。期权的施权价由交易所确定。一般地说,每股价格较高的股票,它的期权的施权价位较高。每股价格较低的股票,它的期权的施权价位较低。比如,CBOE规定当标的股票价格在5~25美元时,施权价按每档2.5美元的价值增减;当标的股票价格在25~200美元时,施权价按每档5美元的价值增减;当标的的股票价格在200美元以上时,施权价按每档10美元的价值增减。在市场上发行、交易的股票期权,有的施权价高于现行股票市价,有的施权价低于现行股票市价,以满足对股票价格走向持不同预期的投资者的需要。当股票价格上涨或下跌幅度较大时,施权价要反映股价变化,因此就要发行不同施权价的新的期权。

(四)最后交易日与履约日

最后交易日,是指某种即将到期的金融期权合约在交易所交易的最后截止日。如果期权购买者在最后交易日不再做对冲交易,则他要么放弃期权,要么在规定时间内执行期权。履约日,则是指期权合约所规定的、期权购买者可执行该期权的日期。由于金融期权有欧式期权与美式期权之分,故不同期权的履约日也不尽相同,而且履约日也未必在最后交易日之后。在金融期权交易中,由于期权购买者既可执行期权,也可放弃期权,故最后交易日和履约日是两个必须明确的日期。就履约日而言,交易者首先必须明确自己所买进或者卖出的期权究竟是欧式期权还是美式期权。如为欧式期权,则履约日即该期权的到期日;如为美式期权,则履约日是该期权有效期内的任一营业日。就最后交易日而言,不同的期权也有不同的规定。

由于交易单位、施权价、到期日、合约月份都已有规定,因而期权买卖双方在市场上争取的只是对自己有利的期权价格。换句话说,标准化期权买卖要谈判的只是期权价格。

二、股票期权行情表

表 7-3 是 1990 年 6 月 15 日《华尔街日报》期权行情表的一部分,给出的是 1990 年 6 月 14 日 Honwell 公司股票各种齐全的价格。表中第一列为标的股票 1990 年 6 月 14 日在纽约证券交易所的收盘价,其中第一列第一行是标的股票公司的名称缩写。由表 7-3 可知,Honwell 公司股票 1990 年 6 月 14 日的收盘价为 98 美元。表中第二列期权的施权价,最低 85 美元,最高 105 美元,价位差 5 美元。第三列至第五列分别是不同施权价下不同到期日的买入期权的期权费。第六至第八列为不同施权价下不同到期日卖出期权的期权费。表中 r 表示当日该种期权无交易,s 表示没有这种期权。

表 7-3　Honwell 公司股票期权行情(1990 年 6 月 14 日)

Option & NY Close 纽约证券交易所收盘价	strike price 施权价	Call 买入期权			Put 卖出期权		
		6 月	7 月	8 月	6 月	7 月	8 月
Honwell	85	$14\frac{3}{8}$	s	r	r	s	$\frac{3}{8}$
98	90	8	r	r	r	r	r
98	95	$2\frac{7}{8}$	$5\frac{5}{8}$	$7\frac{1}{8}$	r	$1\frac{1}{4}$	r
98	100	$\frac{1}{16}$	$2\frac{3}{8}$	$4\frac{1}{8}$	$1\frac{3}{4}$	r	4
98	105	r	1	$2\frac{1}{8}$	r	r	r

从表中可以看出,第一,对于给定到期日的买入期权,施权价越低,期权价格越高。如到期日为 6 月的买入期权,施权价为 100 美元时,期权价格仅仅为 $\frac{1}{16}$,而施权价为 85 美元时,期权价格为 $14\frac{3}{8}$,卖出期权则正好相反(这从最后一列中可看出)。第二,给定施权价,到期日越晚,买入期权和卖出期权的价格越高。如施权价为 100 美元时,6 月份到期的买入期权和卖出期权的价格分别为 $\frac{1}{16}$ 和 $1\frac{3}{4}$,而 8 月份到期的买入期权和卖出期权的价格分别为 $4\frac{1}{8}$ 和 4。

三、股票期权的交易与清算

(一)股票期权的交易

股票期权的交易与股票交易相似,都是在交易大厅内由经纪人进行的。投资者本身不能直接进入交易所大厅,而要委托经纪人代为进行。通常,客户向经纪人发出交易指令,这个指令包括以下内容:

(1)买或卖;

(2)合约份数;

(3)标的股票;

(4)到期月份;

(5)施权价;

(6)限价(也可以不限价);

（7）期权类型（买入期权还是卖出期权）；

（8）多头还是空头（如果卖出期权的话）。

此外，客户还要告诉经纪人这一指令是要做一笔"开首"（opening）交易还是要做一笔"结清"（closing）交易。所谓"开首"，是指交易者通过交易为自己开辟了一个头寸，拥有了某种权利（购进某种期权）或义务（卖出某种期权）。所谓"结清"交易，是指交易者通过交易结清了自己的某一头寸，取消了自己的某种权利或义务。比如，交易者卖出一份买入期权，就是"开首"，使自己承担了在对方执行期权时按施权价卖给对方规定数量的标的股票的义务。而如果该交易者后来又买下了一份同样的买入期权，就是"结清"，因为他按照施权价卖给买入期权的持有者规定数量标的股票的义务已经转移给了另一个人，从而使自己原来承担的义务消失了。下面介绍一条投资者向自己的经纪人发出的典型交易指令：

购进 1 份百事可乐 1 月 60 买入期权——期权费 $3\frac{1}{4}$。即此人要以 $3\frac{1}{4}$ 的价格购进一份 1 月份到期，施权价为 60 美元的百事可乐公司股票的买入期权。

经纪人接受指令后，将寻找合适的交易对象，如果交易成功，则在客户的账户上进行相应的调整。

（二）期权清算公司

为了保证期权交易的效率和安全，从事期权交易的证券交易所成立期权清算公司（Option Clearing Corporation，简写为 OCC），期权清算公司是期权购买者与期权出售者之间的中介机构，其作用是保证期权合约的实施，进行期权交易的清算。

引进期权清算公司后，期权买卖双方的经纪人不再直接进行交易，而是通过清算公司这一中介机构进行。清算公司作为买方，将卖方卖出的期权合同买下；同时又作为卖方，将买方要购买的期权合同卖出，同时对买卖双方承担履约责任。由于清算公司组织严密，规章完善，有很强的实力和很高的信誉，使合约的履行有充分的保障，从而大大提高了期权交易的安全性。

清算公司除承担履约责任外，还负责办理交易的交割手续，制定标准化的期权合约，以及帮助和安排期权的执行等项工作。

由于所有期权交易都要通过期权清算公司进行，所以有资格进行期权交易的经纪人都是清算公司的会员，并且要向清算公司交纳保证金，以保证清算公司的正常运行和期权交易的高效与安全。

当股票期权的持有者选择执行期权时，期权清算公司将按下述步骤安排卖方履约。首先，公司要检查所有出售了该种期权的投资者的经纪商，随机选择其中的某一经纪商，向它发出期权执行通知单，该经纪商收到通知单后，再从委托其出售了该期权的顾客中随机选择一个或几个，向他们发出期权执行通知单，一旦被选中，该顾客必须进行实际股票交割，而不能通过结清交易（即买入一个相应的期权）来结清他的头寸。因此，出售某种期权合约的一个风险就是在期权有效期内，有可能被随机选中，被强迫执行该期权的义务。由于期权权利的实际执行不超过期权的总发行量的 5%，所以这种可能性很小。

（三）保证金

期权出售者要向经纪商交纳一定数量的保证金，这种保证金与股票、债券交易的保证金不同。股票、债券交易的保证金是指投资者采用信用交易方式时，只需要经纪商交纳购买金额的一部分,其余部分可向经纪人借款。交纳部分占全部金额的比率称为保证金比率。期权交易不能采用信用交易方式,期权费在交易中必须缴足。期权的保证金是指在期权出售者出售某种期权时,为保证交易的安全性,即保证他有能力在对方执行期权时履行义务,要求他在经纪人那里存入一笔现金或其他流动性较强的有价证券(如国库券)作为抵押,这通常称为期权交易的保证金。其实质是一种履约担保,而不是股票、债券交易中的信用交易。

保证金比率根据经纪商、标的股票价格和期权是买入期权还是卖出期权的不同而不同。在投资期内,保证金比率的大小影响投资者财务杠杆作用的程度,并最终影响其投资的收益与风险。

(四)对冲与履约

在场内期权交易中,如果交易者不想继续持有未到期的期权部位,那么,在最后交易日或在最后交易日之前,他可随时通过反向交易来加以结清。这与金融期货交易中的对冲是完全一样的。而在金融期权的履约中,不同的期权有不同的履约方式。一般地说,除指数期权及欧洲美元期权以外的其他各种现货金融期权,在履约时,交易双方将以敲定价格进行实物交割;各种指数期权及欧洲美元期权,则根据敲定价格与市场价格之差实行现金结算;期货期权,则依敲定价格将期权部位转化为相应的期货部位。

我国的主要期权品种有权证。权证,是近年在海外证券市场兴起的金融衍生工具之一,指能够按照特定的价格在特定的时间内购买一定数量标的资产的选择权凭证。由于权证具有期权的若干特性,在某种程度上,可以将权证认为是一种近似的期权。权证种类较多,既有上市公司发行的、可以用股票结算的股本权证(equity warrant),也有券商发行的、可以用股票或现金计算的备兑权证(covered warrant)。

权证是期权的初级形式,在世界主要资本市场都发展迅速。据世界交易所联合会(WFE)统计,WFE 的 57 个会员交易所中已有 45 个交易所推出了各种权证产品,这一比例仅次于股票(95%)和企业债券(88%),位列所有交易品种的第三位。

我国引入权证的历史比较短,并且权证的发展道路也比较曲折。1929 年 6 月,上海市推出了第一只权证——大飞乐配股权证。1994 年 10 月,证监会特别批准深交所的 6 只权证转配部分继续交易。后经深交所批准,这 6 只权证分离成公众股配股部分(A1 权证)和非流通股配股部分(A2 权证)。但是,由于多方面的原因,我国在这一时期推出的权证交易总体来说并不成功。1996 年,我国权证市场最终由于投机现象过于严重而被迫停止。尽管这一时期的权证夭折于萌芽之中,但其作用不可忽视。实际上,即使在成熟的资本市场,权证的发展也经历过曲折过程。作为一次有意义的尝试,我国 20 世纪 90 年代初期权证的运作为以后认股权证的发行、上市、交易、监管等积累了实践经验,也为制定更为科学完善的运行机制和监管措施奠定了坚实的基础。

2005 年初,随着股权分置改革的推进,我国又重新开启了关闭十年之久的权证市场。2005 年 8 月,宝钢权证上市,为一度疲软的市场注入了强劲的动力。一时之间,权证成为我国资本市场的生力军。2005 年至今,共有 55 只权证发行。其中,交易最为火爆的是在 2006—2008 年间。市场上最多时曾有 26 只认购、认沽权证同时交易。

权证的推出,有利于完善证券市场结构和功能。成熟的证券市场产品既有基础性产品,如股票、债券,又有结构性产品,如 LOF(上市开放式基金)、ETF(交易型开放式指数基金)等,还要有衍生产品,如股指期权、股指期货等。而我国证券市场缺乏金融衍生产品,事实上是一个单边市场,不利于满足投资者多样化的投资需求,不利于提高资本市场效率,优化资源配置。

权证的推出,则为创造新的金融衍生品市场、提供多样化投资工具、促进价格发现和资源配置提供了契机。

权证的推出,为投资者提供了有效的风险管理工具和资产组合调整手段,极大地丰富了市场投资品种。权证是具有买权或卖权的有价证券,为市场提供了新的避险工具和投资工具。由于权证具有期权性质,同时具有高财务杠杆的特点,因此投资者既可以利用它进行风险管理,也可以通过杠杆作用实现"以小博大"的目的,增加了新的盈利模式。

权证的推出,为上市公司提供了新的融资方式,同时又可减轻上市公司的"圈钱"目的。在融资中,将权证与股票或债券同时发行,可以增加股票或债券的吸引力,提高投资者认购的积极性,便利上市公司筹资。同时,在融资中引入认股权证后,上市公司业绩如果出现下滑,就有可能导致大量权证不被执行,发行人将募集不到计划的资金规模,恶意圈钱的可能性被降低。另外,权证可以逐步行权,有利于发行人灵活地安排融资时间,避免一次性募资导致资金闲置。

权证的推出,可以缓解证券公司的经营困境。对券商等中介机构来说,发行权证带来了拓展业务的机会,有助于改善目前券商业务品种单一的情况,增加新的业务收入来源。

权证的推出,有利于促进资本市场的金融创新。经过十余年的发展,证券市场正处功能性拓展的关键时期,即通过市场广度和深度的发展来进一步发挥市场功能。在这种背景下,市场各方对金融产品创新提出了迫切的需求。

由于发行量小,制度不健全,自从诞生以来,权证就被前仆后继的投机者炒得热火朝天。这种内在价值为零的"击鼓传花"游戏居然还在进行。由于权证长时间大幅度偏离理论价格,机构将权证作为单纯的投机工具来炒作。设立股本权证的目的是拓宽上市公司的融资渠道,但事实上并未达到当初的设想。数据显示,在发行的 26 只股本权证中,在最后一个交易日存在内在价值的包括长虹 CWB1 在内仅有 11 只,有 50% 左右的认购权证未能在行权日实现融资功效。由于权证是有期限的交易品种,随着大部分权证的到期,而新的权证没有再发行,权证市场迅速萎缩。随着最后一只权证长虹 CWB1 的到期,我们暂时告别了权证。权证市场对投资者失去吸引力的主要原因有二:一是权证市场规模逐渐减小,重要性逐渐降低;二是权证整体溢价率过高使得权证不能展现杠杆效应。权证的避险功能也没有得到体现,是权证日益衰败的另一大原因。

境外市场的权证多数是上市公司以外的拥有良好信用等级的金融机构发起的备兑权证。以中国香港市场为例,2002 年香港的权证市场在引入"庄家制"等措施后发展速度明显加快。目前,中国香港的权证数量超过 2000 只,且单以成交金额计,香港已成为境外最大的权证市场,其中 99% 以上的权证为备兑权证。

备兑权证具有更好的灵活性。例如,金融机构可以发行各种标的证券不同、存续期限不同的权证,从而丰富权证市场,满足广大投资者的需求。

只要未来与国际市场接轨的大趋势不变,权证市场应该也会再次迎来螺旋式发展的机会,那或许就是真正的备兑权证时代。

中国要重新推出权证,需要完善交易品种和交易机制,可以借鉴境外市场的做市商制度,丰富权证市场的交易品种,一个仅有几十个品种的权证市场与一个拥有几千甚至几万个交易品种的权证市场相比,其深度和广度显然难以同日而语,其投机炒作难度也将成倍增加。

四、股票期权的运用

在这一小节中,我们将讨论期权价值的基本形态和如何在投资活动中进行期权交易的问题。

（一）买入期权

买进某种期权是一种最简单、最基本的期权投资方式,其中尤以购进看涨期权的为多。

1.买入看涨期权

买入看涨期权在投资活动中有多种用途,其基本用途一是投机获利,二是资产保值。

如果投资者对某种股票的前景看好,预期其价格将上涨,可以通过买入看涨期权的方式以较小的投资额,有限的预期损失来争取最大的预期利润。

例 7-4　假设某股票的市场价格为 38 元,施权价 40 元,为期 6 个月的看涨期权的价格为 4 元,买入一份期权合约的成本为 400 元。如果在期权执行时,股票价格低于 40 元,则该期权一文不值,投资者的最大损失为 400 元(这里忽略了付给经纪人的佣金及其他交易费用)。如果股票价格大于 40 元,投资者的损失开始逐步减少,盈亏平衡点为期权的施权价与期权费之和 44 元。当股票价格高于 44 元时,投资者开始盈利。

从理论上讲,其盈利水平是没有上限的。买入看涨期权的盈亏状况如图 7-1 所示。如果我们将图中期权价格 4 元换成买入期权价格的一般符号 C,将施权价 40 元换成符号 K,则图 7-1 给出的就是买入期权的一般盈亏状况。

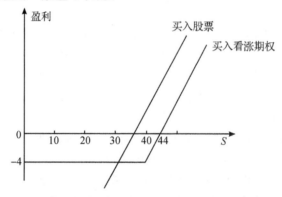

图 7-1　例 7-4 中买入一只股票的看涨期权的收益情况

设标的股票的价格涨至每股 48 元,投资者执行期权,每股可获利 4 元,总共获利 400 元。如果投资者不是买入股票的看涨期权,而是直接买入标的股票,则 400 元只能购进约 10.5 股股票。每股股票获利 10 元(48 元－38 元),总共获利只有 105 元,远小于前一种选择。由此可见,买入看涨期权有强大的杠杆作用,可以提高投资者的获利能力。但另一方面,如果标的股票的涨幅不大,比如只涨到 39 元,则买入股票每股仍可获利 1 元(不考虑交易费用),而买入看涨期权却是净亏损。因此,其风险也较大。

买入看涨期权的另一个原因是保值,特别是保护股票卖空行为。比如,某投资者预期股票价格将下跌,卖空一部分股票以图盈利,但又怕万一股票上涨较多造成过大的损失,即可买入相应股票的看涨期权,如果股价上涨,可以执行看涨期权,收进股票以补足卖空的股票。

2.买入看跌期权

如果投资者预期股价将下跌,可以买入相应股票的看跌期权,当股票价格如预期下跌时,便可执行该看跌期权,在市场上以低价买进股票,然后按较高的施权价卖出,赚取价差利润。当然,投资者也可以通过直接卖空该种股票赚取利润,这样,其收益与损失将与股价变化成正比。

例 7-5　假设某股票市场价格为 38 元,施权价为 40 元,有效期 4 个月的卖出期权售价为

4 元。现在这个期权已经具有一定的内在价值,如果股价进一步下跌,其价值将进一步增加。该期权的盈亏平衡点为 40－4＝36(元)。如果股价低于 36 元,投资者将有利可图;若股价高于 40 元,投资者最大损失为 400 元。

买入看跌期权与直接卖空股票的盈亏比较如图 7-2 所示。同样,如果我们将期权价格用 P 表示,施权价用 K 表示,则图 7-2 就是看跌期权的一般盈亏图。

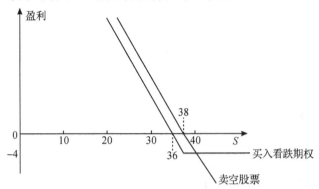

图 7-2 买入看跌期权的收益情况

买入看跌期权的另一个作用是保值,特别是保护已到手的收益。假设某投资者手中的股票由买入时的每股 40 元涨至每股 60 元,且投资者预期股价还将进一步上升,不愿立即抛出。但该投资者又担心万一股价下跌,到手的利润将化为乌有。在这种情况下,投资者可买入一个施权价为 70 元的看跌期权,以少量的期权费支出来保护自己手中的股票的价值。

(二)卖出期权

1. 卖出看涨期权

如果投资者认为股票价格要下跌,可以卖出看涨期权来赚取期权费。

例 7-6 假设股票的市场价格为 38 元,按 4 元的价格售出一份施权价为 40 元,有效期为 6 个月的买入期权合约,可赚取 400 元的期权费。如果股价不超过 40 元,没有人会执行期权,以每股 40 元的价格从期权出售者手中买入股票,出售者可获 400 元净利。如果股价上升到 44 元,出售者可保本不亏。如果股价超过 44 元,出售者将发生亏损。其总体盈亏情形如图 7-3 所示。

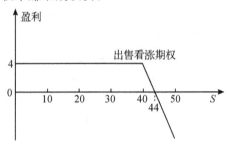

图 7-3 卖出看涨期权的收益情况

若看涨期权的出售者手中拥有相应的标的股票,该期权出售者售出的看涨期权是非暴露的,反之,则为暴露的。

2. 出售看跌期权

与出售看涨期权者一样,出售看跌期权的人也是为了赚取期权费。在合约有效期内,看跌期权出售者有义务在对方执行期权时按事先规定的价格买下标的股票。因此,当股票价格下跌时,看跌期权的买入者有可能低价在股市上买入股票,然后执行期权,以高价出售给期权出售者。(出售者预期股价上涨)

根据前面的例子,施权价 40 元,有效期为 4 个月的卖出期权的售价为 4 元,这时,期权出售者的盈亏状况如图 7-4 所示,其盈亏平衡点为 36 元。

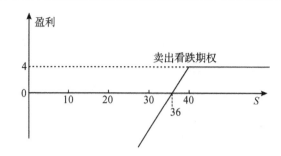

图 7-4　卖出看跌期权的收益情况

（三）组合期权策略

上面谈到的是简单的买入或售出某种期权的做法。事实上，将期权与股票、期权与期权的买入卖出相互组合，可以得到许多不同的投资收益方式，以及不同的投资策略。下面介绍几种常见的组合策略。

1. 利用看跌期权保证盈利或限制损失（保护性看跌期权，protective put）

买入或已经拥有一只股票的同时买入一个以该股票为标的资产，施权价为 K 的看跌期权，以保证这一组合的价值不低于 K。

比如，该股票卖出期权的施权价为 70，而市场价格为 65，则该看跌期权的价值为 $70-65=5$，加上股票的价值 65，整个组合的价值为 70。

图 7-5 给出了单独持有股票、同时持有股票和看跌期权两种策略的盈亏。如果股票价格始终保持 $S=S_0$（股票的买入价格），则该投资的利润为 0。当股票价格 $S<S_0$ 时，单独持有股票将发生亏损，其最大亏损额为 $-S_0$。而如果同时持有股票和施权价 $K=S_0$ 的看跌期权，则这一组合的价值始终保持为 S_0，投资者的损失为 $-P$（看跌期权的价格）。当 $S>S_0$ 时，单独持有股票即可盈利，而持有股票与看跌期权组合需要先收回购买期权的成本 P 后才开始盈利，不难看出，这种组合可以有效地保护投资者不因股票价格大幅下跌而遭受重大损失。

即：多头基础头寸＋多头看跌期权＝多头看涨期权；

此外还有：空头基础头寸＋多头看涨期权＝多头看跌期权。

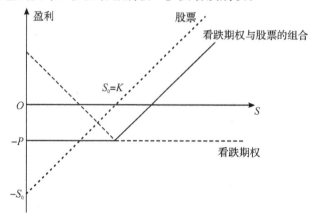

图 7-5　单独持有股票和同时持有股票与看跌期权两种策略的收益情况

2. 买入股票同时卖出看涨期权（抛补性看涨期权，covered call）

这一策略是在买入股票的同时出售一份以该股票为标的资产的看涨期权。这一策略的收益状况如图 7-6 所示。

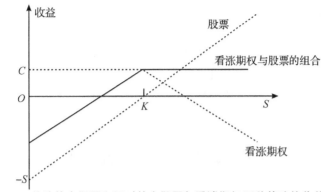

图 7-6 单独持有股票和同时持有股票与看涨期权两种策略的收益情况

采用这一策略的一个可能原因是:投资者准备按照施权价 K 出售手中的股票,如果同时出售以该股票为标的资产的买入期权,投资者可以得到一笔期权费。当股票价格升至 K 时,股票会随着期权的执行而售出。尽管这样做会丧失股票价格进一步上升的利润,但投资者毕竟得到了期权费做补偿,并确保股票按照预先设定的价格卖出。

即:多头基础头寸+空头看涨期权=空头看跌期权;

此外还有:空头基础头寸+空头看跌期权=空头看涨期权。

3. 同价对敲(straddle)

所谓同价对敲是指同时买入或卖出标的股票、施权价、到期日都完全相同的看涨期权和看跌期权。同时买入称为多头同价对敲(long straddle),同时卖出称为空头同价对敲(short straddle)。二者的收益曲线如图 7-7 和图 7-8 所示。

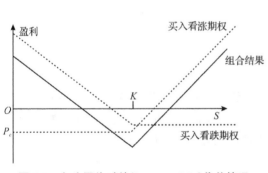

图 7-7 多头同价对敲(long straddle)收益情况

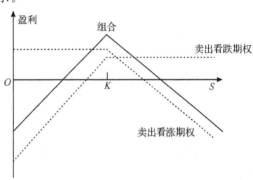

图 7-8 空头同价对敲(short straddle)收益情况

从图 7-8 中不难看出,当投资者预期股票价格有较大波动时,采用多头同价对敲可获取利润。当投资者预期股票价格没有较大波动时,采用空头同价对敲可获取利润。

同价对敲还可以推而广之,比如,同时买入或卖出两份看涨期权,一份看跌期权(strap),同时买入或卖出两份看跌期权,一份看涨期权(strip),等等。

4. 异价对敲(spread)

异价对敲是指将具有相同标的股票,但具有不同施权价或不同到期日,或两者都不相同的两个期权组合在一起,一个买入,一个卖出。

根据组合中两个期权参数的差异,它们可分为不同的类型。一种是垂直组合,又称价格组合或价格差异对敲(money spread),是指买入的那个期权与卖出的那个期权具有相同的到期日,不同的施权价。如 XYZ 公司股票期权,到期日同是 2005 年 10 月,买入的是施权价为 60

美元的看涨期权,而同时卖出的是施权价为 65 美元的看涨期权。

另一种是水平组合,又称时间组合或时间差异对敲(time spread),是指买入的那个期权与卖出的那个期权有相同的施权价,不同的到期日。如 XYZ 公司股票期权,施权价同为 60 美元,但买入的是到期日 2005 年 8 月的看涨期权,售出的是 2005 年 11 月的看跌期权。

如果组合中两个期权的到期日和施权价均不相同,即构成日历垂直组合(见图 7-9),或三角异价对敲(diagonal spread)。根据时间与价格的不同配合,可以得到四种不同的三角异价对敲。

除垂直组合外,其他异价对敲方式都无法用收益变化图描述。

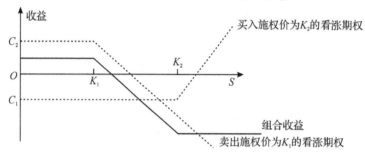

图 7-9 垂直价差①

第三节 股票期权定价

一、股票期权价值分析

(一)影响期权价值的主要因素

在讨论期权的内在价值时,我们讨论了标的股票价格及施权价对期权价值的影响。事实上,除上述两种因素外,期权距到期日的时间长度,标的股票的价格变动范围,期权有效期内市场无风险利率的高低,股票的现金股利等都会对期权价值产生较大的影响,下面分别讨论之。

1. 标的股票价格与施权价的影响

我们知道,看涨期权和看跌期权的内在价值分别由式(7-1)和式(7-2)决定。由这两式可知,标的股票的市场价格越高,看涨期权的价值越高,看跌期权的价值越低;期权的施权价越高,看涨期权的价值越低,看跌期权的价值越高。

2. 标的股票价格变化范围(股票价格波动率)的影响

对股票持有者来说,他们要承受价格上升和下降两方面的影响,价格波动越大,所承受的风险也越大,因此股票的价值会相应降低。而对期权持有者来说,由于他们在执行期权的问题上只有权利,没有义务,因此,他们在标的股票价格变动情况有利时受益,而在情况不利时损失有限(最大损失为期权费)。这样,在标的股票价格变动范围增大时,虽然正反两方面的影响都

①此种形态称为"熊市看涨期权垂直价差组合"(bearish vertical spread)

会增大,但由于期权持有者只享受正向影响增大的好处,因此,期权的价值随着标的股票价格变动范围的增大而升高。

3. 距到期日时间距离的影响

距离期权到期日的时间越长,标的股票价格发生变化的可能性越大。由于期权持有者只会在标的股票价格的变动中受益,因此,距离期权到期日的时间越长,看涨期权和看跌期权的价值都越高。

4. 利率的影响

利率的大小直接影响未来收益或支出的现值。利率越高,看涨期权的持有者在未来执行期权时所支付的施权价的现值越低,故看涨期权的价值越高。而对看跌期权持有者来说,他在未来执行期权时所得到的施权价的现值随利率升高而降低的结果,使看跌期权的价值降低。

5. 现金股利的影响

股票期权受到股票分割(拆股)和股票股利的保护,即当标的股票的数量因股票分割或发放股票股利而增加时,期权的数量也要做相应的调整,以保护持有者的利益。因此,股票期权的价值不受上两项活动的影响。但股票期权不受现金股利的保护,因此,当标的股票的价格因公司发放现金股利而下降时,看涨期权的价值下降,看跌期权的价值上升。

上述种种因素对股票期权的影响,如表 7-4 所示。

表 7-4　有关因素对股票期权价值的影响

因素	该因素增加后对期权价值的影响	
	看涨期权	看跌期权
当前股票价格 S_t	↑	↓
施权价 K	↓	↑
时间 t	↑	↑
股价变动范围	↑	↑
利率 r	↑	↓
现金股利	↓	↑

(二) 股票期权的价值变动范围

1. 看涨期权的价值变动范围

由于施权价不可能为负,故买入看涨期权的价格不会超过当前的股票价格 S_0,其上限为股票市价 S_0,即

$$P_c \leqslant S_0$$

若上面不等式不成立,即如果 $P_c > S_0$,那么说明期权价格过高,我们可以在 $t = 0$ 时刻出售看涨期权,购买股票,同时将多余的资金 $P_c - S_0$ 存入银行,在施权日 $t = T$,以 S_T 的价格卖出股票,结清看涨期权花费 $\max(0, S_T - K)$,最终可得套利

$$(P_c - S_0)(1+r)^T + S_T - \max(0, S_T - K) = (P_c - S_0)(1+r)^T + \min(S_T, K) > 0$$

因此,我们有 $P_c \leqslant S_0$。

另外,由看涨看跌期权平价公式(7-4)且看跌期权的价值不可能为负,我们有

$$P_p = P_c + K(1+r)^{-T} - S_0 \geqslant 0$$

同时看涨期权价值不能为负,故
$$P_c \geqslant \max[0, S_0 - K(1+r)^{-T}]。$$
看涨期权的价值范围为:
$$\max[0, S_0 - K(1+r)^{-T}] \leqslant P_c \leqslant S_0$$
由于受时间因素、股价变动范围等的影响,股票看涨期权的实际价值介于其上下限之间。

例 7-7　假设股票市价为 20 元,一个无股息股票的欧式看涨期权的施权价为 18 元,无风险年利率为 10%,期权期限为 1 年,由上述不等式,看涨期权的下限为
$$S_0 - K(1+r)^{-T} = 20 - 18(1+10\%)^{-1} = 3.64(元)$$

若欧式看涨期权的价格为 3 元,其小于理论下限 3.64 元。套利者通过卖空股票并买入看涨期权进行套利,其现金流为 $20 - 3 = 17$ 元。将 17 元以年利率 10% 投资 1 年可得 18.7 元。

年末时,若股票价格高于 18 元,套利者可以按 18 元行使期权,并平仓卖空交易,可盈利
$$18.7 - 17 = 1.7(元)$$

2. 看跌期权的价值变动范围

因为 $P_c \leqslant S_0$,由看涨看跌期权平价公式(7-4),可得
$$P_p = P_c + K(1+r)^{-T} - S_0 \leqslant K(1+r)^{-T}$$
又因为看涨期权价值不能为负,我们有
$$P_p = P_c + K(1+r)^{-T} - S_0 \geqslant K(1+r)^{-T} - S_0$$
因此看跌期权的价值范围为:
$$\max[0, K(1+r)^{-T} - S_0] \leqslant P_p \leqslant K(1+r)^{-T}$$

例 7-8　假设股票市价为 37 元,一个无股息股票的欧式看跌期权的施权价为 40 元,无风险年利率为 5%,期权期限为 6 个月,由上述不等式,看跌期权的下限为
$$K(1+r)^{-T} - S_0 = 40(1+5\%)^{-0.5} - 37 = 2.04(元)$$

若欧式看跌期权的价格为 1 元,其小于理论下限 2.04 元。套利者可借入 38 元,借款期限为半年,并买入看跌期权和股票。半年后,套利者归还借款并支付 38.94。若股票价格低于 40 元,套利者执行期权,以 40 元的价格卖出股票,并归还借款,可盈利
$$40 - 38.94 = 1.06(元)$$

若股票价格高于 40 元,套利者选择不执行期权,以市价卖出股票,并偿还借款,可获得更高的盈利。

二、期权定价的二叉树模型

期权定价公式可以通过无风险套利分析,利用二叉树分布模型推导得出。

(一)期权价格的无风险套利分析

例 7-9　设某股票当前的价格为 $S_0 = 60$,下一期价格将变为 $S_1(u) = uS_0 = 66$(上升倍数 $u = 1.1$)或 $S_1(d) = dS_0 = 57$(下降比例 $d = 0.95$)。若这一阶段的无风险利率 $r_f = 5\%$,那么一个施权价为 $K = 63$ 的看涨期权的价格应该是多少呢?

如图 7-10 所示,如果股票价格上升,则下一期看涨期权的价值为 $uS_0 - K = 3$;如果股票价格下降,则下一期看涨期权的价值为 0。为了求出看涨期权的价格 C,我们可以构造一个无风险投资组合。这一无风险投资组合由一股股票和出售 m 份以该股票为标的的看涨期权构成,为

了确保这一组合无风险,要求:

$$uS_0 - mC_u = dS_0 - mC_d$$

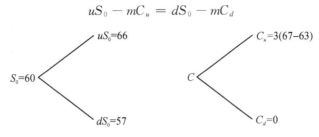

图 7-10 在一步二叉树中的股票价格及期权价格

不难解出:
$$m = \frac{uS_0 - dS_0}{C_u - C_d} = \frac{S_0(u - d)}{C_u - C_d} \tag{7-6}$$

代入数值:
$$m = \frac{66 - 57}{3 - 0} = 3$$

即这一无风险组合由买入一股股票,出售 3 个以该股票为标的的看涨期权构成。

根据无风险组合的特点我们知道,如果我们买入 1 股股票的同时以 C 的价格出售 m 份看涨期权,该资产组合没有风险,且无风险收益率为 r_f,因此我们应该有:

$$(S_0 - mC)(1 + r_f) = uS_0 - mC_u$$
$$C = \frac{S_0[(1 + r_f) - u] + mC_u}{m(1 + r_f)} \tag{7-7}$$

将式(7-6)代入得:

$$C = \frac{1}{1 + r_f}\left[C_u \frac{(1 + r_f) - d}{u - d} + C_d \frac{u - (1 + r_f)}{u - d}\right] \tag{7-8}$$

代入数值不难求出:$C = \frac{2}{1.05} = 1.905$。即如我们按照 1.905 的价格卖出一份看涨期权,就保证了这是一个无风险组合。

(二)期权价格的二叉树模型

在上一小节的分析中,令:$P = \frac{(1 + r_f) - d}{u - d}$,有 $1 - P = \frac{u - (1 + r_f)}{u - d}$,式(7-8)可以简写为:

$$C = \frac{1}{1 + r_f}[PC_u + (1 - P)C_d] \tag{7-9}$$

通常地,我们称 P 为风险中性概率。在风险中性概率下,任何投资的期望收益率都等于无风险利率。现在考虑两期股价变化模型(见图 7-11)。

根据一期模型可知式(7-9),期权在节点 u 和 d 的价格等于其收益在风险中性概率下的期望值并以无风险利率进行贴现:

$$C_u = \frac{C_{uu}P + C_{ud}(1 - P)}{1 + r_f} \tag{7-10a}$$

$$C_d = \frac{C_{du}P + C_{dd}(1 - P)}{1 + r_f} \tag{7-10b}$$

将式(7-10a)、式(7-10b)代入式(7-9),有:

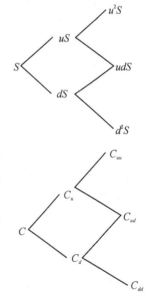

图 7-11 在两步二叉树中的股票价格及期权价格

$$C = \frac{P^2 C_{uu} + 2P(1-P)C_{ud} + (1-P)^2 C_{dd}}{(1+r_f)^2} \tag{7-11}$$

其中，$C_{uu} = \max(0, u^2 S_0 - K)$，$C_{ud} = \max(0, ud S_0 - K)$，$C_{dd} = \max(0, d^2 S_0 - K)$。

例 7-10　某看涨期权之标的物的市场价格为 100，该期权离到期日尚有两期。现设 $u = 1.06$，$d = 0.96$，$r_f = 4\%$。根据这些假设，可算得

$$P = \frac{(1+0.04) - 0.96}{1.06 - 0.96} = 0.8, 1 - P = 0.2$$

标的物价格的变动如图 7-12 所示。

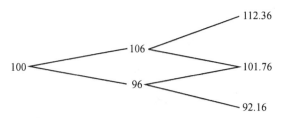

图 7-12　利用两步二叉树对欧式看涨期权定价

由上图可知，$C_{uu} = 12.36$，$C_{du} = 1.76$，$C_{dd} = 0$，代入式（7-11），可得

$$C = \frac{(0.8)^2 \times 12.36 + 2 \times 0.8 \times 0.2 \times 1.76 + (0.2)^2 \times 0}{(1+0.04)^2} = 7.83$$

或者也可以利用上图，倒推得到结果。

可以把式（7-11）中的分子部分看成是一期模型的定价公式（7-9）的分子的二项展开。由式（7-11）可知，看涨期权的价格 C 在股票价格变化两次时（两期模型），由 $[P + (1-P)]^2$ 的展开式各项分别乘以 C_{uu}，C_{ud} 和 C_{dd} 得到。我们可以对上述二叉树模型进行推广，股票价格变化 T 次（T 期）时买入期权的价格 C 将由 $[P + (1-P)]^T$ 展开式各项为系数，乘以 C_{u^T}，$C_{u^{T-1}d}$，$\cdots$，C_{d^T} 得到。我们用 $u^n d^{T-n}$ 表示股票价格在 T 次变化中有 n 次向上移动，$T-n$ 次向下移动。那么在期权到期日股票价格变为 $u^n d^{T-n} S_0$。根据二项分布的性质，在 T 次变化中有 n 次向上移动，$T-n$ 次向下移动的概率为

$$\frac{T!}{(T-n)!n!} P^n (1-P)^{T-n}$$

由于 $C_{u^n d^{T-n}} = \max(0, u^n d^{T-n} S_0 - K)$，可得

$$C = \left[\sum_{n=0}^{T} \frac{T!}{(T-n)!n!} P^n (1-P)^{T-n} C_{u^n d^{T-n}} \right] \frac{1}{(1+r_f)^T}$$

$$= \frac{1}{(1+r_f)^T} \left\{ \sum_{n=0}^{T} \frac{T!}{(T-n)!n!} P^n (1-P)^{T-n} \max(0, u^n d^{T-n} S_0 - K) \right\} \tag{7-12}$$

在式（7-12）中，若 $u^n d^{T-n} S < K$，我们将取为 0。所以，扣除 $\max(0, u^n d^{T-n} S - K) = 0$ 的项，求和将从 $n = a$ 开始（对 $n \geq a$，有 $u^n d^{T-n} S > K$；对 $n < a$，有 $u^n d^{T-n} S \leq K$），所以式（7-12）变为：

$$C = \frac{1}{(1+r_f)^T} \left\{ \sum_{n=a}^{T} \frac{T!}{(T-n)!n!} P^n (1-P)^{T-n} (u^n d^{T-n} S_0 - K) \right\}$$

$$= S \left\{ \sum_{n=a}^{T} \frac{T!}{(T-n)!n!} P^n (1-P)^{T-n} \frac{u^n d^{T-n}}{(1+r_f)^T} \right\}$$

$$- \frac{K}{(1+r_f)^T} \left\{ \sum_{n=a}^{T} \frac{T!}{(T-n)!n!} P^n (1-P)^{T-n} \right\} \tag{7-13}$$

令：
$$P' = (\frac{u}{1+r_f})P, 1-P' = (\frac{d}{1+r_f})(1-P)$$

有：
$$P^n(1-P)^{T-n}\frac{u^n d^{T-n}}{(1+r_f)^T} = \left[\frac{u}{(1+r_f)}P\right]^n\left[\frac{d}{(1+r_f)}(1-P)\right]^{T-n}$$
$$= P'^n(1-P')^{T-n} \tag{7-14}$$

因此，欧式看涨期权的价格 C 为：
$$C = S \cdot B(n \geqslant a \mid T, P') - K(1+r_f)^{-T}B(n \geqslant a \mid T, P) \tag{7-15}$$

式中：
$$B(n \geqslant a \mid T, P') = \sum_{n=a}^{T} \frac{T!}{(T-n)!n!}P'^n(1-P')^{T-n}$$

$$B(n \geqslant a \mid T, P) = \sum_{n=a}^{T} \frac{T!}{(T-n)!n!}P^n(1-P)^{T-n}$$

$$P = \frac{(1+r_f)-d}{u-d}$$

$$P' = (\frac{u}{1+r_f})P$$

取 a 为大于 $\left\lceil \dfrac{\ln(\dfrac{K}{S_0 d^T})}{\ln\left(\dfrac{u}{d}\right)} \right\rceil$ 的最小非负整数，且如果 $a > T$，则 $C = 0$。

T 为期权的存续期间，此处为此期间股票价格变动的总次数。

（三）二叉树模型的极限形式——Black-Scholes 公式

已知 T 为一个时间区间，r_f 为该区间内的无风险利率。当把区间 T 分为 m 份计算复利有：
$$(1+\frac{r_f}{m})^{mT} \tag{7-16}$$

比如当 $T = 1, m = 2$ 时，有：$(1+\frac{r_f}{2})^{2T} = (1+\frac{r_f}{2})^2$。

将式(7-16)重新写为：
$$(1+\frac{r_f}{m})^{mT} = \left[(1+\frac{r_f}{m})^{\frac{m}{r_f}}\right]^{r_f T}$$

令 $K = \dfrac{m}{r_f}$，有：
$$(1+\frac{r_f}{m})^{\frac{m}{r_f}} = (1+\frac{1}{K})^K，且 \ m \to \infty, K \to \infty$$

因为
$$\lim_{K \to \infty}(1+\frac{1}{K})^K = e$$

故
$$\lim_{m \to \infty}(1+\frac{r_f}{m})^{mT} = \lim_{m \to \infty}\left[(1+\frac{r_f}{m})^{\frac{m}{r_f}}\right]^{r_f T} = e^{r_f T}$$

因此，当在 T 期间内股票价格变化次数很多，趋于无穷时，有 $(1+r_f)^{-T} \to e^{-r_f T}$。

另外，Cox, Ross 和 Rubinstein(1979)[1] 证明了，当二叉树表达式中的 n（股票价格变化次

---

[1] Cox J, Ross S, Rubinstein M. Option Pricing: A Simplified Approach[J]. Journal of Financial Economics, 1979(9):229－263。

数）变得很大，趋于无穷时，有：

$$B(n \geqslant a \mid T, P') \to N(d_1); B(n \geqslant a \mid T, P) \to N(d_2)$$

这样，在 $n \to \infty$ 时，式(7-15)变为：

$$C = SN(d_1) - Ke^{-r_fT}N(d_2) \tag{7-17}$$

这就是著名的 Black-Scholes 公式[②]。关于这一公式，将在下一节具体讨论。

三、Black-Scholes 公式

上一小节我们指出二叉树模型的极限形式就是 Black-Scholes 公式。实际上，这一公式是 Black 和 Scholes 于 1973 年用其他数学分析方法得到的，用来对无现金股利的股票的欧式看涨期权进行定价，Scholes 和 Merton 也因此获得了 1997 年的诺贝尔经济学奖。

模型的 8 个基本假设：

(1) 无风险利率已知，且为一个常数，不随时间变化；

(2) 标的股票不支付红利；

(3) 期权为欧式期权；

(4) 股票市场、期权市场、资金借贷市场均无交易费用和税收；

(5) 投资者可以自由借贷资金，且二者利率相等，均为无风险利率；

(6) 股票交易无限细分，投资者可以购买任意数量的标的股票；

(7) 对卖空没有任何限制；

(8) 标的资产为股票，其价格 S 的变化为几何布朗运动。

在具体介绍 Black-Scholes 公式之前，我们先介绍一些导出 Black-Scholes 公式所需的基本数学知识。

（一）维纳过程

根据有效市场理论，股价、利率和汇率具有随机游走性，这种特性可以采用布朗运动（Brownian motion），也称为维纳过程（Wiener process），它是 Markov stochastic process（马尔可夫链）的一种。布朗运动最早是由英国的植物学家 Robert Brownz 在 1823 年发现的，他发现悬浮在水中的花粉颗粒呈现不规则的来回移动。但是 Robert Brownz 并不理解产生这种运动的原因，但是他把这个实验过程详细地记录在《植物花粉的显微观察》一书中。为了纪念 Robert Brownz，我们把这种小颗粒的运动过程命名为布朗运动。此后爱因斯坦和波兰物理学家斯莫鲁霍夫斯基对布朗运动都进行了研究，并且 1905 年爱因斯坦运用统计方法证明了悬浮粒子的运动速度与粒子大小和液体的黏稠度存在一定的数量关系。但是早在 1900 年，法国数学家 Louis Bachelier 在他的博士论文中就给出了布朗运动的数学描述，其作为随机过程的分布函数，并且还推导出了期权价格，但他的工作在早期并没有被人们注意到。1923 年美国数学家 Nobert Wiener 证明了布朗运动的存在性，因此我们也称布朗运动为维纳过程。

对于随机变量 w 是维纳过程，必须具有两个条件：

---

②Black F，Scholes M. The Pricing of Options and Corporate Liabilities[J]. Journal of Political Economy，
　1973,81:637－654.

（1）在某一小段时间 Δt 内，它的变动 Δw 与时段 Δt 满足：

$$\Delta w_t = \varepsilon_t \sqrt{\Delta t} \tag{7-18}$$

这里，$\Delta w_t = w_t - w_{t-1}$，$\varepsilon_t \sim N(0,1)$，其中 $N(0,1)$ 代表标准正态分布。

（2）在两个不重叠的时段 Δt 和 Δs，Δw_t 和 Δw_s 是独立的，这个条件也是 Markov 过程的条件，即增量独立。

$$\text{cov}(\Delta w_t, \Delta w_s) = 0 \tag{7-19}$$

其中，$\Delta w_t = w_t - w_{t-1}$，$\Delta w_s = w_s - w_{s-1}$ 且 $w_{t-1} < w_t < w_{s-1} < w_s$。

满足上述两个条件的随机过程，称为维纳过程，其性质有：

$$E(\Delta w_t) = 0, D(\Delta w_t) = \Delta t$$

当时段的长度放大到 T 时（从现在的 0 时刻到未来的 T 时刻），随机变量 Δw_t 满足：

$$E(\Delta w_T) = 0, \Delta w_T = w_T - w_0, D(\Delta w_T) = T。$$

证明： $\Delta w_T = w_T - w_0 = \sum_{i=1}^{N} \Delta w_i$，$\Delta w_i = w_i - w_{i-1} = \varepsilon_i \sqrt{\Delta t}$

$$\Delta w_T = \sum_{i=1}^{N} \varepsilon_i \sqrt{\Delta t} = \sqrt{\Delta t} \sum_{i=1}^{N} \varepsilon_i$$

$$E(\Delta w_T) = \sqrt{\Delta t} E\left(\sum_{i=1}^{N} \varepsilon_i\right) = \sqrt{\Delta t} \sum_{i=1}^{N} E(\varepsilon_i) = 0$$

$$D(\Delta w_T) = \Delta t \cdot D\left(\sum_{i=1}^{N} \varepsilon_i\right) = \Delta t \cdot N = T[因为 D(\varepsilon_i) = 1]，证毕。$$

在连续时间下，由式（7-18）和式（7-19）得到：

$$\mathrm{d}w_t = \varepsilon_t \sqrt{\mathrm{d}t} \tag{7-20}$$

$$\text{cov}(\mathrm{d}w_t, \mathrm{d}w_s) = 0 \tag{7-21}$$

所以，$\mathrm{d}w_t$ 概率分布的性质：

$$\mathrm{d}w_t \sim N(0, \mathrm{d}t)$$

$$E(\mathrm{d}w_t) = 0, D(\mathrm{d}w_t) = \mathrm{d}t$$

以上得到的随机过程，称为维纳过程。

（二）Itô 引理

一般维纳过程（generalized Wiener process）可表示为：

$$\mathrm{d}x_t = a\mathrm{d}t + b\mathrm{d}w_t \tag{7-22}$$

其中

$$\mathrm{d}w_t \sim N(0, \mathrm{d}t)$$

显然，一般维纳过程的性质为：

$$\mathrm{d}x_t \sim N(a\mathrm{d}t, b^2 \mathrm{d}t)$$

$$E(\mathrm{d}x_t) = a\mathrm{d}t, D(\mathrm{d}x_t) = b^2 \mathrm{d}t$$

一般维纳过程仍不足以代表随机变量复杂的变动特征。因为式（7-22）中：漂移率 a 和方差率 b 为常数不恰当。

若把变量 x_t 的漂移率 a 和方差率 b 当作变量 x 和时间 t 的函数，扩展后得到的即 Itô 过程：

$$\mathrm{d}x_t = a(x,t)\mathrm{d}t + b(x,t)\mathrm{d}w_t$$

Black-Scholes 期权定价模型是根据 Itô 过程的特例 —— 几何布朗运动来代表股价的波动：

$$s_t = x_t, a(s_t, t) = \mu s_t, b(s_t, t) = \sigma s_t$$

$$\mathrm{d}s_t = \mu s_t \mathrm{d}t + \sigma s_t \mathrm{d}w_t$$

省略下标 t，变换后得到几何布朗运动方程：

$$\frac{\mathrm{d}s}{s} = \mu \mathrm{d}t + \sigma \mathrm{d}w \tag{7-23}$$

即证券的回报与其预期价格无关。

Itô 引理：假设某随机变量 x 的变动过程可由 Itô 过程表示为（省略下标 t）：

$$\mathrm{d}x = a(x, t)\mathrm{d}t + b(x, t)\mathrm{d}w \tag{7-24}$$

令 $f(x, t)$ 为随机变量 x 以及时间 t 的函数，即 $f(x, t)$ 可以代表标的资产 x 的衍生证券的价格，则 $f(x, t)$ 的价格变动过程可以表示为：

$$\mathrm{d}f = (\frac{\partial f}{\partial t} + \frac{\partial f}{\partial x}a + \frac{1}{2}\frac{\partial^2 f}{\partial x^2}b^2)\mathrm{d}t + \frac{\partial f}{\partial x}b \cdot \mathrm{d}w$$

这里 $f = f(x, t), a = a(x, t), b = b(x, t)$。

证明：将式(7-24)离散化

$$\Delta x = a(x, t)\Delta t + b(x, t)\Delta w$$

由(7-18)知：
$$\Delta w = \varepsilon \sqrt{\Delta t}$$

利用泰勒展开，忽略高阶段项，$f(x, t)$ 可以展开为：

$$\Delta f = (\frac{\partial f}{\partial t}\Delta t + \frac{\partial f}{\partial x}\Delta x + \frac{1}{2}\frac{\partial^2 f}{\partial x^2}\Delta x^2) + \frac{\partial^2 f}{\partial x \partial t}\Delta x \Delta t + \frac{1}{2}\frac{\partial^2 f}{\partial t^2}\Delta t^2 + o \tag{7-25}$$

在连续时间下，即 $\Delta t \to 0$，从而，$\Delta t^2 \to 0, \Delta t^{\frac{3}{2}} \to 0$

$$\lim_{\Delta t \to 0}\Delta x \Delta t = a\Delta t^2 + b\varepsilon \Delta t^{\frac{3}{2}} = 0$$

因此，式(7-25)可以改写成

$$\Delta f = \frac{\partial f}{\partial t}\Delta t + \frac{\partial f}{\partial x}\Delta x + \frac{1}{2}\frac{\partial^2 f}{\partial x^2}\Delta x^2 \tag{7-26}$$

$$\Delta x^2 = (a\Delta t + b\varepsilon \sqrt{\Delta t})^2 = a^2\Delta t^2 + b^2\varepsilon^2\Delta t + 2ab\varepsilon \Delta t^{\frac{3}{2}} = b^2\varepsilon^2\Delta t \tag{7-27}$$

且当 $\Delta t \to 0$ 时，有 $\Delta t^2 \to 0$，从而

$$\lim_{\Delta t^2 \to 0}D(\Delta x^2) = (b^2\Delta t)^2 \cdot D(\varepsilon^2) = 0$$

即 Δx^2 不呈现随机波动。

由式(7-27)可得：

$$E(\Delta x^2) = E(b^2\varepsilon^2\Delta t) = b^2\Delta t E(\varepsilon^2) \tag{7-28}$$

由于，$\varepsilon \sim N(0, 1)$，则

$$D(\varepsilon) = E[(\varepsilon - 0)^2] = E(\varepsilon^2) = 1$$

由式(7-28)得到：

$$E(\Delta x^2) = b^2\Delta t \tag{7-29}$$

由于 Δx^2 不呈现随机波动，所以，其期望值就收敛为真实值，即：

$$\Delta x^2 = b^2\Delta t$$

当 $\Delta t \to 0$ 时，由式(7-26)可得：

$$df = \frac{\partial f}{\partial t}dt + \frac{\partial f}{\partial x}dx + \frac{1}{2}\frac{\partial^2 f}{\partial x^2}dx^2$$

$$= \frac{\partial f}{\partial t}dt + \frac{\partial f}{\partial x}(adt + bdw) + \frac{1}{2}\frac{\partial^2 f}{\partial x^2}b^2 dt$$

$$= (\frac{\partial f}{\partial t} + \frac{\partial f}{\partial x}a + \frac{1}{2}\frac{\partial^2 f}{\partial x^2}b^2)dt + \frac{\partial f}{\partial x}b \cdot dw \tag{7-30}$$

（三）Black-Scholes 微分方程

假设标的资产价格变动过程满足：

$$ds = \mu s dt + \sigma s dw \tag{7-31}$$

这里 s 为标的资产当前的价格，令 $f(s,t)$ 代表衍生证券的价格，则 $f(s,t)$ 的价格变动过程可由 Itô 引理近似为：

$$df = (\frac{\partial f}{\partial t} + \frac{\partial f}{\partial s}\mu s + \frac{1}{2}\frac{\partial^2 f}{\partial s^2}\sigma^2 s^2)dt + \frac{\partial f}{\partial s}\sigma s \cdot dw \tag{7-32}$$

$$\Delta f = (\frac{\partial f}{\partial t} + \frac{\partial f}{\partial s}\mu s + \frac{1}{2}\frac{\partial^2 f}{\partial s^2}\sigma^2 s^2)\Delta t + \frac{\partial f}{\partial s}\sigma s \cdot \Delta w \tag{7-33}$$

假设某投资者以 δ 份的标的资产多头和 1 个单位的衍生证券空头来构造一个组合，且 δ 满足：

$$\delta = \frac{\partial f}{\partial s} \tag{7-34}$$

则该组合的收益为：

$$\pi = -f + \delta s = -f + \frac{\partial f}{\partial s}s \tag{7-35}$$

下面将证明该组合为无风险组合，在 Δt 时间区间内收益为：

$$\Delta \pi = -\Delta f + \frac{\partial f}{\partial s}\Delta s$$

$$= -(\frac{\partial f}{\partial t} + \frac{\partial f}{\partial s}\mu s + \frac{1}{2}\frac{\partial^2 f}{\partial s^2}\sigma^2 s^2)\Delta t - \frac{\partial f}{\partial s}\sigma s \cdot \Delta w + \frac{\partial f}{\partial s}(\mu s \Delta t + \sigma s \Delta w)$$

$$= -(\frac{\partial f}{\partial t} + \frac{1}{2}\frac{\partial^2 f}{\partial s^2}\sigma^2 s^2)\Delta t$$

$$\tag{7-36}$$

注意到此时 $\Delta \pi$ 不含有随机项 w，这意味着该组合是无风险的，设无风险收益率为 r，且由于 Δt 较小（不采用连续复利），则：

$$\Delta \pi = \pi \cdot r \cdot \Delta t = -(\frac{\partial f}{\partial t} + \frac{1}{2}\frac{\partial^2 f}{\partial s^2}\sigma^2 s^2)\Delta t \tag{7-37}$$

又由于 $\pi = -f + \frac{\partial f}{\partial s}s$，可得

$$-(\frac{\partial f}{\partial t} + \frac{1}{2}\frac{\partial^2 f}{\partial s^2}\sigma^2 s^2)\Delta t = (-f + \frac{\partial f}{\partial s}s) \cdot r \cdot \Delta t$$

整理得到 Black-Scholes 微分方程：

$$\frac{\partial f}{\partial t} + \frac{\partial f}{\partial s}rs + \frac{1}{2}\frac{\partial^2 f}{\partial s^2}\sigma^2 s^2 = rf \tag{7-38}$$

此 Black-Scholes 微分方程的意义是：

（1）衍生证券的价格 f，只与当前的市价 S，时间 t，证券价格波动率 σ 和无风险利率 r 有关，它们全都是客观变量。因此，无论投资者的风险偏好如何，都不会对 f 的值产生影响。

（2）在对衍生证券定价时，可以采用风险中性定价，即所有证券的预期收益率都等于无风险利率 r。

（3）只要标的资产服从几何布朗运动，都可以采用 Black-Scholes 微分方程求出价格 f。

（四）几何布朗运动与对数正态分布

若股票价格 S_t 服从几何布朗运动：

$$\mathrm{d}S_t = \mu S_t \mathrm{d}t + \sigma S_t \mathrm{d}w_t \qquad (7\text{-}39)$$

设当前时刻为 t，我们可以利用 Itô 引理证明 T 时刻股票价格满足对数正态分布，即：

$$\ln S_T \sim N[\ln S_t + (\mu - \sigma^2/2)\tau, \sigma^2\tau] \qquad (7\text{-}40)$$

$$\tau = T - t, t \in [0, T]$$

令 $g = g(S_t) = \ln S_t$，则：

$$\frac{\partial g}{\partial S_t} = \frac{1}{S_t}, \frac{\partial^2 g}{\partial S_t^2} = -\frac{1}{S_t^2}, \frac{\partial g}{\partial t} = 0$$

这样由 Itô 引理得到（$a = \mu S_t \mathrm{d}t, b = \sigma S_t$）

$$\mathrm{d}g = \left[\frac{\partial g}{\partial t} + \frac{\partial g}{\partial S_t}\mu S_t + \frac{1}{2}\frac{\partial^2 g}{\partial S_t^2}(\sigma S_t)^2\right]\mathrm{d}t + \frac{\partial g}{\partial S_t}\sigma S_t \cdot \mathrm{d}w$$

$$= (\mu - \frac{1}{2}\sigma^2)\mathrm{d}t + \sigma \mathrm{d}w \qquad (7\text{-}41)$$

即

$$\mathrm{d}(\ln S_t) = (\mu - \frac{1}{2}\sigma^2)\mathrm{d}t + \sigma \mathrm{d}w \qquad (7\text{-}42)$$

$$\int_t^T \mathrm{d}(\ln S_t) = \int_t^T (\mu - \frac{1}{2}\sigma^2)\mathrm{d}t + \sigma \mathrm{d}w$$

则可得：

$$\ln S_T - \ln S_t = (\mu - \frac{1}{2}\sigma^2)\tau + \sigma(w_T - w_t) \qquad (7\text{-}43)$$

由式（7-18）中 $w_T - w_t = \varepsilon\sqrt{\tau}$，$\varepsilon \sim N(0,1)$

$$\ln S_T = \ln S_t + (\mu - \frac{1}{2}\sigma^2)\tau + \sigma\sqrt{\tau}\varepsilon \qquad (7\text{-}44)$$

$$\ln S_T \sim N[\ln S_t + (\mu - \sigma^2/2)\tau, \sigma^2\tau] \qquad (7\text{-}45)$$

由于

$$\ln S_T \sim N[\ln S_t + (\mu - \sigma^2/2)\tau, \sigma^2\tau]$$

则称 S_T 服从对数正态分布，其期望值为：

$$E(S_T) = S_t \exp\left[(\mu - \frac{1}{2}\sigma^2)\tau\right] \cdot E[\exp(\sigma\sqrt{\tau}\varepsilon)] \qquad (7\text{-}46)$$

$$E[\exp(\sigma\sqrt{\tau}\varepsilon)] = \exp(\sigma^2\tau/2) \qquad (7\text{-}47)$$

所以

$$E(S_T) = S_t \exp(\mu\tau) \qquad (7\text{-}48)$$

注意：

$$E[\exp(\sigma\sqrt{\tau}\varepsilon)] \neq \exp[\sigma\sqrt{\tau}E(\varepsilon)]$$

（五）Black-Scholes 买权定价公式

对于欧式不支付红利的股票期权，其看涨期权（买权）在定价日 t 的定价公式为：

$$C_t = S_t N(d_1) - K e^{-r\tau} N(d_2) \qquad (7\text{-}49)$$

其中，C_t 为买入期权价值；S_t 为当前股票市价；K 为施权价；r 为无风险年利率；$N(x)$ 为标准正态分布的概率分布函数，即

$$N(x) = \int_{-\infty}^{x} f(z)\mathrm{d}z$$

$$d_1 = \frac{\ln(S_t/K) + (r + \sigma^2/2)\tau}{\sigma\sqrt{\tau}}$$

$$d_2 = d_1 - \sigma\sqrt{\tau}$$

$$t \in [0, T], \tau = T - t$$

其中，σ^2 为股票收益的方差；σ 为股票收益的标准差。

1. Black-Scholes 买权定价公式的推导

(1) 设当前时刻为 t，到期时刻 T，若股票价格服从几何布朗运动，若已知当前时刻 t 的股票价格为 S_t，则 T 时刻的股票价格的期望值为：

$$E(S_T) = S_t \exp[\mu(T - t)] = S_t \exp(\mu\tau) \qquad (7\text{-}50)$$

根据 B-S 微分方程可知，定价是在风险中性条件下，则资产的期望回报为无风险回报，则：

$$E(S_T) = S_t \exp(r\tau) \qquad (7\text{-}51)$$

由式(7-50)和式(7-51)得到：

$$\mu = r \qquad (7\text{-}52)$$

这表明：在风险中性的世界中，任何可交易的金融资产的回报率均为无风险利率。

(2) 在风险中性的条件下，任何资产的贴现率为无风险利率 r，故买权期望值的现值为：

$$
\begin{aligned}
C_t &= \mathrm{e}^{-r\tau} E[\max(S_T - K, 0)] \\
&= \begin{cases} \mathrm{e}^{-r\tau} E(S_T - K), & S_T > K \\ 0, & S_T \leqslant K \end{cases} \\
&= \mathrm{e}^{-r\tau} \int_{K}^{\infty} (S_T - K) f(S_T)\mathrm{d}S_T + \int_{0}^{K} 0 \cdot f(S_T)\mathrm{d}S_T \\
&= \mathrm{e}^{-r\tau} \int_{K}^{\infty} (S_T - K) f(S_T)\mathrm{d}S_T
\end{aligned}
$$

$$(7\text{-}53)$$

由于 S_T 服从对数正态分布，则：

$$f(S_T) = \frac{1}{S_T \sigma\sqrt{\tau}\,\sqrt{2\pi}} \exp\left\{ \frac{-[\ln S_T - E(\ln S_T)]^2}{2\sigma^2\tau} \right\}$$

$s = \ln S_T, \bar{s} = E(\ln S_T), u = \sigma\sqrt{\tau}$，由式(7-53)得到：

$$C_t = \mathrm{e}^{-r\tau} \int_{K}^{\infty} \frac{1}{u\sqrt{2\pi}} \exp\left[\frac{-(s - \bar{s})^2}{2u^2} \right]\mathrm{d}S_T - K\mathrm{e}^{-r\tau} \int_{K}^{\infty} \frac{1}{S_T} \frac{1}{u\sqrt{2\pi}} \exp\left[\frac{-(s - \bar{s})^2}{2u^2} \right]\mathrm{d}S_T$$

$$(7\text{-}54)$$

(3) 先化简上式中的第一项：

$$\mathrm{e}^{-r\tau} \int_{K}^{\infty} \frac{1}{u\sqrt{2\pi}} \exp\left[\frac{-(s - \bar{s})^2}{2u^2} \right]\mathrm{d}S_T$$

$$= S_t \exp(-\ln S_t)\mathrm{e}^{-r\tau} \int_{K}^{\infty} \exp(\ln S_T) \frac{1}{S_T} \frac{1}{u\sqrt{2\pi}} \exp\left[\frac{-(s - \bar{s})^2}{2u^2} \right]\mathrm{d}S_T$$

$$= S_t \int_K^\infty \exp(\ln S_T - \ln S_t - r\tau) \frac{1}{S_T} \frac{1}{u\sqrt{2\pi}} \exp[\frac{-(s-\bar{s})^2}{2u^2}] \mathrm{d}S_T \tag{7-55}$$

因为 $E(\ln S_T) = \ln S_t + (\mu - \sigma^2/2)\tau$，则

$$\ln S_t = E(\ln S_T) - (\mu - \frac{1}{2}\sigma^2)\tau$$

由于 $E(\ln S_T) = \bar{s}, \mu = r$，所以

$$\begin{aligned}
\ln S_T - \ln S_t - r\tau &= s - [\bar{s} - (r - \sigma^2/2)\tau] - r\tau \\
&= s - (\bar{s} + \sigma^2\tau/2) \\
&= s - (\bar{s} + u^2/2)
\end{aligned} \tag{7-56}$$

将式(7-56)与式(7-55)内的第二个指数项合并，即

$$\begin{aligned}
s - (\bar{s} + u^2/2) + \frac{-(s-\bar{s})^2}{2u^2} &= (1/2u^2)[2u^2 s - 2u^2(\bar{s} + u^2/2) - (s-\bar{s})^2] \\
&= (1/2u^2)[2u^2 s - 2u^2\bar{s} - u^4 - s^2 + 2s\bar{s} - \bar{s}^2] \\
&= (1/2u^2)[2s(u^2 + \bar{s}) - (\bar{s}^2 + 2u^2\bar{s} + u^4) - \bar{s}^2] \\
&= -(1/2u^2)[s - (u^2 + \bar{s})]^2
\end{aligned} \tag{7-57}$$

将式(7-57)代入式(7-55)得

$$S_t \int_K^\infty \frac{1}{S_T} \frac{1}{u\sqrt{2\pi}} \exp\{-\frac{[s-(u^2+\bar{s})]^2}{2u^2}\} \mathrm{d}S_T \tag{7-58}$$

下面，将利用变量代换来简化式(7-58)，不妨令

$$y = \frac{s - (u^2 + \bar{s})}{u}$$

所以

$$\mathrm{d}y = \frac{1}{u}\mathrm{d}s = \frac{1}{u}\mathrm{d}(\ln S_T) = \frac{1}{uS_T}\mathrm{d}S_T$$

$$y = \frac{s - (u^2 + \bar{s})}{u} = \frac{\ln S_T - [\sigma^2\tau + E(\ln S_T)]}{\sigma\sqrt{\tau}}$$

因为

$$E[\ln(S_T/S_t)] = (r - \sigma^2/2)\tau$$

故

$$E(\ln S_T) = \ln S_t + (r - \sigma^2/2)\tau$$

$$\begin{aligned}
y &= \frac{\ln S_T - [\sigma^2\tau + \ln S_t + (r - \sigma^2/2)\tau]}{\sigma\sqrt{\tau}} \\
&= \frac{\ln S_T - \ln S_t - (r + \sigma^2/2)\tau}{\sigma\sqrt{\tau}}
\end{aligned}$$

y 的积分下限为：

$$\begin{aligned}
y\mid_{S_T=K} &= \frac{\ln K - \ln S_t - (r + \sigma^2/2)\tau}{\sigma\sqrt{\tau}} \\
&= -\frac{\ln(S_t/K) + (r + \sigma^2/2)\tau}{\sigma\sqrt{\tau}} = -d_1
\end{aligned}$$

y 的积分上限为：

$$y\mid_{S_T=\infty} = \frac{\ln\infty - \ln S_t - (r + \sigma^2/2)\tau}{\sigma\sqrt{\tau}} = \infty$$

将 $\mathrm{d}y$ 与 y 代入(7-58)，即有：

$$S_t \int_K^\infty \frac{1}{S_T} \frac{1}{u\sqrt{2\pi}} \exp\{-\frac{[s-(u^2+\bar{s})]^2}{2u^2}\} \mathrm{d}S_T$$

$$= S_t \int_{-d_1}^\infty \frac{1}{S_T} \frac{1}{u\sqrt{2\pi}} \exp(-\frac{y^2}{2}) u S_T \mathrm{d}y$$

$$= S_t \int_{-d_1}^\infty \frac{1}{\sqrt{2\pi}} \exp(-\frac{y^2}{2}) \mathrm{d}y$$

$$= S_t[1 - N(-d_1)] = S_t N(d_1)$$

$$(7\text{-}59)$$

这样就完成了第 1 项的证明。

下面证明 Black-Scholes 公式中的第二项

$$-Ke^{-r\tau} \int_K^\infty \frac{1}{S_T} \frac{1}{u\sqrt{2\pi}} \exp[\frac{-(s-\bar{s})^2}{2u^2}] \mathrm{d}S_T$$

首先进行变量代换,令 $z = (s-\bar{s})/u$

$$\mathrm{d}z = \frac{\mathrm{d}s}{u} = \frac{\mathrm{d}(\ln S_T)}{u} = \frac{1}{u S_T} \mathrm{d}S_T$$

$$\mathrm{d}S_T = u S_T \mathrm{d}z$$

则 z 的积分下限

$$z\mid_{S_T=K} = \frac{s-\bar{s}}{u} \mid_{S_T=K} = \frac{\ln S_T - \ln S_t - (r-\sigma^2/2)\tau}{\sigma\sqrt{\tau}} \mid_{S_T=K}$$

$$= \frac{\ln K - \ln S_t - (r-\sigma^2/2)\tau}{\sigma\sqrt{\tau}}$$

$$= -\frac{\ln(S_t/K) + (r-\sigma^2/2)\tau}{\sigma\sqrt{\tau}}$$

$$= -d_2$$

z 的积分上限

$$z\mid_{S_T=\infty} = \infty$$

将 z 和 $\mathrm{d}z$ 代入

$$-Ke^{-r\tau} \int_K^\infty \frac{1}{S_T} \frac{1}{u\sqrt{2\pi}} \exp[\frac{-(s-\bar{s})^2}{2u^2}] \mathrm{d}S_T$$

$$= -Ke^{-r\tau} \int_{-d_2}^\infty \frac{1}{S_T} \frac{1}{u\sqrt{2\pi}} \exp[\frac{-z^2}{2}] u S_T \mathrm{d}z$$

$$= -Ke^{-r\tau} \int_{-d_2}^\infty \frac{1}{\sqrt{2\pi}} \exp[\frac{-z^2}{2}] \mathrm{d}z$$

$$= -Ke^{-r\tau} [1 - N(-d_2)]$$

$$= -Ke^{-r\tau} [N(d_2)] \qquad (7\text{-}60)$$

则由式(7-59) 和式(7-60) 得到

$$C_t = S_t N(d_1) - Ke^{-r\tau} N(d_2) \qquad (7\text{-}61)$$

其中

$$d_1 = \frac{\ln(S_t/K) + (r+\sigma^2/2)\tau}{\sigma\sqrt{\tau}}$$

$$d_2 = \frac{\ln(S_t/K) + (r-\sigma^2/2)\tau}{\sigma\sqrt{\tau}} = d_1 - \sigma\sqrt{\tau}$$

证毕。

例 7-11 考虑一个期限为 6 个月的欧式看涨期权。假设股票当前价格为 45 元,期权执行价格为 40 元,无风险年利率为 8%,波动率为每年 20%。问:这个看涨期权的价格为多少?

$$d_1 = \frac{\ln(45/40) + (0.08 + 0.2^2/2) \times 0.5}{0.2 \times \sqrt{0.5}} = 1.186$$

$$d_2 = d_1 - \sigma\sqrt{\tau} = 1.045$$

根据标准正态分布的密度函数表可得

$$N(d_1) = 0.8822, N(d_2) = 0.8520$$

代入式(7-61)可得

$$C_t = 45 \times 0.8822 - 40e^{-0.08 \times 0.5} \times 0.8520 = 6.96(元)$$

2. B-S 买权公式的意义

(1)$N(d_2)$ 是在风险中性世界中 S_T 大于 K 的概率,即欧式看涨期权被执行的概率。

(2)$e^{-r(T-t)}KN(d_2)$ 是 K 的风险中性期望值的现值。$SN(d_1) = e^{-r(T-t)}S_TN(d_1)$ 是 S_T 的风险中性期望值的现值。

$$-Ke^{-r\tau}\int_K^\infty \frac{1}{S_T} \frac{1}{u\sqrt{2\pi}}\exp\left[\frac{-(s-\bar{s})^2}{2u^2}\right]dS_T = -Ke^{-r\tau}[N(d_2)]$$

(3)其次,$\delta = N(d_1)$ 是复制交易策略中股票的数量,$SN(d_1)$ 就是股票的市值,$-e^{-r(T-t)}KN(d_2)$ 则是复制交易策略中负债的价值。

假设两个 $N(d_i)$ 均为 1,看涨期权价值为 $S_t - Ke^{-rT}$,则没有不确定性。如果确实执行了,我们就获得了以 S_t 为现价的股票的所有权,而承担了现值 Ke^{-rT} 的债务。

(4)买入期权价值是下列变量的函数:

• 当前股价:影响期权价值最重要的因素,在其他因素不变的情况下,股价越高,买入期权价格越高;

• 施权价:施权价越高,买入期权执行的可能性越小,买入期权价格越低;

• 距到期日时间:时间越长,股价大幅变动的可能性越大,期权价格越高;

• 无风险收益:无风险利率用来计算施权价的现值,因此,无风险利率越高,施权价现值越小,买入期权价值越大。因为 Black-Scholes 模型假定投资于买入期权是为了进行无风险套利,当无风险利率提高时,套利投资组合的收益也要提高,因此,买入期权价格也要提高。

• 股票收益的方差:以价格变动范围大的股票为标的资产的期权价值要大于股价平稳的股票的期权价值。

下面我们举例说明应用 Black-Scholes 公式计算买入期权价格。

例 7-12 $S_0 = 100, K = 95$

$r = 0.10, T = 三个月 = 0.25$ 年

$\sigma = 0.50$

$$d_1 = \frac{\ln(100/95) + (0.10 + \frac{0.5^2}{2}) \times 0.25}{0.5 \times 0.25^{\frac{1}{2}}} = 0.43$$

$$d_2 = 0.43 - 0.5 \times 0.25^{\frac{1}{2}} = 0.18$$

$$N(0.43) = 0.6664, N(0.18) = 0.5714$$

$$C_0 = S_0 N(d_1) - Ke^{-rT}N(d_2)$$

$$= 100 \times 0.6664 - 95e^{-0.10 \times 0.25} \times 0.5714$$

$$= 13.70$$

一般说来,期权交易市场上买入期权的理论价格即由 Black-Scholes 公式确定,如果实际价格比模型计算出的价值低,说明与理论价格相比,期权的价格被低估,反之亦然。

在 Black-Scholes 公式中,其他变量都比较容易确定,只有股票收益的方差的确定存在争议。一般说来,方差的确定用历史股价的资料,但是,对取多少年的数据来作样本及样本数据之间的时间间隔的确定,仍然是一个存在广泛争议的问题。

3. 敏感性分析

表 7-5 显示了用 Black-Scholes 公式计算的期权价值对于各个变量变动的敏感性。从表中可以看出,股价变动对期权的影响是至关重要的,但这种影响并非线性的。从表中还可以看出:方差变化对期权价格的影响要比无风险收益变化的影响要大。

在金融期权交易中,尤其是在套期保值交易中,不仅要知道各种因素(股价、波动率、到期时间、无风险利率)变动对期权价格的影响方向,而且还必须知道各种因素对期权价格的影响程度。下面我们对期权价格的敏感性做出分析。

所谓期权价格的敏感性,是指期权价格之决定因素的变动对期权价格的影响程度。也可以说,期权价格的敏感性,是期权价格对其决定因素之变动的敏感程度或反应程度。为了对期权价格的这种敏感性做出具体的、量化的分析,我们必须借助于那些专门的衡量指标。在期权交易中,这样的指标很多,且各有其特殊的名称,我们选择常用的几个指标作一简介。

表 7-5　期权价值对关键因素的敏感性

Ⅰ.对股价和施权价的敏感性

$$T = 三个月 = 0.25 \text{ 年} \quad r = 0.10 \quad \sigma^2 = 0.16$$

不同股价和施权价下的期权价值

股价	施权价			
	$ 35	$ 40	$ 45	$ 50
$ 35	$ 3.18	$ 1.34	$ 0.49	$ 0.12
$ 40	$ 6.74	$ 3.64	$ 1.72	$ 0.73
$ 45	$ 11.14	$ 7.13	$ 4.09	$ 2.12
$ 50	$ 15.94	$ 11.42	$ 7.56	$ 4.55

Ⅱ.对无风险收益和方差的敏感性

$$T = 三个月 = 0.25 \text{ 年} \quad S_0 = \$ 50 \quad K = \$ 45$$

不同无风险收益和方差下的期权价值

无风险收益	方差			
	0.08	0.16	0.24	0.32
0.06	$ 6.38	$ 7.22	$ 7.94	$ 8.57
0.08	$ 6.55	$ 7.37	$ 8.08	$ 8.70
0.10	$ 6.73	$ 7.53	$ 8.22	$ 8.84
0.12	$ 6.90	$ 7.68	$ 8.37	$ 8.98

(1)Delta(δ)

Delta(通常以 δ 表示)是期权价格的最重要的敏感性指标。它表示期权之标的物的市场价格变动对期权价格的影响程度。例如,如果某看涨期权之标的物的市场价格上涨 1 元,该期权的期权费上涨 0.5 元,则我们就称该期权 δ 为 0.5。人们通常根据 Black-Scholes 公式来求期权的 δ。

$$\delta = \frac{\partial C}{\partial S} = N(d_1) \tag{7-62}$$

对于看涨期权而言,当股价远大于敲定价格时,δ 值接近 1;当股价远小于敲定价格时,δ 值接近 0。平价看涨期权的 δ 略大于 0.5。图 7-13 显示了 δ 值同股价的关系。

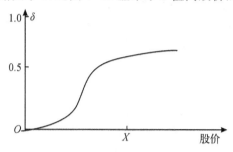

图 7-13　δ 值与股价的关系

δ 也随着距离到期日时间的变化而变化。我们可以从 δ 的概念引出 δ 套期保值的概念。即我们通过构造投资组合,使组合的各组成部分的 δ 相互抵销,从而使整个组合的 δ 为 0,达到对冲保值的效果。一个资产组合的 δ 为 0 的情况称作 δ 中性。之所以成为“δ 套期保值”,是因为在这种套期保值中,人们根据期权的 δ 来建立其套期保值的部位,并随着 δ 的变动,而对套期保值的部位做出调整。δ 的绝对值的倒数为套期保值率(hedge ratio),即如果要构造一个无风险套期保值投资组合,套期保值者所需买进或卖出的期权合约的价值总额与套期保值对象的价值总额的比率应等于该期权之 δ 的倒数。

例如,一投资者持有某种股票 500 股,为回避股票价格下跌而造成损失的风险,该投资者决定用该股票的看跌期权来实施 δ 套期保值。假设当时该看跌期权的 δ 为 -0.5,则为实现完全套期保值,该投资者必须买进 10 个这样的看跌期权合约。之所以如此,是因为每一期权合约的交易单位是标的股票 100 股,而在 δ 的绝对值是 0.5 时,套期保值工具(即期权合约)的价值总额应为套期保值对象(即需要保值的现金金融工具)之价值总额的两倍。从理论上来说,当投资者根据这一原则确定套期保值所需的期权合约数以后,他便可以实现完全套期保值。由于标的股票的市场价格与看跌期权的期权费呈反方向的变动关系,因而看跌期权的 δ 值为负值。又因 δ 的绝对值反映着期权费与标的物之市场价格的相对变动性,故在上例中,δ 为 -0.5,这说明,若股票的市场价格上涨 1 元,则看跌期权的期权费就下跌 0.5 元;而若股票的市场价格下跌 1 元,则看跌期权的期权费就上涨 0.5 元。所以在投资者建立了上述部位后,无论股票的市场价格是上涨还是下跌,也无论上涨多少或下跌多少,他均可实现完全套期保值。

但问题是,δ 并不是一个固定不变的常数。因此,在投资者建立了一种 δ 中性的部位以后,除非他根据 δ 的变动,而不断地对其套期保值部位进行调整,才能实现完全套期保值。否则,当 δ 变动后,他原来建立的 δ 中性的部位将不再中性了,于是也就不再能实现完全套期保值了。因此,投资者所建立的套期保值部位,也必须通过不断调整以适应这种变动。只有这样,才能继续保持 δ 中性。

(2)Gamma(γ)

Gamma(一般以 γ 表示)衡量的是相应的 δ 值变化的速率,即 δ 值相对于股价变动的敏感程度。

$$\gamma = \frac{\partial(\delta)}{\partial S} = \frac{\partial^2 C}{\partial S^2} \tag{7-63}$$

对于欧式看涨期权而言，$\gamma = \dfrac{N'(d_1)}{S\sigma\sqrt{T}} = \dfrac{\exp(-\dfrac{d_1^2}{2})}{S\sigma\sqrt{2\pi T}}$

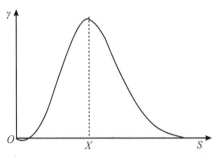

图 7-14　γ 值与股价的关系

如果一个期权有一个比较小的 γ 值，则其 δ 值会相对稳定，因而其 δ 保值效果会好一些。由于 γ 反映了标的物价格的变动对 δ 的影响程度，所以 γ 的变动与 δ 的变动是相对应的。从图 7-14 中我们可以看到，无论是看涨期权还是看跌期权，其 δ 都与标的物价格呈同向变动关系。因此，在任何条件下，任何期权的 γ 都是正的。一般地说，当期权处于深度实值或深度虚值时，δ 的绝对值将趋近于 1 或趋近于 0，此时 γ 将趋近于 0。这说明，当标的物价格远离敲定价格时，它的变动几乎对 δ 没有任何影响；而当期权处于平价时，其 γ 的绝对值将最大。这就说明，当标的物价格正好等于敲定价格或接近敲定价格时，它的变动对 δ 具有最大的影响。

（3）Vega(υ)

Vega 衡量的是期权价格相对于股价波动率的敏感程度。前面的分析中，我们一直假设股价波动率是恒定不变的，但实际上并非如此，股价波动率会随时间变化。υ 就是在股价波动率变动 1% 时期权价格的变化。根据 B-S 公式，对于欧式看涨期权，有：

$$\upsilon = \frac{\partial C}{\partial \sigma} = S\sqrt{T}N'(d_1) = S\sqrt{\frac{T}{2\pi}}\exp(-\frac{d_1^2}{2}) \tag{7-64}$$

欧式看跌期权的 υ 值与看涨期权相同。

如前所述，标的物价格的波动率对时间价值有影响，从而对整个期权价格具有重大影响。在其他因素不变时，波动率越大，期权价格越高；波动率越小，期权价格越低。所以，如就单一期权而言，无论看涨期权还是看跌期权，无论现货还是期货期权，其 υ 总是正的。

在金融期权的套期保值中，υ 也是一个重要的敏感性指标。在金融期权的交易中，人们将面临波动率发生不确定变动的风险。为回避这一风险，人们就必须通过各种途径来缩小整个期权部位的 υ，以使波动率变动所可能造成的损失减少到最小的程度。

（4）Theta(θ)

Theta 是指在其他条件不变的情况下，随着到期日时间减少而期权价格变化的速率。它衡量了期权的时间价值与至到期日时间的关系。无论是看涨期权还是看跌期权，θ 值总是负的，因为随着时间的逝去，期权的价值在逐渐缩小。时间价值与期权的剩余期限的长短并不呈线性关系。随着剩余期限的缩短，尤其是到期日的临近，时间价值将以越来越快的速度消减。根据这一特征可知，在一般情况下，期权的剩余期限越长，其 θ 的绝对值越小；期权的剩余期限越短，其 θ 的绝对值越大。

对于欧式看涨期权，有：

$$\theta = -\frac{\partial C}{\partial T} = -\frac{SN'(d_1)\sigma}{2\sqrt{T}} - rKe^{-rT}N(d_2) = -\frac{S\sigma e^{\frac{d_1^2}{2}}}{2\sqrt{2\pi T}} - rKe^{-rT}N(d_2) \tag{7-65}$$

（5）Rho（ρ）

Rho（ρ）是用来反映无风险利率对期权价格之影响程度的敏感性指标。如前所述，在一般情况下，无风险利率的变动对看涨期权的价格有正的影响，而对看跌期权的价格有负的影响。所以看涨期权的 ρ 值一般为正值，而看跌期权的 ρ 值一般为负值。

对于欧式看涨期权：$\rho = KT^{\exp(-rT)} N(d_2)$ （7-66）

ρ 的大小既决定于标的物价格与敲定价格的关系，也决定于权利期间的长短。一般地说，越是实值的期权，其 ρ 的绝对值越大；越是虚值的期权，其 ρ 的绝对值越小。所以，如以绝对值来表示，则深度实值的期权有着最大的 ρ，而深度虚值的期权有着最小的 ρ。至于权利期间对 ρ 的影响也是同方向的。也就是说，权利期间越长，ρ 的绝对值越大；权利期间越短，则 ρ 的绝对值越小。在期权到期日，任何期权的 ρ 都将为0。

由于 ρ 反映着期权价格对无风险利率变动的敏感程度，因而在利率变化比较频繁的条件下，ρ 是一个比较重要的敏感性指标。这在金融期权的套利和投机中，尤为重要。

我们简要地讨论了单个期权的风险指标。在实际中，投资者往往利用几种期权合同或者连同其他投资工具构造投资组合以达到特定的效果。下面介绍的是同一基础交易物的不同期权的投资组合。需要注意的是，在这里简单地把不同资产的期权当成一个组合来考虑。假定某投资者以 n_1 个某种看涨期权，n_2 个另一种看涨期权，以及 m_1 和 m_2 个两种不同的看跌期权构造组合头寸，则此头寸的价值为：

$$V = n_1 C_1 + n_2 C_2 + m_1 P_1 + m_2 P_2$$

其中，C_1, C_2, P_1, P_2 分别为各个期权合同的价格。则对应此头寸，其各个风险指标分别为：

$$\delta = n_1 \Delta_{C_1} + n_2 \Delta_{C_2} + m_1 \Delta_{P_1} + m_2 \Delta_{P_2}$$
$$\gamma = n_1 \gamma_{C_1} + n_2 \gamma_{C_2} + m_1 \gamma_{P_1} + m_2 \gamma_{P_2}$$
$$\theta = n_1 \theta_{C_1} + n_2 \theta_{C_2} + m_1 \theta_{P_1} + m_2 \theta_{P_2}$$
$$\upsilon = n_1 \upsilon_{C_1} + n_2 \upsilon_{C_2} + m_1 \upsilon_{P_1} + m_2 \upsilon_{P_2}$$
$$\rho = n_1 \rho_{C_1} + n_2 \rho_{C_2} + m_1 \rho_{P_1} + m_2 \rho_{P_2}$$

投资者在构造组合头寸时，可以按照自己的判断，根据自己对风险及收益的取舍，建立风险指标为特定值组合。例如，如果投资者认为股价会上扬，他就可以选择一个高 δ 值的头寸。而如果投资者想完全抵销价格波动风险，他可以选择一个 δ 中性和 γ 中性的组合。只要投资者对以上的风险指标有清楚的了解，在信息充分的情况下，他就可以选择建立最适合自己的投资组合。

而对于 δ, γ 和 θ 间的关系，根据 B-S 模型，对于一个特定组合头寸，下列等式就成立：

$$\theta + rS\delta + \frac{1}{2}\sigma^2 S^2 \gamma - rf = 0$$ （7-67）

其中，f 为该头寸的价值，其他符号的意义同前。这个方程式显示了 δ、γ 和 θ 之间的关系。如果头寸为 δ 中性，则有：

$$\theta + \frac{1}{2}\sigma^2 S^2 \gamma = rf$$

这个方程显示，如果投资组合的 θ 值为正，且较大，则相应的 γ 值为负，绝对值亦较大，反之亦真。而 δ 值为0，γ 值近于0的投资组合的 θ 值也将近于0。

根据这些风险指标的指示，我们可以寻求建立最理想的保值头寸。理论上，通过连续地修正保值头寸的构成比例，可以达到非常完善的保值效果。但在实际中，由于市场的不完善，也就是交易费用的存在和信息的不充分，经常修正保值头寸成本很高，效果也未必理想。因而，在实际操作中,完全消除风险是不现实的。交易者往往利用 δ、γ 等风险指标来量化其期权头寸中的内在风险的各个侧面,并根据此考察未来价格可能的变动及其带来的风险。如果认定这种风险是可以接受的话,交易者就会选择放弃调整。

4. Black-Scholes 模型的简单推广

Black-Scholes 模型建立在市场无套利机会的原则上,是在一系列严格假设条件下得出的。这在一定程度上限制了 Black-Scholes 模型的应用范围。为了使该定价公式有更广泛的应用,人们放松假设条件不断对该模型进行修正和推广,并取得了丰硕的成果。

(1) 没有现金股息支付的假设。现金股息通过影响股价和股票的方差进而影响期权价值。因此,直接将 Black-Scholes 模型用来分析在期权有效期内派发股息的股票期权不完全合适。放松这个模型的假设包括 Merton(1973)和 Black-Scholes 股利分配修正模型。为了分析支付股息的股票的期权,必须从股价中减去预期未来股息的现值。当已知股息的现值为 I 时,我们只要用 $(S_t - I)$ 代替 B-S 公式中的 S_t,即:$C_t = (S_t - I)N(d_1) - Ke^{-rt}N(d_2)$。当股息为按连续复利计算的固定收益率 q(单位为年) 时,我们只要以 $S_t e^{-qt}$ 取代 S_t,得到:$C_t = S_t e^{-qt}N(d_1) - Ke^{-rt}N(d_2)$。

(2) 期权只能在到期日执行不能提前行使的假设。因此这个模型对美式期权不适用。同时放松无股息发放和无提前执行假设的模型有 Black(1975)、Roll-Geske-Whaly、美式固定方差和二叉树模型。

(3) 固定方差假设。在固定方差弹性模型里,固定方差的假设被固定方差弹性的假设所代替,CEV 模型中的特殊例子就是平方根、绝对值和跳扩散模型。除了上述模型外,还有一些取消了固定波动率假设的期权定价模型,比如 Hull 和 White(1987)提出的随机波动率模型,以及建立在 ARCH 和 CARCH 波动率过程基础上的模型。

(4) 短期无风险利率为固定常数的假设。Merton(1973)放松了该假设,提出了连续时间随机利率模型。表 7-6 给出了这些模型对于主要随机过程的假设。

表 7-6　几类常见股票价格模型

模型种类	代表人物	主要随机过程假设
固定方差模型	Black&Scholes(1973)	$\dfrac{dS}{S} = \mu dt + \sigma dW$
固定方差弹性模型	Cox&Ross(1975)	$\dfrac{dS}{S} = \mu dt + \sigma S^{\theta-1} dW$
跳扩散模型	Merton(1976)	$\dfrac{dS}{S} = \mu dt + \sigma dW + dQ$
随机波动率模型	Johnson&Shanno(1987)	$\dfrac{dS}{S} = \mu dt + \sigma S^{\alpha-1} dW, \dfrac{d\sigma}{\sigma} = \psi dt + \delta\sigma^{\beta-1} dW_V\,(\alpha,\beta \geqslant 0)$
	Wiggins(1987)	$\dfrac{dS}{S} = \mu dt + \sigma dW_S, \dfrac{d\sigma}{\sigma} = \dfrac{f(\sigma)}{\sigma}dt + \delta dW_V$
	Hull&White(1987)	$\dfrac{dS}{S} = \mu dt + \sqrt{V} dW_S, \dfrac{dV}{V} = \psi dt + \delta dW_V$
	Scott(1993)	$\dfrac{dS}{S} = \mu dt + \sigma dW_S, d\sigma = k(\theta-\sigma)dt + \delta dW_V$
	Heston(1993)	$\dfrac{dS}{S} = \mu dt + \sqrt{V} dW_S, dV = k(\theta-\sigma)dt + \delta\sqrt{V} dW_V$
离散时间模型	Duan(1995)	$\ln(\dfrac{S_t}{S_{t-1}}) = r_f + \varphi\sqrt{h_t} - \dfrac{h_t}{2} + \varepsilon_t, \varepsilon_t \mid F_{t-1}:N(0,h_t)$ $h_t = \alpha_0 + \sum\limits_{i=1}^{q}\alpha_i\varepsilon_{t-i}^2 + \sum\limits_{i=1}^{p}\beta_i h_{t-i}$

（六）欧式卖出期权的定价

Black-Scholes 模型只是计算买入期权价格,卖出期权价格要通过买入卖出期权平价公式(7-4)来计算,买入卖出期权平价原理反映的是买入期权和卖出期权价格的关系:

$$P_t = C_t + Ke^{-r(T-t)} - S_t$$
$$C_t = S_t N(d_1) - Ke^{-rt} N(d_2)$$

则有

$$
\begin{aligned}
P_t &= S_t N(d_1) - Ke^{-rt} N(d_2) + Ke^{-r(T-t)} - S_t \\
&= Ke^{-r(T-t)} [1 - N(d_2)] - S_t [1 - N(d_1)] \\
&= Ke^{-r(T-t)} N(-d_2) - S_t N(-d_1)
\end{aligned}
\tag{7-68}
$$

从几何图性上看,二者对影响期权的关键指标都进行了负向变换,是关于纵向对称的。

例 7-13　考虑一个与例 7-11 欧式看涨期权有相同有效期和执行价格的欧式看跌期权。并且假设股票当前价格为45元,无风险年利率为8%,波动率为每年20%。问:这个看跌期权的价格为多少?

根据上述公式,可得到欧式看跌期权的价格为:

$$P_t = 40e^{-0.08 \times 0.5} N(-1.045) - 45 N(-1.186) = 0.39 (元)$$

（七）期权定价思想的意义

金融市场中一个引人注目的发展就是衍生证券的日趋普遍。在许多情况下,套期保值者和投机者都发现交易某项资产的衍生证券比交易资产本身更具有吸引力。原因在于,衍生证券往往具有现有上市证券所不具备的特点,从而能够满足一些套期保值者和投机者的特殊要求,所以,证券公司经常根据客户的需要,开发一些衍生证券来满足要求。

衍生行业的蓬勃发展,说明了现有的证券市场并不是完备的市场,因为作为一个完备的市场,总能通过构造证券组合来满足投资者的各种要求。同时,也说明了衍生产品在资源配置有效化中所起的作用。

期权理论之所以重要,不仅仅因为期权在证券市场结构中具有重要的作用,也因为期权理论说明了投资学的基本原理被提高到了一个新的水平——在以动态结构为基本结构的经济环境中应用这些原理。

期权定价的技巧被广泛地应用到许多金融领域和非金融领域,包括各种衍生证券定价、公司投资决策等(涉及实物期权领域)。学术领域内的巨大进步带来了实际领域的飞速发展。期权定价的技巧对产生全球化的金融产品和金融市场起着最基本的作用。近年来,从事金融产品的创造及定价的行业蓬勃发展,从而使得期权定价理论得到不断的改进和拓展。

所以,无论从理论还是从实际需要出发,期权定价的思想都具有十分重要的意义。下面我们就公司投资参考期权定价的形式而进行决策方面举个例子。

例 7-14　伊索夫石油公司正在考虑购买阿拉斯加偏远地区的一处油田。出售者已列示财产价值为 10000 美元,且急于立即出售。初始钻探成本为 500000 美元。公司预期在未来若干年内每年可采油 10000 桶。由于最后日期是在遥远的未来且难以估计,故公司将出自石油的现金流量视为永续年金。以每桶 20 美元的油价和 16 美元的采油成本计,公司预计每桶的净利为 4 美元。因为公司按实际期限将资本编入预算,所以假定它的每桶现金流量将保持 4 美元。适当的实际贴现率为 10%。公司在过去坏年头里的减免税额足以使它

不必为油田的任何利润纳税。伊索夫公司应该购买这项财产吗？对于伊索夫公司,油田的NPV(净现值)是

$$-10000-500000+(4\times10000)/0.1=-110000(\text{美元})$$

按照这个分析,伊索夫公司不应该购买油田。

虽然这种方法利用了资本预算技术,但它实际上对这里的情况不适用。为了看到这一点,考虑伊索夫公司的顾问桑顿的分析。他认为石油的价格可望以通货膨胀率增长。不过,他指出明年对于石油价格是相当危险的一年。一方面,OPEC正在考虑一个在未来许多年的实际期限内将油价提高到每桶35美元的长期协议。另一方面,国家汽车局最近指出,以油沙与水的混合物作为燃料的汽车目前正在检测中。桑顿认为,这项开发被证明是成功的,则在许多年的实际期限内石油价格被定为每桶5美元。关于这两方面进展的全部信息将在一年后披露。若油价为每桶35美元,则项目的NPV将是:

$$-10000-500000+(35-16)\times10000/0.1=1390000(\text{美元})$$

然而,万一油价跌至每桶5美元,油田的NPV将比它今天的负现值还小。

桑顿先生向公司董事会提出两个劝告。他认为:(1)应该购买该土地。(2)对钻探与否的决策应该推迟到有关OPEC新协议和国家汽车局之新汽车的信息发布之后。

若该土地已被买下,应该立即开始钻探么?假如立即钻探,那么NPV是-110000美元。而若将钻探与否的决策推迟到披露新信息的一年后,那时就能做出最适宜的选择。若油价降至每桶5美元,则伊索夫公司不应该钻探。公司不如回避该项目,这时的损失就是购买土地的10000美元。若油价涨至每桶35美元,则钻探应立即开始。

桑顿先生指出,通过推延,若油价上涨,公司将只投资50000美元钻探成本。因此,通过推延策略公司将在油价下跌的情况下节省500000美元。结论是,一旦买下土地,钻探与否的决策就应推迟进行。应该先将土地买下来吗?

即使不知道油价上涨的准确概率,桑顿先生仍然确信应该买下该土地。因为油价为35美元时项目的NPV是1390000美元,而土地成本仅为10000美元。这样潜在的高收益率显然是值得冒险的。

这个例子提出了一种方法。当伊索夫公司购买土地时,它实际上是在购买期权。也就是说,一旦土地被买下来,公司就拥有以敲定价格为500000美元购买一片有储量油田的期权。正如分析结论所说,一般不应该立即执行看涨期权。在这种情况下,公司将推迟到关于未来油价的相关信息被披露时才执行。

股票和债券作为期权的例子:

Popov公司被授权在南极洲举办下一年的奥运会。由于南极洲特殊的条件,该公司在奥运会后将解散。公司通过发行债券来筹办这次奥运会。假设下一年债务连本带息为800元,到时债务将一次性付清。公司下一年的现金流预测如表7-7所示。

表 7-7　现金流

现金流	非常成功	一般成功	一般失败	完全失败
支付债务前的现金流	1000	850	700	550
债务	800	800	700	550
股东的现金流	200	50	0	0

（1）依照看涨期权来表示

股东：把股票看成以公司为标的物（债权人拥有公司），执行价格为 800 的看涨期权（见图 7-15）。

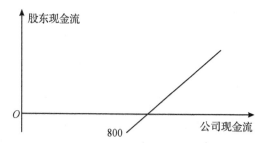

图 7-16　买入以公司为标的物的看涨期权收益情况

债权人的头寸可以用下面两个权益来描述：

· 拥有公司；

· 写一份以公司为标的物、执行价格为 800 的看涨期权。

（2）依照看跌期权来表示

股东的头寸可以用三种权益来表示：

· 拥有公司；

· 连本带息欠债权持有者 800 元；

· 股东持有以公司为标的物、执行价格为 800 元的看跌期权。债权持有者是看跌期权的卖者。

债权持有者的头寸可以用下面两个权益来描述：

· 有 800 元的债权；

· 卖出了以公司为标的物、执行价格为 800 元的看跌期权（见图 7-16）。

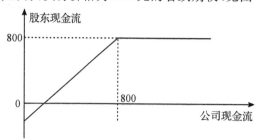

图 7-16　卖出以公司为标的物的看跌期权的收益情况

把具有违约风险的债权利用无违约风险债权和看跌期权来表示：风险债券的值＝无风险债券的值－看跌期权的值。

上述两种观点的一致性：

普通股票的价值＋看跌期权的值－看涨期权的值＝执行价格的现值；

以公司为标的物的看涨期权的值＝公司的值＋以公司为标的物的看跌期权的值－无违约风险的债权的值；

公司的值－以公司为标的物的看涨期权的值＝无违约风险的债权的值－以公司为标的物的看跌期权的值。

第四节　小　结

　　本章主要介绍了期权的基本概念、股票期权及其运用、影响股票期权价值的因素和敏感性分析、期权定价的二叉树模型和 Black-Scholes 公式以及期权定价思想在其他领域的运用(如实物期权)。期权,是指期权购买者向期权出售者支付一定的期权费后所获得的、能在未来某特定时间以敲定价格向期权出售者买进或卖出一定数量的某种金融资产的权利。期权买方和卖方的权利和义务是不对等的。金融期权交易的基本策略是买入看涨期权、买入看跌期权、卖出看涨期权和卖出看跌期权。买入看涨期权或看跌期权的潜在利润无限,而潜在损失有限;卖出看涨期权或看跌期权的潜在利润有限,而潜在损失无限。此外,还有一些组合交易策略(如股票与期权的组合,期权与期权的组合)。影响期权价值的主要因素有标的资产的市场价格、合约的期权价格、权利期间的长短、标的资产价格的波动率、无风险利率及标的资产的收益率。期权价格的敏感性指标主要有 δ、γ、υ、θ 和 ρ,它们都是进行期权的套期保值、风险管理的重要工具。二叉树模型和 Black-Scholes 模型是基本的期权定价模型,之后,理论界和实务界又对这些基本模型做了扩展。期权定价思想不仅在金融领域中有广泛的运用,在非金融领域也得到了发展,包括各种衍生证券的定价、公司投资决策等。

习　题

　　1. 解释出售一个看涨期权与购买一个看跌期权的区别。

　　2. 从金融期权交易的基本策略来看,期权购买者与期权出售者的盈亏有何特点?

　　3. 风险中性定价机制的内容是什么?

　　4. 投资者相信股票价格将有巨大变动但方向不确定。请说明投资者能采用哪些不同策略,并解释它们之间的不同点。

　　5. 什么是保护性的看跌期权? 看涨期权的什么头寸等价于有保护性的看跌期权?

　　6. 多头同价对敲和空头同价对敲分别适用于何种场合? 如何操作?

　　7. 一个看涨期权的 δ 值为 0.8 意味着什么?

　　8. 某年 3 月,投资者预期在两个月后可取得一笔资金,总额为 500000 元。他对 A 公司股票看好,所以他计划在收到这笔资金后即全部投资于 A 公司股票。假定当时 A 公司股票的市场价格为 25 元/股,则该投资者预期收到的 500000 元资金可购买 A 公司股票 20000 股。但是,他担心 A 公司股票在未来的两个月内将有较大幅度的上涨,从而使他失去由股价上涨而产生的收益。为此,他决定以 A 公司股票的看涨期权作套期保值。其具体的操作是购买以 A 公司股票为标的物的看涨期权 200 个。这种期权的敲定价格为 25 元/股(即平价期权);弃权费为 1 元/股,所以 200 个期权的期权费总额为 20000 元,期限为两个月,期权样式为欧式。在两个月后,A 公司股票的市场价格可能有如下三种不同情况:

　　(1)市场价格不变,即仍然为 25 元/股。

　　(2)市场价格下跌,如跌至 20 元/股。

　　(3)市场价格果真大幅上涨,如涨至 35 元/股。

分析这三种情况下,投资者的收益情况。如果投资者在两个月后未能如期收到该笔资金,而 A 公司的股票价格已经上涨,他又应该怎么操作?

9.假设当前股票价格为 19 元,对于该股票的欧式看涨期权和看跌期权的执行价格均为 20 元,期限为 3 个月,这两个期权价格均为 3 元,目前无风险年利率为 10%,问是否存在套利机会?

10.考虑一个有效期为 6 个月、执行价格为 40 元的欧式看涨期权。已知无风险年利率为 10%,波动率为 20%,当前股票价格为 42 元。该看涨期权的价格应该是多少?具有相同有效期和执行价格的欧式看跌期权的价格又为多少呢?

第八章

债券模型和利率衍生品定价

在经典期权定价理论中,通过假设利率为确定型的常数,建立了欧式看涨期权和欧式看跌期权的 Black-Scholes 定价公式。从该公式中,我们可以发现,利率直接影响期权的定价。但是,在实际应用中,该模型关于利率确定不变的假设过于简单和理想化,无法描述现实金融模型的情况。现实中,利率是不可确定的,如通货膨胀和通货紧缩等不同的经济扰动都会引起市场利率的变动,进而导致债券价格和收益率的波动,从而进一步影响金融衍生品的未来价格走势。这一章将介绍零息债券,建立债券价格的二叉树模型,同时将讨论市场交易中常见的几种利率衍生品:债券期权、利率上限与利率下限等。我们还将利用债券价格模型来对这些衍生产品进行定价。最后我们将介绍最常见的债券价格期限结构模型——Ho-Lee 模型。

第一节 债券市场

一、零息债券

如第五章所述,债券是一种具有确定性收入的证券,但是债券的价值和收益率会随着时间发生变化。一般情况下债券都是付息的。简单起见,这章我们主要考虑不带息票的债券,即零息债券。零息债券(zero coupon bonds)只在到期日(maturity date)T 一次性支付面值(face value)F,其间不再发放利息。零息债券保证持有者在时间 T 获得确定性数额 F。债券在到期日前的任意时间都可以在市场进行买卖。假设 $t(t < T)$ 为到期日 T 前的一个时间点。通常,我们用 $B(t,T)$ 表示在时间 T 支付一个货币单位(即面值 $F = 1$)的零息债券在时间 t 的价格,我们称其为单位债券(unit bonds)。那么 $B(0,T)$ 表示到期日为 T 的零息债券在时间 0 的价格。显然,

$$B(T,T) = 1 \quad 且对于 \ t < T, 0 < B(t,T) < 1 \tag{8-1}$$

那么,到期时间为 T,面值为 F 的零息债券在时间 t 的价格可表示为 $F \cdot B(t,T)$,贴现可以用 $B(0,T)$ 表示。

二、零息债券作为计量单位

债券价格 $B(t,T)$ 由时间点 t 和到期日 T 两个变量来描述。这里 t 和 T 表示两个时间点,均为正实数,可为天,月,年。到期期限(time to maturity)T-t 指从时间点 t 至到期日 $T(T > t)$ 的剩余时间,通常用年来计量。

当考虑 $B(t,T)$ 为关于 T 的函数时,即 T 可变时,$T \mapsto B(t,T)$ 被称为零息债券价格的期限

结构(term structure of bond prices),或在时间 t 的债券价格曲线。易知 $T \mapsto B(t,T)$ 是一个单调递减的函数。当 $t=0$,$B(0,T)$ 为关于 T 的单变量函数,$T \mapsto B(0,T)$ 形成初始期限结构(initial term structure)。因为债券 $B(t,T)$ 在时刻 $t>0$ 价格不可预知,故 $t \mapsto B(t,T)$ 为一个随机过程,表明未来的债券价格是随机的。因为零息债券价格和收益率是等价的[两者关系式见式(8-2)和式(8-4)],所以我们可以用隐含收益率和债券价格来描述利率期限结构。利率期限结构(term structure of interest rates)反映的是债券的利率(收益率)与债券到期期限之前的相关关系,是一个极其重要的变量,研究利率期限结构对于金融活动和货币市场具有十分重要的意义。我们在第 5 章已经对利率期限结构给予简单的介绍,这一章我们将进一步深入地研究债券价格的期限结构。另外,$B(t,T)$ 可以作为风险中性世界(risk neutral world)里的贴现因子(discount factor)的期望值。零息债券为利率理论里一个基本量,其他利率,如远期利率、短期利率等都可以由零息债券价格来描述。

第二节 利率与零息债券

一、简单复利和连续复利

利率有两种计算方式:一种为简单复利(simple compounding),一种为连续复利(continuous compounding)。

例 8-1   假设目前银行的存款年利率为 5%,如果每一年复利一次,那么 10000 元存款在年终会增长为 $10000 \times (1+5\%) = 10500.00$ 元。如果每半年复利一次,一年后 10000 元存款增长为 $10000 \times \left(1+\dfrac{5\%}{2}\right)^2 = 10506.25$ 元。如果我们继续增加复利频率,每 3 个月复利一次,那么一年后 10000 元存款增长为 $10000 \times \left(1+\dfrac{5\%}{4}\right)^4 = 10509.45$ 元。

我们可以将以上例子一般化,假设初始投资金额为 A,年利率为 R,该资金投资一年后的终值为 $A(1+R)$。如果一年复利两次,投资终值为 $A(1+R/2)^2$。以此类推,如果一年复利 m 次,一年以后的投资终值为

$$A\left(1+\frac{R}{m}\right)^m$$

以上计算方式得到的利率我们称为简单复利利率。我们知道

$$\lim_{m \to \infty}\left(1+\frac{R}{m}\right)^m = e^R$$

因此当复利频率越来越高时(如每天复利),即 $m \to \infty$ 时,初始投资资金为 A 的投资终值为 Ae^R。这种情况下所对应的利率称为连续复利利率。

例 8-2   例 8-1 中如果运用连续复利方式来计算,10000 元存款一年后将增长为 $10000 \times e^{0.05} = 10512.70$ 元。

另外,当利率很小时,

$$e^R = 1+R+o(R)$$

如 $e^{0.02} = 1.020$。因为指数函数相对幂函数有更好的解析性质,在理论研究上我们经常采用连续复利利率。

二、即息利率

在时间 t 投入资金后连续保持到时间 T 所得到的收益率,我们称为即息利率(spot rate),也称为零息利率(zero rate)。注意该投资在期满前不支付任何利息,只在期末一次性归还本金和利息。即息利率根据两种不同计量方式可分为简单复利即息利率和连续复利即息利率。这两种利率均可以由零息债券价格推导得出。

如果 $L(t,T)$ 为在时间 t 交易,对应到期时间为 T,期限为 $T-t$,按简单复利的即息利率,则

$$B(t,T)[1+L(t,T)(T-t)]=1 \tag{8-2}$$

由上式可得

$$L(t,T)=-\frac{B(t,T)-1}{(T-t)B(t,T)} \tag{8-3}$$

同样地,如果 $R(t,T)$ 为在时间 t 交易,对应到期时间为 T,期限为 $T-t$,按连续复利的即息利率,则

$$B(t,T)e^{R(t,T)(T-t)}=1 \tag{8-4}$$

由上式可得

$$R(t,T)=-\frac{\ln B(t,T)}{T-t} \tag{8-5}$$

因为随着时间的推移,时间 t 的增加,债券的价格会发生变化,即息利率也会发生变化。

三、远期利率

例 8-3　假设你公司的财务主管告诉你,公司将在 1 年以后收到一笔 10 万美元的货款,公司计划一年以后对这笔货款进行为期一年的投资,但是公司不愿意冒险,希望可以得到确定性的收益,因为该货款 2 年后将用于公司的装修。假设目前 1 年期的即息利率为 6.5%/年,2 年期的即息利率为 7.5%/年。那么你预期的从第 1 年末到第二年末之间的利率是多少?你现在可以如何做投资计划?

根据即息利率,我们可以计算出:现在一年期面值为 100 美元零息债券交易价格为 93.85 美元,2 年期的面值为 100 美元的零息债券交易价格为 86.50 美元。那么我们现在可做以下投资:

现在卖空 1000 份 1 年期零息债券,买入 $\frac{93.85}{86.5}\times 1000=1085$ 份 2 年期零息债券,那么初始投资金额为 0.

1 年后,1000 份 1 年期债券到期,需要支付 10 万美元;

2 年后,1085 份 2 年期债券到期,获得 $1085\times 100=108500$ 美元。

上述例子表明我们可以由目前的债券价格计算出远期利率。

如果 $L(t,S,T)$ 为在时间 t 交易,从 S 到 T 按简单复利的远期利率,则

$$L(t,S,T)=-\frac{B(t,T)-B(t,S)}{(T-S)B(t,T)} \tag{8-6}$$

我们可以构造一个远期利率合同(forward rate agreement):该合同包含三个时间点 $t<S<T$,这里 t 为当前日期。

在 t 时刻,卖空 1 份到期日为 S 的零息债券并购入 $\frac{B(t,S)}{B(t,T)}$ 份到期日为 T 的零息债券,故在

t 时刻的净投资为 0。

在 S 时刻，到期日为 S 的零息债券到期，支付面值 1。

在持有的到期日为 S 的零息债券到期，获得 $\dfrac{B(t,S)}{B(t,T)}$。

这个投资使我们在 S 时刻投资 1 美元，在 T 时刻获得 $\dfrac{B(t,S)}{B(t,T)}$ 美元的确定性收入。这相当于在 t 时刻进入一个远期利率合约，这个合约约定在 S 和 T 之间一方将向另一方支付固定利率，即远期利率 $L(t,S,T)$。因此我们得到

$$1 + L(t,S,T)(T-S) = \frac{B(t,S)}{B(t,T)} \tag{8-7}$$

从 (8-7) 解出 $L(t,S,T)$，即得到式 (8-6)。远期利率 $L(t,S,T)$ 表示的是站在今天 t 的角度观察到的 S 时刻的期限为 $T-S$ 的利率。

同样地，如果 $R(t,S,T)$ 为在时间 t 交易，从 S 到 T 按连续复利的远期利率，则

$$R(t,S,T) = -\frac{\ln B(t,T) - \ln B(t,S)}{T-S} \tag{8-8}$$

四、LIBOR

同业银行利率（interbank rates）是银行给其他银行提供资金时所收取的利率。最重要的一个同业银行利率为 LIBOR（London Interbank Offered Rate）。LIBOR 是指伦敦同业银行拆借利率，是由英国银行家协会提供的存款参照利率。LIBOR 提供的利率报价期限最短可以为 1 天，也可以长达 12 个月。比如 3 个月期限的 LIBOR 利率指的是银行给其他银行提供三个月资金的利率。大部分的利率互换合约中的利率都是指 LIBOR。这些利率报价都是简单复利利率。例如：一个在一年以后开始的为期三个月的远期 LIBOR 在 t 时刻可表示为 $L\left(t,1,\dfrac{5}{4}\right)$。

五、远期利率和未来利率

我们是不是可以通过远期利率来预测未来的利率呢？

假设利率期限结构是确定的、可提前预知的并且市场是有效的（即不存在套利机会）。那么我们可以证明，对任意的 $t \leqslant S \leqslant T$，

$$B(t,T) = B(t,S)B(S,T) \tag{8-9}$$

下面我们将用反证法证明式 (8-9)。假设存在 $t \leqslant S \leqslant T$，使得 $B(t,T) > B(t,S)B(S,T)$，那么我们可以构造一个投资策略使得在这种情况下存在套利机会：

在时间 t，卖空 1 份到期日为 T 的债券［收入金额 $B(t,T)$］，同时买入 $B(S,T)$ 份到期日为 S 的债券，需支付 $B(S,T)B(t,S)$。因为我们假设利率期限结构是确定的，因此债券的未来价格 $B(S,T)$ 在时刻 t 已知。此时的初始利润为：$B(t,T) - B(t,S)B(S,T) > 0$。

在时间 S，$B(S,T)$ 份债券到期，获得金额 $B(S,T)$，利用这笔资金购买 1 份到期日为 T 的债券。

在时间 T，结清头寸，获得金额 1 同时支付金额 1。

根据这个投资策略，我们获得初始利润 $B(t,T) - B(t,S)B(S,T) > 0$，故假设不成立。当

$B(t,T) < B(t,S)B(S,T)$ 时,我们可以用类似的方法证明。

若我们对式(8-9)两边取对数并稍作整理可得

$$-\frac{\ln B(t,T) - \ln B(t,S)}{T-S} = -\frac{\ln B(S,T)}{T-S}$$

那么

$$R(t,S,T) = R(S,T) \tag{8-10}$$

关系式(8-10)说明站在今天 t 的角度观察到的 S 时刻的期限为 $T-S$ 的远期利率等于未来 S 时刻观察到的期限为 $T-S$ 的市场利率。显然货币市场并不满足这个关系式,这说明我们证明这个等式时所运用的假设条件并不成立,即利率期限结构是不确定的,是随机的。若今天时刻为 t,那么对不同的到期日 $T \geqslant t$,债券价格 $B(t,T)$ 是一个确定性的量,但是未来债券价格 $B(S,T)$ 是一个随机变量。

第三节 二叉树期限模型

上一节我们介绍了利率期限结构是随机的,在这一节我们将用二叉树模型来表示债券价格的变动轨迹。我们假设债券价格在单位时期内只能向上和向下两个方向变动。

我们首先把时间进行离散化。设 N 为一个固定的自然数。我们把 N 作为一个时间范围,是所有债权到期时间的上界。假设时间间隔为 $t=t_0,t_1,\cdots,t_N$。这里每个时间间隔的步长相等,均为 $\delta=t_{k+1}-t_k$,可以为 1 个月,3 个月等。简单起见,我们统一用 $B(j,k)$ 表示 $B(t_j,t_k)$,这里 $j \leqslant k$。

首先考虑时间 0 时的状态。在 CRR(Cox-Ross-Rubinstein)中,当前 0 时刻只有股票价格和无风险利率为已知的。对于债券价格期限模型 N 以前的所有到期日的债券初始价格都是已知的:

$$B(0,1),B(0,2),\cdots,B(0,N)$$

通常,某些上述的单位零息债券的价格债券市场可能没有直接提供,需要利用票息剥离法(bootstrap method)从附息债券(coupon bonds)入手来计算得到,具体计算见第五章。

在未来时间 $t=1,2,\cdots,N$,有一部分债券将到期,剩下部分的债券还处于交易状态。除了到期债券的价格为 1,其余处于交易状态的债券价格都是随机的,根据我们的二叉树模型的价格,这些债券应该有两种取值状态:上升或下降。在最终的到期时间 N,只剩下一个债券到期日为 N。假设 $B(t,S;\omega)$ 表示到期日为 S 的债券在时间 t、节点 ω 上的价格。这里 $t < S \leqslant T$。从这个节点开始,该债券在 $t+1$ 时刻有两种可能性的价格,如图 8-1 所示。

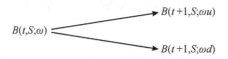

图 8-1 一步二叉树中的债券的价格

从这两个状态 $B(t+1,S;\omega u),B(t+1,S;\omega d)$ 中的一个开始,债券价格也有类似的变化规律,即债券价格可能上升,也可能下降,因此在时间 $t+2$,每个债券价格有 4 个可能的结果,我们可以把它表示为如图 8-2 所示的二期二叉树。

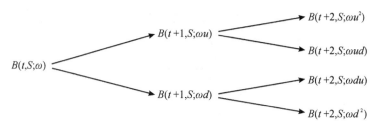

图 8-2　两步二叉树中的债券的价格

一般地,例如在时间 $t=1$,到期日为 1 的第一个债券到期[$B(1,1)=1$],剩余的 $N-1$ 个债券还处于交易状态,所以这 $N-1$ 个债券价格 $B(1,2),B(1,3),\cdots,B(1,N)$ 应该是随机变量。我们假设在时间 $t=1$,于各个未到期的债券均有两个状态:$\omega=u$ 和 $\omega=d$。对于不同的到期日的债券价格我们可以得到两个序列:

债券价格上升序列:$B(1,2;u),B(1,3;u),\cdots,B(1,N;u)$

债券价格下降序列:$B(1,2;d),B(1,3;d),\cdots,B(1,N;d)$

在时间 $t=2$,序列中的第一个债券到期,其余债券价格分别有两种可能的状态,故我们可以得到 4 个不同状态的价格序列:

$B(2,3;u^2),B(2,4;u^2),\cdots,B(2,N;u^2)$

$B(2,3;ud),B(2,4;ud),\cdots,B(2,N;ud)$

$B(2,3;du),B(2,4;du),\cdots,B(2,N;du)$

$B(2,3;d^2),B(2,4;d^2),\cdots,B(2,N;d^2)$

值得注意的是,与股票价格的二叉树模型不同,我们这里并不要求两个状态 ud 和 du 下的债券价格相等,因此债券价格的树状图不一定是交叉的,即路径相关的(path dependent)。

图 8-3 是一个不交叉的债券期限结构的二叉树模型,这里 $N=3$。

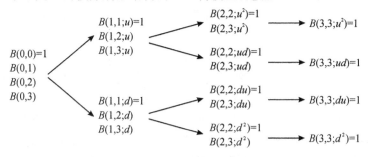

图 8-3　在时间 3 到期的不交叉的债券期限结构的二叉树模型

第四节　风险中性概率

类似于第七章第三节中利用二叉树模型计算股票期权定价,我们也可以通过无风险套利分析或是确定风险中性概率,利用二叉树模型计算债券价格期限结构。在期权定价过程中,我们计算得到了风险中性概率(risk-neutral probabilities)$(P,1-P)$,分别代表在风险中性世界(risk-neutral world)中股票价格上涨的概率和下跌的概率。在该风险中性概率下,股票或期权的预期收益率等于无风险利率,那么通过计算期权收益期望值,再利用无风险利率对期望值进行贴现我们可以得到股票期权的定价,参见式(7-9)。在股票市场中,折现因子为无风险利率。

在债券市场中,折现因子由单步短期利率(short rate)来决定。

$$r(t) = L(t, t+1) = -\frac{B(t, t+1) - 1}{\delta B(t, t+1)} \tag{8-11}$$

考虑二叉树上时间 t 和节点 ω 时,到期日为 S 的债券价格 $B(t, S; \omega)$,那么下一步,债券价值或者上涨或者下跌,其中上涨概率(风险中性概率)为 $p(t; \omega)$,这里 ω 代表不同的节点的概率会不同。债券价值的符号由以下二叉树给出。

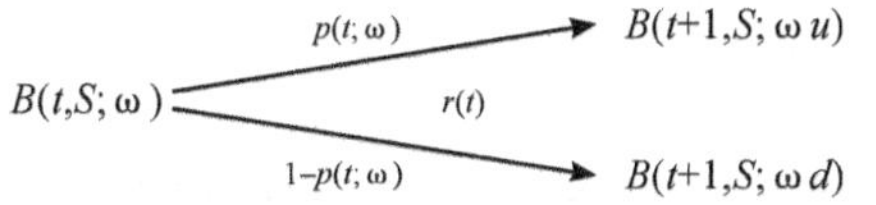

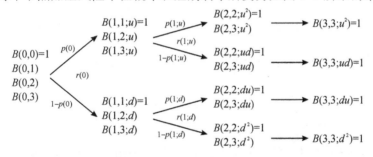

图 8-4   一步二叉树中的债券的价格、风险中性概率、短期利率

那么在 $t+1$ 时间,债券的收益在风险中性世界中的期望值为

$$E[B(t+1, S)] = p(t; \omega)B(t+1, S; \omega u) + [1 - p(t; \omega)]B(t+1, S; \omega d) \tag{8-12}$$

由于风险中性世界中,债券今天的价值等于其收益在风险中性世界期望值以短期无风险利率贴现所得的值。则我们有

$$
\begin{aligned}
B(t, S; \omega) &= \frac{1}{1 + \delta r(t; \omega)} E[B(t+1, S)] \\
&= B(t, t+1; \omega)[p(t; \omega)B(t+1, S; \omega u) + [1 - p(t; \omega)]B(t+1, S; \omega d)]
\end{aligned}
$$
$$\tag{8-13}$$

式(8-11)和式(8-12)代入式(8-13),整理后可得

$$
\begin{aligned}
p(t; \omega) &= \frac{B(t, S; \omega u)[1 + \delta \cdot r(t)] - B(t+1, S, \omega d)}{B(t+1, S; \omega u) - B(t+1, S; \omega d)} \\
&= \frac{B(t, S; \omega u) - B(t, t+1; \omega)B(t+1, S; \omega d)}{B(t, t+1; \omega)B(t+1, S; \omega u) - B(t, t+1; \omega)B(t+1, S; \omega d)}
\end{aligned}
$$
$$\tag{8-14}$$

二叉树在每个节点加上风险中性概率和短期利率后变为如图 8-5 所示的结果。

二叉树在每个节点加上风险中性概率和短期利率后变为如图 8-5 所示的结果。

图 8-5   时间 3 到期的二叉树中的债券期限结构

根据上图,在二叉树的每一步,我们只需知道在每个节点上其中一个债券的价格(一般取到期日最远的债券)和短期利率,便可以利用式(8-14)计算出风险中性概率。因为对于不同到期日 S 的债券,在同一节点上的风险中性概率相同。因为 $B(S, S) = 1$,式(8-13)中取 $t = S-1$,那么式(8-13)的右边参数均已知。那么我们可以利用式(8-13)计算风险中性概率下的不同到期日 S 的债券的期望,再用短期利率进行折现而得到到期日为 S 的债券在 $S-1$ 的价格 $B(S-1, S; \omega)$。按照这个方法沿树状图从后往前推导,我们便可以计算出到期日为 S 的债券在每个节点上的价格。

例 8-4   给定时间 3 到期的债券的价格二叉树和短期利率如图 8-6 所示,其中时间步长 δ

为 1,计算在时间 1,2 到期的债券的价格。

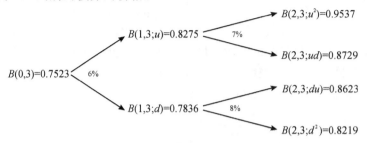

图 8-6   例 8-4 中的债券价格和短期利率

首先我们可以计算出二叉树上每一步的风险中性概率

$$p(0) = \frac{B(0,3)[1+r(0)]-B(1,3;d)}{B(1,3;u)-B(1,3;d)} = 0.3152$$

$$p(1;u) = \frac{B(1,3;u)[1+r(1;u)]-B(2,3;ud)}{B(2,3;u^2)-B(2,3;ud)} = 0.1550$$

$$p(1;d) = \frac{B(1,3;d)[1+r(1;d)]-B(2,3;d^2)}{B(2,3;du)-B(2,3;d^2)} = 0.6037$$

对于不同到期日的债券价格,我们以倒推的形式从二叉树末尾往前推到树的起点。因为 $B(2,2)=1$,利用式(8-13)可得

$$B(1,2;u) = \frac{1}{1+7\%}[0.1550 \times 1 + (1-0.1550) \times 1] = 0.9346$$

$$B(1,2;d) = \frac{1}{1+8\%}[0.6037 \times 1 + (1-0.6037) \times 1] = 0.9259$$

接着再利用式(8-13)从后往前计算

$$B(0,2) = \frac{1}{1+6\%}[0.3152 \times 0.9346 + (1-0.3152) \times 0.9259] = 0.8761$$

同样地因为 $B(1,1)=1$,因此利用式(8-13)可得

$$B(0,1) = \frac{1}{1+6\%}[0.3152 \times 1 + (1-0.3152) \times 1] = 0.9434$$

最后我们可以得到如图 8-7 所示的债券价格期限结构二叉树。

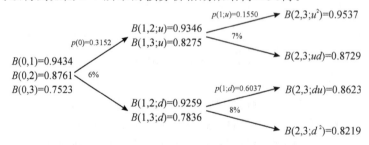

图 8-7   例 8-4 中的债券价格期限结构二叉树

第五节 债券的套利定价

从上一节我们知道,不同到期日的债券价格相互关联。我们只需知道最远到期日的债券价

格和远期利率便可以推出不同到期日的债券价格。如果不同到期日之间的债券价格关系式不成立，那么市场必然存在套利机会。

不同到期日的债券价格已知的情况下，我们该如何发现套利机会呢？

首先我们对于不同到期日 S 的债券价格，计算出二叉树上每一步的风险中性概率

$$p(t,S;\omega) = \frac{B(t,S;\omega)[1+\delta \cdot r(t)] - B(t+1,S;\omega d)}{B(t+1,S;\omega u) - B(t+1,S;\omega d)}$$

$$= \frac{B(t,S;\omega) - B(t,t+1;\omega)B(t+1,S;\omega d)}{B(t,t+1;\omega)B(t+1,S;\omega u) - B(t,t+1;\omega)B(t+1,S;\omega d)}$$

$$(8\text{-}15)$$

这里得到的风险中性概率依赖于到期日 $S=t+2,\cdots,T$。在无风险套利的假设下，不同的到期日 S 得到的风险中性概率 $p(t,S;\omega)$ 应该是相等的，也就是不依赖于 S，

$$p(t,S;\omega) = p(t;\omega) \quad 对所有的 S > t+1 \tag{8-16a}$$

并且因为 $p(t,S;\omega)$ 为概率，故满足

$$0 < p(t,S;\omega) < 1 \quad 对所有的 S > t+1 \tag{8-16b}$$

如果我们计算得到的 $p(t,S;\omega)$ 不满足上述两个条件，那么必然存在套利机会。

例 8-5 考虑如图 8-8 所示的期权价格二叉树，是否存在套利机会？

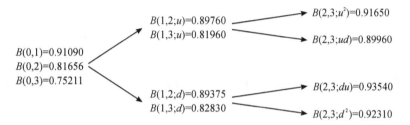

图 8-8 例 8-5 中的债券价格二叉树

第一步，我们计算每个节点的风险中性概率。当 $t=0$ 时，有两个债券的到期日大于 1，我们可以计算出两个风险中性概率的值 $p(0,2)$ 和 $p(0,3)$。当 $t=1$，只有 1 个债券的到期日大于 2，所以在节点 u，有风险中性概率 $p(1,3;u)$；在节点 d，有风险中性概率 $p(1,3;d)$。我们总共可以计算出 4 个风险中性概率的值 $p(0,2)$，$p(0,3)$，$p(1,3;u)$ 和 $p(1,3;d)$。接下来我们需要验证它们是否满足条件式(8-16a)和式(8-16b)，即以下两个条件是否满足：

$$0 < p(0,2),p(0,3),p(1,3;u),p(1,3;d) < 1$$
$$p(0,2) = p(0,3)$$

根据式(8-15)，我们可以得到上述四个风险中性概率分别为

$$p(0,2) = \frac{B(0,2) - B(0,1)B(1,2;d)}{B(0,1)B(1,2;u) - B(0,1)B(1,2;d)} = 0.697$$

$$p(0,3) = \frac{B(0,3) - B(0,1)B(1,3;d)}{B(0,1)B(1,3;u) - B(0,1)B(1,3;d)} = 0.301$$

$$p(1,3;u) = \frac{B(1,3;u) - B(1,2;u)B(2,3;ud)}{B(1,2;u)B(2,3;u^2) - B(1,2;u)B(2,3;ud)} = 0.799$$

$$p(1,3;d) = \frac{B(1,3;d) - B(1,2;d)B(2,3;d^2)}{B(1,2;d)B(2,3;du) - B(1,2;d)B(2,3;d^2)} = 0.298$$

因为 $p(0,2) \neq p(0,3)$，故该债权价格二叉树模型存在套利机会，参见图 8-9。

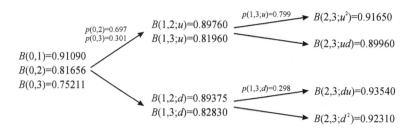

图 8-9 例 8-5 中的债券价格和风险中性概率二叉树

类似于股票二叉树模型,我们需要建立一个资产组合 (x,y),这里 x 是时间 3 到期的债券数,y 是时间 1 到期的债券数,使得这个资产组合在时间 1 的价值等于时间 2 到期的债券在时间 1 的价格,即

$$xB(1,3;u) + yB(1,1) = B(1,2;u)$$
$$xB(1,3;d) + yB(1,1) = B(1,2;d)$$

代入债券价格我们可以求得 $x = -0.44252, y = 1.26028$。由此我们可以设计以下套利机会:

在时间 0,卖空 44.252 份时间 3 到期的面值为 100 美元的零息债券,卖空 100 份时间 2 到期的面值为 100 美元的债券,用这笔资金买入 126.028 份时间 1 到期的面值为 100 美元的零息债券,那么还剩余资金

$$44.252 \times 100 \times B(0,3) + 100 \times B(0,2) - 126.028 \times 100 \times B(0,1) = 13.9(美元)$$

在时间 1,结清所有的债券,即买入 44.252 份时间 3 到期的面值为 100 美元的零息债券,买入 100 份时间 2 到期的面值为 100 美元的债券,同时 126.028 份时间 1 到期的面值为 100 美元的零息债券到期。

在节点 u,收益为

$$-44.252 \times 100 \times B(1,3;u) - 100 \times 100 \times B(1,2;u) + 126.028 \times 100 \times B(1,1) \approx 0 \ 美元$$

在节点 d,收益为

$$-44.252 \times 100 \times B(1,3;d) - 100 \times 100 \times B(1,2;d) + 126.028 \times 100 \times B(1,1) \approx 0 \ 美元$$

该组合获得初始收益 13.9 美元,故该模型存在套利机会。

第六节 利率衍生品

这一节我们考虑如何利用债券价格二叉树来对利率衍生品进行定价。利率衍生品是收益依赖于利率水平的衍生品。与股票衍生品不同的是标的资产由股票变成了债券,原来的折现因子由无风险利率改成了短期利率。所以在二叉树模型上的每一步需要提供短期利率,即建立一个模型来刻画整个短期利率曲线。注意这里利率不仅用作贴现因子,同时也被用来确定衍生产品的收益情况。与股票期权价格的二叉树模型的定价方式类似,我们从债券二叉树的末尾出发以倒推的方式推算到树的起始点。利率衍生品的种类也与股票衍生品有所不同,常见的利率衍生品除了债券期权之外,还有可赎回债券(callable bond)、互换(swaps)、利率上限(caps)、利率上限元(caplets)、利率下限(floors)和利率下限元(floorlets)等。

一、债券期权

通常利率期权指的是债券期权，其标的资产是各种债券。债券期权（bond option）是指在将来某个确定时间，持有者有权以事先确定的价格买进或卖出某个债券的权利。

例 8-6 考虑如图 8-10 所示的一个三步债券价格二叉树模型。这里 $N=3$，步长 $\delta=1$。考虑一个到期时间 3 的零息债券的欧式看涨期权，该期权 2 年后到期（施权日为时间 2），施权价为 0.8437。计算该期权的价格。

图 8-10　例 8-6 中的三步债券价格二叉树

首先我们根据上图最后 1 列债券的价格计算出期权的最终收益，再利用风险中性概率和短期利率进行贴现，从树的末端往前倒推最终计算出期权的价格，见图 8-11。

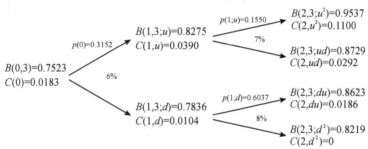

图 8-11　例 8-6 中的债券价格、风险中性概率和欧式看涨期权的二叉树

二、可赎回债券和可退还债券

可赎回债券（callable bond）是指发行债券的公司在将来（期权到期日前）某一个时刻以事先指定的价格（赎回价格，call price）回购债券的合约。可以看作是可赎回债券的持有人向发行人卖出一个看涨期权。赎回价格是债券发行人向可赎回债券的持有人赎回债券时支付的价格。该可赎回债券一般要求有一段时间的锁定区间（lock-out period），即在该段时间内发行方不能赎回该证券。可赎回债券的价格可以由与其相关的看涨期权的价格计算得出：

$$可赎回债券价格 = 债券价格 - 看涨期权价格 \tag{8-17}$$

例 8-7 计算例 8-6 中在时间 2 以 0.8437 的价格购回的可赎回债券的价格。

由例 8-6 我们知道 $B(0,3)=0.7523$，$C(0)=0.0183$，因此由式（8-17）我们可以计算得到可赎回债券的价格为

$$B(0,3) - C(0) = 0.7523 - 0.0183 = 0.7340$$

如果债券只能在一个特定的时刻购回，在这种情况下与可赎回债券相关的看涨期权应该为欧式看涨期权。如果债券可以在到期日之前的任何时刻购回，则对应的看涨期权应为美式看涨期权。

可赎回债券是内含看涨期权的债券，另外一类内含看跌期权的债券为可退还债券

(puttable bond)。可退还债券是允许债券持有人在期权到期日前的某一段时间内以事先确定的价格将债券退还给债券发行人的合约。这种债券可以看作可退还债券持有人向债券发行人买入了一个看跌期权。因此可退还债券持有人同时持有债券和一个看跌期权。同样地，可退还债券的价格可以由与其相关的看跌期权的价格计算得出：

$$可退还债券价格 = 债券价格 + 看跌期权价格 \tag{8-18}$$

如果把存款单看作债券，那么银行提供的可以随时被提取的定期存款，可以看作是一个可退还债券（债券美式看跌期权）。类似地，可提前付清的抵押贷款可以看作是可赎回债券（债券美式看涨期权）。

三、利率的上限和下限

利率上限（$caps$）是浮动利息债券（floating rate bond）的一个附加条款。浮动利息债券指每个时间段券息（coupons）的支付数额不是事先固定的，而是根据短期 LIBOR 利率确定的：

$$C_t = L(t, t+1)\delta F = -\frac{B(t, t+1) - 1}{B(t, t+1)}F \tag{8-19}$$

利率上限给出了浮动利息债券在到期日前每个时间段的浮动利率的上限。我们称浮动利率上限为上限利率（cap rate）。在利率上限内的每一个利率重置日内，上限利率与 LIBOR 利率进行比较，如果 LIBOR 利率超过了重置日的上限利率，则在重置日的接下来这个时段内，债券付息率为上限利率。相反地，如果上限利率超过了重置日的 LIBOR 利率，那么债券付息率取 LIBOR 利率。注意利率上限的收益不是发生在利率的重置日，而是在重置日的下一个时间段。对应于单个时间段的条款，我们称为利率上限单元（caplets）。利率上限可看成是一系列的利率上限元。

考虑一个期限长度为 $T = N$ 的利率上限，假设利率上限的重置日与每次券息支付的时间相同，分别为 $t_1, t_2, \cdots, t_n$ 且 $t_0 = 0, t_{n+1} = N$。

同时假设债券的面值为 F、上限利率为 K，则在 $j + 1$ 时刻的收益为

$$F\delta\max\{L(j, j+1) - K, 0\} \tag{8-20}$$

由上式可以看出，利率上限在时刻 $j + 1$ 的收益等价于在时间 j 观测到的标的资产为 LIBOR 利率，施权价为上限利率 K 的看涨期权，期权的收益时间为 $j + 1$。所以一个利率上限可以看成是包含 N 个这样的看涨期权或是利率上限单元。对应于 LIBOR 利率重置日 $t_1, t_2, \cdots, t_n$，看涨期权的收益日为 $t_2, t_3, \cdots, t_{n+1}$。

$$
\begin{aligned}
F\delta\max\{L(j, j+1) - K, 0\} &= F\delta\max\{-\frac{B(j, j+1) - 1}{\delta B(j, j+1)} - K, 0\} \\
&= \frac{F(1 + \delta K)}{B(j, j+1)}\max\left\{\frac{1}{1 + \delta K} - B(j, j+1), 0\right\}
\end{aligned} \tag{8-21}
$$

由式（8-21）可以看出，一个利率上限也可以看成关于一个到期日为 $j + 1$ 的零息债券的看跌期权，其施权价为 $\frac{1}{1 + \delta K}$，看跌期权的到期日为 j。利率上限可以看作是一系列关于零息债券的欧式看跌期权的组合。

利率下限（floors）指定了债券有效期内每个时间段获得的最小付息率。利率下限在时刻 $j + 1$ 的收益为

$$F\delta\max\{K - L(j, j+1), 0\} \tag{8-22}$$

利率下限可以看作是一系列关于利率的看跌期权的交易组合。同样地，对应于利率下限每

一个时间段的条款,称为利率下限单元(floorlet)。把 LIBOR 利率公式代入并稍加整理我们可以得到利率下限在时刻 $j+1$ 的收益为

$$\frac{F(1+\delta K)}{B(j,j+1)}\max\left\{B(j,j+1)-\frac{1}{1+\delta K},0\right\}$$

因此,利率下限也可以看作是一系列关于零息债券的看涨期权的组合。

第七节　离散 Ho-Lee 模型

在前几节中,我们介绍了利用债券价格二叉树模型可以计算出利率衍生品的价格。这一节我们介绍一个最简单的利率期限结构模型——Ho-Lee 模型。Ho-Lee 模型建立于 1986 年,该模型与股票的 CRR 模型类似,都假设模型是路径无关的,也就是债券价格只依赖于向上和向下移动的次数,与经过的节点和路径无关。

如果债券价格期限结构是确定的,那么根据式(8-9)我们有

$$B(t,S)=B(t,t+1)B(t+1,S)$$

变化后,到期日为 S 的零息债券在时刻 $t+1$ 的价格可由在时刻 t 的价格来确定

$$B(t+1,S)=\frac{B(t,S)}{B(t,t+1)} \tag{8-23}$$

但是我们需要债券价格是随机的,因此我们对式(8-23)做如下修正

$$B(t+1,S;\omega u)=\frac{B(t,S;\omega)}{B(t,t+1;\omega)}h(S-(t+1);u)$$

$$B(t+1,S;\omega d)=\frac{B(t,S;\omega)}{B(t,t+1;\omega)}h(S-(t+1);d) \tag{8-24}$$

这里 ω 代表二叉树上的节点,$h(S-(t+1);u)$ 和 $h(S-(t+1);d)$ 称为扰动因子(perturbation factors),它们依赖于距到期日的时间 $S-(t+1)$。这两个扰动因子类似于第 7 章股票二叉树模型中的上升倍数 u 和下降比例 d。不同的是,在股票二叉树模型中 u 和 d 是始终不变的,但是这里的扰动因子 $h(S-(t+1);u)$ 和 $h(S-(t+1);d)$ 在各个节点的取值依赖于当前时刻 t 和到期日 S,因此在各节点的取值可能不同。

接下来,我们将确定 $h(S-(t+1);u)$ 和 $h(S-(t+1);d)$ 的取值。因为 $B(S,S)=1$,所以式(8-24)中取 $t=S-1$,可得

$$h(0;u)=h(0;d)=1 \tag{8-25}$$

在前几节我们知道,根据无风险套利,对于不同到期日 S 的债券,在同一节点上的风险中性概率相同,故在 Ho-Lee 模型中,我们假设在每一个节点的债券向上移动的风险中性概率均为 p,即 p 不依赖于当前时刻 t、节点位置 ω 和到期日 S。由式(8-13)折现期望等于债券在当前时刻的价格

$$B(t,S;\omega)=B(t,t+1;\omega)[pB(t+1,S;\omega u)+(1-p)B(t+1,S;\omega d)] \tag{8-26}$$

把式(8-24)带入式(8-26)可得

$$1=[p\cdot h(s-(t+1);\omega u)+(1-p)h(s-(t+1);\omega d)] \tag{8-27}$$

同时我们假设,债券价格二叉树的树干交叉,即

$$B(t+2,S;\omega ud)=B(t+2,S;\omega du) \tag{8-28}$$

根据式(8-24),式(8-28)左右两端可分别表示为

$$B(t+2,S;\omega ud) = \frac{B(t+1,S;\omega u)}{B(t+1,t+2;\omega u)}h(S-(t+2);d)$$

$$= \frac{B(t,S;\omega)h(S-(t+1);u)h(S-(t+2);d)}{B(t,t+2;\omega)h(1;u)}$$

$$B(t+2,S;\omega du) = \frac{B(t+1,S;\omega d)}{B(t+1,t+2;\omega d)}h(S-(t+2);u)$$

$$= \frac{B(t,S;\omega)h(S-(t+1);d)h(S-(t+2);u)}{B(t,t+2;\omega)h(1;d)}$$

代入式(8-26)得

$$\frac{h(S-(t+1);u)h(S-(t+2);d)}{h(1;u)} = \frac{h(S-(t+1);d)h(S-(t+2);u)}{h(1;d)} \tag{8-29}$$

根据式(8-27)、式(8-28)和式(8-29)，扰动因子需要满足如下条件

$$1 = ph(n;u) + (1-p)h(n;d) = 1 \tag{8-30}$$

$$\frac{h(n+1;d)}{h(n+1;u)} = \frac{h(n;d)}{h(n;u)}\frac{h(1;d)}{h(1;u)} \tag{8-31}$$

令 $\delta = \frac{h(1;d)}{h(1;u)}$，根据式(8-31)有

$$\frac{h(n;d)}{h(n;u)} = \delta^n \tag{8-32}$$

再代入式(8-30)可得

$$h(n;d) = \delta^n h(n;u) \tag{8-33}$$

$$h(n;d) = \frac{\delta^n}{(1-p)\delta^n + p}, h(n;u) = \frac{1}{(1-p)\delta^n + p} \tag{8-34}$$

这里 $n = 0,1,2,\cdots$ 接下来我们来建立债券价格期限结构。假设 0 时刻的不同到期日的债券价格 $B(0,1),\cdots,B(0,T)$ 已知。同时我们假设参数 p 和 δ 已知。下面我们来计算到期日为 S 的债券在当前时刻 t 节点 $\omega = \alpha_1\alpha_2\cdots\alpha_{t-1}$ 的价格，这里 $\omega = \alpha_1\alpha_2\cdots\alpha_{t-1}$ 表示通过路径 $\alpha_1,\alpha_2,\cdots,\alpha_{t-1}$ 到达节点 ω，且 $\alpha_1,\alpha_2,\cdots,\alpha_{t-1}$ 在 $\{u,d\}$ 中取值。则

$$B(t,S;\alpha_1\alpha_2\cdots\alpha_t) = \frac{B(t-1,S;\alpha_1\alpha_2\cdots\alpha_{t-1})}{B(t-1,t;\alpha_1\alpha_2\cdots\alpha_{t-1})}\frac{h(S-t;\alpha_t)}{h(0;\alpha_t)}$$

$$= \frac{B(t-2,S;\alpha_1\alpha_2\cdots\alpha_{t-2})}{B(t-2,t;\alpha_1\alpha_2\cdots\alpha_{t-2})}\frac{h(S-(t-1);\alpha_{t-1})}{h(1;\alpha_{t-1})}\frac{h(S-t;\alpha_t)}{h(0;\alpha_t)}$$

$$= \cdots$$

$$= \frac{B(0,S)}{B(0,t)}\frac{h(S-1;\alpha_1)}{h(t-1;\alpha_1)}\frac{h(S-2;\alpha_2)}{h(t-2;\alpha_2)}\cdots\frac{h(S-t;\alpha_t)}{h(0;\alpha_t)}$$

$$\tag{8-35}$$

因为 Ho-Lee 模型是不依赖于路径的，所以在节点 $\omega = \alpha_1\alpha_2\cdots\alpha_{t-1}$ 的债券价格只与上升和下降的次数有关。我们可以假设路径中有 j 次向下移动，$t-j$ 次向上移动，那么节点位置可记为 $d^j u^{t-j}$，那么

$$B(t,S;d^j u^{t-j}) = \frac{B(0,S)}{B(0,t)}\delta^{j(S-t)}\frac{h(S-1;u)}{h(t-1;u)}\frac{h(S-2;u)}{h(t-2;u)}\cdots\frac{h(S-t;u)}{h(0;u)}$$

$$= \frac{B(0,S)}{B(0,t)}\delta^{j(S-t)}\frac{(1-p)\delta^{t-1}+p}{(1-p)\delta^{S-1}+p}\frac{(1-p)\delta^{t-2}+p}{(1-p)\delta^{S-2}+p}\cdots\frac{(1-p)\delta^0+p}{(1-p)\delta^{S-t}+p} \tag{8-36}$$

特别地，当 $S = t+1$ 时，我们计算得到

$$B(t,t+1;d^ju^{t-j}) = \frac{B(0,t+1)}{B(0,t)}\delta^j \frac{h(t;u)}{h(t-1;u)}\frac{h(t-1;u)}{h(t-2;u)}\cdots\frac{h(2;u)}{h(1;u)}\frac{h(1;u)}{h(0;u)}$$

$$= \frac{B(0,t+1)}{B(0,t)}\delta^j h(t;u)$$

$$= \frac{B(0,t+1)}{B(0,t)}\frac{\delta^j}{(1-p)\delta^t+p} \tag{8-37}$$

根据式(8-11),我们可计算短期利率为

$$r(t;d^ju^{t-j}) = \frac{B(0,t)}{B(0,t+1)}\frac{(1-p)\delta^t+p}{\delta\delta^j} - \frac{1}{\delta} \tag{8-38}$$

例 8-8 假设1年期面值为100美元的零息债券的交易价格为92.31美元,2年期面值为100美元的零息债券的交易价格为83.53美元,3年期面值为100美元的零息债券的交易价格为75.20美元。利用 Ho-Lee 模型建立期权价格期限结构模型,假设风险中性利率 $p = 0.5, \delta = 0.9$。

根据题设,我们有 $B(0,1) = 0.9231, B(0,2) = 0.8353$ 和 $B(0,3) = 0.7520$,根据式(8-37)可得:

$$B(1,2;u) = \frac{B(0,2)}{B(0,1)}\frac{1}{(1-p)\delta+p} = \frac{0.8353}{0.9231}\times\frac{1}{0.5\times0.9+0.5} = 0.9525$$

$$B(1,2;d) = \frac{B(0,2)}{B(0,1)}\frac{\delta}{(1-p)\delta+p} = \frac{0.8353}{0.9231}\times\frac{0.9}{0.5\times0.9+0.5} = 0.8573$$

$$B(1,3;u) = \frac{B(0,3)}{B(0,1)}\frac{1}{(1-p)\delta^2+p} = \frac{0.7520}{0.9231}\times\frac{1}{0.5\times0.9^2+0.5} = 0.9002$$

$$B(1,3;d) = \frac{B(0,3)}{B(0,1)}\frac{\delta^2}{(1-p)\delta^2+p} = \frac{0.7520}{0.9231}\times\frac{0.9^2}{0.5\times0.9^2+0.5} = 0.7291$$

$$B(2,3;u^2) = \frac{B(0,3)}{B(0,2)}\frac{1}{(1-p)\delta^2+p} = \frac{0.7520}{0.8353}\times\frac{1}{0.5\times0.9^2+0.5} = 0.9948$$

$$B(2,3;ud) = \frac{B(0,3)}{B(0,2)}\frac{\delta}{(1-p)\delta^2+p} = \frac{0.7520}{0.8353}\times\frac{0.9}{0.5\times0.9^2+0.5} = 0.8953$$

$$B(2,3;d^2) = \frac{B(0,3)}{B(0,2)}\frac{\delta^2}{(1-p)\delta^2+p} = \frac{0.7520}{0.8353}\times\frac{0.9^2}{0.5\times0.9^2+0.5} = 0.8058$$

同时,我们可以根据式(8-38)计算出每一步上的短期利率:

$$r(0) = \frac{1}{\delta}\left[\frac{1}{B(0,1)}-1\right] = \frac{1}{0.9}\left(\frac{1}{0.9231}-1\right) = 0.0926$$

$$r(1;u) = \frac{1}{\delta}\left\{\frac{B(0,1)[(1-p)\delta+p]}{B(0,2)}-1\right\} = 0.0554$$

$$r(1;d) = \frac{1}{\delta}\left\{\frac{B(0,1)[(1-p)\delta+p]}{B(0,2)\delta}-1\right\} = 0.1850$$

根据上面债券价格期限结构和短期利率我们可以画出如图 8-12 所示的二叉树。

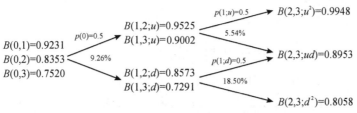

图 8-12 例 8-7 中的债券价格、短期利率、风险中性概率二叉树

利用上面例子中的债券价格树,计算一个在第 3 年底到期的零息债券的看涨期权,其施权日为

第二年底,执行价格为 $K = 0.88$。则该期权在施权日的收益为 $C(2;\omega) = \max\{B(2,3;\omega) - K, 0\}$,因此,可得到如图 8-13 所示的结果。

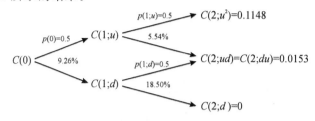

图 8-13　例 8-7 中的第 3 年底到期的看涨期权在第二年的价格

我们利用短期利率和无风险利率从最后一列逐步往回推可得

$$C(1;u) = \frac{1}{1+r(1;u)}E[C(2)] = \frac{1}{1+r(1;u)}[pC(2;u^2) + (1-p)C(2;ud)] = 0.0616$$

$$C(1;d) = \frac{1}{1+r(1;d)}E[C(2;d)] = \frac{1}{1+r(1;d)}[pC(2;du) + (1-p)C(2;d^2)] = 0.0065$$

我们可以画出如图 8-14 所示的树状图。

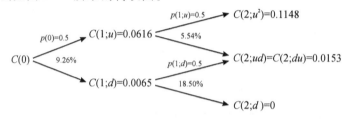

图 8-14　例 8-7 中第 3 年底到期的看涨期权在第一年底的价格

最后再一次利用风险中性概率计算出期望,再利用短期利率进行折现,我们可以计算出欧式看涨期权的价格为

$$C(0) = \frac{1}{1+r(0)}E[C(1)] = \frac{1}{1+r(0)}[pC(1;u) + (1-p)C(1;d)] = 0.0312$$

习　题

1. 假设 10000 元用于 2 年期的投资,以下四种投资方案哪种收益最佳?

A. 简单复利年利率为 9.5%。

B. 年利率为 9%,第一年每月复利一次,第二年每半年复利一次。

C. 年利率为 9.2%,第一年每三个月复利一次,第二年每月复利一次。

D. 连续复利年利率为 9%。

2. 假设到期日为 T 的零息债券在 $t(t \leqslant T)$ 时刻的价格为

$$B(t, T) = \frac{1}{(1+r)^{T-t}}, \quad r > -1$$

分别计算简单复利和连续复利下的即息利率和远期利率。

3. 假设到期日为 T 的零息债券在 $t(t \leqslant T)$ 时刻的价格为

$$B(t, T) = e^{-r(T-t)}$$

分别计算简单复利和连续复利下的即息利率和远期利率。

4. 对于下图给出的时间 4 到期的零息债券价格树,请计算出其余不同到期日的债券价格和短期利率,画出债券价格期限结构二叉树模型

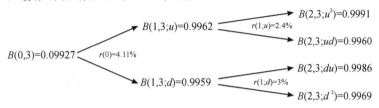

5. 利用上题中的期权价格,计算在时间 3 到期的零息债券看涨期权,该期权的施权日 2,施权价为 0.9965。求该期权的价格。

6. 假设 $t < S < T$。请利用简单复利即息利率 $L(t, S)$ 和 $L(t, T)$ 给出简单复利远期利率 $L(t, S, T)$ 的表达式;利用连续复利即息利率 $R(t, S)$ 和 $R(t, T)$ 给出连续复利远期利率 $R(t, S, T)$ 的表达式。假设 $L(0, 1/2) = 7\%$,$L(0, 1) = 6\%$,请计算远期利率 $L(0, 1/2, 1)$ 和 $R(0, 1/2, 1)$。

7. 给定如下零息债券价格树模型,考虑是否会出现套利机会? 若有,请构造一个套利策略。

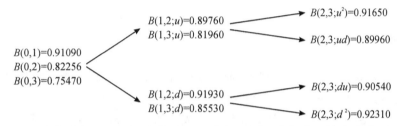

8. 利用下图的债券价格二叉树,计算时间 2 施权,施权利率为 3% 的利率下限在时间 0 的价格。

第九章

信用衍生品

金融衍生品的种类繁多,除了前面介绍过的远期、期货、期权外,还有互换以及一些结构性产品,如基于农产品和金属的衍生品、外汇衍生品、利率衍生品、能源衍生品、事件衍生品、信用衍生品等。本章我们将介绍信用衍生品,其在转移信用风险上能发挥很大作用。

第一节 信用衍生品简介

一、信用衍生品概念

信用风险是金融市场最古老的风险,商业银行与其他金融机构所面临的最重要风险,是一种很难进行定量分析和管理的风险。信用风险,又称为违约风险,是指债务人或者交易对手因为种种原因,不愿意或者没有能力履行合约而构成违约,导致银行、投资者或者交易对方遭受损失的可能性。1997 年开始的亚洲金融风暴、2007 年触发的美国次贷危机以及随后的一系列全球范围的金融危机,给金融界敲响了警钟,对信用风险的防范与管理得到了加强。金融创新成了国际市场上的大热点,大量的信用衍生工具迅速发展起来。

信用衍生产品(credit derivatives)是一种场外交易(OTC)的金融衍生品,是用于分散、转移、对冲信用风险的创新型金融产品。具体而言,信用衍生品是把贷款、证券中的信用风险剥离出来,通过某种双边契约,将这种风险转嫁给愿意承担的市场投资者的一种金融衍生品。信用衍生品的最大特点是在不转移标的资产所有权的前提下,将一种资产的风险和收益从交易的一方转移到另一方,将信用风险从市场风险中分离出来。它最早是 1992 年在巴黎举行的国际互换与衍生品协会(ISDA)年会上被提出来的。按照 ISDA 的定义,信用衍生产品是一系列从基础资产上剥离、转移信用风险的金融工程技术的总称。在 1992 年的美国纽约互换市场上,信用衍生品就开始出现了。此后,信用衍生品市场得到了高速的发展,衍生品的交易比标的资产的交易还要活跃很多,交易数量呈现指数增长。ISDA 的研究报告显示,全球的信用衍生品市场规模在 1996 年末达到了 1.8 千亿美元,而到 2009 年上半年末,已经达到了 28 万亿美元,2008 年达到了历史最高峰,近 64 万亿美元,是整个金融市场上发展最快的。

二、信用衍生品种类

鉴于信用衍生品交易合约的内容灵活多样,合约的金额、期限、现金流计算等有多种选择,且交易双方还可以根据需求量身定做,设计符合自己要求的信用衍生品合约,进而实现最优的风险控制效果,所以信用衍生品市场的规模就得到了大幅的增长。根据复杂程度,主要包括以下几类产品：

（一）基础产品

基础产品是指参考资产为单个资产的信用衍生品，包括信用违约互换（credit default swap，CDS）、总收益互换（total return swap，TRS）、信用联系票据（credit-linked note，CLN）和信用价差期权（credit spread option，CSO）等。

（二）组合产品

组合产品是指参考资产为一篮子资产的信用衍生品，包括指数 CDS、债务抵押证券（collateralized debt obligation，CDO）、合成 CDO 和 CDS 指数产品（CDS index products，如 CDX、iTraxx）等。组合产品的交易结构比较复杂，对参考资产组合池中的违约相关性非常敏感，也称为"相关性"产品。

（三）其他产品

其他产品有固定比例债责（constant proportion debt obligations，CPDO）、固定比例资产组合保险（constant proportion portfolio insurance，CPPI）、资产证券化信用违约互换（ABCDS）和外汇担保证券（CFXO）等与资产证券化紧密结合的信用衍生产品。这些产品结构复杂、定价很不透明，在金融危机后进一步销声匿迹。

三、信用衍生品市场的参与者

（一）商业银行等贷款机构（信用保护买方）

在资产证券化和信用衍生品出现之前，商业银行因持有各类信贷资产，承担着大量信用风险。而在资产证券化和信用衍生品出现后，商业银行可以通过将其所持资产组合证券化，打包成信用衍生品，并出售给投资者，成功地将信用风险转移出银行系统。当然，商业银行除了主动投资之外，为了对信用衍生品的基础资产进行担保，会持有一部分自己发行的衍生品；而投资银行和对冲基金会以信用衍生品作为抵押向银行进行高杠杆融资，因此商业银行会主动或被动持有高风险的信用衍生品。

（二）投资人（信用保护卖方）

投资人即信用衍生品的购买者，包括银行、保险公司、资产管理公司、养老基金、对冲基金等。投资人通常根据自己对风险收益的要求决定投资对象。他们的动机是投资和组合管理，以较低的成本获得套利投资机会。

（三）投资银行

投资银行与发行人、资产管理公司、评级公司等协调合作，制定信用衍生品的结构、确定评级、起草法律文件、完成定价等。另外，投资银行在承销证券时暂时承担了信用风险，同样可以用信用衍生品来对冲所承销证券的信用风险。

（四）特殊目的机构（SPV）

商业银行等放贷机构和投资银行发行信用衍生品时，通过设立特殊目的机构（SPV），把次级抵押贷款或次级债打包转移给 SPV，从而将自身的破产风险和信用衍生品隔离开来。SPV 将这些次级抵押贷款或次级债作为基础资产，经过信用增级和信用评级，发行出信用衍生品。

（五）信用评级机构

信用衍生品由基础信贷资产经过多次衍生而产生，具有复杂的风险和收益结构，普通投资者难以判断其背后的信用风险水平，因此必须依靠专业的信用评级机构对这些结构性产品进行信用评级。评级公司的主要功能是对信用衍生品的法律与信用结构、抵押资产等进行审查。根据量化和非量化的因素，对信用衍生品进行风险级别的评定。国际上的主要评级机构有穆迪公司、标准普尔公司和费驰公司。

（六）保险公司

保险公司作为信用衍生品的投资者，其资产投资范围相对比较严苛，一般投资于优先级的 CDO 分券层；保险公司还向其他机构大量卖出 CDS，对标的公司的违约风险提供担保，以赚取担保费用。另外，发起人对 CDO 等结构性产品进行外部信用增级时，也会向保险公司寻求对基础资产的担保服务。

四、信用衍生品市场的产生和发展

在信用衍生产品产生之前，信用风险和市场风险往往结合在一起，而任何一种避险工具都不能同时防范信用风险和市场风险。信用衍生产品使得信用风险管理第一次拥有了和市场风险管理一样的专门的金融工具，能单独对信用风险的敞口头寸进行计量和规避，提高了管理信用风险的能力。

信用衍生产品最早出现于 1992 年的美国纽约互换市场，ISDA 第一次使用"信用衍生产品（credit derivatives）"来描述这种新型场外交易合约。1993 年，KMV 公司提出了它的 portfolio manager（投资组合管理者）模型的第一个版本，也是第一个信用投资组合模型。1996 年 9 月，第一个抵押贷款债责（collateralized loan obligation，CLO）诞生于英国 National Westminster 银行。1997 年 4 月，J. P. Morgan 推出了 Credit Metrics。1997 年 10 月，Credit Suisse 发布了 Credit Risk＋。1999 年 7 月，ISDA 发布了信用衍生产品所涉及的定义，如破产、债务加速和债务违约等。2003 年，ISDA 又发布了信用衍生品定义、实物交割和其他有关内容的新文件。2003 年的新定义还对金融担保、主权国家信用违约互换以及合同的替代作了规定。这些年，ISDA 致力于推动合同交割的标准化，使得合同在违约事件之后的交割日趋市场化和标准化。此外，ISDA 在一些信用衍生品方面，颁布了指导性的法律文件。ISDA 的这些努力，对信用衍生品交易的标准化起到了重大的作用，推动了信用衍生品市场的发展。2009 年 4 月，针对金融危机给信用衍生品市场带来的巨大冲击，特别是 CDS 暴露出来的交易对手风险和交易缺乏透明度的问题，信用衍生品市场又推出了重大改革，改革包括 CDS 的进一步标准化和清算中心的建立。在这些事件发生的同时，信用衍生产品的交易规模也快速增长，根据英国银行家协会（BBA）数据，1995 年全球信用衍生产品交易未清偿数仅为 100 亿美元，1996 年增加到 500 亿美元，1997 年底剧增至 1700 亿美元，到 2002 年底全球信用衍生产品交易达到 19520 亿美元。从 1997 年到 2002 年短短的五年间信用衍生产品增加了 10 倍。2008年达到了历史最高峰,近 64 万亿美元,信用衍生产品是金融衍生产品市场最复杂、增长最快的产品之一。虽然由于美国的"次贷危机",信用衍生品市场遭受了重创,但从长远来看,信用衍生品市场还是会加速成长的。

信用衍生产品交易由北美扩展到欧洲,并在拉美和亚洲形成了市场。在美国,信用衍生产品交易发展迅速,主要信用衍生产品合约的价值 1997 年底为 970 亿美元,到 2002 年达到 10000 亿美元。美国信用衍生产品市场高度集中,大量的信用衍生产品交易被限制在少数银行中。欧洲信用衍生产品市场比美国市场更加活跃。由于国家间的贷款出售,即使在欧洲内部也是非常复杂的,包括要得到借款者的授权。而使用信用衍生产品能够使银行在任何地方出售风险并避免复杂的相互接洽。伦敦和纽约是主要的信用衍生产品交易市场,其他地区的市场份额很小。亚洲信用衍生品的发展大大落后于美国、欧洲,但也有不错的表现。其中,日本和韩国位于前列。

《欧洲货币》甚至宣称:"信用衍生产品的潜在用途是如此广泛,它在规模和地位上最终将超过所有其他的衍生产品。"目前,我国金融资产品质低,不良资产比重大,信用风险隐患严重。国内的银行、信托投资公司、保险公司等金融企业要求信用资产证券化,发展信用衍生产品的呼声越来越高,信用衍生产品在我国有很大的发展空间。到目前为止,受政策和法制等因素的限制,国内信用衍生品市场还没有起步,仅有个别金融机构尝试性地开展信用衍生产品业务。这一情况既不利于国内银行整体管理水平的提升,也不能应对加入世贸组织后金融全面开放带来的挑战。因此,应尽快发展我国信用衍生品市场。

第二节 信用衍生品的分类

在这一节里,我们将对常见的信用衍生品做详细的介绍,重点介绍占市场交易份额较大的信用违约互换(CDS)和债务抵押证券(CDO)。

一、基础类信用衍生品

(一)信用违约互换(credit default swap,CDS)

1. CDS 的交易结构

CDS 是一种建立在参考资产的基础上,信用保护买方和信用保护卖方事前约定的双边协议。信用保护买方定期支付一定的费用给信用保护卖方,当参考资产违约或有事件发生时,由信用保护卖方支付给买方一定金额,以弥补参考资产的违约给买方造成的损失。这里的参考资产指的是除 CDS 买卖双方外的第三方实体。比如,一家对冲基金公司向一家银行购买以奔驰汽车公司为参考实体的 CDS。换而言之,CDS 买卖双方间所转移的风险,是第三家参考实体(奔驰汽车公司)的信用风险。按照惯例,我们把 CDS 的买方称为"信用保护买方"(protection buyer),通常为贷款银行;而把 CDS 的卖方称为"信用保护卖方"(protection seller),通常为大型投资银行或保险公司。

例 9-1 一对冲基金向某银行购买了 2000 万美元名义金额、以奔驰公司为参考实体的 CDS,一旦奔驰公司发生违约,保护的卖方将支付给买方 2000 万美元,同时,买方给卖方奔驰公司发行的面值为 2000 万美元的债券。假如此时奔驰公司债券的市值为 500 万美元,对卖方来说,其实际支付额就等于 1500 万美元,即名义额减去回收值。

CDS 的交易结构如图 9-1 所示。

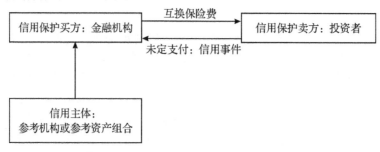

图 9-1　CDS 结构

2. CDS 的违约事件以及交割

信用违约事件是双方均事先认可的事件,其中包括:金融资产的债务方破产清偿、债务方无法按期支付利息、债务方违规招致的债权方要求召回债务本金和要求提前还款、债务重组。在 CDS 的交易过程中,一旦发生违约,交易的任何一方便可向另一方提交违约通知。在此后的一定期限内,CDS 的买卖双方将实行交割。通常,有两种交割方式,实物交割和现金交割。"实物交割"指的是一旦违约事件发生,卖保险的一方承诺按票面价值全额购买买方的违约金融资产;CDS 交割的当日,卖方将以现金方式支付给买方 CDS 名义值。同时,买方提交的债权的市场价值也就构成了 CDS 卖方的回收值。此外,CDS 交割的当日,也是 CDS 买方支付的CDS 费用的终止日,CDS 合同自当日起便告解除。"现金交割"指的是违约发生时,交易双方可以根据 CDS 确认书中的程序或者 ISDA 规定的程序确定参考债务的市场价值,确定 CDS 的回收值,卖保险的一方以现金补齐买方的资产损失,并最后解除合同。自 2009 年 4 月 CDS 改革以来,按照 ISDA 交割程序实现现金交割成为占主导地位的交割方式。

3. CDS 的价格

在合约到期之前,信用保护买方定期向卖方支付的费用是在合约签订之日就商定好的,是合约最核心的问题。这个费用就是 CDS 的市场价格。通常买方按照季度向卖方支付费用,支付时间的市场惯例是每年的 3 月 20 日、6 月 20 日、9 月 20 日和 12 月 20 日。通常,CDS 的报价是以年基准点(basis point)为基础,如一年 60 个基准点。CDS 的期限从 1 年到 10 年不等。CDS 费用的计算惯例是实际天数除以 360。比如一个在 4 月 15 日签订的 CDS 合约,第一个支付日将是 6 月 20 日。应付的费用等于 CDS 的市场报价乘以名义额乘以实际天数再除以360。计算如下:

例 9-2　某一 4 月 15 日签订的名义额为 1000 万美元的 CDS 的报价是一年 60 个基准点,那么,买方在 6 月 20 日所需支付的 CDS 的费用就是

$$\$ 10000000 \times 0.006 \times 66 \div 360 = \$ 11000$$

以后每三个月的费用都是同理计算。

CDS 的价值会随着相关资产信用风险及市场变化而上下波动。把 CDS 的价值根据市场波动加以确定,即所谓的按市场定价(mark to market,MtM)。CDS 的市场价格取决于下面几个因素:①市场加价的变化;②参考资产的信用风险;③CDS 合同的剩余期限;④用于计算现值的贴现曲线;⑤交易对手的信用风险。

在不存在交易对手风险的情况下,如果参考资产的风险加价上升,因为买方可以按较高加

价将 CDS 转让给第三方,对 CDS 的买方来说是利得,对卖方来说则是利损。风险加价下跌的情况下则相反。一般情况下,实现 CDS 利得(利损)货币化的方法有三种:签订反向合同、解除现有合同、转移给第三方。货币化使得双方不必等到相关资产发生违约时才获得收益(遭受损失),从另一个角度讲,买卖双方在投资某一 CDS 时,他们对相关资产信用风险的看法不仅仅在于它是否违约,还在于对它的风险加价在未来的走势和波动情况。正是有了货币化,CDS 市场才能吸引更多投资人参与,具有更强的流动性。

4. CDS 的交易对手风险

CDS 的交易对手风险是指因交易对手违约而产生的风险。2007 年爆发金融危机,相当数量的交易对手破产倒闭;2008 年 9 月,雷曼兄弟倒闭,使交易对手的风险达到了顶峰。在 CDS 的交易中,一方违约给对方造成损失的大小取决于违约发生时 CDS 合同的市场定价。

例如,买方以 100 个基准点从卖方购买了 2000 万美元 4 年期的 CDS 合同,两年后,同样参考资产的 2 年期 CDS 合同的市场价格将为 50 个基准点。如果买方违约,卖方将会发生损失。损失额为 $20000000 \times (1\% - 0.5\%) \times$ 息期。

表 9-1 概述了 CDS 交易对手可能出现的四种情况。

表 9-1　交易对手的风险分析

买方违约,风险加价上升,CDS 合同卖方有利得	卖方违约,风险加价上升,CDS 合同买方有利损
买方违约,风险加价下降,CDS 合同卖方有利损	卖方违约,风险加价下降,CDS 合同买方有利得

一般认为,买方的交易对手风险比卖方大,因为交易对手风险存在一定的不对称性:如果买方违约,卖方最大风险是损失剩余的息票总额;但如果卖方违约,买方将失去可能得到的索赔,而索赔的金额可能会比票息大得多。交易对手风险给 CDS 市场带来了重大威胁,它可能导致市场出现连锁反应,给参与者带来巨大经济损失甚至导致破产。因此,2009 年金融危机后,将 CDS 的交易机制由原来的柜台式双边交易改为实行清算中心式的交易。

5. CDS 的功能

(1)风险对冲:CDS 的最初功能是债权人的信用风险管理。简而言之,通过购买以债务人为参考资产的 CDS,债权人可以进行风险对冲。如果债务人最终违约,则在 CDS 上获得的赔付可以抵销债权人的损失。

(2)投机:当投资者预期参考资产违约概率上升时,可以购买 CDS;当投资者预期参考资产违约概率下降时,可以出售 CDS。如果预期准确,则投资者将获得投机收益。

(3)套利:CDS 的套利功能建立在特定公司股价与该公司 CDS 息差之间的负相关关系基础上。当公司股价上涨时,其 CDS 息差降低,反之亦然。当股价变动与 CDS 息差变动的时间不一致时,套利机会由之产生。

(二)总收益互换(total return swap,TRS)

总收益互换和传统的互换相似,是指交易双方在约定期限内互换参考资产产生的全部现金流收益。具体而言,交易的卖方在协议期间将参考资产的总收益转移给交易的买方,总收益可以包括本金、利息、预付费用以及因资产价格的有利变化带来的资本利得;作为交换,交易的买方则承诺向对方交付协议资产增值的特定比例,通常是 LIBOR 加一个风险加价,以及因资产价格不利变化带来的资本亏损。可以看出,总收益互换除了与信用违约事件有关以外,和市场的利率风险也有关系。TRS 把参考资产可能产生的信用风险和利率风险都转移了出去。

可以这样理解,总收益互换的买方是信用保护的卖方,一般是对冲基金;而总收益互换的卖方又是信用保护的买方,一般是大型银行。

总收益互换的结构如图 9-2 所示。

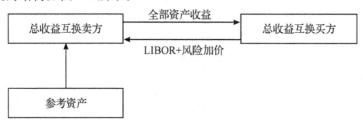

图 9-2 总收益互换结构

对交易的买方而言,通过总收益互换,可以在资金有限的情况下,获取投资某资产或资产组合的全部收益。比如,能以比市场融资利率低得多的成本得到这笔基础资产,尤其是在其信用等级不高的情况下,他所支付的价差通常都会低于它从市场上融资的价差。也是买方利用杠杆将资本收益最大化的经济手段。对交易的卖方而言,通过总收益互换,他把资产或组合的利得和利损全部转移给了买方,却将该资产继续保留在自己的资产负债表上。总收益互换可以使卖方腾出资本从事新的金融业务,也可以作为管理风险的有效工具。

(三)信用联系票据(credit-linked note,CLN)

信用联系票据是普通的固定收益证券与信用违约互换相结合的信用衍生产品。信用保护卖方(投资人)先向信用保护买方(票据发行者)支付现金取得票据,并定期收取票面利息。在票据期限内,如果没有发生信用事件,投资人将获得所有的利息和到期时的票据面值的支付。如果信用事件发生,投资人只能获得信用保护买方根据协议的信用事件导致票据基础资产名义价值损失之后的残值。CLN 是近年来发展最迅速的信用衍生品之一。

信用联系票据的结构如图 9-3 所示。

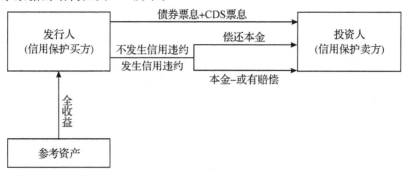

图 9-3 信用联系票据结构

发行人向资本市场发行信用联系票据,投资人对该票据进行认购。发行人将发行募集到的资金用于购买相应金额的抵押品,抵押品一般为高信用、高质量和高流动性的金融产品,如国库券。发行人发行信用联系票据的根本目的是将参考风险通过信用联系票据的方式转移给票据的投资人。因此,信用联系票据又被看作有现金的 CDS。一旦参考资产发生违约事件,信用联系票据的抵押品将被变卖以赔偿发行人的损失,而这部分损失最终将在偿还信用联系票据时从本金中扣除。通过这一过程,信用风险便从发行人转移到了投资人。

下面是一个信用联系票据的例子。

例 9-3　发行方：评级为 AAA 或 AA 的机构。

本金数额：20000000 美元

到期日：5 年

发行价格：100％

票息：LIBOR＋150 个基点

参考实体：ABC 公司

参考债务：由参考实体发行的 2011 年 11 月的 7.50％的债券

本金赎回：(1)如果到期日前不发生信用事件，那么本金赎回为本金数额。

　　　　　(2)如果到期日前有信用事件发生，那么在信用事件发生的那天：

　　　　　本金数额－违约支付或者交割一笔与本金数额等值的参考债务。

信用事件：关于参考实体的下面任何一种事件发生：①破产；②未能支付；③重组。

违约支付：发行日期与决定日期之后被事先选择的参考债务交易商投票决定的日期之间，参考债务价格的变化。

事件决定日期：信用事件发生后发行方所规定的日期。

(四)信用价差期权(credit spread option,CSO)

"信用价差"是指为了补偿违约风险,投资者要求企业债提供高于到期日相同的国债收益的额外收益,一般把剩余期限及现金流结构相同的企业债和国债的到期收益率之差作为信用价差。在债券市场上,人们把信用价差作为企业债信用风险的代表,通过观察信用价差的变化来推断企业债的信用风险。信用价差越大,则说明该公司债券的风险越大,同时收益也自然越大。

信用价差期权(credit spread option)是一种管理和对冲信用价差风险的重要工具,它的标的物是信用价差或者风险债券的价格,期权买方通过向卖方支付期权费,获取在未来市场信用价差高于或低于事先约定的价差时,要求期权卖方执行清偿支付的权利。信用价差期权将信用价差风险从信用价差保护的买方转移到信用价差保护的卖方,从而将风险资产的信用价差控制在一定的范围内。例如对高收益债券投资时,如果信用价差出现非预期的上升,债券价格会下降,造成债券投资损失,该项损失的风险可以通过买入信用价差看涨期权加以避险。当信用价差高于执行价差时,看涨期权成为价内(in the money),因此可以抵销信用价差上升所造成的损失,是信用价差风险管理的一个必备工具,其结构如图 9-4 所示。

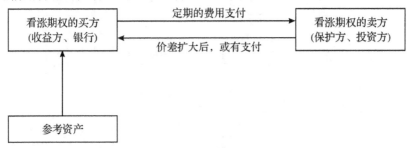

图 9-4　信用价差期权结构

下面,我们来看一份信用价差期权。

例 9-4　假定投资者猜想由 ABC 公司发行的债券信用价差有可能在一年之内缩小。投资者通过出售信用价差的看跌期权来货币化它的预期：

名义额：25000000 美元

到期日：1 年

期权费：固定 0.75%

当前所提供价差（基点）：85

执行价差（基点）：100

参考债券：ABC 公司的 7.75% 的十年期债券

参考国库券：流通的美国国库券基准 10 年（双方协定）

参考价差：参考债券的收益率－参考国库券的收益率

期权收益：在到期日时，期权的购买者有权利按照高于参考国库券收益率的执行价差卖空参考债券给期权出售者。

在交易的条款下，投资者出售价外价差期权，买方能以 100 个基点的价差把发行方的参考债券出售给投资者。投资者出售该期权收到 75 个基点的期权费。

基于期权到期日（价差每变化 100 个基点，债券的价格变化 6.81%），ABC 公司债券的价差期权，投资者的盈亏水平大约是 11 个基点。盈亏平衡点高于即期价差大约 26 个基点。这就意味着投资者在遭受损失以前，债券的价差在当前水平之上（价差大约增加 32%），必须增加超过 27 个基点。

二、结构性信用衍生品

结构性金融产品是指通过对基础的金融产品进行分解、重组和包装，创造出满足金融交易双方特定需求的新型产品。此类产品被广泛应用于资产证券化（asset securitization）的过程。典型的证券化资产是将一系列的债权资产（如贷款、债券等）组合起来以后，以它们的现金流作为支持而发行的新型证券品种。资产证券化被誉为近 40 年来国际金融市场上最重要的金融创新产品之一。它指通过结构性的重组，将缺乏流动性的参考资产转变为可以在金融市场上自由买卖的证券的行为，是一种融资形式。资产证券化包括以下几类：证券资产证券化、现金资产证券化、实体资产证券化和信贷资产证券化。常见的是信贷资产证券化，其又可细分为住房抵押支持的证券化（MBS）和资产支持的证券化（ABS）。它引发了一系列的制度创新、技术创新和市场创新。特点就是将原来不具有流动性的融资形式变为流动性的市场性融资。图 9-5 描述了整个资产证券化的流程。

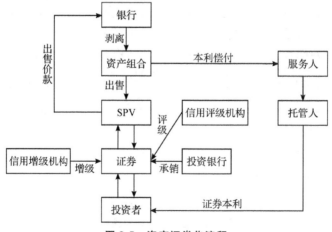

图 9-5　资产证券化流程

结构性产品是结合了基础金融产品和衍生金融产品的特征，以使得投资者在千变万化的市场环境中，既能规避风险又能获得最大回报的一类新型金融产品。结构性产品的构成本质上就是对信用风险进行转移和重新划分的过程。由于结构性产品种类丰富、设计灵活自如，从而成为迄今为止最为复杂的金融创新型产品。随着金融市场的高速发展,结构性产品逐渐成为广受投资者欢迎和关注的一类重要的金融投资工具,这方面的研究也非常繁荣。结构性产品主要包括房地产抵押货款支持证券(mortgage-backed security, MBS)、资产支持证券(asset backed securities)、债务抵押证券(collateralized debt obligation, CDO)、合成债务抵押证券(Synthetic CDO)等。其中,发展最迅猛、最为突出的就是 CDO 和合成 CDO。

(一)债务抵押证券(collateralized debt obligation, CDO)

1. CDO 的原理

债务抵押证券(CDO)是指将违约工具(公司债券、资产质押债券、房屋贷款债券、不动产投资信托、银行债务和信用违约互换等)组成的投资组合作为抵押发行的债券。投资者在得到定期支付的同时也要承担隐含在债务抵押证券中的由于资产的违约所带来的投资组合的损失。按照 CDO 的基础资产类别进行分类,可分为抵押债券契约(CBO)、抵押贷款契约(CLO)、抵押担保债务(CMO)和抵押互换等。按照 CDO 的基础资产是否进行了真实出售,可分为现金 CDO(cash CDO)和合成 CDO(synthetic CDO)。现金 CDO 是指发行人购买并实际拥有基础资产。现金 CDO 的参考资产通常由贷款、债券等所组成。发行人通常为银行,银行将债权资产打包转移给 SPV,再由 SPV 依据不同的信用等级发行不同分券(tranche)的凭证给投资人,凭证的价值与债权资产的现金流量的绩效相联系。由于 SPV 实际买入了参考资产,有实质的现金交付,故称为现金型 CDO。而合成 CDO 指的是发行人实际上并没有拥有参考资产组合,仅通过信用衍生品,如信用违约互换(CDS)等达到其交易目的,即参考资产没有被真实出售。合成 CDO 和传统 CDO 的最大区别在于,商业银行等发起人并非将参考资产组合(reference portfolio)直接出售给 SPV,而是将债务资产池进行打包,与某个 SPV 签订信用违约互换合约(CDS)——相当于一份违约保险。发起人作为信用保护的买方(投保人)需定期支付固定金额(保险费)给 SPV,称之为权利金。当违约事件发生时,可依照合同获得全额或者部分赔偿。SPV 再向资本市场发行一系列不同信用等级的债券作为担保,以承担违约事件发生时所引发的损失。事实上,这些债券的投资者就是信用违约保护的卖方,通过违约互换合约向发起人提供了信用保护,同时承担了信用风险,也通过获得保险费而获得了高于普通债券票息的利益。当违约事件发生后,合成 CDO 中的信用违约互换大多会采取现金交割的方式。

综上可知,合成 CDO 的特点是没有将参考资产进行真实出售,通过一个信用衍生品(类似违约保险)先将发起人的信用风险转移给了 SPV,投资者又通过购买 SPV 发行的 CDO 产品承担了信用风险。

2. CDO 的基本结构

图 9-6 展示了合成 CDO 的基本结构。图中右边部分反映了 CDO 负债的来源,左边部分表示合成 CDO 的资产。合成 CDO 的典型结构,是通过 SPV 运作的。SPV 与发起人之间并没有进行真实出售。一方面,SPV 将购置含有信用风险的金融资产;另一方面,SPV 要发行带有信用风险的负债。这里的金融资产是由 SPV 作为卖方出售的、以各公司为参考实体的 CDS。通常,买方是赞助和拥有 SPV 的金融公司,如大银行和大券商。而合成 CDO 的负债,就是先将 CDO 的资产组合分成具有不同风险特征的分块,再由 SPV 向市场购买以这些分块为参考风险的 CDS。

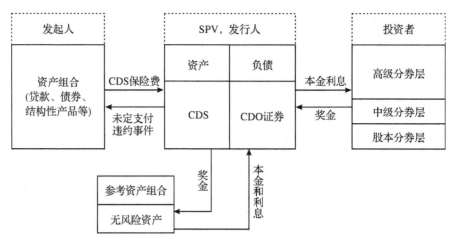

图 9-6　CDO 的结构

3. CDO 的构建与运行机制

图 9-7 是 CDO 分块的一个实例。其中,每一分块中的百分比代表该分块在整个 CDO 中的大小。比如,股本块占 CDO 总资本结构的 5%,A 块占总资本结构的 3% 等。方块右边的百分比则代表 CDO 各分块的起点和终点。如,AA 块的起点是 15%,终点是 20%,以此类推。CDO 的起点和终点代表着每一分块的风险大小。起点越高,风险越小,反之风险越大。在起点一定的情况下,CDO 的终点同样对风险有一定的影响。终点越低,CDO 的分块越窄,该分块的风险就越大;反之,就越小。由于起点的高低直接影响着分块的风险,起点以下的部分又被称为信用支撑或者后偿规模。

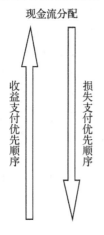

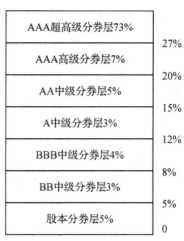

图 9-7　CDO 分券层

假如资产组合中的某一参考实体发生违约,SPV 将向该 CDS 的买方(拥有 SPV 的银行或券商)索赔。与此同时,SPV 将向出售以 CDO 分块为参考实体的 CDS 的卖方索取同等金额的赔偿。通过这个过程,由违约造成的信用风险从 CDO 的资产方转移到了 CDO 的负债方。按照 CDO 的规则,违约后的损失和回收在负债方是这样分配的:就损失而言,首先由股本层承担,如果损失还有剩余,再由中级分券层承担,而中级分券层全部损失之后,才由高级分券层承担。各分券层承担的损失以其投资额为限,控制了投资者的风险。我们再考虑 CDO 投资者的回收。回收先用于减少高级分券层的名义额;在高级分券层的名义额减少到零后,回收再用于减少中级分券层的名义额;在中级分券层的名义额减小到零以后,再用于减少股本层的名义额。由上可知,股本层最先承担损失,最后获得收益,因而其风险最大,同样其收益也无限。而中级分券层和高级分券层的收益与债券的收益类似,有一定范围。这种结构用 CDO 的术语来说就是股本层后偿于(subordinated to)中级分券层,中级分券层又后偿于高级分券层。我们把这种基础资产组合的损失是自下而上承担的顺序,回收的支付是自上而下的顺序称为 CDO现金流分配的"瀑布"机制。通常,商业银行、保险公司主要持有风险较低的高级层和部分中间层,而投资银行、对冲基金则投资收益率较高的股本层和部分中间层。

例 9-5　某 CDO 由 100 个参考资产组成,每个参考资产的份额为 1%,如果每个参考资产的名义额为 1000 万美元,那么,CDO 的总名义额为 10 亿美元。如果 100 个参考资产中某一参考资产发生了违约,并假定回收率为 0,那么 CDO 将损失 1000 万美元。由于股本层最先承担风险,这 1000 万美元的损失将首先传递到股本层。假如在 CDO 合同期间,有 10 个参考资产发生违约,则股本层将全部损失,中级分券层还将承担 5000 万元的损失,高级分券层不会有任何损失。若有 20 个参考资产发生违约,则股本层和中级分券层将全部损失,高级分券层还将承担余下的 8000 万元损失。

4. CDO 的风险

CDO 的风险包括信用风险和市场风险。CDO 受到市场利率波动的影响,其价值会产生波动。而信用风险包括违约风险、回收率风险、相关性风险、利率与汇率风险和流动性风险。

(1)违约风险:与其他资产证券化商品一样,CDO 担心其资产是否会发生违约。违约风险取决于参考资产的信用质量和 CDO 的期限,信用质量往往由专业评级公司进行评级决定。信用评级越低,期限越长,信用风险就越大;反之,信用风险就越小。大多数市场参与人会将评级公司对该公司的评级作为重要依据,并参考公布的评级违约概率来判定违约风险的大小。

(2)回收率风险:基础资产的回收率越高,CDO 基础资产的风险就越小;反之,就越大。回收率的大小通常取决于基础资产的资产种类和在资本结构中的要求权。CDO 的参考资产多为无抵押有限债券,市场普遍采用的回收率是 35%~40%。回收率与经济周期有正相关关系;当经济处于上升阶段,回收率较高;当经济处于紧缩状态,回收率会随之下降。

(3)相关性风险:CDO 的参考资产池中有多个资产,一个资产违约,也会对别的资产的违约产生影响,即违约相关性。违约相关性的大小直接影响着 CDO 资产组合损失的联合分布形态。若其他因素不变,违约相关系数增加,CDO 资产组合的联合分布会呈现明显的"厚尾性",因而 CDO 的极端损失风险会增加;反之,极端损失风险则会减少。

(4)利率与汇率风险:CDO 的兴起源于金融机构希望赚取高利率资产与低成本资金之间的利差。此项利差之多少可能会因资金市场之变化而产生波动。此外,债权资产与证券化所发行证券有不同的付款周期、不同付款日或不同的利率调整日等差异,因而造成风险。

(5)流动性风险:CDO 的流动性风险与其他证券化产品相似,主要是因临时的现金短缺而造成无法及时支付证券化债券的利息,其成因可能是利息收付日期不同,或收付频率不一致。

5. CDO 的用途

(1)CDO 是信用风险管理的重要手段,可以有效地管理资产组合层面上的信用风险,缓解公司在外部和内部风险控制限额方面的种种制约。

(2)CDO 可被用于银行或者其他金融机构的资产负债管理。有效地使用 CDO 可以帮助银行释放出必要的资本,提高资本使用效率和充足率。

(3)CDO 可被用于分散信用风险,将信用风险从银行系统转入非银行系统,从金融系统转移到非金融系统,从信贷市场转移到资本市场。

(二)房地产抵押贷款支持证券(mortgage backed securities,MBS)

1. MBS 的原理

MBS 是最早的资产证券化品种。最早产生于 20 世纪 60 年代的美国。它主要由美国住房专业银行及储蓄机构利用其贷出的住房抵押贷款发行的一种资产证券化商品。MBS 指发行人将房地产抵押贷款债权汇成一个资产池,然后以该资产池所产生的现金流为基础所发行的证券。并由政府机构或政府背景的金融机构对该证券进行担保。贷款所产生的现金流每个月由负责收取现金流的服务机构在扣除相关费用后,按比例分配给投资者。因此,购房者定期缴纳的月供是偿付 MBS 本息的基础。通过这种模式,银行可以快速地将现金流收回,并能够使自己的资产、债务期限相匹配。因此,美国的 MBS 实际上是一种具有浓厚的公共金融政策色彩的证券化商品。依据本息的偿还方式和承担风险的不同,MBS 又可以分为抵押转手证券(MPT),担保抵押证券(CMO)和剥离式抵押贷款支持证券(SMBS)。

2. MBS 的发行流程

住房抵押贷款的整个流程如图 9-8 所示。可以看到,特殊目的机构 SPV 在证券化流程中具有关键作用。它不仅收购原始权益人(银行等)的资产,实现了资产的"真实销售",而且还在产品设计时,对产品实行信用增级,以使得发行的证券嵌入的信用风险较小。中立的 SPV 是产品设计成功的关键,也是风险控制和管理的核心机构。SPV 可以是信托投资公司、信用担保公司、投资保险公司或者是其他独立法人。

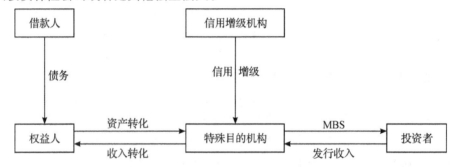

图 9-8   住房抵押贷款证券的发行流程

3. MBS 的风险

住房抵押贷款证券的现金流主要依附于原始抵押贷款的现金流,而且其过程复杂,涉及的中介机构繁多,信用链较长,因此 MBS 既具有一般债券品种的风险,又综合了基础抵押贷款的风险。主要包括:信用风险,利率风险,流动性风险和提前偿付风险。

(1)信用风险:信用风险是住房抵押贷款证券的相关参与主体对其承诺合约的违约所造成的可能损失,由于住房抵押贷款证券涉及的参与方众多,其中任何一方的违约都可能造成投资者的损失,这种违约主要表现为原始抵押贷款所产生的现金流不能支持 MBS 的利息和本金的及时支付。降低信用风险的有效方法是制定严格的原始抵押贷款池的筛选条件,使得进入抵押贷款池的原始贷款具有良好的信用特征。

(2)利率风险:住房抵押贷款证券作为固定收益证券的一种,具有和其他固定收益风险相同的风险——利率风险,证券价格和利率呈反向变动,利率上升(下降),证券化产品价格下跌(上涨)。这也就是通常所说的市场风险,即利率风险。

（3）流动性风险：住房抵押贷款证券产品作为一个金融产品，其在二级市场上的交易量决定了其活跃程度。流动性是衡量一个金融产品的投资价值是否有效的重要标志。住房抵押贷款证券化的目标是将缺乏流动性的抵押贷款转换成具有流动性、标准化、可以在市场上交易的证券。与流动性较差的基础抵押品相比，流动性是 MBS 的一大价值增长点。

（4）提前偿付风险：提前偿付是指在计划的本金偿付之外的抵押贷款的偿付。提前偿付风险是 MBS 等资产证券化产品所特有的、不同于一般固定收益证券的风险，指的是借款人基于对经济利益等因素的考虑，在到期日之前偿付全部或者部分抵押贷款余额而给投资者造成的风险。借款人提前偿付会使得证券投资者的利息收入变少，这种风险称为提前偿付风险。这是存在于住房抵押贷款证券化中最主要的风险。

（三）资产支持证券（asset backed securities，ABS）

资产支持证券（ABS）是指将房地产抵押贷款债权以外的资产汇成资产池发行的证券，它实际上是 MBS 技术在其他资产上的推广和应用。资产池包括信用卡应收账款、学生贷款、贸易应收贷款、租赁租金、汽车贷款债权等。资产支持证券主要由作为特殊目的机构的公司和信托机构发行，在类型上主要包括具有权益性证券性质（equity securities）的过手证券（pass-through securities）和具有债务性证券性质（debt securities）的转付证券（pay-through securities）。

资产支持证券（ABS）最早于 20 世纪 70 年代发端于美国，此后在金融全球化和脱媒化浪潮中逐步扩展到日本、欧洲等发达经济体，成为其主流的融资方式，在部分新兴市场国家也得到了快速发展。目前，美国 ABS 发行量约占全球市场的 70%。市场规模最大，产品类型极其丰富，运作模式较为成熟，亦是其他国家发展 ABS 业务的榜样和标杆。

第三节 信用风险理论模型的演进

近些年来，信用衍生品市场高速发展，这反映了金融机构对信用风险的防范与管理，说明了利用信用衍生工具来转移、规避、对冲信用风险变得越来越普遍，同时也要求必须对信用衍生品进行公平定价。国内外有很多文献对信用衍生品的风险以及定价进行了研究，回顾这些年来有关信用衍生品理论方面的研究，其发展过程经历了从简单到复杂，从定性分析到定量分析再到实务的过程。本节将介绍信用风险理论模型的发展。

一、结构化模型

结构化模型最初由 Merton 于 1974 年提出，该模型从公司的资本结构入手，假设了公司资产价值的动态过程服从对数正态分布。公司的资产由股票和零息债组成，当资产价值不抵债务价值时，公司就发生违约。根据 Black-Scholes 期权定价的方法，将公司股权看作以公司资产价值为标的物、以应付债值为敲定价格的看涨期权，从而得到违约公司债券的 Black-Scholes 定价公式。

（一）默顿模型（Merton Model）

默顿模型的框架有很多假设，大多是基于 Black-Scholes 期权定价理论提出的。如市场无摩擦、无交易成本和税收;借款和贷款利率相等;无卖空约束;资产无限可分并可连续交易;公司资产价值与资本结构无关;市场无风险利率为常数;违约只有在到期日 T 才发生;严格遵守绝对优先准则,即股东要得到支付,必须在债权人得到完全偿付后才行;公司资产价值的动态过程服从几何布朗运动:

$$\mathrm{d}V_t = rV_t\mathrm{d}t + \sigma V_t\mathrm{d}W_t \tag{9-1}$$

股票价值服从如下过程:

$$\mathrm{d}E_t = rE_t\mathrm{d}t + \sigma_E\mathrm{d}W_t \tag{9-2}$$

其中,r 为市场无风险利率,σ 为公司资产价值的波动率,σ_E 为股票价值的波动率,W_t 为风险中性下的布朗运动。公司违约时间为 $\tau = \inf\{t \in [0,T]: V_t \leqslant B\}$;$B$ 为阈值。违约时间的分布函数为 $F(t) = P\{V(t) \leqslant B \mid V(0)\}$。显然,信用风险的价值可以视为一个以 $V(t)$ 为标的,以 B 为敲定价格的欧式看跌期权的价值 $p(V(t),B,T)$。根据 Black-Scholes 的期权定价公式,可以得到在任意时刻 t 时公司股票和债券的价值。违约被定义为在到期日 T,公司的资产价值 $V(t)$ 小于其债务面值 F。则在到期日,债券持有人的收益可用下列公式表示:

$$D_T(V,T) = \min(V_T,F) = F - \max(F - V_T,0) \tag{9-3}$$

如果股东权益是唯一的融资渠道,则公司的零息债的信用风险的价值就等同于公司资产价值的看跌期权,其敲定价格为负债的面值 F,到期日即债券的到期日 T。同理,公司股东的权益价值可由下式求得

$$E_T(V) = \max(0,V_T - F) \tag{9-4}$$

对于股东的权益价值,当 σ 为常数时,根据 Black-Scholes 公式的结果为:

$$E_T(V,T,\sigma,r,F) = V_t N(d_1) - F\mathrm{e}^{-r(T-t)}N(d_2) \tag{9-5}$$

式中,

$$d_1 = \frac{\ln(\frac{V_1}{F}) + (r + \frac{\sigma^2}{2})(T-t)}{\sigma(T-t)}$$

$$d_2 = d_1 - \sigma\sqrt{T-t}$$

$$N(y) = \frac{1}{2\pi}\int_{-\infty}^{y}\mathrm{e}^{-\frac{x^2}{2}}\mathrm{d}x$$

由 M-M 理论,公司的资产价值就等于负债的价值加上股东权益的价值,则可得到下式:

$$\begin{aligned}V_T &= F\mathrm{e}^{-rT} - E_t(P)\\ &= F\mathrm{e}^{-rT} - [-V_0 N(-d_1) + F\mathrm{e}^{-rT}N(-d_2)]\\ &= V_0 N(-d_1) + F\mathrm{e}^{-rT}N(d_2)\end{aligned} \tag{9-6}$$

在默顿模型的框架下,还很容易推导出公司债券的违约风险中性概率。鉴于公司债券的违约定义为公司的总资产低于总债务,通过类似于 Black-Scholes 公式的推导,这可以表示成下式:

$$P(V < F) = N\left[\frac{\ln(\frac{F}{V_0}) - rT + \frac{1}{2}\sigma^2 T}{\sigma\sqrt{T}}\right] \tag{9-7}$$

默顿模型是最早的信用风险计量模型,是信用风险定价理论的先驱。它的优点在于把难以测量的信用违约概率用容易观察到的上市公司的股价计算了出来,在信用产品和股票之间建起了一座桥梁,这也促使了许多交易策略的产生。但该模型也存在着一些缺陷,因为在这个经典模型中,默顿做了各种各样严格的假设。如:违约只有在债务到期日才发生,这显然与现实不

符。默顿的结构化模型对短期的信用利差的估计就不现实。又如:模型中,公司的价值是连续跳扩散过程,违约是可料的,公司债券的信用利差随着到期日的临近而趋向于零,这也与现实情况不符合。另外,用公司股价的市场波动率来代替公司总资产波动率的时候,假定公司债务是常数,这也不现实。后来的很多学者放松了这些假定,得到了新的模型。

(二) 首达时模型(first passage time model)

很多学者放松了违约只有在债券到期日才发生的假定,认为违约可以在到期日前任何时刻发生,允许债券持有人在债券生命期内对公司实施强制破产。Black 和 Cox(1976) 将违约时间定义为公司资产价值首次低于某个阈值的时刻。这种推广的默顿模型就被称为首达时模型,是对默顿模型的改进。在经典的默顿模型中引进了安全条款,该条款赋予债权人一种权利:即债务人不履行付息义务时,债权人可以迫使公司破产。违约阈值过程$(D_t, t \geqslant 0)$就是外生的由时间决定的边界。违约时间τ如下建模:

$$\tau = \inf\{t \in [0, T]: V_t \leqslant D_t\}$$

在D_t为常数D的情况下,可以得到闭式解。违约概率公式可表示为:

$$P(\tau \leqslant t) = P(\min_{s \leqslant T} V_s \leqslant D)$$
$$= P[\min_{s \leqslant T}(V_0 e^{ms + \sigma W_s}) \leqslant D]$$
$$= P[M_t \leqslant \ln(\frac{D}{V_0})] \qquad (9\text{-}8)$$

其中M_t服从逆高斯分布,根据上式可以计算违约概率如下:

$$P(\tau \leqslant t) = P(\min_{s \leqslant T} V_s \leqslant D)$$
$$= 1 - \Phi\left[\frac{mT - \ln(\frac{D}{V_0})}{\sigma \sqrt{T}}\right] + e^{\frac{2m\ln(\frac{D}{V_0})}{\sigma^2}} \Phi\left[\frac{\ln(\frac{D}{V_0}) + mT}{\sigma \sqrt{T}}\right] \qquad (9\text{-}9)$$

后来的学者又进一步扩展了 Black 和 Cox 的首达时模型。如 Brennan 和 Schwartz 分析了可转债定价的问题。Shimko 等将随机利率引入了默顿模型,Longstaff 和 Schwartz(1995) 研究了常数边界和随机利率的情形,在模型中假设公司资产价值服从几何布朗运动,随机利率采用的是 Vasicek 模型,违约边界为常数,违约回收率由公司的历史违约率和回收率估计而得。该模型相对于默顿模型有很大优势,因为很多假设得到了放松。该模型有很大的灵活性并允许公司价值的几何布朗运动与无风险利率间存在着相关性。然而,模型没有显式解,仅提供了近似解。Zhou(1997) 利用跳 — 扩散过程对公司价值进行建模。他以首达时模型为基础,提出了多个公司之间的违约相关性模型。

(三) 信用监测模型(Credit Monitor Model)

信用监测模型最早由 KMV 公司创立,也是现今最流行的信用风险的定价模型之一。该模型是根据 Black-Scholes 的期权定价模型和默顿模型建立起来的,将信用违约事件和公司无力偿还债务联系起来,从而预测上市公司的信用风险。该模型对传统的信用风险管理模型进行了革新,但也存在着一些缺陷:第一,因为公司的资产是不可交易的,所以资产价值是不可观测的。第二,利用该模型计算得到的信用利差,随着债券到期日的临近,明显低于市场的实际利差。

二、约化模型(reduced-form model)

结构化模型的特点就是违约事件的可预知性。而约化模型不需要考虑公司的资产价值,直接把违约视为外生的不可预测的事件。在该模型中,有违约风险的债券定价与无风险债券就通过外省的违约率和税收率联系起来了。信用期限结构也是直接从市场数据中获得的。违约率和回收率是随时间而随机变化的,其随机结构由某种强度过程来刻画,这种强度就被解释为条件违约概率。约化模型的假设有市场无套利、违约过程是跳过程、违约回收率是外生变量、通过Markov链联系信用级别和违约概率、通过违约率对信用风险进行定价。

这种基于强度的模型与结构化模型相比,其优点在于它的易操作性以及和实证结果相一致的性质。违约强度是由外生随机变量控制的,各种约化模型间的主要区别在于违约强度的假设。通常分为固定强度模型以及随机强度模型两类。

(一)Jarrow 和 Turnbull 模型(1995)

Jarrow 和 Turnbull 于 1995 年最早提出了约化模型。该模型假设违约强度 λ 为常数,在这种情况下违约时间 τ 可理解为具有参数 λ 的 Poisson 过程的第一次跳跃,τ 为具有参数 λ 的指数分布。Jarrow-Turnbull 模型以无风险利率为计价单位,并证明了在该计价单位下,能够得到唯一的风险中性测度——鞅测度。这就将有违约风险的金融工具的价值表示成了风险中性测度下的贴现值。但该模型的缺点在于:违约发生后,债券的信用等级没有及时进行调整,且之后债券就没有违约风险了。于是,Jarrow,Lando 和 Turnbull 就扩展了最初的模型。

(二)Jarrow,Lando 和 Turnbull 模型(1997)

Jarrow,Lando 和 Turnbull 模型将信用等级和违约概率联系起来了。模型用 Markov 链的状态空间来界定信用等级,Markov 链的 t 期转移概率矩阵即信用评级转移矩阵。模型用一个评级状态转移过程来描述公司的整个生命周期。违约状态或者吸收态即生命周期结束的状态。违约时间 τ 为首次到达吸收态的时间。该模型的优点在于它可用于参数评估,还可以用于更复杂的债券的定价。

在离散情况下,信用等级转移矩阵可表示如下:

$$\begin{bmatrix} p_{1,1} & p_{1,2} & \cdots & p_{1,k} \\ \vdots & \vdots & \vdots & \vdots \\ p_{k-1,1} & p_{k-1,2} & \cdots & p_{k-1,k} \\ 0 & 0 & \cdots & 1 \end{bmatrix} \tag{9-10}$$

其中,$p_{i,j} \geqslant 0$ 和 $\sum_{i=1}^{k} p_{i,j} = 1$,$p_{i,j}(i,j=1,\cdots,k-1)$ 为在下一时间段,公司从信用等级 i 转移到等级 j 的概率。$p_{i,j}(i,j=1,\cdots,k-1)$ 为单期的违约概率。当违约时间是随机变量时,违约过程就转变成了 Cox 过程。Lando(1998) 给出了 Cox 构造,进一步推广了 Jarrow,Lando 和 Turnbull 的模型。

(三)Duffie 和 Singleton 模型

因为约化模型不依赖公司的财务状况,在构建模型的过程中就会有较大的自由度。Duffie 和 Singleton 的模型考虑了违约相关性和利率风险。在该模型中,违约是由死亡率过程主导的不可预测事件,无违约零息债在 t 时刻的价格为

$$D_0(t) = E_0^Q \left[e^{-\int_t^T R_u du} X \right] \tag{9-11}$$

其中，E_0^Q 是风险中性期望值，R 是经违约调整后的市场短期利率，可表示为短期利率 r 与信用风险升水 π 的和。即 $R = r + \pi$。

这个模型假设违约服从强度为 λ_t 的 Poisson 过程。假设 λ_u^* 为风险中性测度下的强度。

$$D(t,T) = E_t^q \left[e^{-\int_t^T \left[r_u + \lambda_u^* (1-\delta) \right] du} Y \right] \tag{9-12}$$

这意味着，当面临违约可能性时，在贴现率基础上，要加上违约风险溢价。风险溢价随违约概率的增加而变大。

（四）Jarrow 约化模型（1999—2001）

另一个广为应用的约化模型是 Jarrow 于 1999—2001 年提出的模型。Jarrow(1999—2001) 模型从很多方面扩展了其早期的模型。如，模型中假定了违约概率是随机的。Jarrow 还引进了流动性因素，流动性参数也是决定违约强度的宏观风险因素的函数。

违约强度是下面的线性函数：

$$\lambda(t) = \lambda_0 + \lambda_1 r(t) + \lambda_2 z(t) \tag{9-13}$$

其中，变量 $Z(t)$ 是个波动项，其均值为 0，方差为 1，体现了宏观经济的随机波动性，宏观因素的随机波动亦会导致特定公司的违约。宏观因素的变动如下式：

$$dH(t) = H(t) \left[r(t)dt + \sigma_m dZ(t) \right] \tag{9-14}$$

其中，$dH(t)$ 表示宏观因素的变动，$M(t)$ 为 t 时刻宏观因素的值，$r(t)$ 代表随机的无风险利率，$dZ(t)$ 为随机波动项的变动，σ_m 代表宏观因素的波动率。此外，还可以将上述模型中的宏观经济因素从一个推广到多个。对违约强度以及相关性的不同假设就区别了各种约化模型。

结构化模型和约化模型是信用衍生品进行定价和风险管理等的两条主线。在实际应用中，结构化模型的参数估计需要大量数据；而在约化模型中，违约时间是随机的，因此，信用衍生品的定价会更直接。但是，约化模型没有考虑公司的财务状况，所以违约原因缺乏经济学解释，且约化模型的估计也较为复杂。一些学者就试图将这两类模型结合起来，就有了后面的混合模型。

三、混合模型（mixed model）

所谓混合模型是指既包含了结构化模型，又包含了约化模型特性的模型。由 Zhou(1997, 2001) 提出的模型以及由 Giesecke(2001) 提出的模型都属于混合模型。Giesecke 的模型如同 Zhou 的模型一样，其根基都建立在经典的结构化模型之上。结构化模型主要有两个方面与现实不符合。第一，短期信用价差大于零不可能成立；第二，当公司违约时，虽然债券价格的跳跃可以频繁地在市场上观察到，但在这些模型中，债券的价格连续地收敛于它们的回收值。Giesecke(2001) 提出了一个扩展模型，通过不完全的信息假设解决了结构化模型所面临的上述困难。Gieseck 开发出一个约化框架，通过这个框架，在特定情况下能推出闭式解。并可通过使用补偿因子来估计信用价差。补偿因子则可以用 Doob-Meyer 分解定理来解释。该定理表明了一个连续过程可被分解成一个鞅和一个漂移过程。该模型的优点是有很好的经济直觉，因为它反映了真实的世界：投资者很少拥有完全信息。Zhou(1997,2001) 采用了跳—扩散过程来刻画合约空头方公司的资产价值的动态变动情况。其中，他用扩散过程描述了长时期内公司资产价值的走势，用跳跃过程来描述短时期内由于新信息或者突发事件的到来，对公司价值造成的跳跃和波动。并假定跳跃风险对公司资产价值不会造成系统风险,是可以分散的。很大程度上,Zhou 的模型吸取了结构化模型和约化模型的优点,克服了单一模型的缺陷。该模型能够很好地从理论上对实际观测到的违约概率、回收率以及信用价差做出解释。但缺陷在于当用模型校验市场数据时过于复杂,且如同约化模型的情况,跳跃并不一定暗含着违约。此外,Zhou 没能够注意到不同的新信息和罕见事件(如大灾难、技术革新、竞争者的进入、政治风险等)对合约空头方公司的资产价值造成的冲击效果是不同的,因而相关的信用衍生品的定价也不同,而 Zhou 也没有给出解析定价公式。

第四节　信用衍生品的现状与发展

一、信用衍生品的功效

信用衍生品为银行提供了规避风险的新方式,银行通过选择信用衍生品来使其贷款组合最优化、分散化管理。与其他贷款的证券化、贷款出售不同,信用衍生品在消除信用风险的同时,保留了持有的资产,从而不必改变资产负债表,维护了原有的客户关系。信用衍生品在无须持有资产和管理资产条件下,还为非银行机构,如投资基金、保险公司、养老基金等提供了高收益的信用暴露机会和更加有效的资产组合风险多样化管理。信用衍生品还可以设计满足投资者意愿的风险报酬结构,使其资产组合范围进一步拓宽,成为投资者踊跃投资的一个新领域。具体而言,信用衍生品的功效如下:

（一）分散信用风险

信用风险的防范以及量化是国际金融业一直努力设法解决的问题,信用衍生品的出现使信用风险管理有了属于自己的技术,金融机构可以通过它将信用风险从其他风险中剥离出来并转移出去,解决了风险管理实践中的"信用悖论"问题。借助于信用衍生产品,银行既可以避免信用风险的过度集中,又能继续保持与客户的业务关系,对传统银行业的经营理念无疑具有革命性。信用衍生品的交易,吸引了更多投资者参与到信用风险市场之中,使得银行、保险公司、投资基金、养老基金等多种不同类型的机构成为信用风险的承担者,提高了金融市场的整体抗风险能力。

（二）提高资本回报率

金融资产的风险收益特征可通过预期收益与意外损失两个参数来表示,其中,预期收益依赖于利差和信用损失,意外损失的计算则基于许多信用同时违约的假设。预期收益和意外损失的比是一个类似于夏普比率的指标。通过减少意外损失高、预期收益低的资产,或增加有正贡献的资产,来提高预期收益和意外损失的比率,可以达到提高资产组合预期业绩的目的。如果没有信用衍生产品,市场参与者只能通过购买或出售金融资产才能实现上述目标。但利用信用衍生产品,则很容易实现这些策略,提高金融资本回报率。

（三）提高基础市场流动性

信用衍生产品把金融资产中的信用风险分离出来,并通过信用分层、信用增级、破产隔离等金融工程尤其是信用工程技术,重新改变金融资产的风险收益特征,将其改造成可交易的金融产品,从而大大增强了金融市场的流动性。此外,信用衍生产品是对金融市场的一次重新整合,使金融机构能进入更多的市场领域,相当于把所有的市场都联系起来,这有助于增加市场的流动性。

(四)提高金融市场效率

在有信用衍生产品参与的金融交易中,由于交易的第三方信用风险的购买者的出现,极大地减轻金融市场上由于信息不对称所产生的逆向选择和道德风险问题,从而降低了金融交易成本,有力地促进了金融市场上的运行效率。另一方面信用衍生产品也会使金融市场上的一些隐蔽信息更加公开化,增进市场的透明度,这样金融资产的价格能反映出更多的市场信息,金融资产的定价也更为有效。此外,信用衍生产品是对金融市场的一次重新整合,使金融机构能进入更多的市场领域,相当于把所有的市场都联系起来,这增加了市场的流动性并提高了它的效率。

二、信用衍生品存在的问题

信用衍生品作为管理日益增长的信用风险的主要工具被广泛应用,有很大的发展潜力,但信用衍生品是一把双刃剑,若运用不当,不但无法达到分散风险的效果,还会增加危机传染的可能性。信用衍生品市场在经历了前期的起步发展和快速发展之后,在 2007 年达到了顶峰。依据 BIS 的估计,CDS 在 2007 年的名义总额近 60 万亿美元,远大于同期的股票市场总值(约为 36 万亿美元)。但随着次贷危机的爆发,全球信用衍生品市场开始进入了收缩和调整阶段。截止到 2012 年 6 月,CDS 的名义总额只有近 27 万亿美元,不到 2007 年的一半;CDO 的存量也出现大幅下滑。

次贷危机的爆发不仅冲击着信用衍生品市场,使得信用衍生品的成交量发生了萎缩,更将存在的问题显现出来。总之,可以看出信用衍生品既有分散风险的功能,也有放大风险的作用。它一方面可以起到分割、转移风险,提高金融市场整体效率的作用;另一方面与信用衍生品形影相随的投机又可能使风险集中,一旦某个环节出现问题就会引起连锁反应,杠杆率迅速收紧,整个市场流动性急剧降低,引发金融市场的动荡。信用衍生品给信用风险管理带来的不利影响有以下几个方面。

(一)引入了信息不对称问题

在信用衍生品交易过程中存在着两种信息不对称:逆向选择与道德风险。在交易之前,信用衍生品所涉及的标的资产的信用风险信息在交易双方间的分布是不对称的,信用风险卖方比信用风险买方更具有信息优势。然而交易后,一旦违约风险被转移,信用风险卖方(如银行)的信用管理积极性会降低,产生了道德风险,但是信用风险买方却难以观察到这一行为的变化。于是,在一笔贷款的信用衍生品出售后,借款者违约概率很可能会增大。信息不对称的长期存在如果没有改变,最终会导致信用风险市场的失效。

(二)引入了新的风险

任何金融衍生产品都具有两重性,一方面可以减少风险,推动金融市场的发展;另一方面又可能由于市场、制度、管理等方面的原因带来更大的风险,加剧金融市场的动荡。信用衍生品对它的使用者来讲,其所造成的风险有信用风险、价差风险、流动性风险、法律风险、操作风险等。

(三)加快违约事件的传导

信用衍生品并没有将整个金融系统的信用风险降低,而是把信用风险扩大到了更大的领域,也就是说信用风险在系统内被"稀释"。如果违约事件发生,金融系统自身能够将其消化掉,那么可能会保护银行,防止银行倒闭,有助于系统的稳定;如果违约事件非常重大,例如美国爆发的"次贷危机",那么危机就会通过信用衍生品迅速地传导到经济体的各个角落,对整个经济体产生冲击。这时,信用衍生品反而扮演了加速危机传导的角色。

(四)信用衍生品市场缺乏流动性

首先,信用衍生品不同于利率互换,参考信用没有被标准化。其次,由于基本参数数据缺乏,市场上存在不同的定价方法,信用衍生品的公平定价相对于其他衍生品而言缺少一致性。这就导致信用衍生品在市场上的流动性较低。

(五)增加银行监管的难度

信用风险转移活动增加了银行自身和监管机构对银行乃至整个银行体系信用风险评估的难度,部分信用风险有可能被转移到没有受到严格监管的机构,这也导致了这个市场始终存在着信息方面的缺陷。其次,信用衍生品还可能会引发监管套利。监管套利是指试图规避银行监管者规定的繁复的资本金要求而采取的套利行为。通过信用衍生品来剥离贷款的信用风险,商业银行本身就已系统性地降低了其资本金要求。如果银行过分追求低资本金要求,而忽略信用衍生品适用的必要性和合理性,可能给银行带来隐患,这也不是监管层对信用衍生品使用做出鼓励的本意。

三、信用衍生品的发展

(一)信用衍生品在国外的发展前景

信用衍生品仍然会成为金融市场的重要组成部分,但只有在更为有效的管理下,信用衍生品市场才能成为市场机制的重要手段之一。次贷危机后如何有效发挥信用衍生品市场的基本功能,西方各国在制度上提出以下改进。

1. 加强监管

无论是金融危机还是债务危机,往往源于监管的疏漏,当然随着金融产品的日趋复杂,新的机构投资者的不断出现,监管难度也逐渐加大,可是并不能够因此而放松管制,规避监管的手段在创新,监管的方式也需要跟进。如启动跨市场联合监管、增强对信用衍生品监管的国际合作、建立标准化的柜台信用衍生品清算和交易中心等。

2. 控制信用衍生工具的裸头寸交易

可以说投机者的存在为市场的流动性提供了动力,有风险转移需求的投资者无须花费较大成本寻找对手交易,但是在危机发生前期,投机行为往往具有放大、增强的效果,欧盟已经通过法律限制投机性裸头寸的交易行为。非理性的交易并不能成为市场产品出清,形成价格的依据,特别是对于投机的或有收益远超过投机成本的时候,这只会造成价格的剧烈波动,而对于市场的稳定性并无益处。

3. 建立严格的信息披露制度

严格的信息披露需要高度标准化的信用衍生品市场,而高度标准化的信用衍生品合约会使信用衍生工具不能针对单个投资者而设,大大降低了市场的灵活性,不利于信用市场的发展,这是一个相悖的局面。因为非标准化的合约集中于场外市场,故场外市场的信息披露制度十分重要,做市商是信用衍生工具的中介机构,他们掌握了信用衍生品双方的交易信息,所以培育优秀的做市商,建立完善的做市商体系是场外市场信息披露的关键。在监管尚不到位的情况下,应尽量简化信用衍生工具,避免复杂的组合产生更多的不确定性。

(二)信用衍生品在我国的发展前景

美国经济学家墨顿·米勒认为发展中国家经济的风险系数较高,因而更加需要衍生交易工具来降低投资风险。我国信用衍生品的发展处于初始阶段,我国第一笔总额为 43 亿元的信贷资产抵押债券(ABS)在 2005 年 12 月由国家开发银行发行。同时,中国建设银行担任我国第一笔总额为 30 亿元的住房抵押贷款债券(MBS)的发行工作,虽然和国际上通行的发行形式相比,我国的这两笔信用衍生品交易各方面并未完善,监管和税收等信用衍生品发展的相应的配套设施也需要改进,但是我国迈出了资产证券化和信用衍生品发展的重要的一步。

目前,信用衍生品市场建设对我国有着重要的意义:一是通过发展信用衍生品市场,建立银行信用风险转移机制,改变目前风险过多集中于银行体系的现状,提高金融体系的稳定性;二是可以改善商业银行信贷资产的组合风险/收益特征,提高了风险管理能力,有助于积极应对金融业全面开放带来的挑战;三是有利于丰富我国金融市场的产品种类和信用体系,推动金融市场多层次发展。

(三)信用衍生品在我国运用的建议

我国目前信用衍生品市场还存在着一些问题,这些问题也不是立刻就能解决的,所以在结合我国具体国情的基础上,在此对我国信用衍生品的应用提出一些对策建议。

1. 进一步完善基础金融产品市场

信用衍生产品市场的发展必须以成熟发达的原生信用产品市场为基础。信用衍生产品市场的发展是相当复杂的系统工程。因为信用风险要实现可分离、可量化、可交易,必须要实现信用标准的社会化,同时,既要有众多对信用风险有分析、评判能力的投资者和中介机构的积极参与,也要有良好的法律税收环境和成熟的金融监管环境,这些条件缺一不可。在我国目前的金融形势下,发展金融衍生产品的同时,要注重对基础产品的发展,为信用衍生产品的灵活有效运用创造良好条件。

2. 开展试点交易

在正式推出信用衍生产品之前,可在某一地区试行该产品交易,随着操作规范、操作稳定,再进一步正式推出。可以选择金融中心上海作为试点区,率先试行信用衍生品交易,再逐步扩大运行区域。

3. 建立信用衍生品的电子交易平台

信用衍生产品具有大额、非连续性交易以及量身定制的特点,所以目前国际信用衍生产品交易主要通过场外市场完成。而电子化的交易可以极大地提高市场的透明度和流动性。信用衍生品交易平台同时提供了丰富的信用衍生产品信息资源,包括文本、历史数据以及交易对手的相关信息。未来信用衍生品市场是 IT 与信用衍生产品结合的发展,信用衍生品将渗透到互联网,在互联网上将更加快速地交易,定价更加准确。

4.改善我国信用衍生品的定价机制

应大力发展信用中介机构,建立起相对独立的信用风险评级制度,提高信用评级机构的社会信誉和可信度,促进国内评级机构的规范化、统一化和国际化。应引进成熟的信用风险分析和信用衍生品定价技术。国际上常用的信用风险分析的方法主要有:Credit Metrics,KMV,Credit Metrics TM,Credit Portfolio View TM。从国外的实践来看,每种方法都有优点也都有缺陷。所以,在引入信用风险分析和信用衍生品定价技术的时候,一定要对各种模型进行细致比较,一方面保证模型的准确性和可靠性,另一方面选择适合我国国情的模型和方法。

5.建立信用衍生品的风险控制机制

在经历了一系列的金融危机以后,各国都认识到了金融市场风险监管的重要性和必要性,提出了一些控制市场杠杆率、提高市场透明度与资本充足率等的金融监管改革措施。可借鉴期货市场的经验,建立信用衍生品交易的保证金制度和限仓制度。可建立信息共享和危机处理程序。由于参与者的广泛性,信用衍生品市场的监管涉及国际金融监管合作和国内金融监管部门之间的合作,因此建立信息共享机制是非常必要的。建立有效的风险预警机制、内部风险监控机制和防范机制,在市场价格出现异动的时候,及时有效地对产品的价格、仓位以及交易等进行控制,以避免金融市场产生过度震荡。

综上所述,我国信用衍生品市场的发展要符合我国现阶段的经济发展目标和经济制度,避免因产品的不合理开发和监管的失位而导致投资者的过度投机行为,引起资产价格泡沫,影响信用体系的稳定;要逐步完善信用市场的配套基础设施,扩大我国信用衍生品市场的国际影响力;要利用信用衍生品市场的积极作用,为我国企业和产业融资提供更多更合理的渠道,增强我国企业的国际竞争力,促进我国经济稳定持续增长。

习 题

1.假设 A 是信用保护买方,B 是信用保护卖方,A 以每年 500 基点购买 C 公司面值 100 万美元的 2 年期 CDS,假设以现金交割,在如下两种情况下,分析 B 公司的收益情况:

(1)两年末 C 违约。

(2)两年末 C 未违约。

2.假设一家银行 A 以 10% 的固定利率向 X 公司贷款 1 亿美元,该银行可以通过与 B 签订一份总收益互换来对冲。在这份总收益互换中,银行承诺换出这笔贷款的利息加上贷款市场价值的变动部分之和,获得相当于 LIBOR+50bp 的收益。如果现在的 LIBOR 为 9%,并且一年后贷款的价值从 1 亿美元跌至 9500 万美元,分析 B 的收益情况。

3.X 银行在市场上筹集到一笔 1000 万元资金,期限 1 年,年利率 5%。

假设 1:X 银行将筹集的 1000 万元转贷给 Y 企业,期限 1 年,贷款利率 6%。

假设 2:X 银行决定与 Z 银行做一笔信用违约互换,期望转移这笔贷款的信用风险,须支付 0.5% 的买入保护费用。

在假设 1 的情况中,根据有关规定,X 银行必须保证最低 8% 的资本金,企业对这笔贷款的风险权重为 100%。在假设 2 的情况中,即购买了信用违约互换,X 银行与 Z 银行的债权风险权重为20%。在这两种假设下,分别计算X银行的回报率。

4.假设参考资产为100个1年期债券,总面值为100亿元,票面利率均为8.0%,信用评级为BBB。该债务抵押证券发行A、B、C三个层次的1年期债券,A、B为付息债券,期末一次还本付息,C为零息债券。A、B层分别为70亿元和20亿元,对应的票面利率分别为6.0%和7.5%,信用评级分别为AAA和A。C层为股本层,未评级。A层的本息优先于B层,股本层仅在A、B层的本息偿还完毕后才能得到偿付。股本层的金额为10亿元,在全部参考资产均不违约的情况下,收益率为23%。

资产			负债			
数量/亿元	平均利率/%	信用评级	层次	数量/亿元	收益率/%	信用评级
100	8	BBB	A层	70	6.0	AAA
			B层	20	7.5	A
			股本层	10	23.0	未评级

(1)假设资产只在到期日违约,违约导致5%的损失和5000万元费用。

(2)假设违约导致15%的损失和5000万元费用。

在这两种情况下,分析各分券层的损失和收益情况。

5.CDS合同的一方如果违约,分析合同买方和卖方的损益情况。

6.查资料,分析一份我国的信用衍生品合约。

参考文献

[1]贺显南.投资学原理及应用[M].北京:机械工业出版社,2017.

[2]黄福广,李希文.投资学[M].北京:清华大学出版社,2016.

[3]李向科,丁庭栋.数理金融学——金融衍生品定价、对冲和套利分析[M].北京:北京大学出版社,2008.

[4]埃德温·J.埃尔顿,马丁·J.格鲁伯,斯蒂芬·J.布朗,等.现代投资组合理论与投资分析[M].北京:机械工业出版社,2008.

[5]Capiński Marek, Tomasz Zastawniak. Mathematics for Finance: An Introduction to Financial Engineering[M]. Frankfuft: Springer, 2006.

[6]Goodman V, Stampfli J. The Mathematics of Finance: Modeling and Hedging[M]. CA: Brooks/Cole Pulishing Company, 2001.

[7]Hull J. Options, Futures and Other Derivatives[M]. Upper Saddle River, New Jersey: Prentice Hall, 2012.

[8]Hoek J V D, Elliott R J. Binomial models in finance[J]. Journal of the Royal Statistical Society, 2008, 171(1):317-318.

[9]Jarrow R A. Modelling fixed income securities and interest rate options[J]. Journal of Finance, 2002, 51(5):368-375.

[10]Ross Sheldon M. An Elementary Introduction to Mathematical Finance[M]. Cambridge: Cambridge University Press, 2011.

[11]林清泉.金融工程[M].北京:中国人民大学出版社,2004.

[12]姜礼尚.期权定价的数学模型和方法[M].北京:高等教育出版社,2003.

[13]范希文,孙健.信用衍生品理论与实物——金融创新中的机遇与挑战[M].北京:中国经济出版社,2010.

[14]萨特亚吉斯·达斯.信用衍生产品:CDO与结构化信用产品[M].北京:中国时代经济出版社,2012.